Child Development and Education

아동발달의 이해와 교육

| 황희숙 · 이희영 · 이경화 · 이정화 · 권연희 · 이연우 공저 |

학지사

머리말

아동은 서로 다른 유전인자를 가지고 태어나 서로 다른 환경 속에서 다양한 경험을 통해 변화해 간다. 그러면서도 아동은 연령에 따라 비슷한 발달 단계를 거친다. 이러한 아동발달에 대한 심리학적 이해는 오랜 학문적 관심영역인 동시에 최근에는 생활지도, 부모교육 등의 실제적인 문제 해결에 이르기까지 적용범위가 날로 확대되고 있다.

이 책은 대학에서 아동발달에 대한 이론을 기초적으로 학습해야 하는 유아교육과, 아동학과, 교육학과 학부생들뿐만 아니라, 교육과목으로 '아동발달과 교육'을 수강하는 다양한 전공의 학생들이 방대한 아동발달심리학의 이론들을 보다 쉽게 이해하고 적용할 수 있도록 집필되었다. 대부분의 대학에서 아동발달과 교육은 학생들이 선호하는 교양과목으로 자리매김한 지 오래되었다. 그러나 아동발달 관련 교재들의 내용이 너무 방대하고 복잡한 이론을 많이 포함하고 있어서 적절한 수준의 교재를 찾기 어려운 실정이다. 이러한 현실적인 필요성에서 그동안 아동발달과 교육을 강의해 온 경험을 토대로 아동발달에 대한 기본적인 이해 및 교육적 적용이라는 목표에 충실하고자 노력하였다.

이 책은 총 12개 장으로 구성되어 있으며, 여러 저자가 자신의 전공영역별 전문성을 살려 집필하였다. 1장과 5장은 황희숙 교수가, 2장과 12장은 이경화 교수가, 3장과 4장은 이정화 교수가, 6장과 9장은 이연우 교수가, 7장과 8장은 권연희 교수가, 10장과 11장은 이희영 교수가 집필하였다.

이 책을 통해 학부생 및 대학원생들이 자기 자신의 발달에 대한 심층적 이해 및 미래의 예비부모로서의 자녀양육에 대한 기본적 이해 및 태도를 가지게 될 수 있기를 기대하며, 이 책이 출판되기까지 많은 도움을 주신 학지사 김진환 사장님과 편집부 여러분께 감사의 말씀을 드린다.

2018년 6월
저자 일동

차례

차례

차례

차례

제 1 장

아동발달 이해의 기초

제 1 장 아동발달 이해의 기초

학습목표

- 발달의 원리를 설명할 수 있다.
- 아동발달의 쟁점에 대해 설명할 수 있다.
- 발달 연구의 3가지 접근법에 대해 설명할 수 있다.

1. 발달의 개념 및 원리

1) 발달의 개념

심리학적 의미에서 발달(development)이란 수정의 순간에서부터 사망에 이르기까지 전 생애에 걸쳐 일어나는 모든 변화를 의미하는 것으로, 여기에는 신체적인 측면뿐만 아니라 지능, 언어, 정서, 도덕성 등의 심리적 측면들이 모두 포함된다. 발달의 개념에 대해 여러 학자들이 다양한 정의를 내리고 있는데 대표적으로 Hurlock은 발달을 신체 크기의 증가, 신체비율의 변화, 새로운 특징의 획득, 낡은 특징의 소멸로 보았다. Koffka는 발달을 유기체가 양적인 면에 있어서 증가하고 구조에 있어서 정밀해지며 기능에 있어서 유능해지는 과정이라고 개념화하였다. Shaffer는 발달을 수정에서 사망할 때까지 개인에게 나타나는 체계적인 연속성과 변화를 의미한다고 하였다.

아동발달의 이러한 변화는 양적 변화와 질적 변화로 구분된다. 양적 변화는 키가 크거나 몸무게가 증가하는 등의 크기나 양의 증가 현상을 의미하고, 질적 변화는 미분화된 낮은 수준에서 정밀화된 높은 수준으로의 구조적 변화와 미숙한 상태에서 유능한 수준으로의 기능적 변화를 의미한다. 전 생애에 걸친 발달 과정에서 일어나는 이러한 변화에는 긍정적인 변화는 물론 양적으로 감소하고 기능이 쇠퇴하는 부정적 변화도 포함된다.

아동발달은 유전적인 개체의 변화인 성숙과 학습의 2가지 중요한 과정을 통해 이루어진다(Shaffer, 1999). 성숙(maturation)이란 임신 시 부모로부터 자녀에게 전해지는 유전자 안에 있는 유전자 계획에 의한 생물학적 발달을 의미한다. 성숙의 과정에 의해 자연적으로 만 1세가 되면 걷게 되고 의미 있는 구어를 말하며, 11세에서 15세경에 이차적 성징이 나타나고 초경을 경험하는 등의 성적 성숙에 도달하게 된다. 대부분의 사람들이 공통점을 갖게 되는 이유는 종 유전 또는 성숙 청사진이 우리들 대부분을 인생의 동일한 시점에서 동일한 변화를 경험하도록 하기 때문이다.

두 번째 중요한 과정인 학습(learning)은 직접 혹은 간접 경험의 산물로서 훈련이나 연습에 기인하는 발달적 변화를 의미한다. 우리가 지닌 대부분의 능력과 습관은 성숙의 청사진에 의해서만 결정되는 것이 아니라, 우리가 경험하는 사건들, 부모, 선생님 그리고 다른 중요한 사람들과의 상호작용을 통해 생각하고 행동하는 새로운 방법들을 배우게 된 결과다. 대부분의 발달은 유전적이고 자연적인 변화인 성숙과 후천적인 경험에 의한 학습의 산물이다.

2) 발달의 원리

아동의 개인적 특성에 따라 또는 문화에 따라 발달에는 개인차가 있지만, 보편적이고 일반적인 발달 원리에 따라 발달이 이루어진다.

발달의 의미와 마찬가지로 발달이 일어나는 방법인 발달의 원리에 대해서도 여러 가지 다양한 관점이 제시되고 있지만, 인간발달의 일반적 경향들을 제시하면 다음과 같다(Salkind, 1985).

첫째, 발달은 일반적 반응 체계로부터 분화된 반응 체계로 발달하는 경향이 있다. 일반적 반응은 신생아의 울음처럼 하나의 일반화된 반응으로 여러 가지 의미를 포함할 수 있다. 분화된 반응은 목적이나 유용성에서 볼 때 다른 행동들과 쉽게 구별될 수 있는 매우 구체적인 행동을 말한다. 예를 들어, 일반적이었던 울음이 배고픔, 불편함, 아픔과 같은 특정한 의미를 갖는 소리로 분화된다.

둘째, 복잡성이 커진다. 발달이 진행됨에 따라 인간 행동은 점점 복잡해진다. 행동이 차츰 양적으로 분화될 뿐만 아니라 행동의 복잡성과 다차원성이 증가함에 따라 질적 변화도 일어나게 된다.

셋째, 통합도와 분화도가 높아진다. 인간이 생존하기 위해서는 행동이 계속 독립적으로만 기능할 수 없으며, 오히려 조직화된 체계의 일부분으로서 존재해야 한다. 예를 들면, 유아는 환경을 탐색하기 위하여 보거나 만지는 것과 같은 기본적 감각 정보를 활용한다. 그러나 발달함에 따라 보고 만지는 2가지 행동을 결합한 보다 효과적이고 융통성 있는 행동 체계를 조직화하게 된다.

넷째, 자기중심성이 낮아진다. 나이가 어린 아동은 세계를 자기 자신의 관점으로만 생각하는 자기중심성을 갖고 있다. 하지만 발달이 진행됨에 따라 자아중심성의 영향은 점차적으로 감소한다.

다섯째, 사회적 자율성이 발달한다. 발달이 진행됨에 따라 사회적 자율성, 즉 독립심과 자신의 요구에 대비하는 능력이 증가한다. 유아의 자율성이 발달함에 따라 부모의 관점보다 자신의 관점에서 사회적 기준을 해석하고 이해하는 능력도 발달한다.

2. 발달 영역과 발달 단계

1) 발달 영역

발달은 대체로 세 영역, 즉 생물학적 발달, 인지적 발달, 사회정서적 발달로 나눌 수 있다. 생물학적 발달은 신체적 변화와 관련된 것이다. 부모로부터 물려받은 유전인자, 뇌와 감각기관의 발달, 신장과 체중의 증가, 운동기능, 사춘기에 나타나는 호르몬의 변화 등은 생물학적 발달과 관련된 것이다.

인지적 발달은 개인의 사고, 지능, 언어능력에서의 변화를 포함한다. 갓 태어난 아기가 어머니의 얼굴을 알아보거나, 유아가 동화책을 읽고 그 의미를 이해하며, 복잡한 수학문제를 푸는 행동 등은 인지적 발달과 관련된 발달양상이다.

사회정서적 발달은 대인관계, 정서, 성격 등의 변화를 포함한다. 아동이 자신 및 타인의 정서를 이해하고 공감하며, 또래와 우정을 형성하고 대인관계 기술이 증진되는 것은 사회정서적 영역에서의 발달이라고 하겠다.

영유아발달은 각각의 발달 영역을 합친 것 그 이상이며, 발달이란 모든 발달 영역들이 서로 독립된 것이 아니라 상호작용하면서 이루어지는 복잡한 과정임을 유념해야 한다(이영, 이정희, 김온기, 이미란, 조성연, 이정림, 유영미, 이재선, 신혜원, 나종혜, 김수연, 정지나, 2014). 생물학적 발달, 인지적 발달, 사회정서적 발달은 상호작용을 한다. 예컨대, 아동의 신체적 발달은 정서 및 자아개념에 영향을 미치고 또한 친구관계에도 영향을 미친다. 한 영역의 발달은 다른 영역에 직접적인 영향을 미치므로 생물학적 발달, 인지적 발달과 사회정서적 발달은 상호작용적이며 역동적 관계를 형성한다. 이 세 영역에서의 주된 발달 내용을 요약하면 〈표 1-1〉과 같다(정옥분, 2017).

〈표 1-1〉 아동발달 영역별 주요 내용

영역	주요 내용	제기되는 질문의 예
생물학적 발달	뇌와 신경계, 근육, 감각능력 등이 행동에 어떤 영향을 미치는가를 연구한다.	• 아동의 성을 결정하는 요인은 무엇인가? • 조산의 장기적인 영향은 무엇인가? • 모유의 이점은 무엇인가? • 조숙과 만숙의 효과는 무엇인가?
인지적 발달	학습, 기억, 문제해결 능력, 지능 등을 포함하는 지적 능력에 관해 연구한다.	• 유아가 기억할 수 있는 최초의 기억은 어떤 것인가? • TV 시청의 효과는 어떠한가? • 이중언어의 이점은 무엇인가? • 청년기의 자기중심성은 청년이 세상을 보는 시각에 어떤 영향을 미치는가?
사회정서적 발달	성격의 안정성과 변화, 대인관계, 사회적 관계의 성장과 변화 등에 관해 연구한다.	• 신생아는 어머니와 그 밖의 사람들에게 다른 반응을 보이는가? • 아동을 훈육하는 가장 좋은 방법은 무엇인가? • 청소년 자살의 원인은 무엇인가?

출처: 정옥분(2017). 아동발달의 이해, p. 25.

2) 발달 단계

발달의 단계를 어떻게 나누느냐는 학자마다 많은 차이를 보이고 있고, 상반된 견해도 있다. 사실상 연령에 따라 발달 특징을 분류하는 것은 개인의 발달 과정도 다르고, 각 사회의 구조가 독특하기 때문에 단순하지가 않다. 개인마다 발달의 양상이 다르고 개인이 도달하는 발달 단계가 연령에 따라 차이가 있다 하더라도 일반적으로 8단계, 즉 태내기, 영아기, 유아기, 아동기, 청년기, 성년기, 중년기 및 노년기로 나누어 볼 수 있다(정옥분, 2016; Papalia & Olds, 1995).

〈표 1-2〉 인간발달의 단계와 주요 발달 내용

단계	주요 발달 내용
태내기 (prenatal): 수정~출생	• 기본적인 신체구조와 기관이 형성된다. • 신체의 성장이 일생 중 가장 빠른 속도로 이루어진다. • 태내 환경으로부터 크게 영향을 받는다.
영아기 (infancy and toddlerhood): 0~2세	• 신생아는 의존적이기는 하지만 나름대로 다양한 능력을 가지고 있다. • 출생 시에 모든 감각기관이 작용한다. • 신체의 성장과 발달의 속도가 매우 빠르다. • 학습능력과 기억력이 신생아기에도 형성된다. • 생후 2년이 되면 자아가 눈뜨기 시작한다. • 첫돌 무렵 부모에 대한 애착이 증가한다. • 다른 아동에 대한 관심이 증가한다.
유아기 (early childhood): 2~6세	• 운동기능과 체력이 신장된다. • 자기중심적이다. • 인지적 미성숙으로 인해 세상을 보는 눈이 비논리적이다. • 놀이, 창의력, 상상력이 풍부하다. • 자율성, 자기통제력이 증가한다. • 친구의 중요성이 증가하지만 가족이 여전히 생활의 중심이 된다.
아동기 (middle childhood): 6~11세	• 신체의 성장이 느려진다. • 체력과 운동기능이 더욱더 신장된다. • 유아의 자기중심성이 사라진다. • 기억력과 언어기능이 증가한다. • 자아개념이 발달한다. • 친구가 생활의 중심이 된다.

청년기 (adolescence): 11~20세	• 신장과 체중이 급격히 성장하고 체형이 변화한다. • 성적 성숙이 이루어진다. • 추상적 사고가 가능하다. • 청년기의 자아중심성이 나타난다. • 자아정체감의 확립이 심각한 문제로 대두된다. • 또래집단이 형성되고 그 영향력이 커진다.
성년기 (early adulthood): 20~40세	• 신체적 건강이 최고조에 달하다가 서서히 감퇴하기 시작한다. • 지적 능력이 더 복잡해진다. • 친밀한 관계가 이루어진다. • 많은 사람들이 결혼하여 부모가 된다. • 직업을 갖는다. • 자아정체감이 계속해서 발달한다.
중년기 (middle adulthood): 40~60세	• 신체적 건강과 정력이 감퇴하기 시작한다. • 여성들은 폐경을 경험한다. • 지혜와 실제적 문제해결능력은 증가하지만 새로운 것에 대한 문제해결 능력은 저하한다. • 자녀를 돌보고 부모를 봉양하는 이중의 책임감으로 인해 스트레스가 발생한다. • 자녀들이 집을 떠나고 빈 둥지 증후군이 나타난다. • 삶의 의미를 찾는 것이 매우 중요한 일로 생각된다. • 중년기의 위기가 닥쳐올 수 있다.
노년기 (late adulthood): 60세 이후	• 신체적 능력이 다소 감퇴하지만 대부분의 노인들은 건강하고 여전히 활동적이다. • 반응 시간이 더디어져 여러 가지 기능에 영향을 미친다. • 지적 능력과 기억력이 감퇴한다. • 은퇴로 인해 수입은 감소하지만 여가시간은 많아진다. • 다가오는 죽음에 대비하여 삶의 목적을 찾을 필요가 있다.

출처: 정옥분(2016). **발달심리학: 전생애 인간발달**, pp. 24-25.

3. 아동발달의 쟁점

아동의 심리적 기능과 신체적 기능의 변화를 의미하는 발달이 어떻게 일어나며, 어떤 과정을 거치며, 왜 일어나는가 하는 것에 대해서는 학자마다 서로 상반된 주장을 제기해 왔다. 그에 대한 대표적인 논쟁은 발달에 있어서의 유전과 환경, 연속성과 불연속성의 논쟁이다.

1) 유전과 환경

발달에 대한 유전과 환경의 문제는 플라톤이나 아리스토텔레스까지 거슬러 올라가는 중요한 논쟁의 대상으로, 시대마다 다양한 용어를 가지고 논쟁을 거듭해 왔다. 즉, 자연(nature) 대 양육(nurture), 생득론(nativism) 대 문화적 상대주의(cultural relativism), 유전(genetics) 대 사회적 통제(social control), 성숙(maturation) 대 학습(learning), 선천적 특성(innate trait) 대 획득된 특성(acquired characteristics) 등이 그것이다(조성연, 이정희, 천희영, 심미경, 황혜정, 나종혜, 2010).

유전이란 수정의 순간에 부모로부터 물려받은 유전적인 정보를 말한다. 아동발달이 유전적으로 예정된 계획에 의해 순서적으로 일어난다는 Gesell의 성숙론이나, 인간으로서의 타고난 성향의 개념은 모든 아동에게 일반적으로 나타나는 발달양상과 관련된다. 예를 들어, 모든 아기가 앉고 서고 걷는 보편적인 발달 순서를 거친다는 것은 비교적 환경의 영향을 받지 않고 일어나는 보편적인 발달양상이 있음을 시사한다.

발달 영역 중 유전의 영향을 많이 받는다고 알려진 것은 신체적 영역이다. 즉 피부색, 머리카락색, 코의 모양, 색맹 등은 유전된다고 보고되고 있다. 특히 지능 연구자들은 지능 발달에 미치는 유전적 요인을 강조해 왔다. 예를 들면, Jensen(1980)은 지능의 80%는 유전에 의해 결정되고, 백인과 흑인의 지능 차이는 유전적인 요인에 있다고 주장함으로써 많은 논쟁을 일으켰다. Herrnstein과 Murray(1994)는 미국 청소년을 대상으로 10년에 걸친 지능 발달 연구의 결과로 지능은 유전적이고 불변적이며 인종 간의 차이도 유전인자에 기인한다고 주장하였다. 또한 지능에 대한 가족관계 간의 상관관계를 분석한 연구들에서도 서로 다른 환경에서 자란 일란성 쌍생아가 같은 환경에서 자란 이란성 쌍생아와 비교해 볼 때 지능의 상관이 더 높은 것으로 나타났다.

반면에, 환경이란 아동의 발달에 영향을 미치는 모든 외적인 조건들을 말한다. 이 외적 조건에는 물리적 조건과 심리적 조건이 포함된다. 심리적 조건이란 아동을 양육하는 부모의 태도, 즉 양육태도가 포함된다. 그러므로 영양, 기후, 가족, 대중매체, 부모의 양육태도나 가치관 모두가 아동발달에 영향을 미치는 환경이다. 그러나 최근에는 유전과 환경의 역동적인 상호작용적 특성을 고려할 때, 행동 발달에서 유전과 환경의 상대적인 영향을 엄밀하게 구분할 수 없다는 데 인식을 같이한다.

유전과 환경의 상호작용을 주장하는 이론가들은 다음과 같은 기본 가정을 제시한다(조복희, 2008; Cole & Cole, 1996). 즉, 유전인자에는 발달을 결정하는 기본 프로그램이 들어 있는데, 이는 유전인자가 표현형을 결정함과 동시에 발달의 한계점을 지니고 있으며, 발달의 성향을 조절한다는 것이다. 예를 들어, 일란성 쌍생아의 경우 동일한 유전인자를 가지고 태어났더라도 서로 다른 환경에서 성장할 때 성격과 행동 특성이 서로 다른 성인으로 성장할 수 있다. 또한 같은 가정환경에서 서로 다른 유전인자를 가지고 태어난 형제들은 동일한 환경에서 함께 성장했다 할지라도 각기 서로 다른 행동 특성을 나타낼 수 있다.

최근 인간발달에 있어서 개인과 환경의 상호작용을 강조한 대표적 학자는 Brofenbrenner(1979)로서 아동이 접하고 있는 환경을 미시체계, 중간체계, 외체계, 거시체계 및 시간체계로 구분하고, 이러한 체계들의 관계 내에서 아동발달이 직접 혹은 간접적으로 영향을 받는다는 생태학적 체계 이론(ecological system theory)을 제시하였다. 생태학적 체계 이론에 의하면, 인간의 발달은 진공 상태에서 이루어지는 것이 아니라 가족, 이웃, 국가라는 다양한 환경 내에서 일어난다. 아동은 가족, 친구, 학교뿐 아니라 대중매체나 문화의 영향을 받기 때문에 아동발달은 부분적으로 개인, 사회문화적 환경의 산물이라고 할 수 있다.

첫 번째인 미시체계(micro system)는 아동이 직접적으로 참여하는 환경으로 가족, 또래, 유치원, 학교, 이웃에서의 활동이 포함된다. 두 번째 체계인 중간체계(mesosystem)는 미시체계 속에서 성장하는 개체가 특정한 시점에서 가족, 친구, 학교 등의 둘 이상의 미시체계와 상호작용하는 형태를 말한다. 외체계(exosystem)는 지역사회 수준에서 기능하고 있는 사회의 주요 기관으로 직업세계, 대중매체, 정부 등이 포함된다. 거시체계(macrosystem)는 한 문화가 지닌 관습, 가치, 신념 등을 의미하며, 마지막으로 시간체계(chronosystem)는 한 시점의 사건이나 경험이 아닌 전 생애에 걸쳐 일어나는 변화와 사회역사적 환경을 의미한다.

종합해 보면, 인간발달은 개인의 타고난 특성과 환경 간의 역동적인 상호작용의 산물이므로, 아동의 발달을 최적화하기 위해서는 선천적으로 타고난 유전적 요인이 최대한 발현될 수 있는 적절한 환경을 제공해 주는 것이 중요하다.

2) 연속성과 불연속성

한 개인의 발달에 있어서 변화가 점진적으로 이루어지는가, 아니면 특정 시기에 변화가 급격히 일어나는가 하는 발달의 연속성(continuity)과 불연속성(discontinuity)의 논쟁이 오랫동안 진행되고 있다. 발달의 연속성을 주장하는 학자들은 오랜 시간의 훈련과 연습에 의해 발달이 일어난다고 보는 입장으로, 발달에 있어 학습과 경험을 강조하는 행동주의자들이 주로 여기에 속한다.

반면에, 발달의 불연속성을 주장하는 학자들은 발달은 독립적이고 질적으로 차이가 있는 불연속적인 몇 개의 단계들로 이루어진다고 주장한다. 이때 단계(stage)란 발달의 특정 시기를 결정짓는 행동이나 사고의 질적인 변화를 의미한다. 새로운 발달 단계에 진입하게 되면 아동들은 이전에 경험했던 것을 기초로 이전보다 더 성숙하고 재조직된 기능을 가지고 행동한다. 그리하여 아동은 새로운 단계로 나아가기 위한 빠른 변화의 시기를 경험하고, 각 단계마다 질적으로 차이가 있는 방식으로 세상을 이해하고 반응하게 되는 것이다. 결국 변화는 점진적으로 나타나는 것이 아니라 갑자기 나타난다. 그러므로 이 입장에서는 아동이 발달할 때 특정 행동이 나타나는 결정적 시기가 있음을 주장하고, 일정 단계에 도달하여 갑자기 나타난 행동은 어느 정도의 고원 단계를 유지하면서 정해진 기간 동안 더 다듬어진 행동으로 발달한다고 주장한다. 뿐만 아니라 발달의 불연속성을 주장하는 이론가들은 발달 단계는 동일한 일련의 순서로 진행되며, 그 단계는 불변적이며 범문화적이라고 주장한다. 이들의 주장에 따르면 대부분의 문화에서 아동들은 비슷한 시기에 전형적인 발달을 특징짓는 행동, 즉 언어, 애착행동, 신체 발달 등이 나타난다. 특히 이 접근에서는 발달이 점진적으로 일어나는 것이 아니라 갑자기 일어나므로, 아동이 발달할 때 특정 행동이 나타나는 결정적 시기(critical period)가 있다고 주장한다(조성연 외, 2010).

발달의 연속성과 불연속성에 대한 논쟁은 [그림 1-1]처럼 서로 상반된 견해를 보인다(Berk, 2017).

[그림 1-1] 발달의 연속성과 불연속성

출처: Berk, L. E. (2017). *Child development*, p. 7.

4. 아동발달 연구 방법

1) 아동발달 연구법

아동발달을 연구하는 학자들의 목표는 아동의 발달적 변화를 기술하고, 변화의 이유나 원인을 설명하며, 그러한 지식을 통해 아동의 행동을 예언하고, 궁극적으로는 환경적인 통제를 통해 아동의 발달을 최적화하는 데 있다. 이를 위해 아동의 발달이나 행동에 대해 의문을 가진 연구자들은 대개 이론으로부터 유도된 예측 또는 가설로부터 연구를 시작하는데, 연구로부터 얻은 결과나 결론이 정확하고 객관적이기 위해서는 과학적인 연구절차가 필요하다.

아동발달의 연구는 연구주제, 연구 대상 등에 따라 방법이 달라지겠지만 관찰법, 면접법, 질문지법, 검사법, 사례연구, 실험법 등이 있다.

(1) 관찰법

관찰법은 자연 상황에서 일어나는 아동 행동을 관찰하여 기록하는 방법으로, 의사전달능력이 미숙한 아동의 연구에 유용하다. 관찰법에는 가능한 한 자연적인 상태에서 관찰 대상의 행동을 관찰해 기록하고 그 기록을 분석하는 자연관찰과 관찰 대상의 행동에 영향을 미칠 것으로 예측되는 조건을 통제함으로써 통제 조건에서 나타나는 특정 행동을 관찰하는 통제 관찰이 있다.

관찰법을 사용할 때 유의할 사항은 다음과 같다. 먼저 연구 목적에 맞는 관찰 대상을 선정해야 한다. 정해진 관찰 대상이 연구 목적에 맞지 않을 때는 관찰 결과가 연구 목적과 거리가 먼 것이 되기 때문이다. 그러므로 연구 목적이 세분화되고 명료화되어 목적에 맞는 관찰 대상의 특성을 명확히 할 수 있어야 한다. 그런 후에 연구하려는 대상에 필요한 상황이나 조건을 적절하게 표집한다. 이것을 사태표집 또는 상황표집(situational sampling)이라 하는데, 연구 대상에 대한 이해 정도가 높을수록 상황표집이 적절하게 이루어질 수 있다. 마지막으로는 관찰할 시간이나 시간의 길이 또는 기간은 물론 관찰의 횟수와 1회 관찰과 2회 · 3회 관찰 사이의 간격도 미리 고려하는 시간표집(time sampling)을 결정해야 한다(유안진, 2001).

관찰법은 비언어적 행동까지 관찰할 수 있다는 것이 가장 큰 장점이나 관찰하고자 하는 행동이 일어나기를 기다려야 하고, 자연 상황에서의 관찰은 외적 변수를 통제할 수 없다는 단점이 있다.

(2) 면접법

면접을 통해 자료를 수집하는 이 방법은 개인에 대한 많은 정보를 알고 싶을 때 유용하게 사용된다. 상황에 따라 면접자의 질문이 달라질 수 있는 융통성이 있고 비언어적 행동까지 관찰하며, 응답의 타당성을 높일 수 있다. 또한 문자해독력이 없는 대상에게도 실시할 수 있으며 추후질문(probe)을 통해 모호한 응답을 명료하게 할 수 있다. 그러나 면접법은 시간과 돈이 많이 들고 응답자의 신분이 노출되어 사적인 정보는 거부될 수 있다. 면접법에서는 면접자와 피면접자 간의 융화 형성(rapport)이 이루어져야 신뢰성이 있는 응답을 기대할 수 있다.

(3) 질문지법

질문지법은 밝혀 내고자 하는 연구문제를 해결하기 위하여 연구문제를 세분화된 여러 질문으로 만들어 적절한 반응을 얻는 방법이다. 즉, 질문에 대한 대답을 분석하고 비교한 결과로 연구문제를 해결하고자 한다.

질문지법의 장점은 한번에 많은 연구 대상들에게 질문지를 배포하여 빠른 시간에 반응을 얻을 수 있어 경제적이고, 익명성이 보장되므로 사적인 내용도 포함할 수 있다는 것이다. 그러나 문자해독능력이 없는 사람이나 취학 전 아동에게 사용할 수 없다는 단점이 있으며, 응답자 반응의 신뢰도가 문제될 수 있다.

질문지는 구조화된 질문과 비구조화된 질문이 있다. 응답의 범주가 분명하고 교육 수준이 낮은 연구 대상에게 사용될 수 있는 구조화된 질문은 우편을 통한 자료 수집에 적합하다. 비구조화된 질문은 반응자의 자유롭고 창의적인 반응을 얻기 위한 것으로, 연구 목적을 위해 반응자의 응답을 제한하지 않는 것이 보다 바람직하다고 판단될 때 이 방법을 사용한다.

(4) 검사법

검사법(test)은 지능검사, 성격검사, 적성검사 등 표준화된 각종 검사를 이용하여 개인이나 집단의 어떤 특성을 측정하여 규준(norm)과 비교함으로써 개인이나 집단의 특성을 알아내는 방법이다. 검사법은 피험자의 반응을 미리 예측하여 검사문항을 만들어 제시한다. 피험자들은 제시된 반응 중에서 자신과 일치하는 것을 선택함으로써 반응하도록 되어 있다. 검사문항을 개발할 때는 반응을 유도하거나 어떤 반응이 기대되는지 암시를 주어서는 안 된다.

검사법은 인간의 특정 행동 특성을 측정하기가 비교적 쉽고 양적으로 많은 자료를 수집할 수 있다는 장점이 있다. 그러나 인간에 관한 모든 검사는 검사 자체가 지닌 불완전성 때문에 인간의 모든 행동 특성을 검사법으로 측정하기란 불가능하고, 또 표준화된 검사라 하더라도 신뢰도와 타당도에 문제가 있을 수 있으므로 결과 해석에 유의하여야 한다.

(5) 사례연구

사례연구(case study)는 특정 개인에 대해 심층적으로 연구할 때 사용되는 기법으로 임상병리학자들이 선호하는 방법이다. 각 개인은 누구와도 다른 독특한 생을 살고 있으므로 다른 연구법에서는 피상적으로만 다룰 수 있는 개인의 건강, 가족관계, 양육 배경 등의 정확한 정보를 얻어 그 사람의 행동과 심리상황을 이해할 수 있는 방법이다. 그러나 매우 제한된 수의 피험자의 경험에 의존하기 때문에 연구 결과를 일반화하기 어렵다는 점과 관찰의 객관성을 확보하기 어렵다는 단점이 있다.

(6) 실험법

실험법은 실험실 내에서 아동 환경의 어떤 측면, 즉 독립변수를 체계적으로 조작 또는 변화시켜 아동행동의 어느 특정 측면, 즉 종속변수의 변화를 밝힘으로써 원인-결과 관계를 증명하는 것이다. 실험법은 외적 변수를 통제할 수 있으므로 인과관계를 밝히는 데 가장 적합한 연구법이라 할 수 있다.

그러나 실험법은 아동발달 연구에 많은 제한점을 갖고 있다. 먼저 아동의 행동이 인위적인 실험실에서는 일어나지 않을 수 있다는 것이다. 그러므로 외적 타당도는 낮다고 지적되고 있다. 뿐만 아니라 독립변수 이외의 아동의 행동에 영향을 미칠 수 있는 외적 요인을 배제할 수 없고, 연구자의 기대가 실험실의 결과에 영향을 줄 수 있는 제한점이 있다.

2) 발달 연구의 접근법

아동발달을 연구하는 학자들은 삶의 한 특정한 시기의 발달에만 관심이 있는 것이 아니라 사람들의 감정, 사고, 능력, 행동 등이 시간의 흐름에 따라 어떻게 변화하는지에 대하여 알아내고자 한다. 이러한 발달 경향을 알아보기 위한 연구 접근법은 횡단적 접근법, 종단적 접근법 그리고 이 2가지를 절충한 계열적 접근법의 3가지로 분류된다(Shaffer, 1999).

(1) 횡단적 접근법

횡단적 접근법(cross-sectional approach)은 서로 다른 연령을 여러 개인이나 집단으로부터 비교적 일시에 원하는 자료를 얻어 내는 접근 방법이다. 이렇게 한꺼번에 수집한 자료에 의거하여 일정 기간에 걸쳐 나타나는 발달의 변화를 곡선으로 그릴 수 있다. 예컨대, 5년의 연령차를 간격으로 하여 아동기에서 청년기에 이르기까지의 지능 발달의 상승 추세 변화를 곡선화한다고 하자. 이때 5세, 10세, 15세, 20세, 25세의 개인이나 집단을 대상으로 지능검사를 실시하여 그들의 연령별 지능을 측정한다. 측정 결과로써 지능 발달 곡선을 그리는데, 이때 표집된 연령층의 개인이나 집단은 그 연령층의 우리나라 아동과 청년을 가장 잘 대표하도록 표집되어야 한다(유안진, 2001).

횡단적 접근법은 각 연령층의 아동과 청년을 대상으로 하나, 그 결과의 해석은 마치 5세 아동 개인이 10세, 15세, 20세, 25세로 성장해 가면서 나타내는 지능지수의 발달로 가정한다. 그래서 비교적 짧은 시간에 발달 현상을 측정할 수 있다는 장점이 있으나, 다음과 같은 단점도 있다(정옥분, 2017). 첫째, 개인이 어떻게 변화하는지에 대한 구체적인 정보가 없고, 어떤 특성의 안정성에 대한 정보를 얻을 수 없다. 둘째, 성장과 발달에 있어서 증가나 감소가 분명하지 않다. 셋째, 연령의 차이는 연령 그 자체의 영향이기보다는 동시대 출생집단 효과 때문일 수 있다.

(2) 종단적 접근법

종단적 접근법(longitudinal approach)은 동일한 개인이나 집단을 연구 대상으로 정하여 일정한 기간, 즉 비교적 장기간 그들에게 나타나는 행동 특성의 변화, 즉 비교적 장기간 그들에게 나타나는 행동 특성의 변화, 발달 현상을 계속 추적해 가며 조사, 연구하는 접근법이다. 그러므로 횡단적 접근법의 단점을 보완해 주는 접근법이 되며, 개인이나 집단의 발달 현상을 제대로 이해하고 파악할 수 있는 자료를 얻는 접근법이다.

그러나 종단적 접근법은 다음과 같은 단점이 있다. 첫째, 어떤 개인이나 집단을 연구 대상으로 선정하여 3년이나 5년 또는 10년, 경우에 따라서는 수십 년 동안 계속 따라다니며 연구해야 하기 때문에 시간이나 비용 면에서 많은 지원이 필요하다. 둘째, 오랜 기간에 걸쳐 연구되므로 연구 대상의 탈락 현상이 생긴다. 경우에 따라서는 연구자 자신이 도중에 먼저 사망할 수도 있고, 또 연구 대상인 개인이나 집단이 타지로 이주하여 살게 되기도 한다. 셋째, 반복되는 검사로 인한 연습 효과가 생길 수 있다. 예컨대, 지능의 증가가 진정한 인지능력의 향상이 아니라 반복검사로 인한 수행상의 향상일 수 있다.

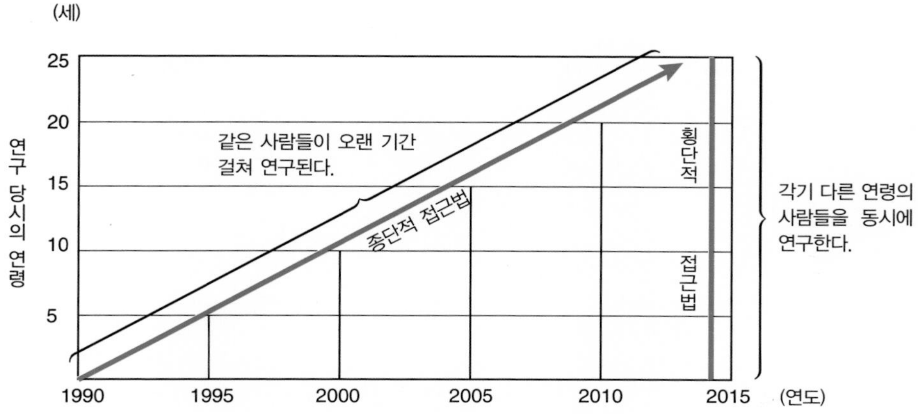

[그림 1-2] **횡단적 접근법과 종단적 접근법**

출처: 정옥분(2017). 아동발달의 이해, p. 153.

(3) 계열적 접근법

횡단적 접근법과 종단적 접근법의 문제점을 극복하기 위하여 연구자들은 2가지 방법을 혼합한 계열적 접근법(sequential approach)을 계획한다. 예를 들면, 5세와 15세 아동의 논리적 추론능력의 발달에 대해 연구한다고 할 때, 연구자는 2000년에 5세인 아동(1995년생)의 논리적 추론능력과 10세인 아동(1990년생)의 논리적 추론능력을 조사할 것이다. 그러고 나서 2005년과 2010년에 두 집단의 추론능력을 재검사할 수 있다. 1990년생 집단을 5세에서부터 15세까지 관찰하고 1995년생을 5세에서 15세까지 조사할 수 있으므로, 계열적 접근법에서는 둘 이상의 다른 연령 집단을 선정하여 종단적으로 연구함으로써 비교적 짧은 기간에 종단적 연구의 이점을 살릴 수 있다(Shaffer, 1999). 동시에 연구자는 다른 시기에 태어난 같은 연령의 아동을 비교함으로써 동시집단의 효과가 있는지를 파악할 수 있으며, 종단적 및 횡단적 비교가 가능하기 때문에 연구 결과에 대한 확신을 가질 수 있다. 이 방법은 흔히 사용되지는 않지만, 비교적 단시간에 종단적 및 횡단적 접근법의 장점을 살릴 수 있어 효율성 높은 연구방법으로 알려지고 있다.

이 3가지 접근법을 비교해 보면 〈표 1-3〉과 같다(Berk, 2015).

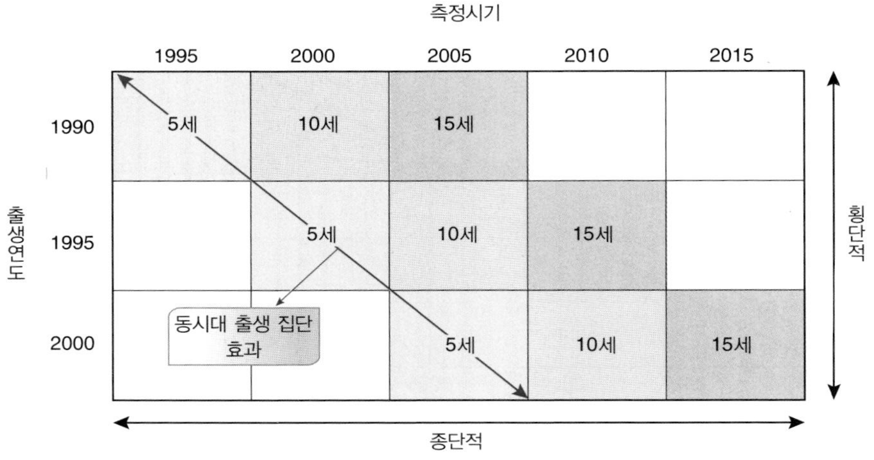

[그림 1-3] 계열적 접근법

출처: 정옥분(2017). 아동발달의 이해, p. 155.

〈표 1-3〉 아동발달 연구 접근법의 비교

설계	특징	강점	제한점
종단 설계	연구자는 동일 연구 대상자를 다른 연령에 반복적으로 연구한다.	발달의 보편적 특성과 개인적 차이에 대한 연구와 초기와 후기의 사건 및 행동 간의 관계에 대한 연구를 가능하게 한다.	• 연령과 관련한 변화는 편파적 표집, 선택적 소멸, 훈련 효과, 동시대 집단 효과 등으로 인해 왜곡된다. • 이론적 · 방법적 변화가 연구 결과를 시대에 뒤떨어진 것으로 만들 수 있다.
횡단 설계	연구자는 같은 시기에 연령이 다른 연구 대상자 집단을 연구한다.	• 종단연구보다 효율적이다. • 선택적 소멸, 훈련 효과 및 이론적 · 방법적 변화에 의해 오염되지 않는다.	• 개인적 발달 경향에 대한 연구를 허용하지 않는다. • 연령차가 동시대 집단효과로 인해 왜곡될 수 있다.

계열 설계	연구자는 같은 시점에 반복적으로 표본들(둘이나 그 이상의 연령 집단)을 추적한다.	• 종단적 방법과 횡단적 방법의 비교가 가능하다. • 동시대 집단효과를 밝힐 수 있다. • 연령과 관련한 변화를 종단연구보다 더 효율적으로 추적할 수 있도록 한다.	종단 연구와 횡단 연구와 같은 문제를 지닐 수 있으나 그 자체가 어려움을 밝히는 데 도움이 된다.

출처: 이종숙 외(2009). **아동발달**, p. 58.

3) 아동 연구의 제한점

아동을 대상으로 연구할 경우 어린 아동의 특성 때문에 생기는 실제적인 문제는 물론, 하나의 인격체로서 고려해야 할 윤리적인 문제에 당면하기도 한다. 실제적인 문제로는 일단 연구 대상자인 아동을 구하기가 어렵고, 아동을 구한다 해도 협조적인 부모의 아동을 대상으로 하기 때문에 편파적인 표집이 된다. 또한 어린 아동의 경우 언어가 제한적이고 주의집중 시간이 짧기 때문에 연구를 수행하기가 어려울 뿐만 아니라 연구자의 훈련된 기술이 필요하다. 특히 영아나 어린 아동의 경우는 말을 못하거나 언어능력이 충분하지 못해서 질문지를 사용할 수 없는 등 연구방법에서 제한적이다. 또한 언어적 지시를 할 때나 영유아의 반응을 해석하는 데도 상당한 주의를 요한다.

윤리적 측면을 보면, 어린 아동도 하나의 인격체로서 존중되어야 하므로 연구자는 연구를 수행함으로써 아동에게 신체적 또는 심리적으로 해로운 영향을 끼칠 수 있다는 가능성을 염두에 두어야 한다. 미국아동발달연구회(SRCD)에서는 아동을 대상으로 한 연구에 있어서 연구자가 지켜야 할 윤리강령을 다음과 같이 제시하였다(조성연 외, 2010).

- 연구자는 아동에게 신체적으로나 심리적으로 피해를 줄 수 있는 연구 절차는 사용하지 말아야 한다.
- 연구자는 연구 절차와 내용에 대해 아동이 이해할 수 있는 수준으로 설명해 주어야 하며, 동시에 연구 참여에 대한 동의도 구해야 한다.

- 연구자는 아동의 부모나 보호자 또는 교사나 학교장의 동의를 구한 후 연구를 실시해야 한다.
- 연구자는 아동과 상호 관계를 맺고 있는 사람을 연구에 포함시킬 경우 그 사람에게도 연구의 전반적인 특성에 관한 정보를 제공해 주고 연구 참여에 대해서도 동의를 구해야 한다.
- 연구에 참여한 사람에 대한 보상은 정해진 범위 내에서 공정하게 이루어져야 한다.
- 연구자는 원칙적으로 아동에게 연구 절차와 내용에 대해 알려 주어야 하지만, 연구의 성격상 알리는 것이 연구 결과에 긍정적 또는 부정적인 영향을 끼칠 수 있다면 연구 내용을 알려 주지 않거나 일부를 속이는 등의 필요한 조치를 할 수 있다.
- 학교나 기간으로부터 아동에 관한 기록을 얻고자 할 경우에는 담당자의 허락을 받아야 하며, 아동의 신상에 관한 정보는 익명으로 취급해야 하고, 수집된 정보는 연구 목적을 위해서만 사용해야 한다.
- 연구의 시작부터 종료까지 연구자, 부모 및 아동은 각자의 책임 한계에 대해 분명하게 서로 동의해야 하며, 동의된 모든 상황과 약속은 반드시 지켜야 한다.
- 연구 도중 연구자가 아동의 복지를 위협하는 정보를 발견한 경우에는 이를 부모나 보호자에게 알려 주고, 해당 분야 전문가와 상의하여 아동을 도와줄 수 있는 적절한 방법을 모색해야 한다.
- 연구가 진행되는 도중 예측하지 못한 바람직하지 않은 결과가 아동에게 영향을 미친다면 연구자는 즉시 이러한 결과를 수정할 수 있는 적절한 방법을 모색하고, 연구 절차를 다시 설계해야 한다.
- 연구자는 연구 대상에 관한 모든 정보에 대해 비밀을 지켜야 한다.
- 연구자는 자료를 수집한 뒤 아동에게 이에 대해 분명하게 설명해 주어야 하며, 연구의 일반적인 결과에 대해서도 아동이 이해할 수 있는 수준으로 알려 주어야 한다.
- 부모나 아동에게 연구 결과를 알려 줄 때 아동에 대한 평가적 진술이나 제언 및 의견을 신중하게 제시해야 한다.

• 연구 결과를 보고할 때 연구자는 자신의 연구가 사회적 · 정치적 · 인간적 측면에서 갖는 의미를 고려해야 한다.

생각할 문제

- 발달의 개념은 무엇인지 논의해 보자.
- 발달의 원리는 무엇인지 설명해 보자.
- 아동발달의 쟁점에 대해서 논의해 보자.
- 아동발달 연구자로서 연구법과 접근법을 선택하고 아동발달 연구를 설계해 보자.

참고문헌

유안진(2001). **아동발달의 이해**. 서울: 문음사.

이영, 이정희, 김온기, 이미란, 조성연, 이정림, 유영미, 이재선, 신혜원, 나종혜, 김수연, 정지나(2014). **영유아발달**. 서울: 학지사.

정옥분(2016). **발달심리학: 전생애 인간발달(개정판)**. 서울: 학지사.

정옥분(2017). **아동발달의 이해(개정판)**. 서울: 학지사.

조복희(2008). **아동발달**. 경기: 교육과학사.

조성연, 이정희, 천희영, 심미경, 황혜정, 나종혜(2010). **아동발달의 이해**. 서울: 신정.

Berk, L. E. (2012). *Child development* (9th ed.). 이종숙, 신은수, 안선희, 이경옥 역(2015). **아동발달(9판)**. 서울: 시그마프레스.

Berk, L. E. (2017). *Child development*. Pearson India Education Services.

Bonfenbrenner, U. (1979). *The ecology of human development: Experiment by nature and design*. Cambridge, MA: Harvard University Press.

Cole, M., & Cole, S. R. (1996). *The development of children*. NY: Scientific American Books.

Herrnstein, R. J., & Murray, C. (1994). *The bell curve: Intelligence and class structure in American life*. NY: The Free Press.

Jensen, A. R. (1980). *Bias in mental testing*. NY: The Free Press.

Papalia, P. E., & Olds, S. W. (1995). *A child's world: Infancy through adolescence*

(3rd ed.). NY: McGraw-Hill.

Salkind, N. J. (1985). *Theories of human development*. NY: John Wiley & Sons.

Shaffer, D. R. (1999). *Developmental psychology: Childhood and adolescence* (5th ed.). Pacific Grove, CA: Brooks & Cole.

제 2 장

태내 발달

제2장 태내 발달

학습목표

- 태내기의 발달 단계별 특징을 설명할 수 있다.
- 태내 발달에 영향을 미치는 요인들에 대해 설명할 수 있다.
- 태교의 중요성에 대해 설명할 수 있다.

발생학(embryology)의 발전에 힘입어 모체의 태내에서 이루어지는 태아 발달의 신비가 밝혀지고 있다. '태어나 10년보다 태중 열 달'이라는 옛 말에서도 짐작할 수 있듯이, 태아기는 인간발달에 있어 가장 기본적이고 절대적인 영향력을 가지는 시기다.

이 장에서는 인간발달의 출발점이라 할 수 있는 수정과 태내기 발달 단계를 개관하고, 태내 발달에 영향을 미치는 각종 요인들을 살펴보고자 한다. 나아가 건강한 태아의 발달을 위한 교육적 실천, 즉 태교의 전통과 그 현대적 의미를 고찰해 보고자 한다.

1. 태내기

인간의 난자와 정자가 만나 수정되는 순간부터 출산까지는 약 40주간의 시간이 필요하며, 그 시기를 태내기(胎內期)라고 부른다. 이러한 태내기는 수정된 이후부터 발아기, 배아기, 태아기로 분류되는데, 이들 단계를 거쳐 수정란은 점차 분화되고 체계적으로 변화해 간다.

1) 수정

평소에는 여성의 자궁경부 내강의 점액층이 두꺼워 정자 세포들이 접근하기 어렵다. 그러나 여성의 자궁경부 내강의 점액층이 얇아지는 배란기에는 남성의 정자가 여성의 질 내에 들어가 쉽게 자궁을 통과할 수 있게 된다. 자궁으로 들어간 정자는 여성의 난관 끝 약 3분의 1지점인 팽대부에서 결합하게 되고, 이렇게 결합이 이루어지면 다른 정자가 들어올 수 없도록 튼튼한 막이 형성된다. 이러한 과정이 바로 수정(fertilization)이다.

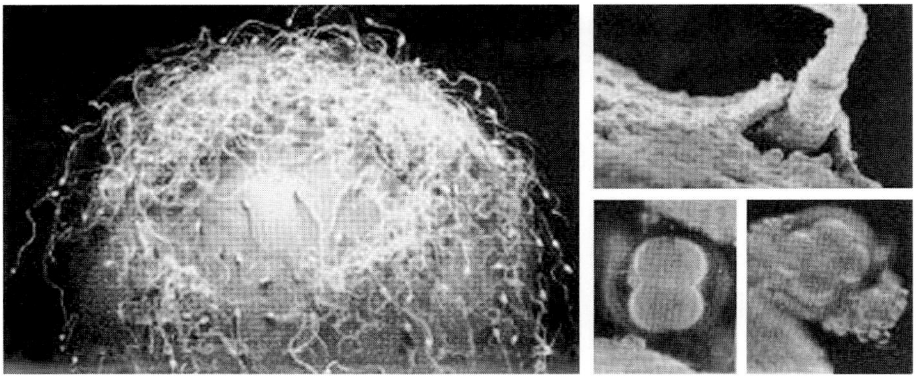

[그림 2-1] **수정**

출처: 황희숙 외(2008). 아동발달과 교육, p. 32.

이때 난자와 정자로부터 각각 23개의 염색체가 방출되어 46개의 새로운 염색체 배합이 일어나게 되며, 인간의 모든 유전적 성향은 이 46개의 염색체에 의해 결정된다. 23쌍의 염색체 중에서 23번째가 성염색체로, 여성의 성염색체는 XX이고 남성의 성염색체는 XY이다. 여성의 난자는 X 염색체만 가지고 있으나 남성의 정자는 약 반수가 X 염색체, 나머지 약 반수는 Y 염색체를 가지고 있다. 따라서 난자와 만나는 정자의 종류에 따라 태아의 성이 결정된다. 즉, 정자와 난자가 결합할 때 X 염색체를 가진 정자가 난자와 만나면 여아가 태어나게 되고, Y 염색체를 가진 정자가 난자와 짝지어지면 남아가 태어나는 것이다.

난자와 정자의 결합으로 이루어진 수정란은 유사분열 과정을 거쳐, 수정 후 몇 주 내에 하나의 세포가 수십억 개의 세포로 증가하며, 이러한 과정을 통해 신경, 골격, 근육 또 순환계 등의 세포군이 형성되어 태아는 약 9개월 후 출생하게 된다.

- 정자(sperm)

정자는 남성의 고환에서 만들어지며, 한 번 사정되는 약 3~5ml 정도의 정액 속에는 3억에서 5억 마리 이상의 정자가 생존한다. 이 중에서 10~25%만이 분당 2~3mm의 속도로 움직여서 자궁 내로 들어가고, 그중 하나의 정자만 수정할 수 있으므로 경쟁이 매우 치열하다. 많은 수의 정자 중 활동성이 강하고 힘든 조건을 이겨 낼 수 있는 정자만이 수정할 수 있다. 정자의 생존기간은 여자의 질 내에서는 40분~4시간 정도를, 자궁 안에서는 평균 1~2주간 생존할 수 있다.

- 난자(ovum)

여성은 2개의 난소를 지니고 있으며, 약 20만 개의 미성숙된 난자를 태어날 때부터 갖고 있다. 여성의 난자는 사람의 인체에서 가장 큰 세포이며 모양은 구형이고 크기는 0.14mm에서 0.2mm 정도로, 정자보다 약 40배가 크다. 사춘기 이후 좌우 각각의 난소에서 난포가 성장하고, 성숙한 난포가 월 1회 파열되어 1개의 난자를 배출하는데 이를 배란(ovulation)이라고 한다.

- 임신(pregnancy)

임신은 정자와 난자가 수정하면서 시작된다. 수억 개의 정자 중에서 단 하나의 정자만이 난자와 융합하여 접합체, 즉 수정란을 형성한다. 수정란은 하루가 지나면 첫 번째 세포분열을 하게 되고 난관을 따라 자궁으로 이동하게 된다. 그리고 수백 번의 세포분열을 반복하면서 5~7일 후 자궁 내에 도달하여 자궁내막에 붙게 된다. 이를 착상이라고 하며 이때부터 임신이 된 것으로 본다. 난자와 정자의 수정 가능 시기, 즉 배란일에 여성은 가슴이 팽팽해지고 체중이 약간 늘어나며 자궁경관 점액의 양이 늘어난다. 그러나 이것으로만은 배란일을 정확히 알기 어렵고, 월경주기법, 체온측정법, 자궁경관 점액주기법 등을 통해서 또는 골반 초음파와 소변 및 혈액 검사로 배란일을 진단할 수 있다.

2) 발아기

정자와 난자가 결합한 수정란이 자궁벽에 착상하는 2주까지의 기간을 발아기(germinal period) 또는 정착기라 하며, 인간의 생애 중 가장 사망률이 높은 시기라 할 수 있다. 일반적으로 이 시기에 모체는 신체적 변화를 거의 지각하지 못한다.

정자와 난자의 결합으로 이루어진 수정란은 급격한 세포분열을 하게 되는데, 2일 후에는 4개의 세포로, 3일 후에는 32개의 세포로, 그리고 수정 후 일주일이 지나면 약 100~150개의 세포로 분열한다. 수정란은 세포분열을 하는 동안 난관 내부의 섬모운동과 난관의 수축작용으로 3~4일 후에 자궁에 이르게 되며, 자궁 내에 완전히 착상하게 되면 배아(embryo)로 성장하게 된다(정옥분, 2017).

이 시기에는 수정란이 착상에 실패하는 경우가 많으며, 자궁에 착상하지 못하고 난관, 난소, 자궁경부, 자궁각에 착상할 때도 있다. 이를 '딴 곳 임신' 또는 '자궁 외 임신'이라고 한다(류지원, 2015). 자궁 외 임신은 주로 난관의 염증에 의한 유착이나 협착 등 난관의 통과성이 나쁠 때 발생하는데, 충수염이나 결핵성 복막염의 영향 또는 인공 임신중절이 원인이 되기도 한다. 난관임신은 보통 2~3개월 무월경이 계속되고 정상임신 때처럼 입덧 등이 있어 임신이라고 생각되는 시기에 일어난다. 자궁 외 임신 상태에서는 태아가 난관 등에서 충분히 발육하지 못하여 유산되며, 난관파열을 일으키기도 한다.

3) 배아기

발아기 이후 약 6주간을 배아기(embryonic period)라고 한다. 이 시기에 대부분의 중요 기관과 생리계통이 분화되고 생성되며, 배아기가 끝날 때쯤에는 사람의 형체를 갖추게 된다. 자궁벽에 착상된 수정란은 모체와 의존적인 관계를 형성하면서 매우 빠르게 분화되어 가는데, 태아가 태내 환경으로부터 가장 민감한 영향을 받는 시기라 할 수 있다.

착상된 수정란은 세포분열을 계속하면서 3개 층의 내부 세포단, 즉 외배엽,

중배엽, 내배엽으로 분화된다. 외배엽은 머리, 손톱, 치아의 일부, 피부, 피부 분비선 그리고 감각세포와 신경계를 이루게 되고, 중배엽은 근육, 뼈, 배설기관과 순환기관, 피부의 진피를 이룬다. 내배엽은 소화기 계통기관, 기관지, 호르몬 기관, 폐, 췌장 및 간을 형성하게 된다(최경숙, 2006).

이 시기 태아의 발달 상태를 살펴보면, 4주경에는 심장이 뛰기 시작하며 뇌와 신경조직이 분화되고, 입이나 소화기관, 간 등이 형성된다. 8주경에는 얼굴에서 입, 눈, 귀가 뚜렷하게 분화되고 팔, 다리, 손발이 형성되며 성기도 형성되기 시작한다. 근육이나 연골조직과 함께 장, 간, 폐, 신장, 췌장과 같은 내부기관이 뚜렷하게 형성되고 그 기능이 시작되며, 신경조직도 급속도로 발달된다. 내부 세포단이 분화되는 한편, 외부 세포단은 융모막과 양막이라는 2개의 막을 형성한다. 융모막과 양막은 자궁벽에서 형성된 막과 함께 태아를 감싸게 되는데, 양막 속은 양수 혹은 양막액으로 가득 찬다. 이러한 양수는 외부의 충격으로부터 태아를 보호하고, 적절한 온도를 유지해 주는 기능을 하는 것으로, 분만 시에는 자궁구를 여는 역할을 하기도 한다. 임신 초기에는 무색이지만, 말기가 되면 태아의 피부, 태지(胎脂), 배냇머리 등이 섞여서 혼탁해진다.

이와 동시에 탯줄이 발달하여 태아를 자궁벽의 태반과 연결시켜 준다. 탯줄은 태아의 배꼽과 태반을 연결하는 가늘고 긴 띠 모양의 것으로, 의학용어로는 제대(umbilical cord)라고 부른다. 성숙한 태아의 탯줄은 지름이 약 1cm, 길이가 약 50cm로, 태아의 태내생활에 필요한 산소와 영양을 태아에게 공급하는 통로의 역할을 한다. 성인의 기도(氣道)나 식도에 해당하는 것이라 할 수 있다. 태반은 혈관이 풍부한 해면 모양으로 임신 4개월 말에 완성되는데, 모체의 모세혈관과 가스 교환을 하는 역할 외에도 각종 유기 · 무기물질 용액, 색소, 면역체 등을 통과시키며 태아를 대신하여 소화기나 폐, 신장, 간의 작용을 한다. 또 태반 호르몬(생식선자극 호르몬)을 분비하는데, 이것은 임신의 조기진단에 사용되기도 한다. 태반이 완성되기 전까지는 수정란과 자궁과의 결합이 약해서 유산되기 쉬우나, 완성되면 결합이 상당히 강해져 유산의 위험은 적어진다.

배아기는 신체의 주요 기관이 형성되고 빠른 속도로 세포분열이 이루어지는 시기로, 신체의 각 기관은 그 형성되는 시기가 달라서 태아가 태내 환경으로부터 민감하게 영향을 받는 시기에도 차이가 난다. 이를테면, 뇌가 가장 영향 받기 쉬운 시기는 수정 후 15~25일이며, 눈은 24~40일, 심장은 20~40일, 다리는 24~36일로 알려져 있다. 이 시기에 발달을 방해하는 사건이 발생하면 심각한 손상을 입을 수 있으므로, 태내 환경에 대해 각별한 주의가 필요하다.

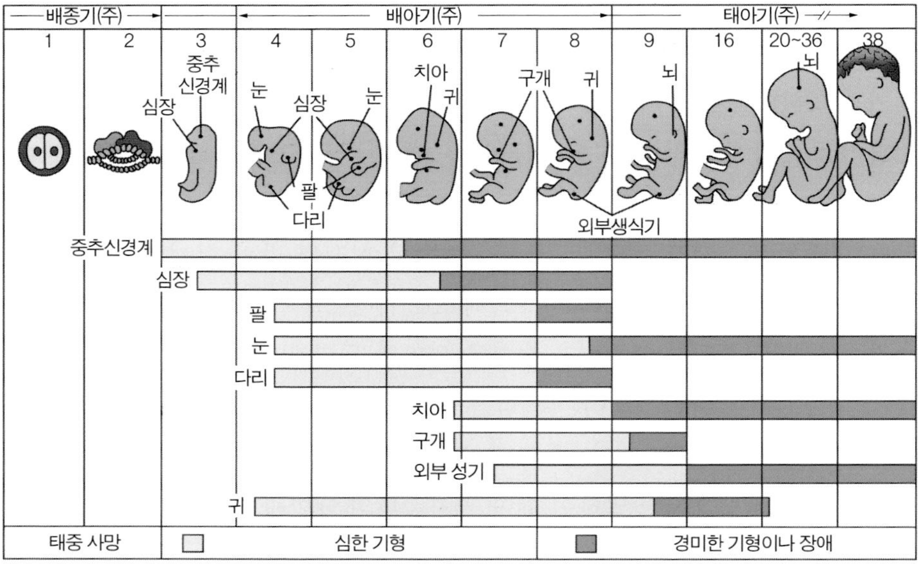

[그림 2-2] **태내 발달의 결정적 시기**

출처: 황희숙 외(2008). 아동발달과 교육, p. 36.

4) 태아기

이 시기는 새로운 기관의 형성보다는 태아의 성장이 가속화되는 시기로, 전 단계에서 기본적으로 형성된 여러 신체 조직이 급격히 발달하고 기능하기 시작한다. 태아기(fetal period)에 이르러 태아는 촉각적 자극에 대해 반응을 하며, 운동기능이 점차 분화되고 복잡해진다. 또한 태아는 신생아와 유사한 수면과 각성의 주기를 가지게 되며, 큰 소리나 음악은 태아의 움직임을 촉발시킨다(정옥분, 2017).

12주경에는 인간의 형체를 닮기 시작하고, 팔과 다리의 움직임이 나타나며, 태아의 성별을 확실하게 구분할 수 있게 된다. 16주경에는 어머니가 태동(胎動)을 느낄 수 있고, 20주경이면 태아의 움직임이 더욱 활발하게 나타난다. 모체가 태동을 느끼는 것은 임신 경험에 따라 차이가 날 수 있는데, 일반적으로 태동은 8개월경부터 심해지다가 출산일이 가까워지면 조용해진다. 마지막 3개월 동안 태아의 체중은 급격하게 증가하는데, 이는 지방층의 발달에 기인한 것이다. 그 결과 태아는 점차 자궁 내에서 더 많은 자리를 차지하게 되며, 움직임을 위한 공간이 줄어들게 된다. 36주경에는 대부분의 태아는 머리를 아래로 향하는 형태로 정착하게 된다. 이러한 형태는 자궁 내에서 가장 많은 공간을 확보하게 해 줄 뿐만 아니라 출산을 용이하게 해 준다.

한편, 임신 6개월 전에는 태아의 신경계와 호흡기 및 기타 신체 조절기능이 생존에 충분할 정도로 성숙하지 않아 출산하더라도 생존할 가능성이 극히 희박하다. 통상 임신 29주에서 38주 사이에 조산할 경우에는 적절한 간호에 의하여 신생아의 생육이 가능하다. 이 시기는 태아의 신체적 기능이 충분히 발달하여 출산하더라도 생존할 가능성이 높다.

임신 중 모체의 변화와 태아의 성장

① 임신 초기(1~12주)

임신 초기 첫 3개월 동안은 모체의 신체에 큰 변화는 없으나, 태아에게 혈액을 보내기 위해 심박수는 좀 더 빨라진다. 개인에 따라 입덧을 느끼기도 하고 자궁이 커지면서 방광에 압박이 가해져 소변이 자주 마려운 증상도 나타날 수 있다. 임신 초기에 태아의 뇌, 심장 등 주요 기관의 발달이 이루어진다. 태아는 1개월이 되면 팔다리의 흔적이 나타나며 신경조직, 소화, 비뇨기, 피부, 골, 폐조직의 발생이 시작된다. 2개월이 되면 태아의 신장은 약 2.5cm이며 머리, 턱, 팔의 뼈가 형성되며, 임신 12주에 자궁은 주먹 크기로 커져서 하복부(치골결합 상부)에서 만져질 수 있다. 태아의 손가락, 발가락의 구별이 가능해지고 남녀를 판별할 수 있으며, 뇌의 형태가 대체로 안정된다. 태반을 통하여 산소, 영양분, 노폐물의 교환도 이루어진다. 태아의 주요 기관이 발달하는 시기인 만큼, 이때 모체는 약물복용이나, 바이러스 감염, X선 촬영 등에 주의를 각별히 주의를 기울여야 한다.

② 임신 중기(13~28주)

이 시기에 모체는 구토와 피로감이 사라지고 임신의 징후가 확실해지면서 여러 가지 신체적 변화를 경험한다. 태아의 몸무게가 증가함에 따라 모체의 체중이 늘어나고 피부가 갈라지기도 하고 성호르몬의 자극에 의해 유방이 커지면서 경우에 따라서는 초유가 분비되기도 한다. 임신 4개월이 되면 태아는 생식기가 형성되어 성별이 확실해지고, 신장에서 소변 배설이 가능하며 머리카락이 나고 태아가 운동을 시작한다. 임신 5개월경이 되면 태아의 온 몸에 솜털이 나고 운동이 활발해진다. 이때 자궁은 산모의 배꼽까지 올라와 있고, 산모는 태동을 느낄 수 있다. 임신 6개월경에는 태아는 눈썹, 손톱 등이 발달하기 시작하고 피부는 주름이 잡혀 있다. 태아의 머리는 제법 큰 편이며 눈썹과 속눈썹을 알아볼 수 있다. 이때 모체의 충분한 휴식, 균형 잡힌 식사와 적절한 운동은 태아의 태내 건강을 유지하는 데 도움이 된다.

③ 임신 말기(29~40주)

임신 말기가 되면 태아의 체중이 급속히 늘어남에 따라 모체가 신체적으로 불편함을 느끼게 된다. 임신 28주 말에 이르면 태아의 신장은 38~43cm, 몸무게는 1500g 정도가 된다. 임신 32주의 태아는 지문이 생기고 태동이 왕성해진다. 임신 36주의 태아는 피하 지방조직의 형성으로 얼굴과 전신의 주름이 점차 사라진다. 임신 40주가 되면 태아의 신장은 48~52cm이고 체중은 3,300g 정도이며 모체 밖에서 성장할 수 있을 정도로 완전히 성숙하여 신생아의 모습을 갖추게 된다. 임신 36주의 태아는 성장의 정점에 달하여 몸무게는 평균 3kg, 키는 50cm에 이른다. 이때 모체는 마음을 차분히 가지고 곧 탄생할 생명을 기쁘게 맞이할 자세를 갖는 것이 필요하다.

2. 태내 발달에 영향을 미치는 요인

많은 학자들은 인간의 발달이 유전과 환경의 상호작용에 의해 이루어진다고 본다. 유전적인 요인과 환경적 요인은 매우 복잡하게 작용하므로, 유전과 환경의 영향을 정확하게 구분하거나 파악하기는 어렵다.

1) 유전적 요인

인간은 누구나 부모로부터 물려받은 선천적 유전 정보를 지니고 있다. 이러한 유전 정보는 염색체에 포함되어 있다. 염색체의 특정 부위에 서로 다른 표현을 하는 유전인자가 위치하면서 태아의 발달에 영향을 미친다.

(1) 유전인자의 이상

대부분 유전인자(gene)의 결함은 열성인자에 의한 것이다. 열성인자에 의한 결함은 양쪽 부모로부터 같은 열성인자를 물려받아 발생한다. 열성인자에 의한 유전병 중 대표적인 것으로는 페닐케톤뇨증과 적혈구성 빈혈, 테이삭스병, 낭포성 섬유종, 혈우병 등이다.

(2) 성염색체의 이상

성별을 결정하는 데 중요한 역할을 하는 염색체, 즉 성염색체(sex chromosome)의 수나 형태에 이상이 생기면 선천적 이상 질환이 나타나게 된다. 남성의 경우에는 클라인펠터 증후군과 초웅성 증후군이, 여성의 경우에는 터너증후군과 초자성 증후군이 나타나며, 프래자일엑스 증후군은 남성과 여성 모두에게 나타난다.

(3) 상염색체의 이상

염색체 중에서 성별의 결정에 관계하는 성염색체 이외의 22쌍의 염색체를 상염색체(autosome) 혹은 보통염색체라고 한다. 상염색체의 결함에서 오는 대표적인 장애로는 다운증후군을 들 수 있다. 다운증후군은 21번째 염색체가 3개 있어서 전체가 47개가 되는 기형이다. 다운증후군 아동은 감염에 대한 저항력이 약하기 때문에 병에 걸리기 쉽고, 신체적 장애와 지적장애를 함께 나타낸다. 뒷머리가 납작하고 목이 짧으며 작은 머리와 짧고 통통한 사지 등의 신체적 특징을 지니지만, 성격이 밝고 사람을 좋아하여 사교성이 높은 것 또한 특징적이다. 고령임신의 경우에 다운증후군 발생 빈도가 상대적으로 높기 때문에, 출산 시 나이가 만 35세 이상인 여성이 임신했을 경우에는 양수검사 또는 NIPT 검사(non invasive prenatal testing)를 받는 것이 필요하다.

2) 환경적 요인

유전적인 요인 외에 태내 환경에 영향을 미치는 주요 요인으로 모체의 연령, 영양 상태, 질병 유무, 약물복용, 음주 및 흡연, 환경 호르몬이나 전자파 노출 등과 같은 요인을 들 수 있다. 모체를 둘러싼 환경적 요인뿐만 아니라 태내 발달에 중요한 영향을 미치는 요인인 아버지의 건강에 대해서도 관심을 기울여야 한다.

(1) 모체의 연령

일반적으로 여성은 12, 13세경에 생리를 시작하여 50세 전후에 이르기까지 생식 능력을 가진다. 개인에 따라 차이는 있으나 태아나 모체에게 최적의 임신 및 초산 연령은 일반적으로 20대로 알려져 있다.

오늘날 여성들의 교육기회 확대, 사회참여의 증가, 피임, 늦은 결혼 등으로 고령임신이 점차 증가하고 있다. 고령임신의 기준에 대해서는 다양한 의견이 있으나 통상적으로는 출산 시 나이가 만 35세 이상인 경우로 정의된다. 고령임신은 신체적으로 더딘 적응력과 부적절한 반응으로 임신 중 다양한 합병증을 야기할 수 있다. 다운증후군의 발생빈도나 임신 초기의 자연유산 가능성도 상대적으로 높으며, 임신성 당뇨나 임신중독증의 질병을 경험하는 비율도 높은 것으로 보고되고 있다. 그러므로 고령임산부는 노화에 따라 전체적으로 약해진 신체에 좀 더 많은 주의가 필요하다는 것으로 인식하고, 합병증을 예방하고 효과적으로 관리하는 지혜가 필요하다(류지원, 2015).

한편, 10대 임신 또한 여러 가지 위험요소를 지닌다. 10대 임신은 부적절한 영양 섭취, 임신 전의 불량한 건강 상태 등의 요인과 흡연, 음주 및 약물 남용 또는 바이러스 감염 등의 요인과 관련된다. 특히 15세 이하 임신의 경우는 신체적 미성숙으로 인하여 그 위험성이 더 높아진다. 10대 여성이 임신을 할 경우, 모자보건 차원에서 모체 자신에게 미치는 부작용과 함께 합병증 유발 가능성이 20대, 30대 여성의 경우보다 더 높다. 10대 임신으로 인한 합병증은 매우 심각한 문제로, 임신성 고혈압, 빈혈, 자궁기능부전, 저체중아 출산, 선천성기형, 신생아 사망률 증가 등의 문제가 발생한다.

(2) 모체의 영양

임신 기간 중의 충분한 영양 섭취는 태아뿐만 아니라 산모의 건강에도 필수적이다. 태아에게 필요한 영양소를 영양제나 보충제에 의존하기보다 가능한 건강한 음식을 통해 섭취하는 것이 바람직하다. 최근에는 임신 기간 중의 태내 환경이 임신 결과뿐만 아니라 신생아가 이후 성인이 된 후의 질환 발생과도 관련이 있는 것으로 알려져 있다.

임신 기간 중 단백질은 30%, 엽산은 100%, 칼슘과 인, 철분은 50% 정도가 평소보다 권장량이 증가한다. 그러므로 모체는 질이 좋은 식품을 선택하여 충분히 그 증가분을 섭취해야 한다. 임신 중 식사만으로 해결되지 않는 유일한 영양분은 철분으로, 보충제가 필요하다. 특히 임신 중기부터는 태아가 모체의 철분을 흡수해 자신의 혈액을 만들기 시작하므로 철분을 충분히 공급하는 것은 중요하다.

태내에서의 영양 공급이 충분하지 못한 경우 사산, 유산, 조산아나 미숙아 출생 확률이 증가하며, 출생 후 감기, 기관지염, 폐렴 등의 호흡기 질환에 감염될 확률도 높다. 또한 태내기는 뇌세포가 급격하게 증가하는 시기이므로 두뇌 발달을 위해서도 충분한 영양 공급이 필수적이라 하겠다.

임산부의 음식 가리기

① 각종 식품첨가물이 들어가 있는 인스턴트, 농약이 잔뜩 묻은 제철 아닌 음식, 간편하게 먹을 수 있는 반조리 식품 등은 피하는 것이 좋다. 이들 음식에 들어 있는 방부제, 향신료, 착색제 등은 태아의 혈액을 생성시키는 데 필요한 구리와 아연을 파괴한다.

② 흰쌀, 흰 밀가루, 흰 설탕 등 정제된 재료를 피하고, 다양한 곡류와 유기농법으로 재배된 야채와 과일을 중심으로 한 자연식을 차린다.

③ 육류도 가려 먹는 것이 좋다. 우리가 먹는 고기에는 항생제가 많이 들어

있고, 사육 환경과 도살장에서 가축들이 느끼는 스트레스가 고스란히 배어 있는 경우가 많다.

출처: KBS 첨단보고 뇌과학 제작팀(2013). 태아성장 보고서, p. 183.

(3) 모체의 질병과 약물복용

모체의 질병은 태내 결함을 유발하는 중요한 원인으로 작용한다. 특히 임신 초기의 여성이 질병에 감염되면, 태아가 선천성 심장질환, 백내장, 난청 등의 이상을 가지고 태어날 수 있다. 임산부가 매독이나 임질 등의 성병에 감염된 경우에는 태아에게 심각한 위협을 줄 수 있는데, 감염된 태아의 30%는 출산 이전에 사망하고, 그렇지 않은 경우에도 기형아 출산이나 시각장애가 발생할 수 있다. 근래에는 후천적 면역결핍증(AIDS; acquired immune deficiency syndrome)의 원인이 되는 인체 면역결핍 바이러스(human immune deficiency virus)도 태아에게 감염되는 비율이 점차 증가하고 있다. 이는 태반이나 출산 과정을 통해 감염되는데, 감염된 태아는 비정상적으로 작은 두개골과 얼굴 기형을 보이게 되며, 이러한 결함은 임신 초기에 감염될 경우 더욱 심해진다.

한편, 모체에게 안전한 약물도 태반을 통해 태아에게 전달되는 경우에는 위험할 수 있다. 임신 초기에 신경안정제인 탈리도마이드를 복용했을 경우, 해표상기형(phocomelia) 결함을 지닐 수 있다. 주로 구개파열, 작은 귀, 골반탈구, 소화기, 심장, 비뇨기의 기형과 같은 신체적 결함이나 팔다리가 없거나 손과 발이 몸통에 붙어 있는 것과 같은 결함을 초래한다. 임신 상태에서 피임약을 복용한 경우에는 복용하지 않은 집단에 비해 태아가 염색체 이상을 보이는 비율이 높으며, 경구용 피임약 외에 질 좌약도 지속적으로 사용할 경우, 출산 결함이나 유산의 비율이 증가한다. 이 외에도 항생제는 청각 결함을, 아스피린은 태아의 혈관장애를 유발할 위험이 있다. 헤로인 등과 같은 마약류는 청각 결함, 심장이나 관절의 결함, 구개파열, 사지기형이나 행동장애를 유발한다. 코카인을 사용했을 경우, 성장 지체나 사산, 출산 과정에서의 문제(태반 조기박리 등), 뇌손상, 생식기 이상, 갑상선 이상, 뇌출혈, 급성 심장발작을 유발할 확률이 증가하고, 환경 자극에 대해 적극적인 반응을 보이지 않으며, 그 영향이 지속적인 것으로 보고되고 있다(정옥분, 2017).

약물복용이 기형아 출산의 원인이 되지만 모든 약이 기형을 유발하는 것은 아니다. 태반을 통과하지 않는 약이나 통과하더라도 태아에게 별다른 영향을 주지 않는 약들도 많은데 이런 약들은 임신 중에라도 안전하게 복용할 수 있다. 약물복용에 대한 막연한 두려움으로 인해 질병 치료 시기를 놓쳐 모체와 태아의 생명에 위험을 초래하는 경우도 있으므로, 임신 기간 중의 약물복용과 관련해서는 전문 의료진과의 상담이 필수적이다.

(4) 모체의 음주 및 흡연

술의 주성분인 에틸알코올은 빠른 속도로 태반에 침투하여 장시간 영향을 미친다. 태아는 알코올에 매우 민감하게 반응하며, 소량의 알코올이라도 비정상적인 발달을 야기할 수 있으므로 임신 중에는 가능한 한 음주를 삼가는 것이 바람직하다. 알코올에 중독된 모체의 태아는 태아 알코올 증후군(fetal alcohol syndrome)에 걸려 지적장애, 행동장애, 안면기형, 심장기형, 뇌기형, 척추 · 사지 · 비뇨생식기 기형을 나타내기도 한다. 이런 증후군의 태아는 출생 후 눈이 작고 코 밑의 인중이 없고 윗입술이 아랫입술에 비하여 현저히 가늘며 미간이 짧은 특징을 보인다. 이러한 위험은 알코올 섭취량이 많을수록 증가하며, 지적장애를 가질 확률도 높아진다.

모체의 흡연은 저체중아 출산에 영향을 미치는 가장 대표적인 요인이다. 담배의 발암물질을 비롯하여 각종 유해물질이 흡연을 통해 태아에게 전달됨으로써 태아 뇌의 결함, 구개파열 발생 빈도를 높일 뿐 아니라, 조산아가 태어날 확률이나 출생 후 질병에 걸릴 확률도 증가시킨다. 모체가 흡연을 할 때 니코틴이 태아의 혈중으로 들어가 호흡을 방해하므로 태아는 무호흡과 과호흡을 반복하게 되어 태아기 호흡 교란이 나타나고, 혈중 일산화탄소 헤모글로빈의 양이 급격히 증가되면서 태아에게 산소 결핍이 초래되는 것이다. 간접 흡연 또한 모체와 태아의 건강에 영향을 미치는 요인으로서 가능한 한 모체가 담배 연기에 노출되지 않도록 해야 한다.

실제로 임신 기간 동안 흡연한 산모에게서 태어난 아이들을 오랜 기간 추적한 연구 결과에서 뇌의 성장과 기능이 저하되어 있음이 보고되었으며, 임신

중 흡연이 신생아에게는 젖을 빠는 능력을, 1~2세 영아들에게는 언어 발달과 운동기능을, 4~7세 유아들에게는 주의력을 저하시키고, 7~11세 아동들에게는 학습장애를 유발하는 등의 부정적인 영향이 있음이 발표된 바 있다(Eliot, 1999).

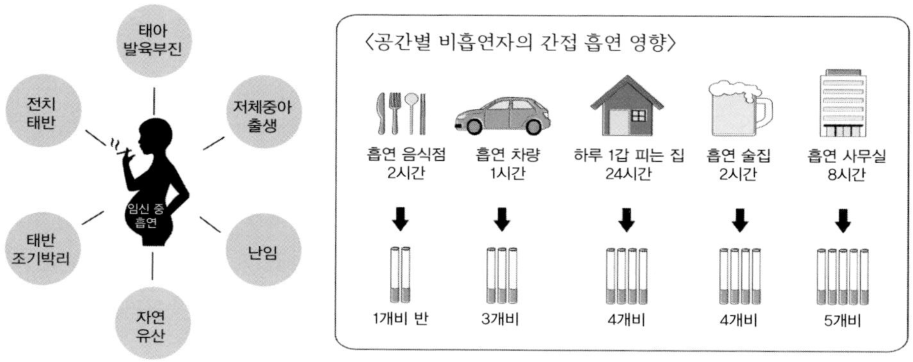

[그림 2-3] **흡연의 영향**

출처: 류지원(2015). 임신 육아 출산 대백과, p. 67.

(5) 모체의 정서

모체가 느끼는 분노, 공포, 불안과 같은 정서는 자율신경계에 영향을 미쳐 부신 호르몬의 분비를 촉진시키고, 이는 태반을 통해 태아에게 영향을 준다. 모체가 화를 내거나 초조해하거나 슬퍼하거나 불안해하면 그에 따라 분비되는 스트레스 호르몬이나 뇌에서 형성된 신경전달물질이 그대로 태아에게 전달되는 것이다. 특히 스트레스는 태아의 뇌 발달에 치명적이다. 실제 뇌는 우리 신체 가운데 산소 공급에 가장 민감한 기관이다. 모체의 스트레스는 태반 내 혈액량을 감소시켜서 태아에게 산소나 영양 공급 부족을 초래할 수 있다. 또한 모체의 불안은 태아의 신진대사율을 증가시켜 저체중을 유도하거나, 불안을 극복하기 위해 이들 호르몬의 분비를 촉진시킴으로써 조산을 유발하는 요인이 되기도 한다(Azar, 1999).

전문가들은 어머니의 스트레스가 반복 · 지속되어 이로 인해 태아가 긴장감과 흥분 상태를 빈번하게 겪을 경우, 자폐증과 같은 정신신경장애, 소아당

뇨병, 고혈압 등이 발생할 수 있다고 경고한다(KBS 첨단보고 뇌과학 제작팀, 2013). 따라서 임산부는 몸과 마음이 보내는 신호에 주의를 기울이면서 감정의 실체를 파악하고, 그것을 해소해야 한다. 가벼운 운동이나 산책, 심호흡, 글쓰기나 그림 그리기 등의 활동이 임산부의 스트레스를 예방하거나 조절하는 데 효과적일 수 있다.

(6) 환경 호르몬

환경 호르몬이란 인간의 산업활동을 통해 환경 속에서 인위적으로 만들어진 화학물질이 몸 안에 들어가 진짜 호르몬인 것처럼 역할을 한다고 하여 붙여진 이름이다. 이러한 환경 호르몬은 생체 호르몬의 분비나 분해를 방해하거나, 생체 호르몬이 들어가야 할 자리를 차지하여 각종 기형, 암을 유발하고 면역체계를 무너뜨린다.

최근 환경 호르몬이 태반을 통과한다는 보고가 나오면서 모체와 태아에 미치는 환경 호르몬의 영향에 대해 우려의 목소리가 높다. 미국의 심리학자 제이컵슨(Jacobson) 부부는 미국의 5대호 지역에서 폴리염화비페닐(PCB)과 다이옥신 등에 오염된 호수의 물고기를 먹은 어머니로부터 출생한 자녀들의 지능이 낮다는 것을 발견하고 모체의 혈액에 녹아 있는 PCB의 농도와 태아의 신경계 기능장애가 상관이 있다는 연구 결과를 발표한 바 있다(이원섭, 2000). 또한 환경 호르몬인 비스페놀A(BPA)가 후선 유전적 효과를 일으킨다는 사실이 확인되면서 이에 대한 논란도 커지고 있다(KBS 첨단보고 뇌과학 제작팀, 2013).

태내 환경을 위협하는 환경 호르몬

① 폴리염화비페닐

염소와 비페닐을 반응시켜 만드는 화학물질로 공업용으로 사용되었다. 다이옥신과 마찬가지로 발암과 기형아 출산을 유발하는 것으로 알려지면서, 1997년 세계자연보호기금(WWF)에 의해 페놀 등 유해화학 물질 42종과 함께 환경 호르몬으로 지정되었다.

② 비스페놀A

단단하고 가벼운 플라스틱 용기를 만드는 데 주로 사용되는 화학물질로 음료수병, 음식 보관통, 젖병, 컵, CD, 캔 내부코팅제 등 일상생활에서 광범위하게 사용된다. 특히 열을 가하거나 강력한 세제로 세척할 경우에는 녹아서 음식이나 음료에 섞일 수 있다. 2008년 미국 국립독극물프로그램(NTP)은 미량의 BPA를 실험용 쥐에게 주입한 결과 전립선암과 유방암, 비뇨체계 이상, 성조숙증이 발견되었다고 보고하였다.

출처: KBS 첨단보고 뇌과학 제작팀(2013). 태아성장 보고서, p. 180, p. 182.

(7) 전자파 노출

현대인은 여러 가지 이유로 가정생활이나 업무나 사적인 이유로도 수많은 전자제품을 사용하고 있으며, 임신 중의 모체도 수많은 전자파에 노출된다. 이러한 전자파가 모체와 태아에게 악영향이 미칠 수 있다는 연구 결과가 보고되고 있다.

2012년 3월 15일자 영국의 과학전문지 「Science Report」에는 태아기 때 휴대전화 전자파에 과다하게 노출될 경우, 출생 후 주의력결핍 과잉행동장애 증세가 나타날 수 있다는 연구 결과를 게재한 바 있다. 새끼를 밴 두 그룹의 쥐를 대상으로 연구한 미국의 휴 테일러(Hugh Talyor) 박사팀은 휴대전화 전자파에 노출된 어미 쥐로부터 태어난 쥐들이 과잉행동과 기억력 저하 증상이 나타난다고 보고하면서, 임신 기간 중 모체의 휴대폰 사용에 대해 경고하였다. 또한 전문학술지인 「Journal of Epidemiology」에 공개된 내용에 따르면, 임신 기간 중 휴대전화를 하루 2~3회 정도 사용한 임산부에게서 태어난 아이가 그렇지 않은 경우보다 주의력 결핍과 정서장애, 과민성 행동 등 문제가 생길 확률이 54%나 높은 것으로 조사되었다(KBS 첨단보고 뇌과학 제작팀, 2013).

이러한 연구들을 고려해 볼 때, 임산부는 임신 기간 중 휴대전화 사용을 최대한 자제하고, TV 시청 및 인터넷 사용을 절제함과 더불어 전자파 차단 섬유 소재로 만든 임신복을 입는 등 태아의 전자파 노출을 최소화하는 노력을 기울여야 할 것이다.

(8) 아버지의 건강

남성은 매일 수백만 개의 정자를 생성하며, 한 번 만들어진 정자는 80일 정도 체내에 머물게 된다. 이 기간 동안 정자가 유해 물질에 오염되면 손상을 입게 되는데, 아버지의 음주, 흡연, 화학약품에 대한 노출은 정자에 부정적 영향을 주는 요인이라 할 수 있다. 임질, 매독성 질환이 있는 아버지로부터 임신되면 태아는 유산되거나 기형아가 되기도 하므로, 아버지가 될 남성의 질환과 건강은 어머니 못지않은 중요한 태내 환경이 될 수 있다(고승덕, 2002).

특히 남성의 흡연은 방출되는 정자의 수를 감소시켜 생산능력을 떨어뜨리는 요인으로서 흡연 남성의 자녀는 비흡연 남성의 자녀에 비해 뇌수종, 안면마비 등의 결함이 생길 확률이나 뇌암, 임파종, 백혈병에 걸릴 확률도 더 높다. 수정 전 남성의 음주 습관 또한 태내 환경에 영향을 미치는데, 심한 음주는 남성 호르몬인 테스토스테론의 수준을 낮추며, 결과적으로 불임과 관련 있음이 밝혀진 바 있다(Merewood, 1998).

아버지가 특정한 화학약품에 노출된 직업을 가진 경우, 사산, 조산, 저체중아를 출산하는 비율이 높은 것으로 나타나고 있다(Brooks, 1991). 아버지의 연령 또한 태아의 건강과 관련되어 있어서, 임신 시 아버지의 연령이 20세 이하이거나 55세 이상인 경우 다운증후군의 위험이 급격히 증가된다고 알려져 있다.

3. 태교

태교(胎敎)는 태중교육, 즉 태내의 태아를 교육하는 것으로 정의된다. 태아기의 교육에 관한 모든 것을 태교라 할 수 있는데, 이는 임신부가 임신 전후부터 출산까지 모든 일에 대해 조심하고 편안한 마음으로 말이나 행동을 하면 태아에게 정서적 · 심리적 · 신체적으로 좋은 영향을 준다는 믿음에서 비롯된 것이다.

오래전부터 중국을 비롯하여 동양에서는 이러한 태교를 중시해 왔고, 우리나라 전통사회에서도 여러 문헌과 입에서 입으로 전해 내려오는 구전태교의 내용을 통해 태중교육을 매우 중요하게 여겼음을 알 수 있다.

1) 전통태교의 성격

서양에서는 아기가 태어나 첫돌이 되어야 한 살이 되지만 우리나라에서는 태내 기간을 인정하여 태어나자마자 한 살이 된다. 이는 수태(受胎)되는 순간부터 태아를 하나의 온전한 생명체로 존중했다는 증거라 할 수 있다. 이러한 인식은 인간을 태중(胎中)부터 교육해야 한다는 사상으로 발전해서 『태중훈문(胎中訓文)』, 『동의보감(東醫寶鑑)』, 『계녀서(戒女書)』, 『사소절(士小節)』, 『규합총서(閨閣叢書)』, 『태교신기(胎敎新記)』, 『해월신사법설(海月神師法說)』, 『규범(閨範)』, 『격몽요결(擊蒙要訣)』, 『양아록(養兒錄)』, 『묵재일기(默齋日記)』 등의 고문헌에 태교의 중요성에 대한 강조가 나타나 있다(이경화, 2003).

사임당 신 씨는 태교에 힘써야 태중의 아기가 고르게 자란다고 하였고, 이율곡은 자녀의 교육은 마땅히 태중교육에서 비롯되어야 함을 주장하였다. 송시열은 자식을 잉태하였을 때 잡된 음식을 먹지 말며, 기울어진 자리에 눕지 말며, 몸을 항상 단정하게 가지면 단정한 용모의 자식을 낳는다고 기술한 바 있다. 의학총서인 『동의보감』에는 음양교합(陰陽交合)의 기피, 10개월간 태아의 성장과 발육 상황, 임신에 조리하는 법, 태살(胎殺)이 있는 곳, 음식금기, 임신금기, 약물금기 등이 제시되어 있어, 의학적 관점에서 태교를 강조하는 입장을 엿볼 수 있다.

한편, 전통태교의 개념에는 임신 이전의 부모 될 부부의 심신 관리가 임신의 조건으로 포함되어 있다. 『동의보감』, 『태교신기』와 같은 문헌에 보면, 부부의 마음이 편안하고 근심이 적을 때 합방이 이루어져야 태를 관장하는 삼신이 보살펴 주고, 삼신의 보살핌이 있어야 수태가 된다고 하여 임신 전의 심리적 건강 상태를 강조하고 있다. 구전태교에서도 심리적으로 건강한 부부의 합방일 때 수태 가능성이 높다고 보았으며, 동시에 건강한 자식을 얻을 수 있다고 전해져 왔다. 임신과 아동 양육 및 교육을 부부의 공동소관이자 가정사 및 삶의 최우선 과제로 인정하여 부성태교를 강조했던 것 또한 한국 전통사회 태교의 특징적인 점이라 할 수 있다. 부성태교의 예로는 상식으로서 귀숙일(貴宿日) 암기하기, 합방 시의 금기사항 준수하기, 수태 후 금욕하기, 적선(積善) 행하기, 모성태교를 지원하기, 근신생활하기, 치성 드리기 등이 있다.

우리나라 전통 유아교육에 대해 연구한 유안진(1990)은 이상과 같은 전통태교의 특성을 종합하여 다음의 3가지 측면으로 정리하였다. 먼저 전통태교는 태아기 태아를 위한 교육적 노력으로, 임산부가 태아를 위해 수행해야 할 주의사항 이상의 개념이라는 것이다. 그리고 태교의 수행 기간에는 임신 이전 임신을 예상하거나 기대하고 준비하는 시기까지 포함되며, 마지막으로 태교는 모성에게만 해당되지 않고 부성도 함께 하는 것이 특성이다.

종합해 보면, 태교란 심신이 건강한 태아의 임신과 태내 발달 및 출생을 위하여 부모 될 부부가 임신을 준비하는 기간부터 자녀의 출생 시까지 수행하는 필요한 모든 교육적 노력이라고 요약할 수 있겠다.

2) 모성태교

모성태교는 태교 관련 문헌의 절대적인 부분을 차지하고 있을 뿐만 아니라, 구전태교에서도 상당량이 모성태교에 해당될 만큼 우리 전통사회에서 중요시되었다. 유안진(1990)은 여러 문헌과 민간에서 발굴한 구전 자료를 종합하여 한국 전통사회의 모성태교를 적극적인 태교와 소극적인 태교의 2가지로 분류한 바 있다. 적극적 태교로서는 수태 이전의 심신 관리, 수태 후에 가까이 할 것, 기도생활, 임신부가 먹을 음식 등이 포함되며, 소극적으로 기피하고 금하며 삼가는 태교로서는 임신부의 금기식품, 약물금기, 임산부의 금기사항 등으로 제시하였다.

(1) 수태 전 심신 관리

모성태교의 첫 걸음은 수태 이전의 심신 관리에서 시작된다. 『동의보감』이 의학적인 측면에서 수태 이전의 심신 관리를 강조한 것을 비롯하여 구전자료에서도 심신의 건강이 수태의 첫째 전제조건으로 발견되고 있다. 수태 전에 모성의 기(氣)가 허하지 않고 자궁이 튼튼하도록 흑염소, 육모초즙, 경옥고, 인동초고, 잉어, 가물치 등 고영양가 음식을 먹거나 보약을 복용하게 했으며, 이렇게 신체를 보하는 관리 외에도 정서적으로 안정감을 갖는 심리적인 관리 또한 중시하였다.

(2) 수태 후 가까이 할 것

수태한 후 임신부는 훌륭한 인품의 자녀를 얻기 위해 본격적인 태아교육에 노력을 기울였다. 수태 이전에 심신이 건강한 자녀가 생기도록 준비를 갖추었다면, 수태 후에는 태아가 심신이 건강한 인간으로, 나아가서는 고귀한 인격자로 발달하도록 하는 데 태교의 목적이 있었다. 예를 들면, 당시 사회에서 고귀하다고 인정되는 기품이 높은 존재나 물품(벼슬이 높은 사람, 잘생긴 사람, 아름다운 새, 성현이 훈계한 글귀, 신선, 봉황, 난초 등의 그림)을 구하여 보거나 가까이 두고 어루만지면서, 그것이 지닌 고귀한 기품이 태아에게도 투사되기를 기원하였다. 이러한 기원을 통해 임신부는 태아에게 정성스러운 태도를 취할 수 있게 되며 점차 모성의식을 키워 간다는 데 의의가 있다고 할 수 있다.

(3) 기도생활

중상류계층 이상의 가정일수록 임신부는 별실이나 별당에 기거하면서 기도생활로서 태교에 정성을 다했다. 언어와 행동, 심성을 정성스럽게 다스리면서 좋은 자식을 낳게 해 달라고 기도했는데, 임신부의 이러한 기도생활은 깨어 있는 시간 내내 화평하고 맑은 마음으로 훌륭한 인품을 지닌 건강한 자식을 원하는 자세였다. 임신부의 기도생활은 일종의 임신부의 정서 관리 행위로서 의의를 지닌다. 더구나 의학이 발달되지 못했던 전통사회에서 강력한 초능력의 대상에게 기도하는 행위는 임신 중의 불안감을 감소시키는 효과적인 기제로 작용하였을 뿐만 아니라 수시로 자신에게 모성의식을 일깨워 주는 기회가 되었으며 임신 중과 출산 후의 모성역할 수행에 있어서도 긍정적인 역할을 한다는 점에서 높이 평가될 수 있다.

(4) 음식태교

임신부의 심신 건강을 위해 수태 이전뿐 아니라 수태 후에도 고영양의 정갈한 음식 섭취가 태교의 중요한 부분으로 강조되었다. 정갈하고 영양가가 높은 음식을 먹으면 임산부가 건강하게 될 뿐만 아니라, 궁극적으로 태아의 심신 형성과 발달을 도울 수 있다고 보았다. 전통사회에서는 특유의 사고와 신앙체계의 기준에서 임신부에게 권장하는 식품이 있었는데, 이를테면 잉어 또는 붕어, 장닭, 대추, 밤, 호두, 잣 등이 그 예다. 잉어는 임신부를 위해 최상의 식품으로 간주되어 상류층 가정에서 임신부에게 먹였고, 형편이 좋지 못한 가정에서는 잉어 새끼나 붕어로 대체하기도 하였다.

보다 소극적인 모성태교로서 한국 전통사회에서는 임신부에게 불결하다고 인정되는 식품이나 음식 자체의 성질이 냉하여 태에 마땅하지 않은 것, 상하거나 제철이 아닌 때의 식품은 섭취를 금하였다. 이런 음식 금기는 구전자료에서 더 많이 발견되는데, 새와 곤충 등 날짐승이 쪼아 먹던 과일, 비뚤어진 모양의 과일과 채소, 벌레 먹은 것, 썩어서 떨어진 것, 차가운 성질의 음식, 냄새가 나쁜 음식, 빛깔이 나쁜 음식 등이 그 예다. 이렇게 금기시하는 음식은 전통사회 나름의 사고와 신앙체계에서 비롯된 것으로, 음식 자체의 문제 외에도 임신부의 정서에 좋지 않다는 점에서 의미를 해석할 수 있다.

(5) 금기사항

한국의 전통태교에서 임신부에게 금기시된 행동이 많았다. 대체로 이런 행동은 임신부의 정서관리상 바람직하지 못하기 때문으로 짐작된다. 임신부의 행동 금기는 주로 임신부의 정서 관리에 해당되는 것으로서 전통사회의 생활이 반영되어 있다고 볼 수 있다. 이와 더불어 소극적인 전통태교의 내용 중에는 임신부가 보고 들어서는 안 될 내용들도 많이 발견된다. 금기 행동이 대체로 임신부의 정서 관리를 고려한 내용에 치우치듯, 기피할 내용도 거의 임신부의 정서 관리상 필요한 것으로 해석할 수 있다. 임신부의 근신 행동은 여러 문헌에서도 서로 일치되는 내용일 뿐만 아니라, 구전자료에서도 유사한 내용이 발견된다.

이러한 근신 행동은 현대사회에서도 일부 적용될 수 있으며, 더욱이 모성이 태아를 위하여 지극한 정성을 기울인다는 점에서 그 가치를 찾을 수 있다. 한국 전통사회의 생활 장면에서 흔히 있을 수 있는 사건과 상황들을 기피함으로써 임신부가 정서적 안정을 하여 태아에게 나쁜 영향을 미치지 않도록 고려한 것이다(유안진, 1990).

임신 중의 근신 행동의 예	임산부의 금기 행동의 예
부부가 함께 자지 않고,	• 사람이나 짐승을 해치는 일
옷을 너무 덥게 입지 말며,	• 살아 있는 생물을 죽이려는 마음
먹기를 너무 부르게 하지 말며,	• 간사한 생각이나 타인을 속이는 행동
찬 데 앉지 않으며,	• 부당한 욕심이나 탐심
더러운 데 앉지 않으며,	• 도둑질
몹쓸 냄새를 맡지 말며,	• 시기하거나 증오하는 생각과 행동
높은 뒷간에 오르지 말며,	• 모진 말(저주 등)이나 몹쓸 말
밤에 문밖을 나가지 말며,	• 화내는 행동
바람비에 나가지 말며,	• 남몰래 엿듣기
약을 함부로 먹지 말며.	• 곁눈질과 눈 흘김

출처: 유안진(1990). 한국 전통사회의 유아교육, pp. 185-188.

3) 전통태교의 의의

전통이란 과거로부터 오늘에 이르기까지 존재한다는 시간적 차원의 지속성과 특정 지역에서 형성되고 전승되고 있다는 공간적 차원 그리고 그러한 시 · 공간에서 생활하는 주체적 요소를 근간으로 한다. 태교는 우리 전통사회 구성원들의 가치관과 사회화 행동에 중요한 영향을 미치는 문화의 형성자인 동시에 하나의 문화라 할 수 있다.

지금까지 살펴본 한국의 전통태교가 한국 전통사회의 특징에 알맞게 발생된 문화라는 점에서 과학이 고도로 발달된 현대사회에는 맞지 않을 수도 있다. 그러나 전통태교가 현대사회에서 얼마나 활용가능하며 어떤 가치를 지니는지 논의해 봄으로써 다음과 같은 의의를 찾을 수 있을 것이다(유안진, 1990).

첫째, 한국 전통사회의 태교는 임신 이전에 시작된다는 데 특징이 있다. 특히 모성만이 아니라 부성까지도 심신의 건강 관리를 철저히 하여 수태를 준비한 지혜는 인간 창조에 대한 경건하면서도 엄숙한 자세인 동시에 건강한 심신의 부모가 심신이 건강한 아기를 수태할 수 있다는 과학적인 논리를 충분히 숙지하고 있었음을 나타낸다. 더욱이 신체적 건강만을 수태의 준비로 생각하지 않고 심리적 건강을 함께 강조한 점은 현대의 정신의학적 관점에서도 그 의의가 크다.

둘째, 한국의 전통태교에서는 부성태교를 강조했다는 특징이 있다. 부성태교는 일찍부터 부성의식을 발생시킬 수 있었으며, 따라서 자녀의 임신과 출산, 육아와 교육에서 수행해야 할 부성의 역할에 대한 이해가 이미 전통사회에서 인식되었다는 점에서 현대적 의의가 크다. 모성의 정서 관리 및 건강 관리는 부성태교의 지원 없이는 불가능하다는 점에서 부성태교는 현대사회에서도 그 타당성이 입증된다.

셋째, 한국 전통사회에서 보편적으로 수행된 모성태교의 내용을 보면, 임신부의 정서 관리를 가장 중요시했음을 알 수 있다. 태아의 발달에서 중요한 요인으로 모성의 편안한 정서를 강조한 것은 현대 의학에서도 입증되는 선구적 관점이라 할 수 있다.

넷째, 전통적인 모성태교는 임신부의 음식에 각별한 주의를 기울였다. 임신부의 음식물에 대해서 전통사회가 금기한 내용은 과학적으로 입증되기 어려운 것이 많으나, 색다른 맛을 피하고 부정한 음식을 삼가는 내용은 임신부의 건강과 함께 부정한 음식으로 일어날 수 있는 임신부의 심리적 동요를 함께 고려한 것으로 해석할 수 있다.

4) 태교의 현대적 실천

현대사회를 살아가는 부부들이 임신과 태아의 건강한 발달을 위해 공히 유념하고 또 함께 실천해야 할 사항들을 정리해 보면 다음과 같다.

첫째, 계획된 임신을 해야 한다. 임신에 앞서 부부는 사전 진단을 통해 건강상태와 질병 여부를 철저히 점검받도록 하고, 건강한 신체와 심리적 상태에서 임신할 수 있도록 계획하고 준비하는 자세가 필요하다.

둘째, 건강한 아기를 출산하기 위한 책임은 어머니가 될 여성에게만 있는 것이 아니라 아버지가 될 남성에게도 매우 무겁다는 인식을 확고히 해야 한다. 배우자의 사랑이 임신부의 정서를 풍부하게 하고 행복한 기분을 느끼게 함으로써 태아에게 긍정적인 영향을 미칠 수 있다는 점을 명심하여 배우자는 임신부의 정서적 지원에 적극 힘써야 한다.

셋째, 임신 후 모체는 균형 있는 식생활을 통해 건강을 유지하도록 한다. 임신으로 거동이 불편해지면 외식을 자주 하거나 가공식품을 많이 이용하기 쉬운데, 이는 바람직하지 않다. 이러한 식품의 경우 가공 과정에서 영양소가 파괴되는 것은 물론 인체에 유해한 조미료나 방부제가 첨가되어 있어 임신부와 태아 모두에게 해를 줄 수 있다. 따라서 태아의 건강과 산모의 건강을 위해 임신 중에는 충분한 영양 공급을 위해 균형 잡힌 식사를 하고 적당한 운동으로 건강을 유지하기 위해 노력해야 한다.

넷째, 임신 전후로 금주, 금연해야 한다. 그리고 앞서 제시한 바와 같이 어머니가 될 여성뿐만 아니라 아버지가 될 남성 모두 건강한 태아와 태내 환경을 위해 음주와 흡연을 줄이거나 삼가는 것이 필요하다.

다섯째, 태아의 리듬이 깨지지 않도록 임신부는 규칙적인 생활을 하고, 가능한 소음이나 현란한 불빛은 피하고 잔잔한 음악이나 자연의 소리를 들으며 평온한 마음을 가지도록 해야 하다.

여섯째, 태아에게 태담(胎談)을 자주 들려주어야 한다. 음악을 듣거나 그림을 보면서 아기에게 태담을 들려주면 임신부와 태아의 정서가 순화되고 태아에게 시각과 청각적 자극을 주어 태아의 발달에 도움을 줄 수 있다. 임신부는 끊임없이 태아와 교감하도록 노력해야 한다.

생각할 문제

- 태아의 건강한 발달을 위해 부부가 함께 노력해야 할 것을 구체적으로 이야기해 보자.
- 현대사회에서 전통태교가 갖는 의의를 찾아보자.

참고문헌

고승덕(2002). 유아보건관리학. 서울: 북토피아.

류지원(2015). **임신 출산 육아 대백과**. 서울: 청림Life.

유안진(1990). **한국 전통사회의 유아교육**. 서울: 서울대학교 출판부.

이경화(2003). 제주지역 전통육아문화에 대한 비교연구(Ⅰ). **열린유아교육연구, 8**(2), 333-355.

이원섭(2000). **태교보감**. 서울: 동방미디어.

정옥분(2017). **아동발달의 이해(개정판)**. 서울: 학지사.

최경숙(2006). **아동발달심리학**. 경기: 교문사.

황희숙, 이희영, 이경화, 이정화, 신경숙, 윤경미, 강승희, 윤소정, 황순영(2008). **아동발달과 교육**. 서울: 학지사.

KBS 첨단보고 뇌과학 제작팀(2013). **태아성장 보고서**. 서울: 마더북스.

Azar, B. (1999). Maternal emotions may influence fatal brhavior. In K. L. Freiberg (Ed.), *Human Development* (27th ed., p. 36). Guilford, CT: Dushikin Publishing Group.

Brooks, J. B. (1991). *The process of parenting* (3rd ed.). Mountain View, CA: Mayfield.

Eliot, L .(1999). *What's Going on in There?: How the Brain and Mind Develop in the First Five Years of Life.* NY: Bantam Dell Publishing Group.

Merewood, A. (1998). Sperm under siege: More than we ever guessed, having a healthy baby may depend in dad. In K. L. Freiberg (Ed.), *Human Development* (27th ed., pp. 37-41). Guilford, CT: Dushikin Publishing Group.

Omer, H., & Everly, G. S. (1988). Psychological factors in preterm labor: Critical review and theoretical synthesis. *American Journal of Psychiatry, 145*, 1507-1513.

제 3 장

출산과 신생아 발달

제3장 출산과 신생아 발달

학습목표

- 출산의 신호, 과정, 방법을 설명할 수 있다.
- 신생아의 발달적 특징과 반사의 종류를 설명할 수 있다.

임신 과정의 끝은 출산이다. 어머니의 자궁 속에서 9개월 동안 보호받으며 지냈던 태아는 출산 과정을 통해 바깥세상으로 나오고, 그 이후는 스스로의 힘으로 살아가는 법을 배우게 된다. 임신부에게 태아가 건강하고 안전하게 세상에 나오도록 하는 분만은 매우 어렵고 힘든 과정이다. 또한 신생아가 어머니와 분리되어 새로운 외부 환경에 적응해 가는 것도 결코 쉽지 않은 과정이다. 이 장에서는 출산과 관련된 준비, 출산 방법, 출산 시의 문제점 등과 신생아의 제반 발달적 특징 및 신생아 돌보는 법에 대해 살펴보고자 한다.

1. 출산

모체의 자궁 속에 있던 태아가 모체 밖으로 나오는 과정을 출산이라고 한다. 출산은 마지막 월경주기의 첫날로부터 280일경에 이루어진다. 출산은 분만이라고도 하며, 출산을 알리는 신호와 더불어 시작된다.

1) 출산 신호

출산 2~4주 전쯤 되면 태아의 위치가 임신부 배꼽 주변에서 아랫배 쪽으로 내려가는 것을 느낄 수 있고, 육안으로도 배가 아래로 처지는 것을 확인할 수 있다. 태아가 아래로 내려가면 답답했던 위 주위와 가슴이 편해져 숨쉬기가 한결 나아진다. 그러나 대장이 압박을 받아 변비와 치질이 생길 수 있고, 방광이 압박을 받아 소변이 잦아진다. 또 그동안 활발했던 태동이 현저히 줄어든다. 태아의 머리가 골반 속에 고정되면서 머리를 움직일 수 없기 때문이다. 이러한 징후 이외에 출산이 가까웠음을 알리는 구체적인 신호로는 다음과 같은 것들이 있다.

(1) 이슬

출산이 가까워지면 자궁구가 열리고 아기를 감싸고 있는 난막이 벗겨지면서 출혈이 생긴다. 이로 인해 나타나는 혈액 섞인 끈적끈적한 점액 성분의 분비물을 이슬이라고 한다. 보통 분홍빛이나 갈색이 돈다. 이슬이 비친다는 것은 출산 준비가 되었다는 표시다. 그러나 이 신호가 있다고 곧바로 진통이 시작되는 것은 아니다. 임신부에 따라서는 수주 후에 출산할 수도 있고, 이슬이 비치지 않는 경우도 있으며, 진통이 먼저 시작된 후에 이슬이 보일 수도 있다.

(2) 진통

진통은 태아가 바깥세상에 나오기 위한 필수적인 통증으로 자궁 내의 근육 수축 활동으로 생긴다. 처음에는 매우 미약하고 불규칙한 가벼운 아픔으로 시작되어 시간이 지날수록 강도가 심해지고 규칙적으로 바뀐다. 진통이 심해지면 진통과 진통 사이의 간격을 재서 병원으로 간다. 진통은 보통 10~20초간 지속되는데, 초산부는 10~15분, 경산부는 20~30분 간격으로 나타난다. 점점 진통 간격이 줄어들어 진통과 진통 사이의 간격이 10분에 1회 정도가 되면 본격적인 진통이 시작된다. 5분 간격으로 진통이 올 때는 분만이 임박한 것으로 판단해야 한다.

(3) 파수

파수란 따뜻한 물과 같은 맑은 액체가 질을 통해 흘러나오는 현상을 말한다. 이는 임신 기간 내내 태아를 감싸서 보호해 주던 양수막이 파열되었다는 증거다. 파수가 되면 곧바로 분만이 이루어진다. 따라서 파수가 되면 생리대를 대고 바로 병원으로 간다. 파수된 지 24시간 이상 지나면 태아가 세균에 감염될 위험이 있기 때문이다. 특히 진통이나 이슬이 없는 상태에서 파수가 일어나면 난산 혹은 산모와 태아의 생명이 위험한 경우일 수 있으므로 즉시 병원에 가야 한다.

2) 출산 과정

출산은 개구기, 출산기, 후산기의 세 단계를 거쳐 이루어진다.

(1) 개구기

진통이 시작되면서부터 자궁입구인 자궁경부가 태아의 머리가 통과할 정도(약 10~12cm)까지 열리는 시간이다. 진통은 밤에 시작되는 경우가 많으며, 초기에는 약하다가 점차 심해져서 이 단계가 끝날 무렵에는 견디기 어려울 정도가 된다. 자궁경부가 완전히 열리는 데 소요되는 시간은 초산부의 경우 보통 10~12시간 정도이고, 출산 경험이 많을수록 소요시간이 짧아진다(경산부의 경우 약 6~7시간).

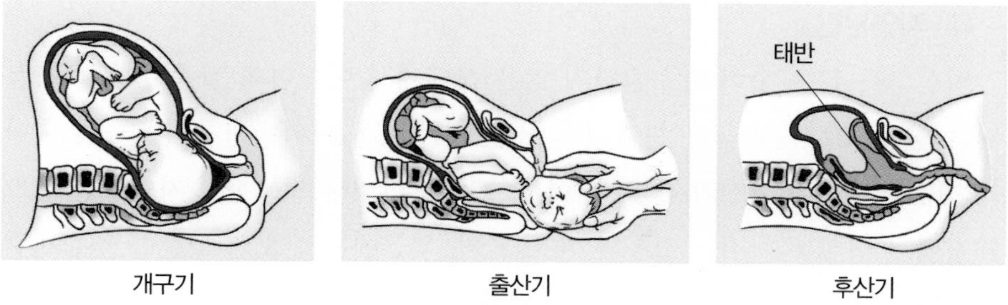

[그림 3-1] 출산의 단계

(2) 출산기

태아가 자궁경부와 산도를 통해 밖으로 나오는 시기다. 보통 초산부는 1~2시간, 경산부는 20분~1시간 정도 소요된다. 태아가 산도에 오랫동안 머물면 질

식사의 우려가 있으므로, 임산부는 배근육에 힘을 주어 아기가 잘 빠져나오도록 해야 한다. 아기는 세상에 나온 후 수초 내에 첫울음을 터뜨림으로써 호흡을 시작한다. 아기의 콧속과 목구멍 내의 점액을 흡입기로 뽑아내어 깨끗하게 해 주고, 눈 속에 안약을 넣어 감염을 막는다.

(3) 후산기

후산기는 아기가 태어난 후 다시 약한 진통이 오고 자궁이 급격하게 수축되면서 어머니 몸 내부에 남아 있던 태반과 탯줄이 나오는 단계다. 소요시간은 임산부에 따라 5~30분 정도다. 자궁 속에 태반이 일부라도 남아 있으면 세균 감염이나 출혈이 있을 수 있으므로 철저히 확인해야 한다.

3) 출산 방법

출산 과정의 주된 관심은 아기의 안전과 임산부의 고통 감소다. 분만 시 임산부가 경험하는 고통과 공포를 줄이기 위해 다양한 방법이 개발되어 왔는데, 의사와 신중히 의논하여 임신부에게 맞는 출산 방법을 결정하는 것이 필요하다.

(1) 자연분만

임신 38~42주 사이에 수술하지 않은 상태에서 어머니의 질을 통해 태아를 낳는 방법으로 가장 좋은 분만법이다. 분만의 과정은 위에서 설명한 3가지 단계(개구기, 출산기, 후산기)를 거쳐 이루어진다. 그러나 전통적인 자연분만은 그 과정에서 임신부가 겪는 고통과 공포가 커, 최근에는 산모의 고통을 경감시킬 수 있는 여러 가지 대안적 분만법이 소개되고 있다.

(2) 라마즈 분만

라마즈 분만법(lamaze birth)은 Fernand Lamaze(1970) 박사가 개발한 대안적 자연분만 방법이다. 이 분만법의 핵심은 몸의 긴장을 이완시켜 정해진 호흡을 통해 진통을 줄이고 출산 진행을 빠르게 유도한다는 것이다. 진통 시 연상법, 이완법, 호흡법을 이용해 산모의 통증을 완화시키는 교육을 받는다. 연상법은 어떤 기분 좋은 상황(예: 한적한 바닷가에서 파도를 감상하는 모습, 소나무가 바람에 스치는 소리 등)을 머릿속에 떠올림으로써 엔도르핀의 분비를 증가시켜 통증을 덜 느끼게 하는 방법이다. 이완법은 머리끝에서 발끝까지 전신의 근육을 이완시키는 것을 말한다. 이렇게 근육을 이완시키면 릴랙신(relaxin)이라는 물질 분비가 증가되어 자궁문이 빨리 열리게 돼 진통 시간이 짧아지는 효과가 있다. 마지막으로 호흡법은 흉식호흡을 함으로써 진통이 시작되었을 때 산소를 충분히 공급해 근육 및 체내 조직의 이완을 도모하고, 호흡 쪽으로 관심을 돌려 진통을 조금이라도 경감시키고자 하는 과정이다.

라마즈 분만을 위한 교육은 임신 25~30주에 시작하는데, 남편이 분만훈련에 참가해야 한다는 제한이 따른다. 훈련 과정 중 남편이 아내에게 근육을 이완시켜 주거나 호흡 수를 체크하는 등의 일을 하므로 이전에 부인의 임신과 분만에 무관심하던 남편도 라마즈 분만에 같이 참여하면 자상하게 변한다는 말이 있다.

(3) 르봐이에 분만

르봐이에 분만법(leboyer birth)은 아기가 태어날 때 갑작스러운 외부 환경에 스트레스를 받지 않고 차츰 적응하도록 의료진이 도와주는 아기 중심 분만법이다. 분만할 때 산모의 고통에만 관심을 둘 것이 아니라 아기의 입장도 배려해야 한다는 데서 고안된 방법이다. 아늑한 자궁에서 지냈던 아기는 열 달 후 세상 바깥으로 나왔을 때 추위, 빛, 시끄러운 환경으로 인해 적응하기 힘들어하므로 어머니의 자궁과 유사한 환경을 만들어 주자는 것이다. 이 방법으로 분만을 하려면 우선 분만실을 어머니 배 속과 비슷하게 다소 어둡고 따뜻하고 조용하게 해 준다. 산모가 태교할 때 듣던 음악을 분만실에 틀어 주기도 한다. 분만 후에도 아기의 안정을 위해 5분 정도 어머니의 가슴 위에 올려 두었다가 탯줄을 자르고, 어머니 자궁 안과 비슷한 따뜻한 물속에 넣어 준다. 그러나 이 방법에 반대하는 입장에서는 희미한 불빛으로 인해 의료진이 산모의 심각한 위험 상황을 읽지 못할 수 있고, 아기가 물로부터 병균에 감염될 수도 있다고 주장한다.

(4) 소프롤로지 분만

임신과 출산을 긍정적으로 받아들이는 정신훈련을 통해 통증을 줄이는 분만법이다. 임신 기간 중 '출산=기쁨'이라는 자기최면을 반복 훈련해 통증을 최소화한다는 것이 이 분만법의 핵심이다. 소프롤로지 분만법(sophrology birth)은 1960년대부터 유럽에서 시작되었으며, 서양의 근육이완과 동양의 요가, 불교적 요소들을 혼합한 형태다. 이 분만은 영상훈련, 호흡법, 소프롤로지 훈련 등의 3가지 훈련을 통해 이루어진다. 임신 14주부터 영상훈련을 시작하고 임신 7~8개월이 되면 이완훈련 호흡법으로 뒷받침한다. 이 분만법에서는 산모가 분만대기실에서 자궁 입구가 8~10cm 정도 열릴 때까지 책상다리로 앉아 명상을 하다가 분만실로 들어가서는 30도쯤 일으킨 반좌식 자세로 아기를 출산한다. 이 방법은 산도가 충분히 이완되기 때문에 회음부의 열상이나 출혈이 적고, 산모에 따라서는 회음절개를 하지 않아도 된다. 또한 산모의 호흡 상태가 좋아지기 때문에 아기에게 산소를 충분히 보낼 수 있고, 자궁의 활동이 촉진되어 분만 시간이 짧아진다. 4주 정도의 교육을 받은 임신부의 50~60%가 실제 분만실에서 효과를 얻었다고 하는데(동아일보, 2002년 8월 25일자), 단 자기암시를 하는 것이 어렵기 때문에 본인이 매일 연습하지 않으면 성공하기 힘들다.

(5) 수중분만

수중분만(water birth)은 따뜻한 물이 담긴 욕조에 앉은 자세로 아기를 낳는 방법을 말한다. 따뜻한 물속에 있으므로 전신조직이 이완되어 진통이 감소되고, 출산에 대한 두려움과 긴장이 줄게 된다. 진통에서 분만까지의 모든 과정을 물 안에서 할 수도 있고, 진통은 물에서 하고 분만은 밖으로 나가 하거나 반대로 진통은 밖에서 하다가 분만 시에만 물 안으로 들어가 아이를 낳을 수도 있다. 수중분만은 물 자체가 갖고 있는 진통억제 효과로 인해 통증을 덜 느끼게 되고, 따뜻한 물이 근육을 이완시키기 때문에 산모가 편안한 느낌을 가질 수 있으며, 진통과 분만 시간이 단축된다는 장점이 있다. 그러나 물의 상태가 청결하지 못하거나 산모가 출산 시 배출하는 각종 분비물로 인해 태아와 산모가 병균에 감염될 위험이 있음에 주의해야 한다.

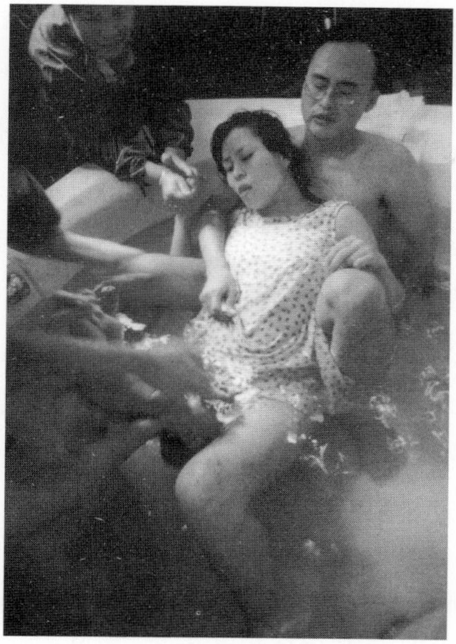

[그림 3-2] 수중분만 장면

(6) 무통분만(경막외마취)

산통을 감소시키기 위해 국소마취제를 투여하여 분만을 유도하는 방법이다. 무통분만 중에서 가장 많이 시행되고 있는 방법이 경막외마취다. 척추를 감싸고 있는 경막의 외부에 있는 경막외강이라는 좁은 공간에 약제를 투입하여 감각신경을 마취시키는 것이다. 이 방법은 하반신의 감각신경만 마취시키므로 산모의 의식은 그대로 유지되며, 근육이완이 잘되고, 혈액손실이 적다는 장점이 있다. 또한 사용하는 약의 용량이 아주 적기 때문에 태아에게 미치는 영향도 없다. 심장이 약하거나 폐에 이상이 있을 때, 당뇨병, 임신중독증, 고혈압, 갑상선 질환을 앓고 있는 임신부에게 권장된다.

그러나 아기를 낳을 때 통증이 없다는 것이 오히려 단점으로 작용해 드물게는 산모의 힘으로 아기를 낳기 힘든 경우가 생긴다. 이 때문에 분만 시간이 길어져 결국 제왕절개하는 경우가 생기기도 한다. 또한 마취제 사용으로 인한 부작용의 위험이 있으므로 고도의 기술을 가진 경험 많은 마취과 전문의가 있는 병원에서만 시술해야 한다. 극히 드물기는 하지만 지속되는 감각이상, 하지마비, 두통, 약에 대한 특이체질로 인한 구토, 가려움증, 쇼크 등이 있을 수 있다.

(7) 제왕절개 분만

제왕절개 분만(caesarean section)은 정상적 분만이 불가능하다고 판단될 때 산모의 복부와 자궁을 절개하여 아기를 꺼내는 방법이다. 예를 들면, 태아가 거꾸로 위치하고 있어 머리가 먼저 나오지 못하고 다리부터 나오려고 할 때, 태반이 태아보다 자궁구 가까이에 위치하여 자궁구를 막고 있을 때, 아기의 머리가 너무 커서 산모의 골반을 통과할 수 없을 때 시행한다. 이 외에도 산모가 선천적 헤르페스(포진)와 같은 성병에 걸려 있어 자연분만 시 아기에게 전염될 가능성이 있을 때 또는 분만진통 중 아기의 심장박동이 불규칙하거나 태반이 분리되거나 찢겨질 경우, 자궁경부가 확장되지 않거나 진행이 원활하지 않아 분만이 장시간 지연되는 경우에도 제왕절개 분만을 선택한다.

제왕절개 분만 여전히 많아…… 연평균 0.2%↑

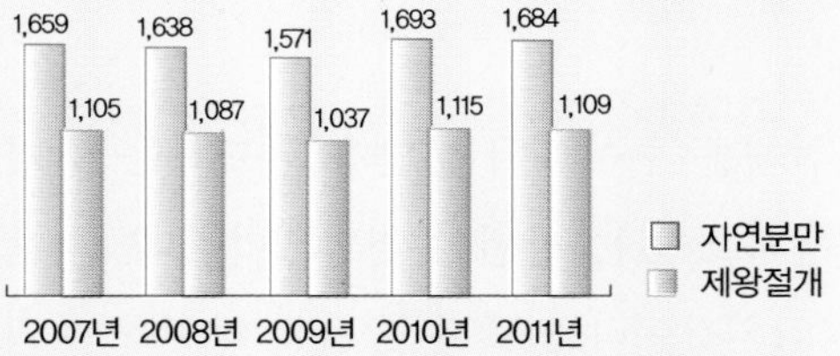

우리나라 여성들의 제왕절개에 의한 분만은 매년 꾸준히 증가하고 있는 것으로 나타났다.

국민건강보험공단이 2007년부터 2011년까지 건강보험 진료비 지급 자료를 분석한 결과 제왕절개에 의한 분만 인원은 인구 10만 명당 1,105명(2007년)에서 10만 명(2011년)으로 연평균 02.% 증가했다. 같은 기간 자연분만 인원은 1,659명에서 1,684명으로 연평균 0.5% 증가했다.

분만 인원이 가장 많은 30~34세의 경우 자연분만은 2007년 5,169명에서 2011년 5,718명으로 연평균 2.7%, 같은 기간 제왕절개 분만은 3,494명에서 3,628명으로 연평균 1.1% 증가했다.

25~29세는 자연분만 인원이 같은 기간 연평균 4.6% 감소했고 제왕절개 분만 인원 역시 연평균 4.5% 감소했다. 이 연령대의 연평균 분만율이 특히 감소한 것은 초혼 연령의 증가, 여성의 활발한 사회활동 등이 그 이유로 풀이된다.

자연분만은 40~44세에서 13.7%로 가장 높은 증가율을 보였고 다음으로 35~39세가 11.2%로 높은 증가율을 보였다.

반면 제왕절개 분만은 19세 이하에서 11.4%로 가장 높은 증가율을 보였고 다음으로는 40~44세가 10.7%의 증가율을 보였다. 19세 이하에서 제왕절개 분만 증가율이 높은 것은 이 연령대 임신의 경우 임신부 빈혈, 태아 성장 제한, 조산 등의 합병증이 많은 시기로 상대적으로 제왕절개 분만을 해야 하는 경우가 많이 발생하기 때문으로 분석된다.

출처: http://www.etoday.co.kr/news/news_print.php?idxno=594978

제왕절개는 출산의 진통을 겪지 않고도 아기를 낳을 수 있게 해 주며, 자연분만이 불가능한 경우 산모와 아기의 생명을 구할 수 있다. 그러나 수술 시의 마취가 산모와 태아에게 호흡곤란을 초래할 수 있고, 산후 회복이 더디며, 수술 후 후유증, 세포감염의 위험성, 비용적 측면에서 제한을 갖는다. 그럼에도 불구하고 우리나라의 제왕절개 분만율은 매우 높은 편이다. 세계보건기구(WHO)에서는 제왕절개 분만의 빈도가 불필요하게 높음을 지적하며 꼭 필요한 경우에만 제왕절개 분만을 할 것을 권하고 있다.

4) 출산 시의 문제점

(1) 난산

분만과정에 이상이 생겨 분만 시간이 길어짐으로써 모체나 태아에 여러 가지 장애가 생기는 것을 말한다. 산모와 태아에게 이상이 있는 경우 난산을 하게 된다. 산모에게 이상이 있는 경우는 산도나 골반이 지나치게 협소한 경우, 산도의 기형, 자궁기능부전, 만출력(태아를 밀어내는 힘) 이상, 자발적 복근수축의 문제 등이다. 태아에게 이상이 있는 경우는 태아의 위치 이상(예: 둔위전진), 발육이상으로 인한 기형 등을 들 수 있다. 이 외에 난산의 원인으로는 다음과 같은 것들이 있다.

첫째, 전치태반일 경우다. 전치태반이란 태반이 태아보다 자궁구 가까이에 위치하여 자궁구를 막고 있는 것을 말한다. 이러한 경우에는 정상분만이 어렵고 제왕절개하여 분만을 해야 한다.

둘째, 태반조기박리인 경우다. 태반조기박리는 미처 아기가 나오기도 전에 먼저 태반이 자궁벽으로부터 떨어지는 것이다. 심각한 임신중독증이나 임산부가 넘어져 하복부에 강한 충격을 받았을 때 일어난다. 태반조기박리의 경우, 태아사망률이 높고 산모에게도 치명적인 위험을 준다.

셋째, 조기파수일 경우다. 조기파수란 출산이 진행되기 이전에 양막이 터져 양수가 일찍 나오는 것을 말한다. 이런 경우 태아에게는 감염이나 질식사의 우려가 있다.

넷째, 자궁파열의 경우다. 자궁파열이란 출산 중 자궁이 수축을 할 때 그 힘을 견디지 못하고 찢어져 태아가 밖으로 튀어나가는 증상을 말한다. 이 경우 태아는 거의 사망하고 산모에게는 격통과 대량의 내출혈이 일어나므로 서둘러 수술해야 한다.

(2) 조산

조산이란 임신 28~37주 사이에 아기가 태어나는 것을 말한다. 조산아는 대부분 체중이 2.5kg 미만인 미숙아로 태어난다. 조산의 원인은 매우 다양하나, 주된 원인으로는 산모의 영양 부족, 흡연, 음주, 약물복용, 생식기관 미숙(예: 10대 임신) 등을 들 수 있다. 이 외에 자궁경관이 느슨하게 벌어져 있어 양수가 터지면서 조산하는 자궁경관무력증이 있다. 이 경우에는 조산이나 유산을 습관적으로 반복할 가능성이 크며, 자궁경관을 묶는 수술을 해야 한다. 쌍둥이를 임신한 경우에도 자궁이 압력을 견디지 못하여 조산할 확률이 높다. 이 외에 전치태반 등의 원인으로 인해 조산이 되기도 한다.

조산의 증상으로는 조기파수, 아랫배 당김, 출혈을 들 수 있다. 조기파수의 경우, 세균에 감염될 수 있으므로 병원에 가기 전 샤워나 목욕은 절대 삼가야 한다. 임신 후기가 되면 무리할 때마다 약간씩 배가 당기고 단단해지기도 하는데, 휴식을 취해도 당기는 느낌이 사라지지 않으면 빨리 병원에 가야 한다. 자궁문이 열리고 혈액성 점액이 나오는 출혈이 있을 경우에도 조산의 위험이 있다. 이때 빨리 병원에 가면 조산을 늦출 방법을 찾을 수도 있다.

조산을 예방하기 위한 방법으로는 다음과 같은 것들이 있다.

첫째, 체중조절을 해야 한다. 체중이 갑자기 늘면 임신중독증에 걸리기 쉽고 태반의 기능도 나빠져 태아가 산소와 영양분을 제대로 공급받지 못해 조산할 확률이 높아진다. 임신중독증이 아니더라도 체중이 많이 나가면 조기파수가 일어나 조산할 가능성이 커지므로 체중조절에 신경을 써야 한다.

둘째, 과로하거나 무리하지 않도록 조심한다. 임신 7, 8개월부터는 잠을 충분히 자고 여유 있게 생활한다. 특히 오래 서 있거나 한 자세로 오래 서 있는 일은 자궁에 무리를 주어 자궁수축을 일으키기 쉬우므로 피해야 한다. 무거운 물건을 들거나 높은 곳에 있는 물건을 꺼내는 등 배에 압박을 주는 일도 피해야 한다.

셋째, 임신 후기에 들어서면 성생활도 조심해야 한다. 시간을 오래 끌거나 격렬한 움직임은 피하는 것이 좋으며, 막달에 들어서면 성생활을 하지 않는 것이 좋다.

넷째, 격렬한 체조 역시 금물이다. 임신 중 운동은 근력이 생기고 폐활량이 늘어나 쉽게 출산할 수 있게 도와줄 수 있는 임산부 체조나 산책 정도는 괜찮지만 수영이나 자전거 타기 등은 무리다. 간단한 체조를 하다가도 배가 당기고 단단해지거나 숨이 차면 그만두고 안정을 취한다. 조산할 위험이 있을 때는 절대 운동을 하지 않는다.

(3) 산소결핍

출산 중에 모체를 통한 산소 공급이 중단된 후 곧바로 아기가 스스로 호흡을 못하는 경우를 말한다. 신생아는 성인보다 산소결핍 상태를 더 오래 견딜 수 있으나, 그 상태가 3분 이상 경과되면 영구적인 뇌손상 또는 사망을 초래할 수 있다. 출산 중 아기에게 산소결핍이 일어나는 원인은 출산 전에 태반이 분리된 경우, 태반이 꼬이거나 수축된 경우, 산모가 과도하게 마취된 경우, 출산 후 곧바로 아기의 호흡체계가 기능을 하지 못했을 경우다.

산소결핍은 뇌의 부위 중 운동기능 통제 부위에 손상을 주어 운동장애를 유발하고, 팔과 다리, 얼굴 경련 및 주의산만을 초래하기도 한다. 그러나 가벼운 산소결핍을 경험한 경우 3세까지는 운동 및 지적 능력 발달이 평균 이하이나, 정상아와의 차이는 점점 적어져서 7세가 되면 거의 차이가 없다.

산후 몸조리

임신 이전의 상태로 몸을 추스르는 것을 '산후 몸조리' 라고 한다. 몸조리 기간은 대개 분만 후 6~8주 정도이나 사람에 따라 6개월이 걸리기도 한다. 몸조리할 때는 건강을 회복하고 질병을 예방하는 데 중점을 두어야 한다.

① 우선 무엇보다도 아기를 낳은 후 분만의 뒷처리가 끝나면 산모의 충분한 수면과 안정이 절대적으로 필요하다. 출산의 고통을 거친 산모는 정신과 육체가 모두 탈진한 상태에 있기 때문이다. 특히 초산인 경우엔 더욱 각별한 주의가 필요하다. 산모에게는 편안하게 쉴 수 있는 공간이 마련되어야 하며, 주위 사람들은 산모의 정서적 안정에 신경을 써야 한다.

② 산후 목욕의 경우 정상분만 후 샤워는 가능하며, 제왕절개 분만 시에는 봉합사를 제거한 다음 날부터 샤워가 가능하다. 통목욕은 분만 한 달 이후에 한다. 출산 후에는 질이나 조직이 약해져 있어서 목욕을 할 경우 박테리아가 침투하기 쉽기 때문이다. 특히 산후 염증이 심한 경우라면 3~6개월 정도는 아예 입욕을 피하는 것이 상책이다. 만일 더운 여름철에 출산을 하여 땀이 많이 흐른다면 뜨거운 물수건으로 닦도록 한다.

③ 바람을 쐬지 않는 것이 좋다. 찬바람을 맞으면 출산 후유증이 심화되고 노화가 촉진되며 몇 년 후 적지 않은 고통을 당하게 된다. 앞서 목욕을 삼가라는 것도 찬바람을 피하라는 것과 상통한다. 여름에 출산을 하면 에어컨이나 선풍기를 틀어놓고 싶기도 하겠지만 나중을 생각해서 절대 삼가야 한다.

④ 속옷은 모두 면제품을 사용하고 팬티스타킹이나 패드 등은 피하는 것이 좋다. 귀찮더라도 면으로 된 기저귀를 착용하는 것이 좋다. 공기가 통하지 않는 옷은 박테리아 번식의 위험이 있기 때문이다.

⑤ 몸을 심하게 구부리거나 점프를 하거나 갑자기 몸을 움직이는 등의 동작은 신체에 무리를 주고 등이나 관절 부분에 위험을 줄 수 있다. 대체로 출산 후 6개월까지는 무리한 운동을 하지 않는 것이 원칙이다. 임신과 출산으로 변형이 온 신체가 원래의 상태로 회복하기까지는 보통 6개월 정도 걸린다.

2. 신생아 발달

출생 후 첫 한 달 동안의 아기를 신생아라고 부른다. 이 기간에 신생아는 모체의 태 안에서 자동적으로 산소나 영양을 받고 있던 상태에서 자력으로 호흡이나 영양 섭취를 해야 하는 급격한 변화를 겪게 된다.

1) 신체적 특징

갓 태어난 아기의 모습은 그다지 예쁜 모습이 아니다. 신생아의 피부는 얇고 쭈글쭈글하고, 분홍빛을 띠며, 끈적끈적한 태지(vernix caseosa)로 덮여 있다. 눈꺼풀은 퉁퉁 부어 있고, 몸 전체는 솜털로 덮여 있다. 며칠이 지나면 솜털이 빠지고, 끈적끈적한 태지는 매일 목욕시킬 때 닦아 주면 일주일 후에는 깨끗이 없어지고, 피부도 건조해진다. 피부와 안구가 노래지는 신생아 황달이 생후 3~4일경에 나타날 수 있는데, 원인은 간 기능이 미숙하기 때문이고 일주일 정도 지나면 사라진다.

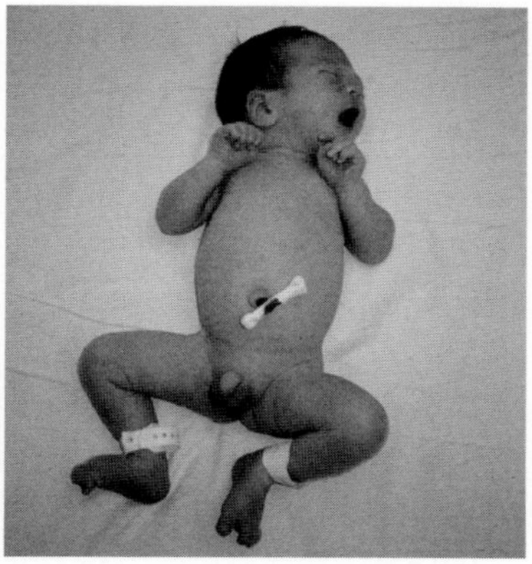

[그림 3-3] 갓 태어난 신생아

신생아의 평균신장은 출생 시 남아가 50.1cm, 여아가 49.4cm로 남아가 약간 크다. 평균체중 역시 남아가 3.4kg, 여아가 3.3kg으로 남아가 여아에 비해 약간 더 나간다(〈표 3-1〉 참조). 출생 시 체중은 2.6~4.1kg 정도이면 정상 범주에 속하며, 첫아이는 다음에 출생하는 아이보다 체중이 가벼운 경우가 많다. 생후 3~4일 동안에는 출생 시 체중의 5~10% 정도 감소하는데, 이는 신생아의 몸 표면에서 수분이 증발되고 대소변이 배출되기 때문이다. 생후 5일경부터는 체중이 다시 증가하기 시작하여 생후 10일 정도 지나면 다시 출생 시의 체중을 회복한다.

〈표 3-1〉 **신체 발육 표준치**

표준 신장(cm)

	남아	여아
출생 시	50.1	49.4
5~6개월	67.6	66.3
11~12개월	76.0	74.8
15~18개월	81.2	79.9
21~24개월	86.2	85.0
2.5~3세	93.1	91.9
3.5~4세	100.3	99.2
4.5~5세	107.2	106.1
5.6~6세	113.6	112.5
6.5~7세	119.5	118.3
7~8세	123.7	122.4
8~9세	129.1	127.8
9~10세	134.2	133.5
10~11세	139.4	139.9
11~12세	145.3	146.7
12~13세	151.8	152.7
13~14세	159.0	156.6
14~15세	165.5	158.5
15~16세	169.7	159.4
16~17세	171.8	160.0
17~18세	172.8	160.4
18~19세	173.4	160.7

표준 체중(kg)

	남아	여아
출생 시	3.4	3.3
5~6개월	8.0	7.5
11~12개월	9.9	9.4
15~18개월	11.1	10.5
21~24개월	12.3	11.7
2.5~3세	14.0	13.4
3.5~4세	15.9	15.3
4.5~5세	18.1	17.4
5.6~6세	20.4	19.6
6.5~7세	22.9	22.0
7~8세	24.8	23.9
8~9세	27.8	26.9
9~10세	31.3	30.5
10~11세	35.5	34.7
11~12세	40.3	39.2
12~13세	45.5	43.8
13~14세	50.7	47.8
14~15세	55.4	50.9
15~16세	59.4	52.8
16~17세	62.4	53.6
17~18세	64.5	53.9
18~19세	65.8	54.1

출처: 중앙일보, 2007. 10. 19.(11면).

신생아는 출생 시 머리둘레가 약 34cm로 가슴둘레보다 크다. 신생아의 가슴 모양은 원통형으로 앞뒤와 좌우의 폭이 거의 같다. 첫돌 무렵에는 머리둘레와 가슴둘레가 같아지며, 그 이후부터는 점차 가슴둘레가 커지게 된다. 또한 신생아의 머리 크기는 신장의 1/4로 상당히 크다. 신생아의 머리 모양은 길쭉하거나 일그러져 보기 흉한 경우가 종종 있다. 이는 어머니의 골반을 통과할 때 받은 압박 때문이며, 보통 3주가 지나면 제 모양을 갖추게 된다. 아직 뼈가 덜 자라서 두개골이 이어지지 않아 말랑말랑한 숫구멍(fontanel)들이 있는데, 그중 이마 위쪽에 위치한 대천문과 머리 뒤통수 쪽에 있는 소천문은 팔딱거리는 것을 볼 수 있다. 대천문은 1~2년 사이에, 소천문은 1년 이내 두개골의 결합으로 닫힌다.

출생 시 뇌의 무게는 350g 정도로 성인 뇌무게(1,350g)의 약 26% 정도지만, 첫돌 무렵에는 성인 뇌의 60%(800g)로 급격히 증가한다(정옥분, 2002). 이는 출생 초기가 두뇌 발달의 결정적 시기임을 말해 주는 것으로, 두뇌 발달이 순조롭게 이루어지기 위해서는 적절한 영양 공급이 필수적이다.

2) 생리적 기능

(1) 호흡 · 맥박

신생아의 호흡은 출생하자마자 첫 울음과 더불어 시작된다. 울지 않는 아기는 엉덩이를 때려서 울음을 터뜨릴 수 있도록 도와주어야 한다. 출생 후 2분 이내에 첫 울음이 시작되지 않으면 신생아에게 문제가 있는 것으로 판단한다. 만약 5분이 지나도 첫 울음이 시작되지 않으면 산소결핍으로 뇌손상을 입을 수 있으며, 최악의 경우 사망할 수도 있다. 대부분의 신생아는 1분당 35~45회 정도의 불규칙적인 얕은 호흡을 한다. 이는 성인 호흡의 2배 정도로 빠른 호흡이며, 성인과 달리 주로 코에 의존하여 복식호흡을 한다. 신생아의 맥박은 1분에 120~160회 정도로 빠르고 불규칙하다.

(2) 체온

신생아의 체온은 37~37.5℃로 성인보다 다소 높다. 땀샘이 잘 발달되지 않아 체온조절 기능이 성인보다 미흡하고 외부 온도 변화에 민감하다. 따라서 갓 태어난 아기는 방안 공기가 조금이라도 높으면 금방 체온이 올라가고, 반대로 조금만 추워도 곧 떨어지므로 온도조절에 신경을 써 주어야 한다. 특히 미숙아(조산아)의 경우는 정상아에 비해 체온조절 능력이 더 부족하다. 이는 지방층이 태내 마지막 2개월 동안에 발달하기 때문으로, 체온유지에 각별한 주의가 필요하다. 신생아의 체온조절을 위해서는 방안의 온도를 21~24℃, 습도는 60~70% 정도로 유지해 주는 것이 좋다. 옷을 많이 입히면 땀띠가 날 우려가 있으므로 옷으로 조절하기보다는 실내온도를 조절한다. 강한 바람이나 선풍기 바람을 직접 쏘이면 체온이 저하될 위험이 있으므로 직간접적인 통풍이 좋다.

(3) 수면

신생아는 하루 평균 15~20시간 잠을 잔다. 배가 고프면 깨고 나머지 시간은 잠을 자지만, 큰 소리나 온도 변화와 같은 환경적 자극과 몸이 불편할 때에는 깨어 있기도 한다. 수면의 주기는 대체로 신생아 초기에는 3~4시간이며, 밤낮이 뒤바뀌는 경우도 흔하다. 그러나 점차 수면주기가 낮에는 짧아지고 밤에는 길어져 낮 동안 노는 시간이 조금씩 길어지게 된다.

(4) 대소변

신생아는 출생 후 8~24시간에 검은 녹색 혹은 검은 황색의 태변을 본다. 이는 태중에서 형성된 노폐물로 끈적끈적하고 냄새가 없다. 며칠이 지나면 정상적인 누른 변을 보나, 수유의 종류에 따라 다르다. 모유 수유인 경우에는 누른색의 부드러운 변을 1일 3~4회 배변하며, 분유 수유인 경우에는 노란색의 단단한 변을 1일에 1~2회 배변한다. 소변은 하루 10회 이상으로 자주 보는데, 수분 섭취량에 따라 달라진다. 신생아의 소변은 어른에 비해 빛깔도 엷고 냄새도 진하지 않다.

3) 반사

반사(reflex)란 밝은 빛을 비추면 눈을 깜박이는 것과 같이 외부 자극에 대한 무의식적이고 자동적인 반응을 말한다. 신생아는 외부 자극에 대해 여러 가지 반사행동을 보이는데, 반사행동에는 생존반사와 원시반사의 두 종류가 있다.

(1) 생존반사

생존반사(survival reflex)는 신생아의 생존에 필요한 것으로 호흡반사, 눈깜박거리기반사, 빨기반사, 삼키기반사, 근원반사(먹이찾기반사), 동공반사, 위축반사 등이 있다. 생존반사는 유해한 자극에 대해 보호기능을 할 뿐만 아니라 신생아의 기본 욕구를 충족시키는 기능도 한다(Bowlby, 1988). 대표적인 생존반사로는 다음과 같은 것들이 있다.

① 빨기반사

무엇이든 입술에 닿으면 힘차게 빨려고 하는 행동이다. 무의식적인 빨기반사는 생후 1년경부터 사라지기 시작하며, 이후에는 의식적으로 빨게 된다. 빨기반사는 삼키기반사와 호흡이 동시에 이루어져야 하는 상당히 복잡한 반사다.

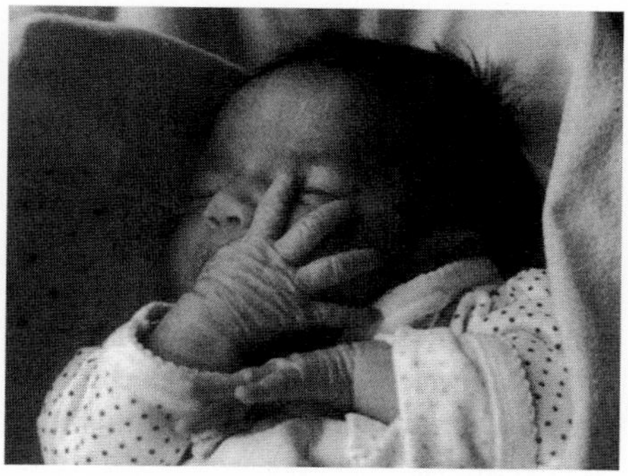

[그림 3-4] **빨기반사**

② 근원반사

근원반사(rooting reflex, 먹이찾기반사)는 신생아의 볼과 입 주위를 자극하면 그 자극물을 향해 고개와 입을 돌리는 반사다. 입에서 먼 뺨에 자극물을 갖다 대어도 필사적으로 먹이를 찾아간다. 출생 시부터 존재하는 이 반사의 기능은 신생아가 젖꼭지를 찾을 수 있도록 하는 것이며, 생후 9개월경 사라진다.

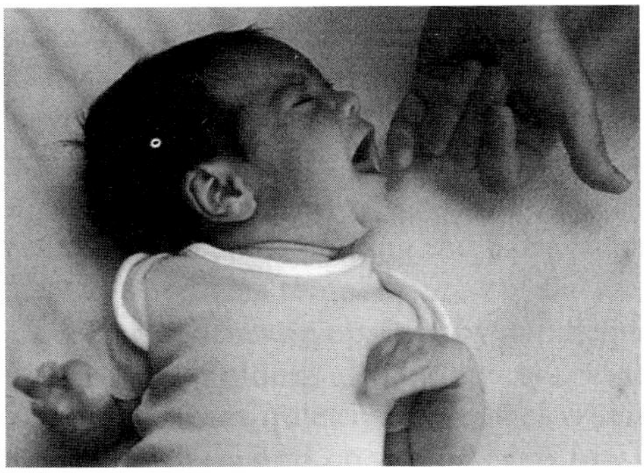

[그림 3-5] 근원반사

③ 기침, 재채기, 하품반사

기침반사, 재채기반사, 하품반사 등은 호흡과 관련된 생존반사다. 기침반사와 재채기반사는 기도를 깨끗이 하는 기능을 하며, 하품반사는 한 번에 다량의 산소가 요구될 때 산소를 공급하는 기능을 한다.

(2) 원시반사

원시반사(primitive reflex)는 신생아의 생존과는 관계가 없는 반사로, 인류의 진화 과정의 흔적으로 보인다. 원시반사는 대부분 수개월 이내에 사라지는데, 이는 대뇌피질이 발달함에 따라 신생아의 반사운동이 점차적으로 의식적 · 자발적 행동으로 대체되기 때문이다. 원시반사가 기능적인 가치는 별로 없다 하더라도 발달상태를 평가하는 데에는 매우 유용하다. 만약 이러한 반사행동이 출생 시 나타나지 않거나 수개월이 지나도 사라지지 않으면 신경계통에 어떤 문제가 없는지를 살펴보아야 한다. 신생아가 보이는 대표적인 원시반사에는 다음과 같은 것들이 있다(정옥분, 2002).

① 모로반사

Moro가 발견한 반사행동은 모로반사(Moro reflex)다. 갑자기 큰 소리를 내거나, 신생아를 안고 있다가 갑자기 내려놓으면 팔은 활모양으로 휜다. 또한 신생아를 똑바로 눕힌 채 누운 자리 근처를 양쪽에서 세게 두드리면 팔을 쭉 벌리면서 손으로 무엇인가를 잡으려고 하는 것 같은 자세를 취한다.

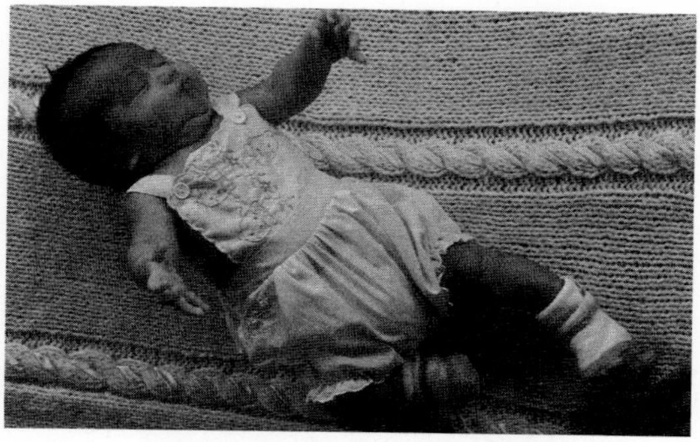

[그림 3-6] **모로반사**

② 바빈스키반사

Babinski가 발견한 반사는 바빈스키반사(Babinski reflex)다. 신생아의 발바닥을 발꿈치에서 발가락 쪽으로 간질이면 엄지발가락을 구부리는 반면, 다른 네 발가락은 부채처럼 쫙 펴는 반응을 보인다.

③ 수영반사

수영반사(swimming reflex)란 신생아를 물에 넣으면 물 위에 뜨기 위해 적절한 팔다리 운동과 호흡을 하는 반응을 이른다.

④ 파악반사

신생아의 손바닥에 어떤 물건을 쥐어 주면 그것을 빼내기 힘들 정도로 꼭 쥐는 반응을 보이는 파악반사(grasping reflex)가 나타난다. 나무에 매달리는 원숭이의 파악행동을 예로 들면서 파악반사를 인류 진화과정의 잔존물로 해석하는 학자도 있다.

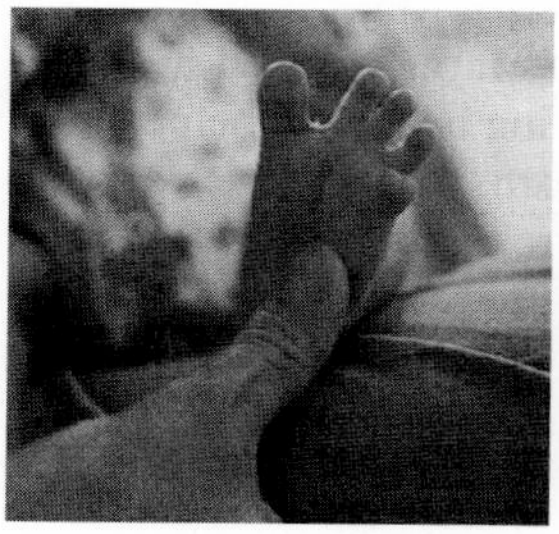

[그림 3-7] **바빈스키반사**

[그림 3-8] **수영반사**

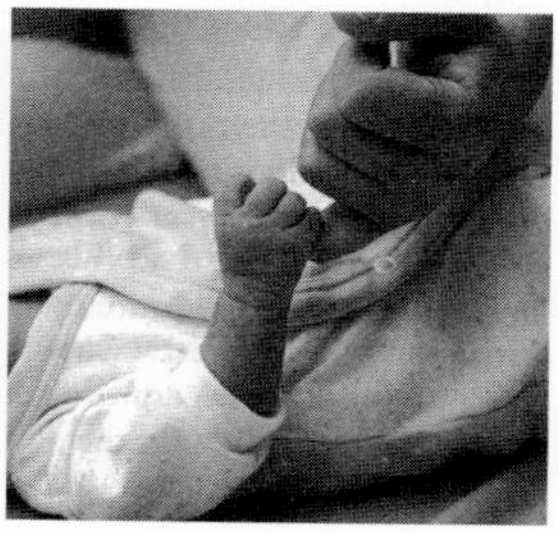

[그림 3-9] **파악반사**

⑤ 걸음마반사

신생아의 겨드랑이를 잡고 살짝 들어 올려 바닥에 발을 닿게 하면 걸어가듯이 무릎을 구부려 발을 번갈아 땅에 내려놓는데, 이것을 걸음마반사라고 한다.

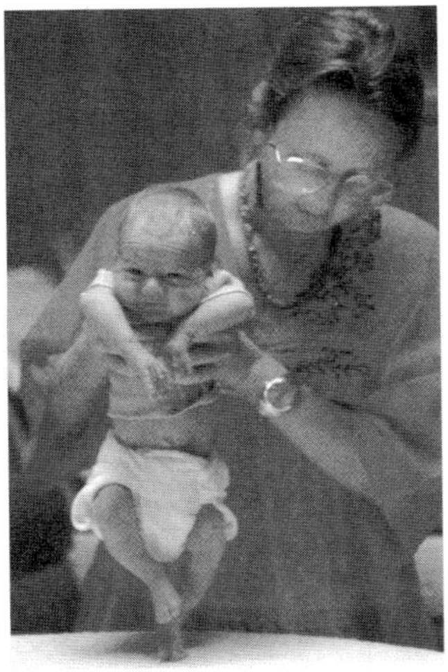

[그림 3-10] 걸음마반사

4) 감각능력

(1) 시각

출생 시 시각은 비교적 덜 발달되어 한 물체에 시선을 고정시키거나 초점을 맞추지 못한다. 울 때도 눈물을 잘 흘리지 못한다. 그러나 갓 태어난 신생아도 밝은 빛에 대해서는 눈을 깜박이며, 빛이 있는 쪽으로 시선을 둔다. 생후 1~2주 이내에 한 물체에 시선을 고정시키게 되며, 그들을 안고 있는 사람의 얼굴을 볼 수 있는 거리, 즉 눈으로부터 20~25cm 거리는 초점이 맞추어져 제법 잘 볼 수 있게 된다. 신생아는 사람의 얼굴 모습을 좋아하고, 어머니의 얼굴을 식별한다(Santrock, 1995).

(2) 청각

신생아의 청각능력은 태어나기 전부터 발달한다. 임신 7개월쯤이면 청각기능이 거의 완성되어 모체 밖에서 나는 소리에도 집중할 수 있게 된다. 출생 직후에는 귓속에 양수 등이 차 있어 소리에 반응하지 못하나, 생후 3일쯤이면 소리가 들리는 방향으로 머리를 돌릴 수 있을 뿐만 아니라 소리를 구별할 수도 있게 된다. 신생아가 좋아하는 소리는 리듬이 있는 소리, 사람의 음성 등이며, 특히 어머니의 음성을 가장 좋아한다. 같은 소리라도 신생아에게는 성인에 비해 크게 들리므로 아기가 놀라지 않도록 주의해야 한다(Santrock, 1995).

(3) 미각

미각은 태내에서도 어느 정도 기능을 하며, 출생 시에는 거의 완전하게 발달되어 있다. 따라서 출생 시에도 여러 가지 맛을 구별하는 것이 가능하다. 쓴맛, 신맛, 짠맛보다는 단맛이 나는 액체를 더 오래 빨며, 맹물과 단맛이 나는 포도당액을 구분할 수 있다. 단맛이 나는 액체를 주면 마치 단맛을 즐기는 것처럼 더 천천히 빠는 반응을 보이며, 단순히 빨기만 하는 것이 아니라 웃으면서 윗입술을 날름거리는 반응을 보인다(Ganchrow, Steiner, & Daher, 1983).

(4) 후각

신생아의 후각도 출생 초부터 상당히 발달되어 있다. 생후 며칠 이내에 어머니와 다른 여성의 젖 냄새를 구분할 수 있으며, 강한 화학물질, 예를 들면 암모니아나 초산 냄새에 대해서는 고개를 돌리고 맥박과 호흡이 빨라지는 등의 거부반응을 보인다. 썩은 달걀 냄새를 맡게 하면 얼굴을 찌푸리는 반면, 바나나나 초콜릿과 같이 달콤한 향을 맡으면 얼굴 표정이 이완된다(Berk, 1996; Schiekendanz et al., 1998).

(5) 촉각

피부 접촉, 온도감각, 통각 등이 촉각에 포함되는데, 촉각은 출생 전에 많이 발달되어 있다(이명조, 2005). 신생아의 온도감각은 어느 정도 민감하나 통각, 즉 아픔에 대한 감각은 조금 둔하다. 그러나 통각은 생후 며칠 이내에 급격히 발달하며, 여아가 남아보다 민감한 반응을 보인다(Snow, 1998).

신생아를 안아 주고 얼러 주고 토닥거리는 등의 피부 접촉은 정서적인 안정감 형성과 애착 발달에 필수적이다. 어머니가 안아서 젖을 주면 어머니의 심장소리를 듣게 되고 피부 접촉도 할 수 있으므로 분유를 주더라도 안고 먹이는 것이 아기의 정서 발달에 좋다.

5) 신생아 돌보기

생후 1개월까지의 신생아 시기는 아기가 전혀 새로운 낯선 환경에 적응해야 하는 기간이다. 신생아 스스로 상당한 정도의 적응능력을 가지고 있으나, 산모가 신생아 돌보기에 대한 최소한의 지식을 가지고 있는 것이 필요하다. 여기서는 신생아 건강검사, 수유, 목욕에 대한 정보를 제공하고자 한다(이명조, 2005).

(1) 신생아 건강검사

신생아의 건강 여부를 되도록 일찍 아는 것은 예방적 차원에서 매우 중요하다. 특별한 보호를 받아야 한다는 결과가 나오면 가능한 한 빨리 조치를 취해서 아기의 성장에 이상이 생기지 않도록 해야 한다.

신생아의 건강을 판별하는 대표적인 검사 척도로는 Apgar 박사가 개발한 아프가 척도가 있다. 출생 후 1분 그리고 다시 5분 후에 실시하여 건강 여부를 판별한다. 이 검사는 5개의 하위 내용, 즉 피부색, 심장박동 정도, 자극에의 민감성(얼굴 표정), 팔다리 활동성(근육 상태) 그리고 호흡 등으로 구성되어 측정하도록 되어 있다. 각 하위 내용마다 0~2점을 받도록 되어 있어 총점 범위는 0~10점이다. 아프가 척도에서 7점 이상을 받으면 건강상태가 양호하며, 만약 3점 이하이면 즉각적인 조치를 취해야 하며, 다시 5분 후에 상태의 호전 여부를 점검한다.

〈표 3-2〉 아프가 척도

특징	수준		
	0	1	2
심장박동 속도	심장이 안 뜀	1초당 100비트	1초당 100~140비트
호흡	60초 동안 호흡 안 함	반사적, 얕은 호흡	강한 호흡과 울음
반사 (재채기, 기침, 얼굴 찡그림)	없음	약한 반사작용	강한 반사작용
근육상태	움직임이 거의 없음	약한 팔다리 운동	강한 팔다리 운동
피부색	푸른 몸과 팔, 다리	푸른 팔다리와 분홍색 몸	몸, 팔, 다리 모두 완벽한 분홍색

참고: 이 도구에 사용된 표기는 처음 이 도구를 사용한 사람이 색깔(color) = 외형(Appearance), 심장박동수(heart) = 맥박(Pulse), 과민성 반사작용(reflex irritability) = 찡그림(Grimace), 근육상태(muscle) = 활동성(Activity), 그리고 호흡(respiratory) = 호흡(Respiration)으로 표기했기 때문에 첫 문자가 조합된 Apgar라고 부르게 됨(Apgar, 1953).

출처: 박낭자 외 역(2007). **아동발달**, p. 157.

(2) 수유

① 초유 수유

출산 후 1~2일이 지나면 젖이 나오기 시작하는데, 이 젖을 초유라 한다. 초유는 누르스름하고 약간 끈적끈적하며 여러 영양분이 많이 들어 있다. 또한 대변을 배설하는 데 좋고 전염병에 대한 저항능력을 지니고 있어 반드시 먹이는 것이 좋다.

② 모유 수유와 조제분유 수유

모유에는 아기가 생후 첫 16주 동안 살아갈 수 있는 모든 것이 함유되어 있어 임산부가 특별한 병이나 직장을 갖고 있는 경우가 아니라면 모유 수유가 좋다. 조제분유 수유보다 모유 수유를 권장하는 구체적인 이유는 다음과 같다.

첫째, 모유는 신생아의 성장과 발달에 가장 이상적인 건강식품이다. 모유는 조제분유가 흉내 낼 수 없는 아기에게 필요한 특별한 성분, 즉 두뇌 발달과 신경세포 구성을 위한 성분을 함유하고 있으며, 소화도 더 잘된다. 그 밖에 소화기 및 호흡기 질병 그리고 발진 · 알레르기 반응 등을 막아 주는 면역물질이 포함되어 있다.

둘째, 모유 수유는 신생아의 정서적 안정을 돕는다. 어머니 품에 안겨 수유하는 동안 듣게 되는 어머니의 심장 뛰는 소리, 피부 접촉, 눈맞춤 등은 서로 간에 심리적인 유대감을 형성하게 된다.

셋째, 모유 수유는 편리하고 경제적이다. 모유는 적절한 온도와 농도를 항상 유지하고 있어 편리하고, 조제분유를 구입하지 않아도 되므로 매우 경제적이다.

넷째, 모유 수유는 산후 자궁의 수축을 촉진하고 체중이 원상태가 되도록 돕는다. 모유를 먹인 산모는 유방암에 걸릴 확률이 낮아지고, 배란이 억제되어 자연 피임의 결과를 가져다준다.

조제분유로 수유를 해야만 하는 경우, 모유에 비해 단백질, 무기질, 칼슘 등이 많아 소화하기가 쉽지 않고 지방도 입자가 커서 아기가 소화하기 어렵다. 조제분유를 탈 때는 매번 우유병과 젖꼭지 등의 소독을 철저히 하는 등 위생에 신경을 써야 한다. 그리고 끓인 물을 따뜻한 온도로 맞추고 농도를 알맞게 하여 아기의 소화기관에 부담을 주거나 영양실조가 되지 않도록 해야 한다.

③ 수유 시 주의사항

출산 후 산모는 지쳐 있지만 곧바로 모유 수유를 준비해야 한다. 그렇지 않을 경우, 모유 분비가 어렵게 되어 아기가 젖을 빨지 않으려고 하기 때문이다. 따라서 다음과 같은 사항에 유의해야 한다.

첫째, 모유의 분비가 촉진될 수 있도록 유의한다. 출산 후 처음 며칠 동안은

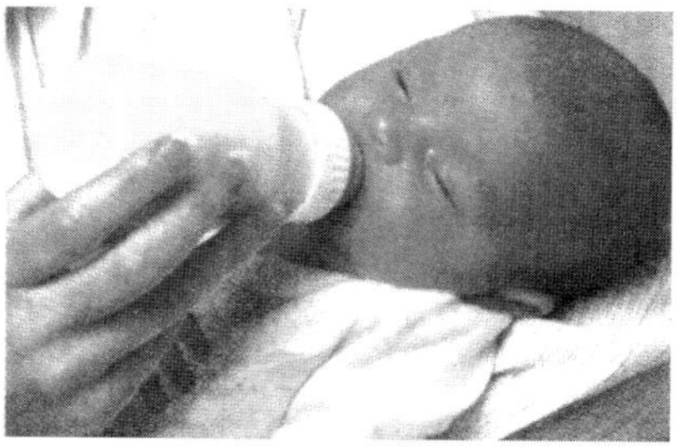

[그림 3-11] 조제분유를 먹고 있는 신생아

젖이 잘 나오지 않으므로 아기가 계속 빨도록 해서 젖의 분비를 촉진시키도록 한다. 모유 분비를 촉진시키기 위해서 산모는 수유에 필요한 열량을 섭취하고 영양분, 예를 들어 단백질, 철분, 칼슘, 비타민 등을 골고루 섭취하도록 한다. 또한 정서적으로 안정된 생활도 모유 분비 촉진과 관계가 있으며, 그 밖에 흡연이나 약물복용도 모유를 통해 아기에게 전달될 수 있음을 유념해야 한다.

둘째, 수유 간격은 신생아마다 융통성 있게 조절한다. 신생아에 따라 신체적 조건, 소화능력, 먹고 싶은 욕구 등이 다르므로 융통성 있게 수유하는 것이 바람직하다. 수유 간격은 어느 정도 시일이 지나면 각 신생아에 맞도록 시간이 자연스럽게 정해져서, 보통 생후 몇 주가 되면 4시간 정도의 간격으로 되고 밤에는 그 간격이 좀 더 길어진다.

셋째, 모유 수유를 하는 수유부는 이쪽저쪽 유방을 번갈아 조금씩 빨게 하는 것보다 한쪽의 모유를 다 먹인 후에 다른 쪽 모유를 먹이는 것이 좋다. 한번 고인 젖을 다 먹어야 빨리 생성되기 때문이다.

넷째, 조제분유를 수유하는 동안에도 모유 수유와 마찬가지로 어머니의 사랑이 전달되어야 한다. 어머니는 신생아를 품에 안고 즐거운 마음으로 말을 건네면서 피부 접촉과 눈맞춤을 하면서 수유해야 한다. 이런 과정을 통해 신생아는 심리적 만족감을 얻게 된다.

다섯째, 수유가 끝난 후에는 트림을 시킨다. 수유 중에 들이마신 공기를 제거하기 위해 신생아를 세워 안고 등을 부드럽게 토닥이면 트림을 하게 된다.

(3) 목욕

목욕시키는 시간은 수유하기 전이나 저녁에 잠자기 전이 좋다. 신생아의 배꼽이 아물기 전까지는 물이 들어가지 않도록 유의하고, 목욕물의 온도는 어른의 팔꿈치를 물에 넣었을 때 따뜻하게 느껴질 정도인 38~39°C가 적당하다. 머리, 목, 팔, 다리 순서로 목욕시키고, 시간은 약 10분 정도로 하며, 목욕 중 눈에 비누가 들어가거나 코와 귀에 물이 들어가지 않도록 조심해야 한다.

아기들은 대체로 목욕을 좋아한다. 목욕하는 시간이 아기에게 더욱 즐거운 시간이 되도록 이야기를 건네면서 심리적 유대감을 갖도록 한다. 목욕 후에는 배꼽을 소독하고 감기에 걸리지 않도록 유의한다.

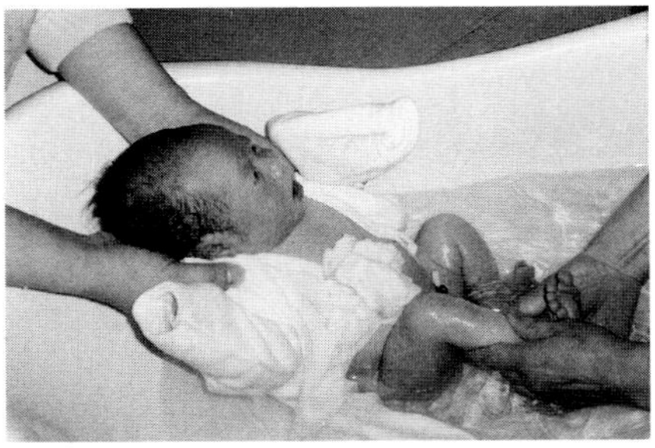

[그림 3-12] 목욕 중인 아기

생각할 문제

- 어떠한 출산 방법을 선호하겠는지 그리고 그 이유는 무엇인지에 대해 이야기해 보자.
- 출산 후에는 특히 여성의 삶이 여러 모로 큰 변화를 겪게 되는데, 여성이라면 출산 후의 생활에 보다 잘 적응하기 위해 어떻게 하겠는지 남성이라면 출산 후의 아내를 돕기 위해 어떻게 하겠는지 이야기해 보자.

참고문헌

박낭자 외 역(2007). **아동발달**. 경기: 정민사.

이명조(2005). **영유아 발달과 교육**. 경기: 양서원.

정옥분(2002). **아동발달의 이해**. 서울: 학지사.

Berk, L. E. (1996). *Infants, children, and adolescents* (2nd ed.). Needham Height, MA: Allyn & Bacon.

Ganchrow, J. R., Steiner, J. E., & Daher, M. (1983). Neonatal facial expression in response to different qualities and intensities of gustatory stimuli. *Infant Behavior and Development, 6*, 473-484.

Santrock, J. W. (1995). *Life-span development* (4th ed.). Dubuque, IO: Brown & Benchmark Publishers.

Santrock, J. W. (2008). *Children* (10th ed.). New York, NY: McGrow-Hill.

Schickendanz, J. A., Schickendanz, D. I., Forsyth, P. D., & Forsyth, G. A. (1998). *Understanding children and adolescence* (3rd ed.). Needham Height, MA: Allyn & Bacon.

Snow, C. W. (1998). *Infant development* (2nd ed.). NJ: Prentice-Hall.

제 4 장

신체 · 운동 및 두뇌 발달

제4장 신체 · 운동 및 두뇌 발달

학습목표

- 영유아의 신체 발달 원리와 발달 특징에 대해 설명할 수 있다.
- 영유아의 운동 발달 이론과 발달 특징에 대해 설명할 수 있다.
- 영유아의 두뇌 발달의 주요 개념과 발달 특징에 대해 설명할 수 있다.
- 건강한 신체 · 운동 · 두뇌 발달을 위한 교육적 접근에 대해 생각해 본다.

신체 발달이란 신체기관이 커지고, 구조가 정밀해지며, 기능이 능률적으로 되어 가는 과정을 의미한다. 영유아의 정상적인 신체운동 발달은 정서, 사회성, 지적 발달을 촉진함은 물론 영유아의 행동 전반에 영향을 미친다. 성인은 영유아의 신체, 운동, 두뇌 발달에 대한 이해를 바탕으로 적절한 지도와 안내를 통해 영유아의 전인적 발달을 추구해야 할 것이다. 이 장에서는 영유아기 신체, 운동, 두뇌 발달의 양상 및 특징을 알아보고, 나아가 신체 · 운동 발달 및 건강, 안전생활을 위한 지도방안에 대해 살펴보고자 한다.

1. 신체 발달

1) 신체 및 운동 발달의 경향

영유아의 신체 및 운동 발달은 인종과 상관없이 보편적으로 적용되는 발달의 경향에 따라 그 순서와 방향에 대한 예측이 가능하다. 이 경향들은 영유아의 신체 비율의 변화를 설명해 줄 뿐만 아니라 운동 획득의 방향과 조직에 대해 알 수 있게 해 준다. 그 경향들은 다음과 같다.

(1) 두미 발달 원리(top-to-bottom)

신체 발달이 상부에서 하부로 혹은 머리에서 발끝으로 발달됨을 의미한다. 초기의 신체 성장은 신체 윗부분(머리, 뇌 등)에서 시작되어 점차 아래(어깨, 몸통 등)로 진행된다. 이 같은 발달은 특히 머리 영역에서 두드러진다. 예를 들면, 머리의 상단 부분인 눈과 뇌는 머리의 하단 부분인 턱보다 더 빨리 성장하며, 생후 1년 된 뇌는 성인 뇌 무게의 70%에 달할 만큼 발달되나 다른 신체 부위의 성장은 그에 비하면 미숙하다. 신체 발달뿐 아니라 운동 발달에서도 이 원리가 적용되는데, 영아는 신체의 하부보다 상부를 사용하는 것을 먼저 배운다. 예를 들면, 기거나 걸을 수 있기 전에 오랫동안 손을 사용하는 것도 이 원리에 따른 발달의 경향이라고 할 수 있다.

(2) 근원 발달 원리(inner-to-outer)

신체 발달이 중심에서부터 말초로 혹은 가까운 것에서 먼 것으로 진행되어 가는 것을 의미한다. 신체의 가운데가 먼저 성장하고, 사지 부분이 나중에 발달하는 것을 말한다. 예를 들면, 가슴과 내부기관이 먼저 형성되고, 다음으로 팔과 다리, 손과 발이 형성된다. 운동 발달적인 측면에서도 마찬가지다. 중추에서 가까운 팔꿈치나 허벅지를 사용하는 능력이 먼저 발달하고, 그 후에 손과 발, 마지막으로 손가락과 발가락을 사용하는 능력이 발달한다. 영아는 어떤 사물을 잡으려고 할 때 처음에는 몸 전체를 움직이려고 하나, 점차로 잡을 때 필요한 팔과 손목, 손가락만을 움직여서 원하는 물건을 잡을 수 있게 된다. 즉, 자신의 손과 손가락을 통제하기 전에 몸통과 팔의 근육을 조절할 수 있으며 몇 개의 손가락을 조절하기 전에 손 전체를 사용한다.

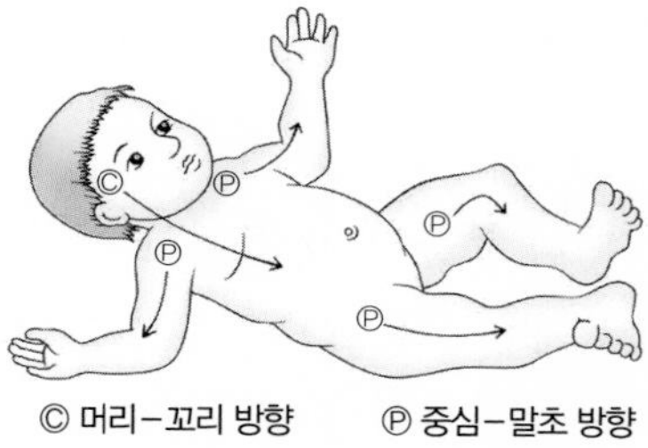

[그림 4-1] **신체 및 운동 발달의 경향**

출처: 한국인간발달학회 편(1997). 유아의 심리, p.102.

2) 영아기 신체 발달

영아의 첫 2년 동안의 신체 발달은 광범위하다. 태어날 때 신생아의 머리는 몸의 나머지 부분과 비교해 볼 때 꽤 크다. 목이 매우 약해 머리를 들 수 없으며, 몇 가지 기본 반사를 가지고 있다. 12개월이 되면 영아는 어디든지 앉고, 서고, 멈추고, 기어오르고, 보통은 걸을 수 있게 된다. 생후 2년째가 되면 성장은 둔화되나 뛰고, 오르는 것과 같은 활동은 빠르게 증가한다. 영아기 신체 발달의 특징을 더 자세히 알아보도록 하겠다.

(1) 체격 발달

① 신장 및 체중 변화

출생 시 남아는 평균적으로 50.1cm, 여아는 49.4cm의 키를 나타낸다. 생후 1년이 되면 출생 시 신장의 약 1.5배가 되며, 대체로 남아가 여아보다 발육이 빠르다. 그러나 남아와 여아 모두 생후 1년이 지나면서 증가 속도가 점차 감소하여, 생후 2년이 되면 출생 시의 1.7배가 되고, 2세경에는 성인의 반 정도인 85~86cm가 된다.

몸무게는 키보다 개인차가 있으며, 불규칙적인 성장을 보인다. 신생아의 몸무게는 평균적으로 남아 3.4kg, 여아 3.3kg으로 남아가 여아보다 약간 더 무겁다. 생후 3개월이 되면 출생 시의 2배 정도가 되고, 생후 1년이 되면 출생 시의 약 3배가 된다. 그리고 생후 2년이 되면 남아는 12.3kg, 여아는 11.7kg

으로 출생 시의 약 3.7배가 된다.

② 신체 비율의 변화

임신에서 출생까지는 머리 부분이 가장 빠른 성장을 보인다. 영아의 출생 시 머리둘레는 약 34cm로 가슴둘레보다 크다. 그러나 출생 후 1년 동안은 몸통이, 생후 1년 이후부터 청년기까지는 다리가 가장 빠르게 성장한다. 신생아의 가슴 모양은 원통형으로 앞뒤와 좌우의 폭이 거의 같다. 신체에서 머리가 차지하는 비율이 신생아의 경우 1/4, 생후 2년이 되면 신체의 1/5 정도가 되며, 점차 머리의 비율이 작아진다.

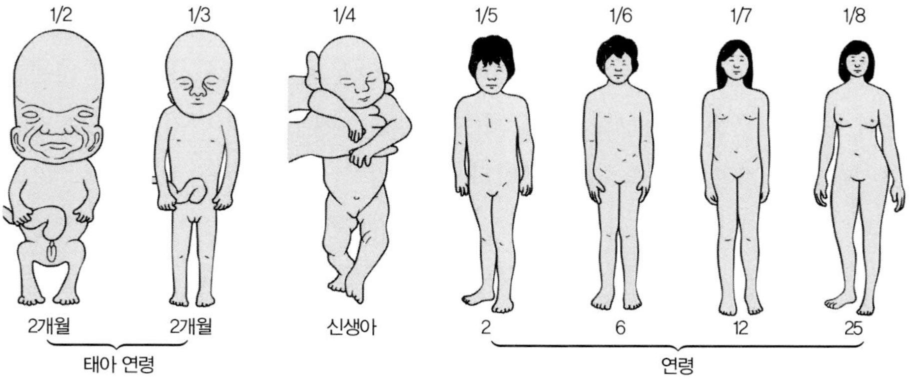

[그림 4-2] **신체 성장의 비율 변화**

(2) 골격 발달

태아의 골격은 처음에 연골이라는 부드럽고 유연한 조직으로 형성되다가 임신 6주에 접어들며 연골세포가 뼈로 단단해진다. 출생 직전에 골단이라는 뼈의 특정한 성장 센터가 나타나고, 이 골단에서 연골세포가 계속해서 생산된다. 즉, 골단에서 연골세포가 생성되고 이것이 뼈로 단단해지는 과정이 지속되며 골격이 발달해 간다. [그림 4-2]를 보면, 신체의 장골 양쪽 끝에서 골단을 볼 수 있다. 성장이 계속됨에 따라 골단은 점점 사라지게 되는데 골단이 사라지게 되면 더 이상 뼈의 성장은 불가능하다.

출생 시 영아의 뼈는 대부분 부드럽고 휘기 쉬우며 잘 부러지지 않는다. 신생아가 앉을 수 없거나 붙잡고 설 수 없는 이유는 뼈가 너무 작고 유연하기 때문이다. 영아의 골격은 성인의 골격보다 크기가 작고 그 수도 적다. 예를 들어, 손목뼈의 경우 성인은 9개인 데 반해 생후 1년이 된 영아는 3개로만 이루어져 있다.

신체적 성숙 정도를 측정하기 위해 살펴보는 것으로 골격연령이라는 것이 있는데 이는 신체를 이루고 있는 뼈의 발달을 측정하는 것이다. 골격연령은 뼈를 X-ray로 촬영해 살펴보거나 골단의 수와 성장판의 합착 범위를 살펴봄으로써 측정할 수 있다. 뼈의 성숙은 출생 시 남아들보다 여아들이 4~6주 정도 빠르며(Tanner, 1990), 두개골과 손이 가장 먼저 성장하는 반면, 다리뼈는 10대 중반에서 후반까지 성장을 계속하게 된다. 뼈의 성장은 대체로 18세경이 되어야 완성된다. 신생아의 두개골 뼈는 6개의 부드러운 부분으로 분리되어 있는데, 이를 천문(fontanelles)이라고 한다. 천문은 점차 무기질로 채워져서 2세경에 하나의 두개골을 형성하게 된다. 이 중 대천문과 소천문은 우리 눈으로 관찰이 가능하다.

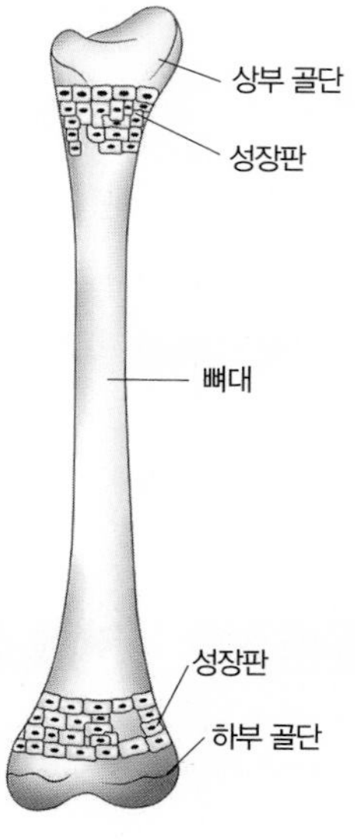

[그림 4-3] **장골의 상부 골단과 하부 골단**

출처: 박낭자 외 역(2007). 아동발달, p. 206.

(3) 근육 발달

신생아들은 성인의 모든 근육섬유를 다 가지고 태어난다(Tanner, 1990). 출생 시에는 근육조직의 35%가 물로 이루어져 있으며, 이는 신생아 체중의 18~24%에 달한다(Marshall, 1977). 이러한 근육섬유는 근육조직 속의 세포질 용액이 단백질과 염분의 첨가로 강화되어 성장하기 시작한다. 근육 발달은 신체 부위에 따라 차이를 나타낸다. 즉, 머리와 목 부분의 근육이 다리보다, 대근육이 소근육보다 더 빨리 발달한다. 이는 신체 및 운동 발달의 경향에 따른 것이라 할 수 있다.

(4) 치아 발달

치아는 유치(temporary teeth)와   (permanent teeth)가 있다. 유치는 어린아이의 치아를 말하는데 젖니라고도 한다. 유치는 모두 20개이며 영구치는 32개다. 생후 6~8개월경에 나기 시작하는 유치는 생후 2년 6개월을 전후하여 모두 나게 된다. 유치가 나는 순서는 아랫니 → 윗니 → 위아래 양쪽 간니 → 위아래 첫 번째 어금니 → 위아래 송곳니 → 위아래 두 번째 어금니 순으로 [그림 4-4]와 같다. 유치의 발달은 신장, 체중, 근육 등의 다른 생리적 발달과는 관계가 없는 것으로 나타났다.

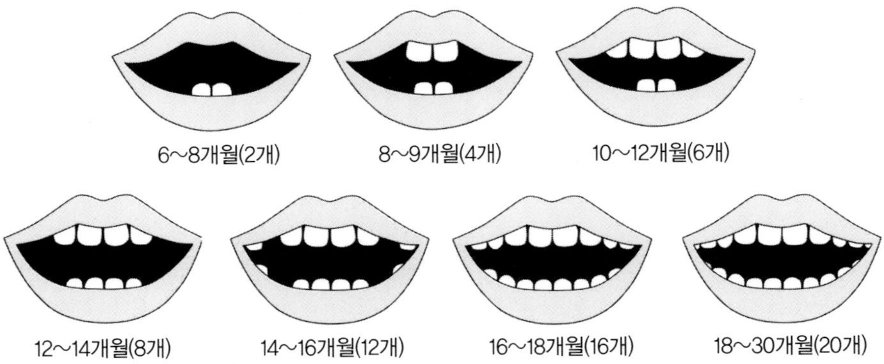

[그림 4-4] **유치가 나오는 순서**

출처: 교육과학기술부(2011). 고등학교 인간발달. p. 66.

3) 유아기 신체 발달

생후 2년 동안 나타난 급속한 신체적 성장은 유아기에 접어들어 그 속도가 감소한다. 걸음마기 때부터 감소하기 시작한 '젖먹이 비만(baby fat)'은 유아기가 되면 더 줄어들어 점점 더 날씬해진다. 여아들은 어느 정도 몸의 지방이 남아 있지만 남아들은 근육이 약간 많아지고 남아들이 여아들보다 계속해서 조금씩 더 자란다. 5세쯤 되면 유아들의 배가 평평해지며 다리도 길어져서 성인과 비슷한 신체 비율을 가진 어린이가 된다. 유아기 신체 발달의 특징을 좀 더 자세히 알아보도록 하겠다.

(1) 체격 발달

유아(3~5세)의 신체 발달은 영아기만큼 급속하지는 않으나 계속 꾸준한 성장을 보인다. 몸무게는 매년 2~3kg 정도 증가해 5세경에는 출생 시의 5배가 되어 16~17kg 정도가 된다. 키는 매년 5~7cm 정도 증가해 5세경에는 출생 시의 2배 정도로 성장하여 100~120cm 정도가 된다. 그러나 개인차가 영아기보다 커져서 유아에 따라 신체적 발달의 차이가 크며, 일반적으로 남아가 여아보다 키가 더 크고 체중도 더 나간다.

유아기에는 체지방이 꾸준히 감소하고 팔다리가 길어지면서 신체에서 머리가 차지하는 비율이 점차 낮아진다. 출생 시 머리와 키가 1:4 정도였던 비율이 유아기 말인 6세경에는 1:6 정도가 된다.

(2) 골격 발달

골격의 성장도 빠르게 진행된다. 2세~6세 사이에 약 45개의 새로운 골단이 생기거나 연골 속의 성장 중추가 단단해져서 경골이 된다. 그러나 아직 유아의 뼈는 성인의 뼈에 비해 연하기 때문에 손상을 입더라도 회복이 빠르다. 골격의 발달은 운동 발달과 몸의 균형에 중요한 영향을 미친다. 머리 윗부분이 크고 턱이 작았던 영아기와는 달리 유아기에는 치아와 턱뼈가 발달함에 따라 턱 부분이 둥글게 커진다. 유아의 골격 발달 및 그에 따른 신체적 성숙 수준은 손목과 손의 X-ray 촬영을 통해 골격연령(skeletal age)으로 해석할 수 있다. 골격연령은 뼈의 수와 단단한 정도를 말하는데, 이때 아동의 생활연령보다 골격연령이 낮게 나타날 경우, 앞으로 키가 더 자랄 가능성이 있다고 볼 수 있다.

(3) 근육 발달

근육의 발달은 유아기 동안은 골격의 성장과 함께 빠르게 진행되고 아동기 동안에 매우 점진적으로 이루어지다가 청소년기 초기에 가속화된다. 여아가 남아보다 더 일찍 근육이 발달하게 되는데, 여자는 12~15세에 남자는 15~16세에 급격히 발달하게 되며, 13세 이후가 되면 분명한 성차를 보인다. 이러한 점은 여아가 남아보다 2~3년 정도 사춘기에 빨리 도달하여 일찍 성숙하는 요인이 된다(Tanner, 1990).

(4) 치아 발달

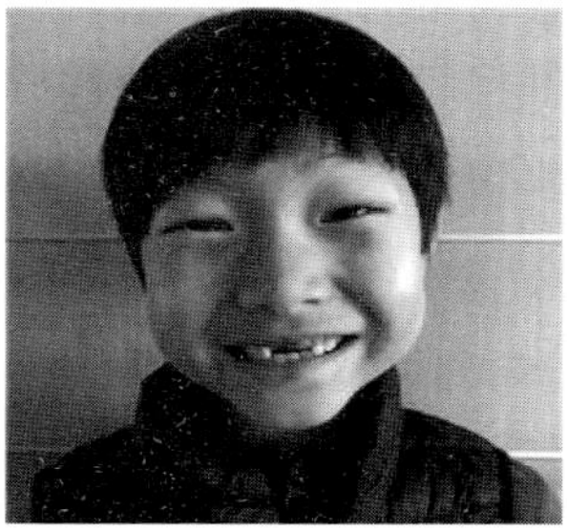

개인차가 있지만 유아기 끝 무렵인 6세경부터는 유치가 빠지기 시작한다. 유치가 빠지는 순서도 유치가 난 순서와 같은데, 1년에 약 4개씩의 유치가 영구치로 대체된다. 유치가 빠지는 연령은 유전적 요인의 영향에 따라 다양하다. 예를 들면, 여아들은 남아들보다 신체 발달이 빠르며 유치도 더 일찍 빠진다. 문화권에 따라서도 차이가 있다. 북미 유아들이 보통 6세 반경에 첫 영구치가 나는 데 반해 가나(Ghana)의 유아들은 갓 5세가 되면 영구치가 난다. 또한 오랜 영양실조는 영구치가 나오는 연령을 지연시키는 원인이 되기도 한다. 유치는 크기가 작고 조직이 연하며, 뿌리도 작아 충치가 되기 쉽다. 따라서 영구치로 대치되기 전에 잘 관리해야 한다.

2. 운동 발달

1) 운동 발달 이론

(1) 성숙 이론

성숙 이론은 운동 발달에 있어 성숙을 주요한 요인으로 보는 관점으로, 성장이 유전적으로 프로그램된 순서대로 전개되어 간다고 본다. 이러한 예로, 전 세계의 영아들이 거의 동일한 운동 발달 순서를 거치면서 발달해 간다는 점을 들 수 있다. 일란성 쌍생아 중 한 아기에게는 계단을 오르는 활동을 연습시키고, 다른 아기에게는 이러한 경험을 하지 못하도록 한 후에 그 결과를 관찰하였을 때에도, 연습기회가 없었던 아기 또한 곧 같은 기술을 갖게 되는 것을 발견할 수 있었다(Gessel & Thompson, 1929; McGraw, 1935). 따라서 성숙이론에서는 성숙이 운동 발달의 기초가 되며, 연습은 성숙이 가능하게 한 기술들을 완성해 갈 수 있도록 함을 의미한다.

(2) 경험 이론

성숙이 운동 발달에 많은 영향을 미친다는 것을 누구도 부인하지는 않으나, 경험적 관점의 지지자들은 운동 기술을 학습할 기회 또한 중요하다고 본다. 이러한 예로, 2년 동안 한 번도 앉는 자세를 취해 본 적이 없이 누워서 베개에 기대 놓은 우유병으로만 우유를 먹을 수 있었던 이란의 고아들은 생후 1~2년이 되어도 아무도 걸을 수 없었으며, 이들 중 절반 이하만이 앉을 수 있었다(Dennis, 1960).

또한 시각적 · 청각적 · 촉각적 · 운동적 자극을 많이 주는 양육방식의 잠비아 영아와, 항상 꽁꽁 싼 채로 조용한 환경에서만 있게 한 멕시코 영아는 지각과 운동능력에서 현저한 차이를 보이는 것으로 나타났다(Hetherington & Parke, 1993). 따라서 경험 이론에서는 성숙이 운동 기술 발달에 있어 필수적이나, 충분하지는 않다고 본다.

(3) 역동적 체계 이론

역동적 체계 이론에서는 운동 기술이 성숙과 연습기회에 따라 단순히 이루어지는 것이 아니라고 보고, 영아의 적극적인 의지를 더욱 강조한다. 즉, 영아가 기존의 운동능력을 새롭고 복잡한 행동 체계로 능동적으로 재조직한 결과, 새로운 운동 기술이 나타난다고 보는 것이다.

흥미로운 사물과 사건은 영아들에게 일어나 앉고, 기고, 걷고, 뛰고 싶게 만드는 이유를 제공해 주며, 새로운 운동 기술을 습득하고자 하는 영아의 적극적인 의지에 따라 각기 다른 발달 양상으로 나타나게 된다. 역동적 체계 이론은 이러한 맥락에서 영아들이 새로 습득해 가는 운동 기술들을 왜 조금씩 다른 방식으로 발달시켜 가는지를 설명하고 있다(Thelen et al., 1993).

2) 영아기 운동 발달

영아기의 운동 발달은 거의 유전적인 성숙기제에 따라 이루어진다. 즉, 영아의 운동 발달은 중추신경계나 골격, 근육의 성숙 정도에 영향을 받는다. 그래서 영아들은 기본적인 운동 기술을 학습한다기보다 성숙에 의해 발현되는 새로운 운동 기술(예: 기기, 걷기, 잡기, 뻗기 등)을 끊임없이 반복하고 연습하게 된다. 대부분의 영아의 운동기능 발달 순서는 유사하나 그 시기에는 개인차가 있다. 운동기능은 특정 운동에 사용되는 근육의 크기와 신체 부위에 따라 대근육 운동과 소근육 운동으로 나누어진다.

(1) 대근육 운동 발달

영아기에 이루어지는 대근육 운동 발달 과제로는 목 가누기와 같은 머리 통제와 뒤집기 등의 몸통 통제, 그리고 기고 걷는 등의 몸의 이동이다. 이러한 대근육 운동능력의 발달은 자세를 조정하는 것부터 시작된다(Adolph & Joh, 2009). 예를 들어, 움직이는 물체를 쫓으려면 우선 시선을 고정하기 위해 머리를 조정할 수 있어야 하며, 걷기 전에 먼저 한쪽 다리로 균형을 잡을 수 있어야 한다.

신생아는 누워 있는 상태에서 양옆으로 머리를 돌릴 수는 있지만, 자신의 자세를 자발적으로 조정할 수 없다. 그러나 신생아기를 벗어난 수주 이내에 머리를 똑바로 세울 수 있게 되고 곧 엎드린 상태에서도 가슴과 머리를 세울 수 있게 된다. 2개월이 되면 성인의 무릎이나 영아용 의자에 지지해서 앉을 수 있으나 혼자서 앉으려면 생후 6~7개월이 되어야 한다. 8~9개월이 되면 스스로 몸을 일으켜 의자를 붙잡고 설 수 있게 되고, 10~12개월이 되면 대개는 혼자 설 수 있거나 걷기 시작한다. 이렇게 생후 1년 동안의 운동능력의 성취는 영아에게 독립성이 증가하고 주위 환경을 좀 더 집중적으로 탐색할 수 있게 하고, 타인과의 상호작용을 좀 더 쉽게 시작할 수 있도록 한다.

생후 2년이 되면 영아의 운동신경은 더 숙련되고 활동적이 된다. 이 기간의 운동 활동은 유아의 능력개발에 매우 중요하기 때문에 안전을 위한 것이 아니라면 유아의 모험에 제한을 두어서는 안 된다. 13~18개월이 되면 영아는 줄이 달려 있는 장난감을 끌 수 있고 팔과 다리를 이용해 몇 개의 계단을 오를 수 있다. 18~24개월이 되면 빨리 걸을 수 있거나 뻣뻣하지만 짧은 거리를 뛸 수 있고, 두 발로 균형을 잡으며 바닥에 쪼그리고 앉아서 놀 수 있다. 또한 균형을 잃지 않고 뒤고 걸을 수 있고 넘어지지 않고 서서 공을 찰 수 있고 서서 공을 던질 수 있으며 제자리에서 점프할 수 있다.

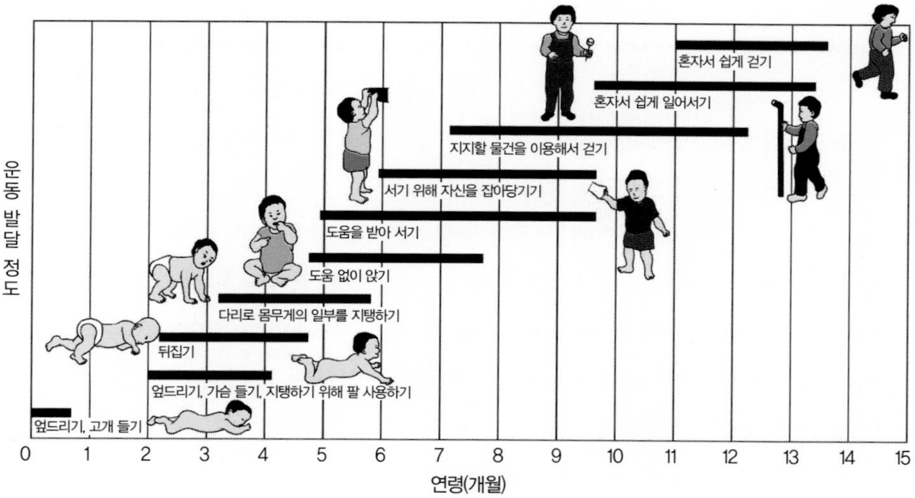

[그림 4-5] **영아의 운동 발달 순서**

출처: 이경민 외 역(2014). **영유아발달**, p. 214.

(2) 소근육 운동 발달 및 눈과 손의 협응력 발달

소근육 운동은 장난감 잡기, 숟가락 사용하기, 셔츠 단추 끼우기 등 섬세한 움직임을 의미한다. 출생 직후 영아는 소근육을 거의 조절하지 못하지만 생후 2년 동안 영아들은 손을 뻗고 잡는 방법을 무수히 연습한다. 잡기반사가 사라지는 2개월경에 접어들면 점차 손 근육을 조정하는 능력과 눈과 손의 협응력이 발달하기 시작한다. 초기에 영아는 어깨와 팔꿈치를 어설프게 움직이고, 물체를 향해 손을 흔들면서 뻗는다. 그러다가 점차 물체를 향해 손을 뻗을 때는 팔목을 움직이고 손을 돌리며 엄지손가락과 집게손가락을 조절한다.

영아의 잡기 능력은 2가지 유형의 잡기를 통해 정교해진다. 초기에는 손바닥 전체를 사용해 무엇인가를 잡는 '손바닥 잡기'를 하다가 1세 말경에 이르면 엄지손가락과 집게손가락을 사용해 물체를 잡는 '집게 잡기'를 하게 된다. 영아기 동안의 잡기 발달을 보면, 3개월경 영아는 주먹을 쥐기도 하고 물체를 향해 손을 뻗기도 한다. 4~5개월경이면 딸랑이 같은 적절한 크기의 물체를 잡을 수 있고, 7~11개월에는 손가락을 집게 모양으로 해서 콩과 같은 작은 물체를 집게 된다. 그 후 손을 사용하는 것이 점점 더 정교해져서 19개월에는 2~3개의 작은 블록을 쌓을 수 있게 되며, 컵을 들고 물을 마시는 일도 가능하다. 24개월에 이르면 숟가락을 사용하게 되고, 옷도 벗을 수 있다.

영아의 운동 발달에 대한 문화적 차이

개발도상국의 어머니는 선진 국가의 어머니보다 영아의 운동능력을 자극하려고 시도하는 경향이 더 많다(Hopkins, 1991). 아프리카, 인도, 카리브 문화권의 많은 어머니들은 매일 목욕시킬 때마다 영아를 마사지하고 스트레칭한다. 자메이카와 말리의 어머니도 규칙적으로 영아를 마사지하고, 팔과 다리를 스트레칭한다(Adolph, Karasik, & Tamis-LeMonda, 2010). 케냐의 구시(Gusii) 문화권의 어머니들 또한 아기들이 힘차게 움직이도록 장려한다(Hopins & Westra, 1988).

이러한 문화적 차이들이 영아의 운동 발달의 차이에 영향을 미치는가? 양육자가 아기에게 어떤 특별한 방법(즉, 쓰다듬기, 마사지, 혹은 스트레칭 등)으로 신체를 만지거나 아기에게 활동할 기회를 주면 그러한 활동을 제공받지 못한 영아보다 종종 더 일찍 운동능력을 성취한다(Adolph et al., 2010).

그러나 운동능력의 자극을 받지 못했더라도 대부분의 영아들은 평균적인 연령에 운동능력을 성취한다. 예를 들면, 캐나다 퀘벡 주의 알곤킨 족의 영아는 생후 첫해의 대부분을 요람판에 묶여 지내는데 이들은 1년간 거의 움직이지 않았음에도 불구하고 활동할 기회를 훨씬 많이 주는 문화권의 영아와 비슷한 시기에 일어나 앉고, 기고, 걷는다.

3) 유아기 운동 발달

영아기의 운동 발달이 성숙의 영향을 주로 받았다면 유아기의 운동 발달은 성숙과 학습의 영향을 골고루 받게 된다. 유아기 동안 대근육과 소근육 운동 기술은 괄목할 만한 진전을 보인다. 걷기, 뛰기 같은 대근육 운동 기술이 능숙해지고 한 번에 한 장씩 책장을 넘기는 것과 같은 소근육 운동 기술 또한 정교해진다. 유아는 신체 움직임을 통해 자신의 신체에 대한 개념을 형성하게 되고, 이는 자신감 형성에 결정적인 역할을 하게 되므로 정상적인 운동 발달은 중요하다.

(1) 대근육 운동 발달

이 시기의 유아는 더 이상 단순히 똑바로 서 있거나 주변을 돌아다니기 위해 노력하지 않는다. 그들은 자신 있게 다리를 움직이고 스스로 몸을 이동해 주변을 돌아다니는 것이 자연스러워진다. 3세경 유아는 발뒤꿈치를 들고 걷기, 깡충깡충 뛰기, 뛰어 다니기, 약 15cm 높이에서 뛰어내리기를 할 수 있다. 또한, 이 시기에 세발자전거를 타는 것도 가능하다. 그러나 아직 뛰다가 갑자기 멈추는 것이나, 방향을 트는 것은 미숙하다.

4세가 되면 유아는 훨씬 대담해져서 낮은 정글짐을 기어오르고, 양발을 교대로 계단을 오르내릴 수 있고, 달리기도 곧 잘하게 된다. 5세 때에는 움직임에 훨씬 자신감이 생겨 줄넘기, 두발 자전거 타기, 롤러스케이트도 곧잘 배운다. 또 가끔씩 어떤 물체에서 무시무시한 곡예를 보여 어른들의 머리털이 곤

두서게 하기도 한다.

이 시기 유아들은 끊임없이 자신의 신체 움직임을 시험하고 자신감을 갖게 되면서 운동의 양이 부쩍 많아지게 되는데 이는 아주 정상적이다. 특히 3세 유아들은 인간의 어떤 연령대보다 활동적이다. 유아들은 텔레비전을 볼 때 가만히 있지 못하고 저녁식탁에 앉아 있을 때도 가만히 있지 못한다. 심지어 잘 때조차도 상당히 뒤척인다. 이렇듯 유아들의 높은 활동 수준과 특히 팔, 다리와 같은 대근육 발달 때문에 유아들은 매일 운동이 필요하다(Timmons, Naylor, & Pfeiffer, 2007).

(2) 소근육 운동 발달, 눈과 손의 협응력 발달

유아기에는 소근육 운동능력과 눈-손의 협응능력이 더욱 발달함에 따라 다양한 일상생활 활동을 할 수 있게 된다. 3세경이 되면 엄지와 검지를 사용해서 컵과 숟가락을 사용할 수 있고 포크로 음식을 먹을 수 있다. 우리나라의 젓가락 사용은 포크 사용보다 훨씬 더 어려워 4세부터 어설프게 사용해서 6세 이후에야 능숙해진다. 옷을 입는 것을 옷을 벗는 것보다 어려워한다. 3세에는 옷을 벗고 양말을 벗고 단추를 뺄 수는 있으나 아직 옷을 입거나, 운동화 끈을 매거나, 지퍼를 올리거나, 단추 끼우기를 어려워한다. 이 행동은 4세가 되어야 가능해지고, 어떤 옷이든 혼자 입고 벗는 것은 일반적으로 5~6세경에 가능하게 된다.

일상생활에서의 소근육 운동 이외에도 손과 눈의 협응을 요하는 블록 쌓기, 종이 접고 자르기, 그림 그리기, 쓰기 등과 같은 놀이 활동을 많이 한다. 2세부터 시작한 블록 쌓기는 3세경에 이르러 10개 정도의 블록을 쌓을 수 있다. 그러나 아직 완전히 똑바르게 쌓지는 못한다. 퍼즐 조각을 맞출 때도 3세아들은 대충 맞춰 놓아둔다. 조각이 들어갈 자리를 알고 있을 때조차도 이들의 조각 맞추기는 정밀하지 않다. 유아들은 종종 조각을 억지로 넣으려고 시도하거나 조각을 힘차게 두드려 넣으려고 한다. 4세 때는 블록을 쌓았다가 손을 뗄 때 주의를 기울이며, 5세가 되면 원하는 모양을 만들면서 블록 쌓기 놀이를 즐긴다.

종이 접고 자르기 또한 유아가 즐겨 하는 놀이 활동 중 하나인데, 3세경 간단한 종이 접기와 4세경 선 따라 자르는 것이 가능해진다. 그림 그리기와 쓰기의 기초적인 활동은 3세 전후에 긁적거리기를 하면서, 그리고 원을 그리면서 시작된다. 4세경 유아는 사각형과 그다음 삼각형을 그릴 수 있으며, 5세에 이르게 되면 사람, 나무, 동물, 집, 자동차 등 실제 사물을 그리고, 자신의 이름을 쓰고, 1~5까지 숫자를 모방해서 그린다. 6세 유아는 그림을 그릴 때 세부적인 묘사를 하고, 거의 모든 글자를 쓸 수 있게 되고, 20까지 숫자를 쓸 수 있다.

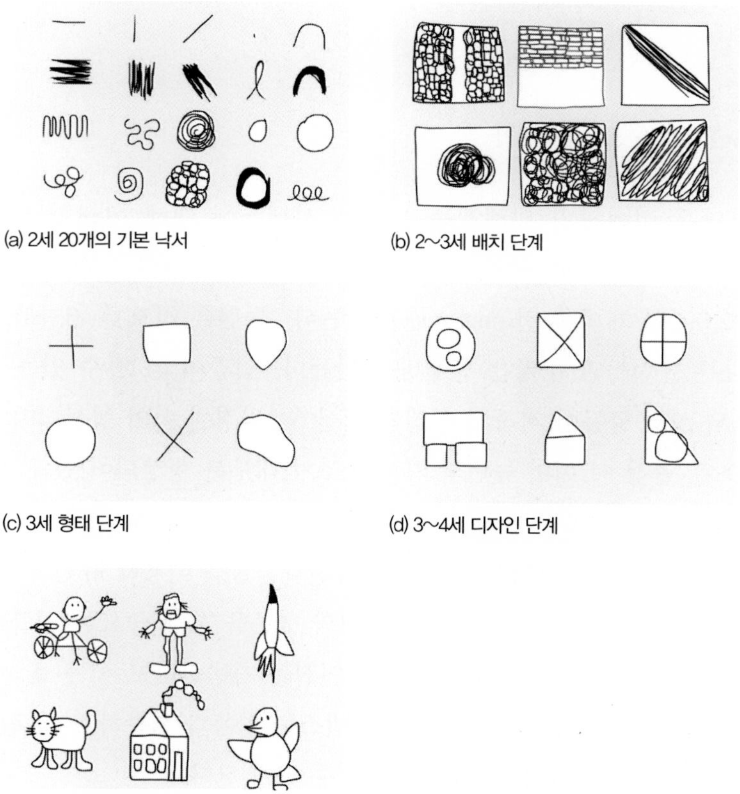

(a) 2세 20개의 기본 낙서

(b) 2~3세 배치 단계

(c) 3세 형태 단계

(d) 3~4세 디자인 단계

(e) 4~5세 회화 단계

[그림 4-6] 유아의 그림 그리기 단계

출처: 이경민 외 역(2014). 영유아발달, p. 334.

3. 두뇌 발달

출생 시 뇌의 무게는 성인 뇌의 약 25%인 350g 정도다. 영아기의 뇌 발달은 태내기와 마찬가지로 일생 중 어느 시기보다 빨라서 1세경에는 성인 뇌의 66%, 2세에는 75% 정도가 된다. 이는 출생 초기가 두뇌 발달의 결정적 시기임을 말해 주는 것으로 이 시기 두뇌 발달을 위한 적절한 영양 공급이 필수적이다. 그러나 뇌 영역은 일률적으로 성숙되지 않는다. 영유아기 두뇌 발달을 살펴보면 다음과 같다(박낭자, 강숙현, 박경희 역, 2007; 이경민, 이경선, 한석실 역, 2014).

1) 뉴런의 구조와 변화

뇌 발달을 이해하기 위해서는 뉴런과 시냅스에 대해 이해할 필요가 있다. 뉴런은 정보를 처리하는 신경세포의 한 종류를 말하는데, 인간의 뇌는 1,000~2,000억 개의 뉴런(neurons)을 갖는다. 뉴런은 정보를 저장하고, 전달하며, 다른 뉴런들과 수많은 연결망을 만든다. 인간이 가질 수 있는 모든 뉴런은 두뇌 성장 급등이 시작되기 전인 임신 6개월경에 이미 형성되며(Fantie & Kolb, 1989), 출생 시 이미 뉴런의 기본 구조가 대부분 형성되어 있다.

뉴런은 다른 뉴런과 지속적인 연결을 형성한다. 뉴런과 뉴런의 연결 부위를 시냅스라 말하는데 이 시냅스에서는 신경전달물질을 이용해 뉴런과 뉴런으로 정보를 전달한다. 외부의 자극 또한 뉴런의 생존을 위해 중요한 역할을 한다. 반복되거나 빈번한 외부 자극은 뉴런의 연결을 가속화하고 이는 곧 시냅스의 급증을 가져온다. 이렇게 만들어지는 시냅스는 영아가 생존하는 데 필요한 운동기능, 인지기능, 사회적 기능을 획득할 수 있게 한다.

흥미로운 점은 인간의 뇌에서는 실제로 사용될 연결망보다 거의 2배 정도의 시냅스 연결이 만들어진다는 점이다(Huttenlocher & Dabholkar, 1997). 사용되지 않거나 드물게 자극되는 뉴런은 자신의 시냅스를 상실하여 다른 경로로 대치되거나 사라지는 반면, 빈번하게 사용되는 뉴런과의 접속, 곧 시냅스는 단단해지고 살아남는다(Fair et al., 2008). 이러한 과정을 '시냅스 가지치기'라고 하는데, 전체적으로 시냅스의 40% 정도는 성인 수준에 도달하기까지 아동기와 청소년기 동안 가지치기 된다(Webb, Monk, Nelson, & Nelson, 2001).

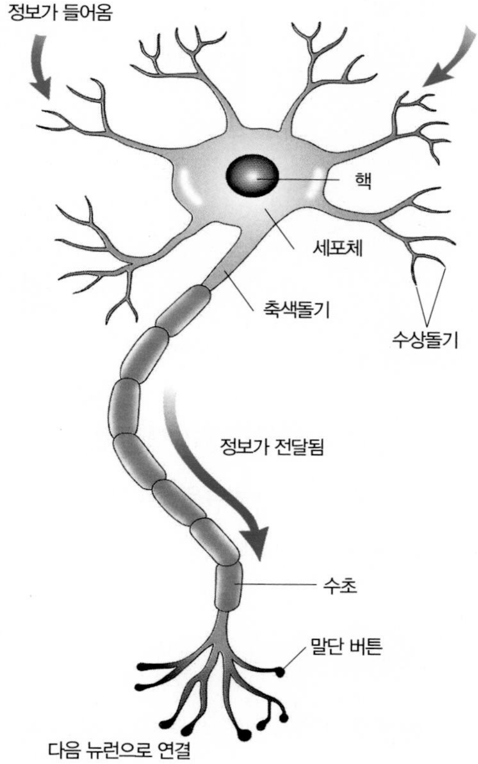

[그림 4-7] 뉴런

출처: 이경민 외 역(2014). 영유아발달, p. 194.

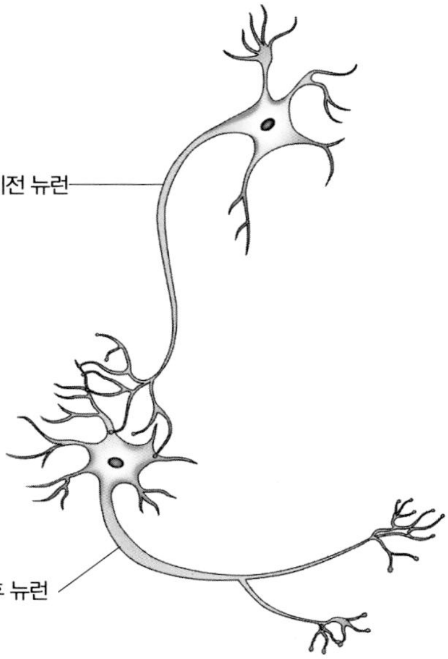

[그림 4-8] **뉴런의 연결과 시냅스**

출처: 천재학습백과(koc.chunjae.co.kr/main.do).

2) 대뇌피질의 구조와 변화

과학자들은 수많은 방법으로 뇌의 영역을 분류하는데, 발달 이론에서 관심을 두는 부분은 대뇌피질과 그 아래에 몇 가지 조직들을 포함하고 있는 전뇌다. 전뇌를 덮고 있는 대뇌피질은 여러 뇌 영역 중 가장 크고 복잡한 구조를 갖는데 마치 호두 껍질을 반으로 나눈 모양을 취한다. 전체 뇌 무게의 85%를 차지하며, 가장 많은 수의 뉴런과 시냅스를 포함하고 있어 인간의 정신능력을 관장한다. 대뇌피질은 2개의 반구로 구성되어 있고, 각 반구는 뇌의 주름과 결의 위치에 기초하여 엽(Lobes)이라고 부르는 4가지 주요 영역(전두엽, 측두엽, 후두엽, 두정엽)으로 구분된다. 보통은 4개 엽이 함께 기능하지만 각각은 다소 다른 주요 기능을 가지고 있다. 예를 들어, 전두엽은 자발적인 운동, 사고, 성격, 기억, 감정, 지속적인 주의집중, 그리고 의도성 혹은 목적 등을 관장한다. 측두엽은 청각, 언어 과정, 기억에 관해 주도적인 역할을 한다. 후두엽은 시각을 관장하고, 두정엽은 공간위치 등록, 주의집중, 운동조정에 주요한 역할을 한다.

피질의 영역이 발달하는 순서는 영아의 능력이 발현되는 순서와 일치한다. 즉, 생후 3, 4개월경부터 1세 끝 무렵까지는 시각피질과 청각피질의 집중적인 시냅스 성장이 일어나며 시지각과 청지각이 극적으로 발달한다. 2세 무렵부터는 언어를 지원하는 영역에서 시냅스의 성장이 활발해지는데 이와 맞물려 언어 발달이 왕성해진다. 피질 영역 중 가장 늦게 발달하는 것이 사고를 관장하는 전두엽이다. 새로운 활동을 계획하고, 조직하고, 과제에 대한 주의력을 유지하는 등의 기능을 하는 전두엽은 3~6세 사이에 급격한 성장을 보인다. 그리고 6세~사춘기까지 대부분의 급격한 성장은 측두엽과 두정엽에서 발달한다. 이 두 영역은 언어와 공간관계에서 중요한 역할을 한다. 대뇌피질의 시냅스 형성과 가지치기는 여러 해 동안 계속되어 청소년기 중기나 말기쯤에 성인 수준의 시냅스 연결 수준을 보이게 된다.

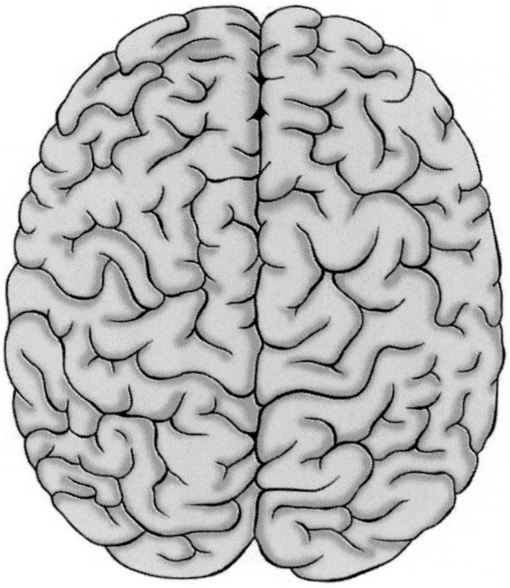

[그림 4-9] **인간 뇌의 반구**

출처: 이경민 외 역(2014). 영유아발달, p. 193.

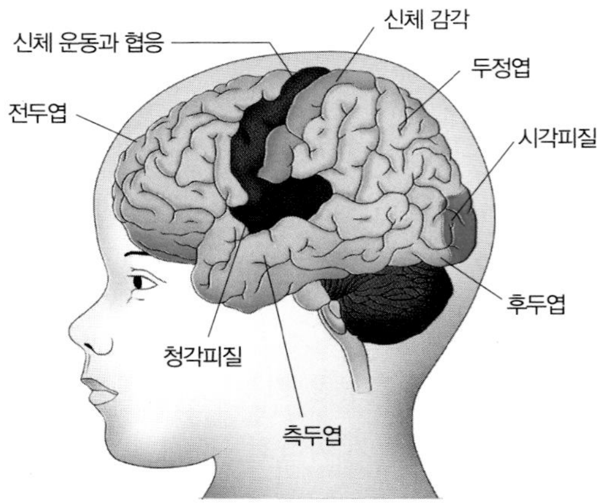

[그림 4-10] **뇌 좌측의 대뇌피질**

출처: 박낭자 외 역(2007). 아동발달, p. 210.

3) 뇌의 편재화

좌반구와 우반구의 기능은 각기 다르다. 좌반구는 신체의 오른쪽 부분을 통제하며, 말하기, 듣기, 언어기억, 의사결정, 언어처리, 긍정적인 정서(예: 즐거움)를 관장한다. 대부분의 경우 좌반구의 발달은 3~6세 사이에 특히 활성화되며 그 이후에는 활동 수준이 떨어진다. 이에 반해 우반구는 신체의 왼쪽 부분을 통제하며 시각-공간 정보(예: 거리 판단, 지도 읽기)의 처리, 음악과 같은 비언어적 소리, 촉각, 그리고 부정적 정서(예: 슬픔)를 다룬다(Rubin et al., 1995). 우반구의 활동은 유아기와 아동기 중기에 걸쳐 꾸준히 증가하며, 8~10세 사이에 약간 증가한다(Thomson et al., 2000).

대뇌피질의 한 반구에서 특정 기능이 전문화되어 처리되는 것을 편재화라고 한다. 그렇다면 뇌의 편재화는 왜 생기는 걸까? 한 관점에 의하면, 각 반구의 정보처리방식의 적합성 때문이다. 즉, 좌반구는 정보를 연속적 · 분석적으로 처리하는데 이는 언어적 정보와 긍정 정서 정보를 처리하는 데 좋은 접근이 되며, 우반구는 전체적이고 통합적인 방식으로 정보를 처리하기 때문에 공간정보와 부정 정서 정보를 처리하는 데 보다 이상적이라는 것이다. 즉, 편재화된 뇌는 두 반구가 같은 방식으로 정보를 처리하는 것보다 훨씬 더 효과적으로 정보를 처리할 수 있도록 기능한다.

그러나 대부분의 신경과학자들은 읽기나 음악 공연과 같은 복잡한 기능들은 양쪽 반구에서 함께 관여한다는 사실에 동의한다. 논리적으로 사고하는 사람이기 때문에 '좌뇌적' 사람, 창의적인 사고를 하므로 '우뇌적' 사람이라고 명명하는 것은 뇌의 두 반구가 작동하는 방식과 일치하지 않는다(Stroobant, Buijus, & Vingerhoets, 2009). 보통 사람들의 복잡한 사고는 뇌의 두 반구 간의 상호작용에 의한 결과다(Liegeois et al., 2006).

오른손잡이 또는 왼손잡이의 기원과 발달

오른손잡이와 왼손잡이(편측성)의 기원은 다분히 유전인자의 전달이 강력한 기원이다(Doyen et al., 2008). 한 연구에 의하면, 입양된 유아의 편측성은 양부모와 관련 없고 생물학적 부모와 관련이 있었다(Carter-Saltzman, 1980).

모든 문화권에서 오른손잡이들이 지배적으로 많고(오른손잡이 90%, 왼손잡이 10% 정도) 오른손잡이는 환경적 영향을 받기 이전에 나타난다. 예를 들어, 엄마 뱃속에 있는 태아의 손가락 빨기를 초음파로 관찰한 연구는 10명 중 9명이 오른손 엄지손가락을 빠는 것 같은 모습을 보인다(Hepper, Shahidullah, & White, 1990). 갓 태어난 영아들도 몸에서 어느 한쪽을 더 선호한다는 연구 결과가 있다. 예를 들면, 영아들을 침대에 등을 대고 눕혔을 때 65%의 영아들은 머리를 오른쪽으로 돌렸으며 15%는 왼쪽으로 향하는 것을 선호했다. 이들의 오른쪽 또는 왼쪽의 선호는 이후에 특정 손 선호와 관련이 있다(Michel, 1981).

오른손잡이 또는 왼손잡이들의 뇌 역할은 어떨까? 오른손잡이 유아의 약 95%는 뇌의 좌반구에서 말하기를 담당한다. 그러나 왼손잡이 아이들의 말하기 담당 영역은 다르다. 왼손잡이들의 1/2 이상은 마치 오른손잡이와 같이 좌반구에서 언어정보를 처리하지만, 약 1/4은 우반구에서 처리하고, 또 다른 1/4은 양쪽 반구가 동일하게 관여한다(Knecht et al., 2000). 그렇다면 오른손잡이와 왼손잡이의 언어 발달에 차이가 있을까? 이에 대해서는 여러 가지 견해와 연구들이 있지만 가장 일관된 결과는, 왼손잡이들은 오른손잡이보다 읽기에 있어서 문제를 가질 가능성이 더 많다는 것이다(Geschwind & Behan,

1984; Natsopoulos et al., 1998).

왼손잡이가 오른손잡이보다 읽기문제를 더 많이 갖지만 수학자, 음악가, 건축가, 그리고 예술가들 중에는 왼손잡이가 많다. 미켈란젤로, 레오나르도 다빈치, 피카소가 모두 왼손잡이였다(Schachter & Ransil, 1996). 이들 왼손잡이 건축가와 예술가들은 현저하게 좋은 시공간적 기능을 가지고 있었고, 공간적 구조를 이미지화할 수 있는 왼손잡이 성향에서 이익을 얻었을 것으로 본다(Holtzen, 2000).

4. 신체 · 운동 · 두뇌 발달과 교육

1) 신체 발달과 교육

신체 발달은 환경과 유전의 영향을 모두 받고 있어, 아동의 신체 발달을 위하여 성숙 단계를 무시한 채 무리하게 운동을 시킨다면 오히려 역효과를 가져오게 된다. 따라서 아동의 정도에 따른 준비도에 맞추어 운동을 하는 것이 중요하다.

아동의 신체 발달을 위해서 영아기의 어린 아동에게는 다양한 감각을 경험할 수 있도록 청각적 · 시각적 자극을 주거나, 다양하게 신체를 움직여 볼 수 있게 하는 것이 좋다. 그리고 다양한 질감이나 소리 등을 느끼고, 다양한 신체활동으로 표현해 보도록 한다면 신체운동 발달에 도움이 될 것이다. 이때 일상생활 속에서의 신체활동이 재미있고 즐겁게 이루어지도록 도와주는 것이 중요하다.

특히, 신체활동은 아동의 순환기능을 증진시키고, 신체 내부의 장기를 자극하여 신체적 성장을 자연적으로 향상시키는 효과가 있다. 또한 아동이 방향 개념이나 신체 부위의 기능 등을 배울 수 있도록 하며, 자신을 자유롭게 표현할 수 있게 한다. 따라서 유아기의 아동에게는 아동 마음대로 신체활동에 참여할 기회를 가능한 한 많이 제공해 주는 것이 좋다.

신체 발달은 유전적 요인뿐만 아니라 환경적 요인이 많은 영향을 주고 있기 때문에 단백질, 탄수화물, 지방 그리고 충분한 비타민과 무기질로 구성된 균형 잡힌 음식을 먹도록 하는 것이 중요하다. 유아기의 아동은 식욕이 감소하고 놀이를 즐기려는 욕구가 강해지는 시기에 있기 때문에 편식하는 아동이나 좋지 못한 식습관을 가진 아동은 즐거운 놀이 활동으로 유도하여 즐겁게 식사하도록 하는 것이 바른 식습관을 형성하도록 하는 데 도움이 될 수 있다.

2) 운동 발달과 교육

신체활동이 왕성한 유아기의 아동은 "가만히 좀 있어."라는 지시를 많이 받게 된다. 실제로 이 시기의 아이들은 지칠 줄 모르고 움직인다. 뛰고 공을 차고 활동적인 놀이를 하고 싶어 하는 것이 이 시기 아이들의 욕구 중 하나다. 그러나 어려운 운동을 너무 일찍 조기훈련으로 가르치려는 것은 비효율적이다. 거부감이 있거나 공포를 느낄 때에는 굳이 어려운 활동에 참여시킬 필요가 없으며, 나름대로의 방식으로 즐길 수 있도록 해야 한다.

서양에서는 유아기 자녀들에게 체조, 텀블링, 그 밖의 운동을 조기에 훈련시키는 부모들이 많다. 이런 경험들은 유아들이 신체적 운동과 사회적 상호작용을 자극하는 좋은 기회가 될 수 있으나 던지기를 제외한(직접 교수가 도움이 됨) 유아기의 형식적 수업은 운동 발달에 거의 영향을 미치지 않는다. 형식적인 수업보다는 매일 하는 놀이의 한 부분으로 자연스럽게 운동능력을 숙달하는 것이 좋다.

부모가 아이와 함께 하는 체조, 운동, 율동 등이 생활 속의 한 부분이 되도록 노력하는 것은 역할 모델을 통해 바른 운동 습관과 신체활동을 배우게 하는 좋은 방법이 된다. 다만, 성인들에 의해 조장된 사회적 풍토는 학령 전 유아들의 운동능력 발달을 향상시키거나 저하시킬 수 있다. 부모와 교사들이 유아의 수행에 대해 평가할 때 특정한 운동능력을 강요하거나 경쟁적 태도를 조장하면 유아들의 자신감은 손상될 수 있고 결국 운동능력의 향상도 저해된다(Kutner, 1993). 유아들의 운동 근육활동에 관여하는 성인은 승리 또는 정확한 기술을 완성시키는 데 초점을 두기보다는 재미에 초점을 두어야 한다.

소근육 운동의 발달은 일상생활 속에서 물 따르기, 컵 사용하기, 숟가락 · 젓가락 사용하기, 옷 입고 벗기 등과 같은 활동을 통해 도울 수 있다. 이처럼 유아가 자신의 신체를 스스로 돌보는 자조활동은 반복적으로 연습해야 능숙해지는데 부모들은 유아들의 자조능력 발달 과정을 인내를 가지고 지켜보아야 한다. 유아들은 서투른 숟가락질로 밥을 흘릴 것이며, 때때로 옷을 뒤집어 입거나, 단추를 잘못 끼워 처음부터 다시 끼워야 하기도 하고, 왼쪽 신발을 오른발에 신기도 한다. 그럼에도 불구하고 자녀가 혼자 할 수 있도록 유도하고 기다려 줌으로써 유아들의 소근육 운동능력을 발달시키고 나아가 스스로 할 수 있는 것에 대해 자랑스럽게 여기게 해야 한다. 자조활동 이외에 퍼즐 놀이, 구성 놀잇감, 그리기, 물감 칠하기, 조각하기, 자르기, 붙이기 등과 같은 놀이 활동을 통해서 소근육 발달을 지원할 수 있으므로 이러한 활동에서도 부모들의 세심한 배려와 인내가 필요하다.

3) 뇌 발달과 교육

영아기의 뇌는 매우 빠른 속도로 발달한다. 따라서 영아의 머리를 추락 혹은 다른 부상으로부터 보호해야 하는데, 뇌를 심하게 흔드는 것도 하지 말아야 한다. 아기의 뇌를 심하게 흔들 경우 뇌가 부풀고 출혈 증세가 나타나는 흔들린 아이 증후군(shaken baby syndrome)이 생길 수 있다. 미국에서는 매년 수백 명의 아기가 흔들린 아이 증후군으로 고통받고 있는데, 아버지가 이 증후군을 유발하는 주범자이며 그다음이 아이 양육자인 것으로 확인된다(National Center on Shaken Baby Syndrome, 2008).

뇌의 자극은 영유아기에 절대적으로 필요하다. 극단적으로 감각 발달의 기회가 박탈된 동물 연구를 보면 대뇌피질의 발달에 민감기가 존재함을 알 수 있다. 예를 들면, 다양한 시각적 경험은 뇌의 시각 영역을 정상적으로 발달하도록 이끄는데 한 달 된 새끼 고양이에게 3, 4일 동안 빛을 주지 않으면 두뇌의 시각 영역은 퇴화된다. 만일 새끼 고양이가 4주 동안 혹은 그 이상 어둠 속에서 자란다면 손상은 심각해지고 영구적이 된다(Crair, Gillespie, & Stryker, 1998). 또한 신체적 · 사회적으로 풍부한 자극을 받고 자란 동물과 고립되어 자란 동물을 비교해 보면, 자극받은 동물의 뇌는 훨씬 더 조밀한 시냅스의 연결을 보여 준다(Greenough & Black, 1992). 인간의 뇌 발달에도 민감기가 있다. 루마니아의 고아원에서 성인과의 접촉이나 자극이 거의 없이 불우한 환경에서 성장한 유아의 뇌는 일반 유아와 비교할 때 뇌 활동이 심각하게 감소한 것으로 확인된 바 있다(Nelson, Zeanah, & Fox, 2007). 이러한 사례들은 정상적인 뇌 발달을 위한 적절한 자극의 중요성을 강조한다.

불우한 환경뿐 아니라 현재 유아가 갖고 있는 능력 이상의 것을 기대하여 부담을 느끼게 하는 것 역시 정상적인 뇌 발달을 방해한다. 주변을 보면 생후 1년도 안 된 영아들에게 문자와 숫자 카드로 교육을 하거나 걸음마기에 접어든 유아들에게 한글, 영어, 수학, 과학, 미술, 체육 등의 교육과정을 제공하는 부모들이 있다. 이러한 프로그램이 아동을 좀 더 영리하게 만든다는 증거는 없다. 오히려 준비가 되어 있지 않은 영아에게 과도한 자극을 제공함으로써 학습에 대한 흥미를 잃게 만들 수도 있다. 자극의 결핍 못지않게 뇌 발달의 지장을 초래할 수 있다.

어릴 때 빠르게 성장하는 뇌는 약물에의 노출, 환경공해, 부족한 식이요법, 만성적 스트레스 등의 위험에 의해 상처받기 쉽다. 많은 연구자들은 급히 서두르는 조기 학습이 신경 회로를 압도함으로써 뇌에 손상을 입힐 수 있음을 경고한다(Berk, 2005).

생각할 문제

- 영유아의 신체 발달 원리와 발달 특징에 대해 설명할 수 있다.
- 주변에서 두뇌 발달을 위한 조기교육의 사례에 대해 조사해 보고 각 사례들의 장단점에 대해 토론해 보자.

참고문헌

교육과학기술부(2011). **고등학교 인간발달**. 서울: 두산동아.

박낭자 외 역(2007). **아동발달**. 서울: 정민사.

이경민 외 역(2010). **영유아발달**. 경기: 문예미디어.

한국인간발달학회 편(1997). **유아의 심리**. 서울: 중앙적성출판사.

Adolph, K., Karasik, L. B., & Tamis-Lemonda, C. (2010). *Motor skill. In Handbook of cultural developmental science.* Psychology Press.

Adolph, K. E., & Joh, A. S. (2009). Multiple learning mechanisms in the development of action. *Learning and the infant mind*, 172-207.

Berk, L. E. (2005). *Infants and children: Prenatal through middle childhood* (5th ed.). Pearson Education Inc.

Gyeongmin, L. (2014). *Development of young children* (1st ed.). Moonyeah Media Inc.

Carter-Saltzman, L. (1980). Biological and sociocultural effects on handedness: Comparison between biological and adoptive families. *Science, 209,* 1263-1265.

Crair, M. C., Gillespie, D. C., & Stryker, M. P. (1998). The role of visual experience in the development of columns in the cat visual cortex. *Sicence*, *279,* 566-570.

Dennis, W. (1960). Causes of retardation among institutionalized children: Iran. *Journal of Genetic Psychology*, *96,* 47-59.

Doyen, A., Dufour, T., Caroff, X., Cherfouh, A., & Carlier, M. (2008). Hand performance and hand performance: Cross-sectional developmental trends and family resemblance in degree of laterality. *Journal of Laterality: Asymmetries of Body, Brain and Cognitions*, *13*(2), 179-197.

Fair, D. A., Cohen, A. L., Dosenbach, N. U., Church, J. A., Miezin, F. M., Barch, D. M., ... & Schlaggar, B. L. (2008). The maturing architecture of the brain's default network. *Proceedings of the National Academy of Sciences*, *105*(10), 4028-4032.

Fantie, B. D., & Kolb, B. (1989). Tasks traditionally used to assess callosal function reveal performance deficits associated with mild closed head injury. In *Society for Neuroscience Abstracts, 15*(1), 132.

Geschwind, N., & Behan, P. O. (1984). Laterality, hormones, and immunity. In N. Geschwind & A. M. Galaburda (Eds.), *Cerebral dominance: The biological foundations*. Cambridge, MA: Harvard University Press.

Gessle, A., & Thompson, H. (1929). Learning and growth in identical twins: An experimental study by the method of co-twin control. *Genetic Psychology Monographs, 6,* 1-123.

Greenough, W. T., & Black, J. E. (1992). Induction of brain structure by experience: Substrates for cognitive development. In M. Gunnar & C. A. Nelson (Eds.), *Minnesota symposia on child psychology* (pp. 155-200). Hillsdale, NJ: Erlbaum.

Hepper, P. G., Shahidullah, S., & White, R. (1990). Origins of fetal handedness. *Nature, 347,* 431.

Hetherington, E. M., & Parke, R. D. (1993). *Child psychology: A contemporary viewpoint* (4th ed.). New York: McGraw-Hill.

Holtzen, D. W. (2000). Handedness and professional tennis. *International Journal of Neuroscience, 105,* 101-119.

Hopkins, B. (1991). Facilitating early motor development: An intercultural study of West Indian mothers and their infants living in Britain. In J. K. Nugent, B. M. Lester, & T. B. Brazelton (Eds.), *The cultural context of infancy. Vol. 2: Multicultural and interdisciplinary approaches to parent-infant relations* (pp. 99-143). Norwood, NJ: Ablex.

Hopkins, B., & Westra, T. (1988). Maternal handling and motor development: An intracultural study. *Genetic Psychology Monographs, 14,* 377-420.

Huttenlocher, P. R., & Dabholkar, A. S. (1997). Regional differences in synaptogenesis in human cerebral cortex. *Journal of Comparative Neurology, 37*(2), 167-178.

Knecht, S., Draeger, B., Deppe, M., Bobe, L., Lohmann, H., Floeel, A., Ringelstein, E.-B., & Henningsen, H. (2000). Handedness and hemispheric language dominance in healthy humans. *Brain, 123*(12), 2512-2518.

Kutner, L. (1993, June). *Getting physical. Parents, 68*(6), 96-98.

Liégeois, J. P., Fekkak, A., Bruguier, O., Errami, E., Ennih, N. (2006). The Lower Ediacaran(630-610 Ma) Saghro group: an orogenic transpressive basin development during the early metacratonic evaluation of the Anti-Atlas (Morocco). IGCP485 4th meeting, Algiers, Abstr., Vol. 57.

Marshall, W. A. (1977). *Human growth and its disorders.* Orlando, FL: Academic

Press.

McGraw, M. (1935). *Growth: A study of Jimmy and Johnny.* New York.

Michal, G. F. (1981). Right-handedness: A consequence of infant supine head-orientation preference? *Science, 212*(4495), 685-687.

Natsopoulos, D., Kiosseoglou, G., Xeromeritou, A., &Alevriadou, A. (1998). Do the hands talk on mind's behalf? Differences in language ability between left-and right-handed children. *Brain and Language, 64*(2), 182-214.

Nelson, C. A., Zeannah, C., & Fox, N. A. (2007, in press). The effects of early deprivation on brain-behavioral development: The Bucharest Early Intervention Project. In D. Romer & E. Walker (Eds.), *Adolescent psychopathology and the developing brain: Integrating brain and prevention science.* New York: Oxford University Press.

Rubin, K. H., Coplan, R. J., Fox, N. A., & Calkins, S. D. (1995). Emotionality, emotion regulation and preschooler's social adaptation. *Development and Psychopathology, 7,* 49-62.

Sawaguchi, T., & Goldman-Rakic, P. S. (1991). D1 dopamine receptors in prefrontal cortex: involvement in working memory. *Science, 251*(4996), 947-950.

Schachter, S. C., & Ransil, B. I. (1996). Handedness distributions in nine professional groups. *Perceptual and Motor Skills, 82,* 51-63.

Stroobant, N., Buijs, D., & Vingerhoets, G. (2009). Variation in brain lateralization during various language tasks: A functional transcranial Doppler study. *Behavioural brain research, 199*(2), 190-196.

Tanner, J. M. (1990). *Foetus into man* (2nd ed.). Cambridge, MA: Harvard University Press.

Thelen, E., Corbetta, D., Kamn, K., Spencer, J. P., Schneider, K., & Zemicke, R. F. (1993). The transition to reaching: Mapping intention and intrinsic dynamics. *Child Development, 64,* 1058-1098.

Thompson, P. M., Giedd, J. N., Woods, R. P., MacDonald, D., Evans, A. C., & Toga, A. W. (2000). Growth patterns in the developing brain detected by using continuum mechanical tensor maps. *Nature, 404,* 190-193.

Timmons, B. W., Naylor, P. J., & Pfeiffer, K. A. (2007). "Physical activity for preschool children—how much and how?." *Applied Physiology, Nutrition, and Metabolism, 32*(S2E), S122-S134.

Walls, C. (2006). Shaken baby syndrome education: A role for nurse practitioners with families of small children. *Journal of Pediatric Health Care, 20,* 304-310.

Webb, S. J., Monk, C. S., & Nelson, C. S., & Nelson, C. A. (2001). Mechanisms of postnatal neurobiological development: Implications for human development. *Developmental Neuropsychology, 19*(2), 147-171.

제 5 장

인지 발달

제5장 인지 발달

학습목표

- 인지 발달의 개념에 대해 설명할 수 있다.
- Piaget의 인지 발달 단계에 대하여 설명할 수 있다.
- Vygotsky의 사회문화적 인지 이론의 주요 개념에 대해 설명할 수 있다.
- 정보 처리 이론에서 제시하는 정보 처리 과정에 대해 설명할 수 있다.

인지란 인간이 환경을 인식하여 적응해 가도록 도와주는 다양한 인식활동과 정신과정으로 인지과정에는 주의, 지각, 사고, 기억, 표상, 학습 등이 포함된다. 그중 가장 기본적인 인지과정은 다음과 같다. 첫째, 주의란 우리를 둘러싼 수많은 자극과 정보들 중 일부만을 처리하여 환경의 요구에 반응하게 하는 일종의 적응기제다. 둘째, 지각이란 인간의 감각기관을 통해 들어온 자극에 의미를 부여하는 과정이다. 셋째, 표상이란 어떤 대상이나 상황으로부터 지각되는 특징을 중심으로 머릿속에 저장하는 것을 의미한다. 넷째, 기억은 경험을 저장하고 보존하여 필요한 상황에서 이를 재생하여 활용하는 과정이다.

인간은 다양한 인지과정을 통해 자신이 살아가는 환경에 적응할 수 있으며, 개인의 연령이 증가함에 따라 나타나는 인지과정 및 인지능력의 변화를 인지 발달이라고 한다. 이 장에서는 가장 대표적인 인지 발달 이론인 Piaget의 인지 발달 이론, Vygotsky의 사회문화적 인지 이론, 정보 처리 이론을 살펴보고자 한다.

1. 인지 발달 이론

1) 피아제의 인지 발달 이론

만약 아동 발달 연구자들에게 20세기 아동 발달 연구에 가장 큰 영향을 끼친 연구자를 꼽으라고 하면 대부분이 Piaget를 선택할 것이다. Piaget는 과학에 관한 논문을 10세 때 처음 출판하고 21세에 박사학위를 받은 뛰어난 과학자다. 그는 큰 호수의 연체동물이 작은 연못으로 옮겨 왔을 때의 변화를 관찰하며 환경의 변화가 유기체의 구조적 변화를 가져온다는 것을 발견하였다. 그리고 이를 환경 변화에 적응하여 항상성을 유지할 수 있게 하는 능력을 유기체가 가지고 태어나기 때문이라고 설명하였다. 이러한 주장은 발달의 유전과 환경의 상호작용을 설명하는 이론의 기초가 되었다. Piaget는 인간은 유전적 특성 중 하나로 새로운 환경에서 항상성을 유지하며 적응하기 위해 인지구조를 변화시켜 환경과 인지 간의 평형, 즉 항상성을 유지하고자 함을 제시하였다. 이러한 인간의 환경 적응 기제는 인지 발달에 대한 이해를 통해 가능하다고 보았다. 이러한 관점을 바탕으로 그는 자신의 세 자녀가 성장하는 과정을 관찰하면서 아동의 사고와 성인의 사고가 질적으로 다르다는 것을 발견하였다. 그리고 이를 검증하고자 여러 관찰과 실험을 실시하여 인지 발달 단계 이론을 정립하였다. 이를 통해 인지 발달의 각 단계의 특성에 따라 환경을 이해하고 적응해 나가며, 인지 발달의 최종 단계에서는 논리적으로 추상적 사고를 하게 됨을 제시하였다.

(1) 피아제 이론의 기본 개념

① 도식

도식은 사물이나 사건 또는 사실에 대한 전체적인 윤곽이나 개념을 말한다. 즉, 인간이 외부의 사물이나 사건을 인지하는 데 사용하는 이해의 틀이자 인지구조다. 인간은 인지구조인 도식을 사용하여 환경에 적응해 간다. 그리고 연령이 증가하면서 도식은 변화하게 되는데, 각 연령대별로 도식의 특징이 다르게 나타난다. Piaget는 성인과 아동은 질적으로 다른 도식을 지니고 있음을 최초로 주장하면서 이러한 연령 증가와 함께 도식이 다양한 경험을 통해 양적 또는 질적으로 변화한다고 주장한다. Piaget는 연령 증가와 경험을 통한 도식의 변화가 인지 발달이라고 보았다.

② 적응

적응은 유기체가 환경과의 직접적인 상호작용을 통해 변화하는 과정으로 인간을 포함한 모든 유기체는 이러한 경향성을 가지고 있다. 인간에게 적응은 환경에 따라 도식을 변화시켜 나가는 과정을 의미한다. Piaget는 적응의 과정은 동화와 조절로 이루어진다고 하였다.

동화란, 자신이 이미 가지고 있는 도식 속에 외부의 대상을 받아들이는 인지과정이다. 즉, 새로운 환경 자극을 이해하기 위해 기존의 도식을 사용하는 것이다. 예를 들어, 하늘을 나는 것은 '새'라는 도식을 가진 유아가 처음으로 하늘을 나는 비행기를 봤을 때 비행기를 새라고 받아들이는 것이다. 즉, 새의 도식으로 비행기를 이해하는 것이다. 이는 새라는 도식의 크기가 커지는 것으로 비행기라는 새로운 도식이 만들어진 것이 아니다. 따라서 동화는 도식의 질적 변화가 아니라 양적 변화라 할 수 있다.

조절은 동화를 통해 새로운 대상을 이해할 수 없을 때 기존의 도식을 질적으로 변화시키는 것을 의미한다. 인간은 새로운 환경 자극을 만나면 동화를 하려고 하지만 때때로 기존의 도식으로 자극을 이해하지 못하는 경우가 발생한다. Piaget는 이를 인지구조와 환경 자극 사이에 갈등이 발생한 것으로 보았다. 그리고 이러한 갈등을 해결하기 위해 기존의 도식을 변화시키는 조절을 하게 된다. 예를 들어, '새'라는 도식으로 비행기를 이해하려고 했던 유아는 '비행기'가 '새'와 달리 살아 있지 않고, 사람을 태우며, 눈과 부리가 없는 등의 특징을 가지고 있어 '새'라는 도식으로 이해하기 어려움을 받아들이고 '비행기'라는 도식을 새로 만들게 된다. 이렇게 조절은 도식의 질적인 변화를 이끌어 낸다.

이러한 동화와 조절을 통해 인간은 자신의 도식으로 외부 환경을 갈등 없이 이해할 수 있게 되는데 Piaget는 이를 평형화를 이루었다고 표현하였다. 그리고 모든 인간은 항상성을 유지하고자 평형화를 추구하는 생득적 경향성을 가지고 있다. 이러한 평형화는 세 단계를 거쳐 일어난다. 1단계는 기존의 도식으로 외부 환경을 문제 없이 이해할 수 있는 평형 상태다. 2단계는 새로운 외부 환경 자극으로 인해 1단계의 평형 상태가 깨지며 갈등이 발생하는 인지적 불평형 상태다. 3단계는 동화와 조절을 통해 도식을 변화시켜 외부 환경을 이해하게 되는 재평형화 상태다.

따라서 인간이 환경에 적응한다는 것은 동화와 조절을 통한 평형을 이루는 과정이라 할 수 있다.

(2) 피아제 이론의 인지 발달 단계

Piaget는 동화와 조절을 통한 평형화라는 인간의 생득적 적응기제를 제시한 동시에 인간의 인지구조는 일련의 발달 단계에 따라 질적으로 다른 특징을 보인다고 주장하였다. Piaget는 인지적 특성에 따라 감각운동기, 전조작기, 구체적 조작기 그리고 형식적 조작기로 발달 단계를 제시하였다.

① 감각운동기(출생~만 2세)

감각운동기(sensorimotor stage)는 영아가 세상을 자신의 감각과 운동을 통해서 인지하고 기억하는 시기다. 감각운동기의 초기에는 생득적인 반사행동을 하다가 이후 목표지향적 행동을 하게 된다. 이 시기 영아들은 인지적으로 환경에 대한 반응을 대부분 감각적 또는 운동적으로 하며, 이는 즉각적이다. 그리고 머릿속에서 계획이나 의도를 가지고 목표지향적 행동을 하지 않으며, 정신적 표상능력이 없다.

이러한 인지적 특성과 함께 감각운동기에 획득하게 되는 중요한 능력은 대상영속성이다. 대상영속성은 물체가 눈에 보이지 않거나 만질 수 없더라도 여전히 존재하고 있음을 아는 것이다(정옥분, 2016). 대상영속성이 획득되기 전에는 대상이 눈에 보이지 않으면 사라졌다고 인식하고 찾으려고 하지 않는다. 그러다 대상영속성이 획득되면 눈에 보이지 않더라도 물체가 어디엔가 존재한다는 것을 인지하게 된다. 대상영속성 발달은 4~8개월부터 나타나 사라진 물건에 관심을 가지고 부분적으로 덮여 있는 물건을 찾아내고, 8~12개월부터 숨기는 과정을 보면 사라진 물건을 찾을 수 있게 되면서 전조가 나타난다. 그리고 18~24개월에 대상영속성이 완전히 획득되면서 물건이 보이지 않더라도 어딘가에는 존재한다는 확신을 가지고 물건을 숨기는 과정을 보지 않고도 그것을 찾아낼 수 있다. 즉, 정신적 추적을 통해서 물건을 찾아내는 것이 가능해진다.

결국 영아는 대상영속성의 획득으로 보이지 않는 물체를 머릿속에서 떠올릴 수 있게 됨으로써 표상적 사고를 시작하게 되고, 이를 통해 상징을 사용할 수 있게 된다. 이러한 특성이 나타나면서 영아는 전조작기에 들어서게 된다.

② 전조작기(만 2세~만 7세)

Piaget는 전조작기(preoperational stage)를 논리적으로 사고를 조작하지 못하는 시기라고 하여 전조작기라고 명명하였다. 이 시기는 정신적 표상이 가능해지면서 상징적 사고를 할 수 있게 되지만 논리적 사고는 충분히 발달되지 못한다. 이에 전조작기 유아는 상징적 사고, 직관적 사고, 자아중심적 사고, 물활론적 사고 등의 특성을 보인다.

■ 상징적 사고

전조작기 유아는 감각과 운동에 의존하는 감각운동기 유아와는 달리 정신적 표상을 통해 세상을 인지하게 된다. 이는 상징을 사용할 수 있음을 의미한다.

상징 중 가장 대표적인 것이 언어다. 예를 들어, '개'라는 글자는 사람을 잘 따르고, 털이 있으며 다리가 4개에 꼬리가 있는 동물을 나타내는 상징이다.

전조작기 유아는 이러한 상징을 사용하여 사고를 하면서 놀이를 하는데 이를 상징놀이라고 한다. 대표적인 상징놀이로 소꿉놀이, 병원놀이 등 역할놀이가 있다. 즉, 상징놀이는 실제 존재하는 대상과 달리 머릿속에서 표상한 상징으로 사고하는 놀이로 이를 통해 유아의 상징적 사고를 확인할 수 있다.

■ 직관적 사고

직관적 사고는 논리적 조작능력이 부족한 유아가 눈에 보이는 것, 들리는 것 등과 같은 지각적 속성과 특징으로 자극을 판단하는 사고 특성을 말한다. 즉, 논리적으로 관계를 파악하여 상황을 인지하지 못하고, 두드러진 특성 등에 따라 자극을 판단하는 것이다. 유아의 이러한 특징은 유목화나 보존개념을 통해서 살펴볼 수 있다.

유목화는 비슷한 것끼리 묶어 상위 체계로 계열화하는 것으로 전체와 부분의 논리적인 관계를 의미한다. 즉, 개나리, 진달래, 목화, 벚꽃 등은 꽃으로 유목화된다. 이는 꽃이라는 상위 체계, 즉 전체와 꽃의 여러 가지 종류인 부분과의 논리적 관계를 이해할 수 있어야 가능하다. 전조작기 유아는 논리적 조작 능력이 부족하고 직관적 사고를 하므로 유목화를 하지 못한다. 예를 들어, [그림 5-1]과 같이 노란 장미 4송이와 빨간 장미 6송이를 제시한 후 "빨간 장미가 많니, 장미가 많니?"라고 질문하면 전조작기 유아는 "빨간 장미"라고 대답한다.

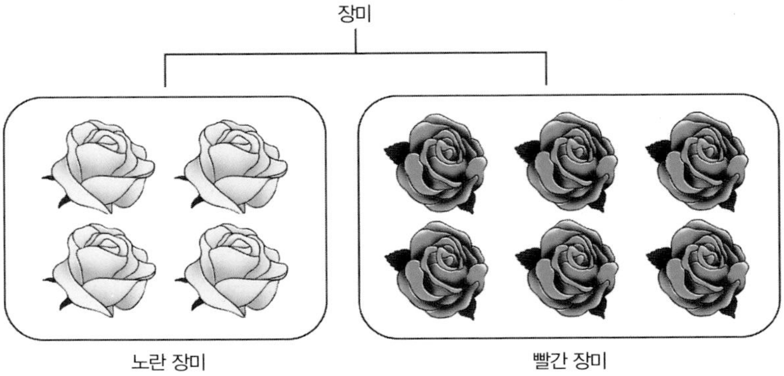

[그림 5-1] 유목화

이러한 직관적 사고의 특성은 보존개념을 통해서도 확인할 수 있다([그림 5-2]). 보존개념은 어떤 물체가 외형은 변해도 속성 자체는 변하지 않는다는 개념이다. 전조작기의 보존개념의 특성을 확인하기 위해 Piaget는 여러 보존개념 실험을 실시하였는데 대표적 실험 중 하나는 액체 보존 실험이다. 전조작기 유아에게 같은 모양의 컵에 똑같은 양의 물을 부어 물이 같은 양임을 확인시킨 후, 한 컵의 물을 면적이 좁고 가는 컵에 옮겨 붓는 것을 보여 준다. 그리고 유아에게 두 컵의 물의 양이 같은지 묻는다. 그러면 유아는 두 컵의 물의 양이 같았음을 확인했음에도 불구하고 옮겨 담은 컵의 물이 더 많다고 대답한다. 이는 전조작기 유아는 직관적 사고에 따라 두드러지게 높아진 높이에 초점을 두고 이와 같은 답을 하는 것이다. 이러한 특성은 양뿐 아니라 수, 길이, 무게, 부피 등에서도 나타났다.

보존 과제	초기 제시	변형
수	두 줄의 동전을 동일한 간격으로 배열한 후 수가 같은지 물어본다. 	동전 한 줄의 간격을 다르게 하고 동전 수가 같은지 물어본다. 
질량	두 공에서 찰흙의 양이 같은지 물어본다. 	공 한 개의 모양을 바꾸고 각각의 찰흙의 양이 같은지 물어본다. 
액체	동일한 컵에 동일한 양의 물을 부어 두 컵의 물의 양이 같은지 물어본다. 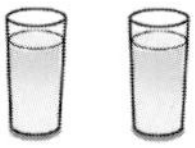	한 개의 컵을 넓적한 컵으로 바꾸고 물을 옮겨 부은 후 두 컵의 물의 양이 같은지 물어본다. 
무게	동일한 모양의 공을 저울에 올려 놓은 후 찰흙의 무게가 같은지 물어본다. 	공 한개의 모양을 변형시킨 후 두 공의 무게가 같은지 물어본다(저울에 올리기 전에 물어본다.). 

[그림 5-2] **보존개념 실험**

출처: 이종숙 외 역(2015). 아동발달, p. 175.

[그림 5-3] **세 산 실험**

출처: Berk, L. E. (2012). *Child development* (9th ed.)., p. 244.

■ 자아중심적 사고

자아중심적 사고는 세상을 자신의 관점에서만 판단하고 이해해서 다른 사람의 관점을 고려하지 못하는 것을 말한다. 전조작기 유아는 자신이 좋아하는 것을 다른 사람도 좋아할 것이며, 자신이 알고 있는 것을 다른 사람도 알고 있을 거라고 생각한다. Piaget는 세 산(three mountains) 실험을 통해 유아의 자아중심적 사고를 보여 주었다([그림 5-3]). 세 산 실험은 유아와 인형이 책상을 가운데에 두고 마주 보고 앉아 있고 책상 위에는 3개의 산이 있다. 이 3개의 산은 유아가 보고 있는 모양과 맞은편의 인형이 보고 있는 모양이 다르다. 이런 상황에서 유아에게 자신이 보고 있는 산 모양을 보고 난 후 유아와 인형이 자리를 바꿔 앉는다. 그리고 다시 유아가 자신의 자리에 돌아가서 앉은 후 유아에게 몇 개의 산 모양 사진을 제시하고 이 중에서 자신이 보고 있는 산의 모양과 맞은편 인형이 보고 있는 산 모양을 선택하라고 한다. 이에 유아는 자아중심적 사고를 하므로 자신이 보고 있는 산 사진을 두 번 모두 선택한다. 즉, 인형과 자신이 보고 있는 산 모양이 다름을 확인하였음에도 불구하고 자신이 보고 있는 것을 인형도 보고 있다고 판단한 것이다(Piaget & Inhelder, 1956).

이러한 자아중심적 사고는 언어에서도 나타난다. 전조작기 유아는 자기중심적 언어를 사용하여 의사소통을 할 때 상대방의 생각이나 입장 등을 고려하지 않고 자기 말만 하는 독백이나 집단 독백이 나타난다.

■ 물활론적 사고

물활론적 사고는 생명이 없는 무생물도 살아 있다고 생각하는 것으로 유아는 무생물도 살아 있고, 생각하고, 느낄 수 있다고 인식한다. 물활론적 사고는 다음과 같은 단계를 거쳐 발달한다.

1단계는 사람에게 영향을 주는 모든 것이 살아 있다고 인식하는 것이다. 태양, 자동차, 책상 등이 모두 살아 있다고 믿는다. 2단계는 움직이는 것만 살아 있다고 인식하는 것이다. 즉, 태양이나 자동차는 움직이므로 살아 있지만 책상은 움직이지 않기 때문에 살아 있다고 보지 않는다. 3단계에서는 스스로 움직이는 것만 살아 있다고 인식해서 스스로 움직이는 태양은 살아 있지만 엄마와 아빠가 운전하지 않으면 움직이지 않는 자동차는 살아 있다고 인식하지 않는다. 마지막으로 4단계에서는 과학적인 생명 유무에 따라 무생물에는 생명이 없음을 안다.

③ 구체적 조작기(만 7세~만 11세)

구체적 조작기(concrete operational stage)는 논리적으로 사고를 조작할 수는 있으나 관찰이 가능한 구체적 사건이나 사물에 한정되어 있다. 이 시기에는 직접 실험하거나 관찰 가능한 것들에 대해서는 논리적으로 사고할 수 있다. 구체적 조작기에는 보존개념 이해, 유목화와 서열화 등이 가능하다. 그러나 이 시기에는 추상적 사고가 어려워 가설을 세우고 그 결과를 예상하는 등 실제 경험하지 못하는 것에 대해서는 논리적으로 추론하고 이해하지 못한다.

■ 보존개념

보존개념은 어떤 물체가 외형은 변해도 속성 자체는 변하지 않고 유지된다는 개념으로 구체적 조작기에 들어서면서 이를 획득하게 된다. 왜냐하면 구체적 조작기의 유아는 직관적 사고에서 벗어나 논리적 사고를 하게 되면서 사물의 여러 측면을 고려하게 되고, 사고의 가역성이 나타나기 때문이다. 보존개념은 세 단계를 거쳐 획득된다. 1단계는 주어진 상황에서 한 면에만 관심을 두는 비보존 상태다. 2단계는 과도기로 다소 여러 각도에서 보지만 3차원에서는 이해하지 못하여 실험에서 실패하는 횟수가 많다. 3단계는 보존개념 형성기다. 이 단계에서는 가역성, 동일성, 보상의 3가지 이유 중 하나를 들어 실험에 통과하게 된다(황희숙, 이희영, 이경화, 이정화, 신경숙, 윤경미, 강승희, 윤소정, 황순영, 2008).

■ 유목화와 서열화

구체적 조작기에는 논리적 사고를 하게 되면서 대상의 특성에 따라 논리적 관계를 이해함으로써 유목화와 서열화가 가능해진다. 유목화는 전체와 부분의 논리적인 관계로 구체적 조작기에는 유목 포함 과제를 풀 수 있게 된다.

서열화는 길이, 무게 등에 따라 논리적 순서로 배열할 수 있는 능력이다. Piaget는 서열화 실험으로 길이가 다른 막대기를 통해 길이에 따라 배열하도록 한 결과, 전조작기 유아는 길이에 상관없이 마구잡이로 열을 세우지만 이 시기에는 서열화가 가능한 것으로 나타났다([그림 5-4]). 서열화는 실제 물체뿐 아니라 정신적으로 가능하다. 이를 이행적 추론(transitive inference)이라 한다. Piaget는 3가지 색깔의 길이가 다른 막대기를 보여 주며 막대 A가 막대 B보다 길고, 막대 B가 막대 C보다 길다는 것을 보여 주었을 때, 이 시기 아동은 A가 C보다 길다는 것을 추론해 냄을 밝혔다. 즉, 이 시기에는 논리적 관계를 이행적 추론하여 서열화할 수 있다.

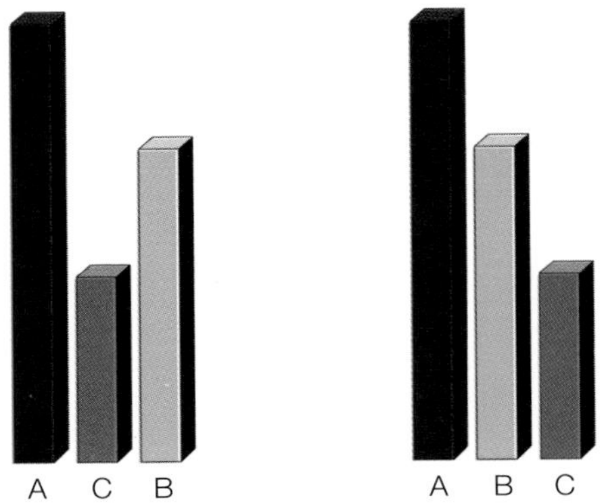

[그림 5-4] **서열화**

④ 형식적 조작기(만 12세 이후)

형식적 조작기(formal operational stage)에서는 이전 단계의 모든 지적 능력을 포함하면서 구체적 사건이나 사물에 의존하지 않더라도 머릿속에서 가설을 설정하고, 이를 전제로 논리적 결론을 도출하는 추상적 사고가 가능해진다. 이러한 형식적 조작기의 구체적 특징을 살펴보면 첫째, 새로운 상황에 직면하면 현재 경험뿐 아니라 과거와 미래의 경험을 이용하여 이를 인식하고 이해할 수 있다. 뿐만 아니라 현재를 고려하지 않거나 현재만을 고려한 사고도 가능하다. 둘째, 논리적 추론을 가설적이고 연역적으로 할 수 있다. 셋째, 자신만의 이상주의적이고 완벽한 세계를 가지게 된다.

2) 비고츠키의 사회문화적 인지 이론

Vygotsky는 법학을 전공하고 그 후 문학과 언어학을 공부하였으며, 예술심리학으로 박사학위를 받았다. Vygotsky는 모든 지식은 한 사회의 역사를 통해 누적된 문화적 형태로 존재하여 사회 · 맥락적 특성을 지녔으며, 인지 발달은 성인 또는 유능한 또래 등 타인과의 사회적 상호작용을 통해서 이루어진다고 주장하였다. 즉, 인지 발달의 근원은 사회적 상호작용이며, 타인의 중재를 통해 인지기능이나 기술을 자신에게 내면화되는 것이다(Rogoff, 2003).

(1) 근접 발달 영역

근접 발달 영역은 아동이 독립적으로 해결할 수 있는 실제적 발달 수준과 성인 혹은 유능한 또래의 도움을 받아 해결할 수 있는 수준인 잠재적 발달 수준 사이의 영역을 의미한다([그림 5-5]). 실제적 발달 수준은 과제를 독립적으로 해결할 수 있는 현재 발달 수준이며, 잠재적 발달 수준은 성인 혹은 유능한 또래의 도움으로 새로운 인지 발달이 가능한 수준을 말한다. Vygotsky(1978)는 아동이 혼자 힘으로 문제를 해결할 수 있는 수준을 발달의 '열매'로 그리고 타인의 도움으로 문제를 해결할 수 있는 수준을 발달의 '봉오리' 또는 '꽃'이라고 불렀다. 근접 발달 영역은 역동적 특성이 있다. 사회적 상호작용을 통해 아동이 스스로 문제 해결이 가능해지면 잠재적 수준은 실제적 수준이 되며, 다시 새로운 근접 발달 영역이 형성되면서 지속적으로 인지 발달이 이루어진다.

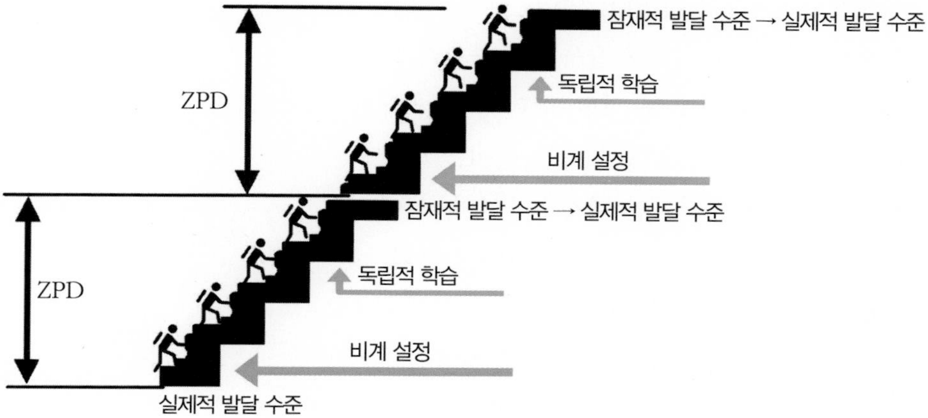

[그림 5-5] 근접 발달 영역

(2) 비계 설정

근접 발달 영역이 인지발달의 수준을 설명하는 개념이라면 비계 설정(scaffolding)은 인지 발달이 이루어지기 위한 방법에 관해 설명하는 개념이다. 즉, 근접 발달 영역에서 잠재적 수준이 실제적 수준이 되도록 사회적 상호작용을 해야 하는데, 이러한 사회적 상호작용의 방식을 비계 설정이라고 한다. 즉, 비계 설정은 성인 혹은 유능한 또래가 도움을 제공하는 것으로, 도움의 질은 아동의 발달 수준에 따라 변화하게 된다(Vygotsky, 1978). 비계라는 용어는 건축에서 사용하는 용어로 건물을 짓기 위해 임시로 설치하는 구조물로 건물이 완성되면 제거해 버리는 것을 말한다. 마찬가지로 아동이 과제를 수행하는데 도움을 주다가 일단 아동이 혼자서 문제를 해결할 수 있게 되면 비계는 더 이상 필요 없게 된다. 즉, 비계는 아동이 스스로의 힘으로 문제를 해결할 수 있도록 성인이나 유능한 또래가 도움을 제공하는 것이다(황희숙 외, 2008). 그리고 이러한 과정에서 도움의 양과 질은 조절되어야 한다. 예를 들어, 처음에는 직접적인 도움을 주고, 아동이 따라오게 되면 직접적인 도움 대신 힌트를 주게 된다.

(3) 언어와 사고

Vygotsky는 언어가 인지 발달에 있어 핵심적 매개수단이라고 하였다. 언어는 다른 사람과 상호작용을 하기 위해 습득하는 사회적 도구이자 정신적 사고를 위한 심리적 도구다(Vygotsky, 1986). 즉, Vygotsky는 언어는 인지 발달에 있어서 핵심적인 매개수단이며, 언어와 사고는 서로 다른 기원을 가진다고 본다. 생애 초 언어는 사고와 연관되지 않다가 의사소통을 위해 사회적 도구로 언어를 사용하면서 언어를 머릿속에 기억하고 이해하게 되면서 서서히 언어와 사고가 결합하기 시작한다. 그리고 3세경 혼잣말이 나타나면서 언어와 사고가 본격적으로 결합하여 언어가 사고를 변화시키기 한다. 그리고 혼잣말이 내면화되어 내적 언

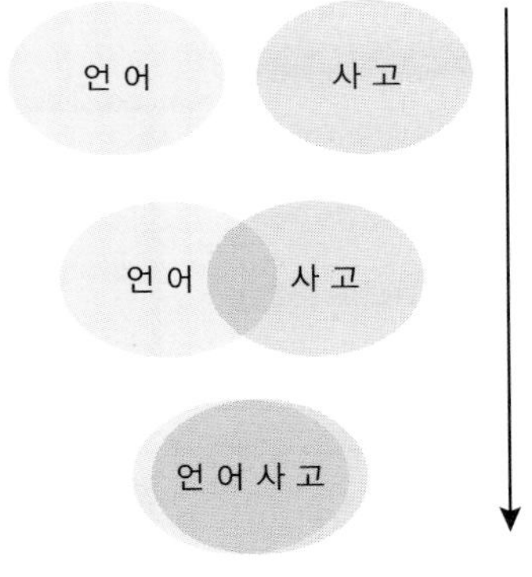

[그림 5-6] 언어와 사고

어가 되어 사고를 이끌게 된다. 이러한 Vygotsky의 언어와 사고에 관한 설명에서 핵심은 혼잣말이다. 혼잣말은 사고의 과정과 행동을 이끌기 위해 자기조절적이면서 자기지시적 목적으로 사용되는 중요한 도구다. 아동은 어려운 과제가 주어지면 스스로 더 도움을 주고자 혼잣말을 많이 사용하게 된다.

3) 정보 처리 이론

정보 처리 이론은 인간의 인지 과정을 컴퓨터의 정보 처리 과정과 비유한 이론이다(Miller, 1993). 컴퓨터에 하드웨어와 소프트웨어가 필요한 것과 같이 인간의 인지과정도 구조인 뇌와 신경계와 같은 하드웨어와 문제 해결을 위한 계획이나 전략 등의 소프트웨어로 구성되어 있다고 본다. 그리고 컴퓨터가 정보를 처리하는 흐름이 있는 것처럼 인지 과정도 정보를 처리하는 흐름이 있음을 설명하며 정보 처리 모델을 제시한다([그림 5-7]).

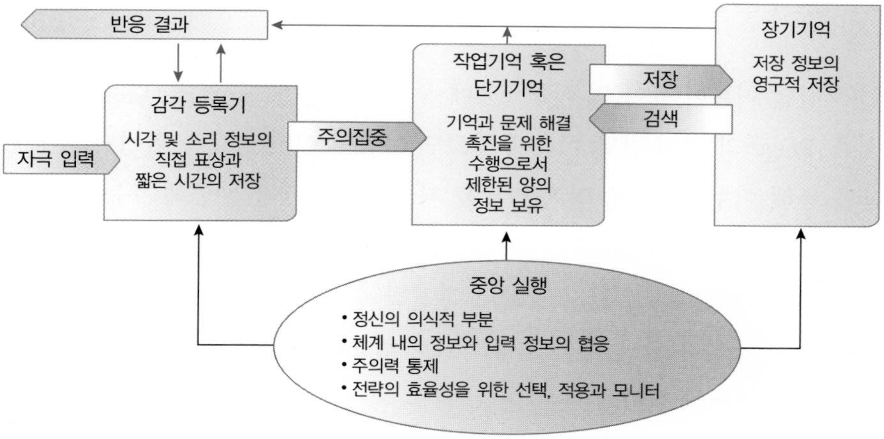

[그림 5-7] 정보 처리 모델

출처: 이종숙 외 역(2015). 아동발달, p. 203.

정보 처리 모델에서는 감각기관을 통해 외부 환경으로부터 정보를 받아들여 감각기록기(감각 등록기)에 정보가 머무르면 이들 중 특별히 주의를 기울이는 정보는 단기기억(작업기억)으로 넘어간다. 단기기억은 소량의 정보를 30초 정도 기억하며 이 정보들을 여러 기억 전략을 사용하여 장기기억으로 보내 영구히 저장하거나 그렇지 않으면 잊어버린다. 장기기억에 저장된 정보는 필요한 경우 행동으로 산출된다. 결국 정보 처리 모델의 최종 종착지는 기억 여부다.

정보 처리 이론에서 인지 발달은 기억을 보다 효율적으로 하는지와 관련된다. 즉, 정보를 효율적으로 처리하는 능력의 변화가 인지 발달을 의미한다. 이러한 정보의 효율적 처리는 정보 처리 모델의 실행 통제 과정과 연관된다. 실행 통제 과정은 정보 처리 과정 전반에 걸쳐 주의를 조절하고 정보를 보유하고 정보들 간의 연결을 하며, 정보를 처리하기 위한 전략을 선택하고 문제 해결을 계획하고 조절하는 능동적이고 자발적인 통제 과정이다. 이를 통해 더 많은 정보를 기억하고 유연하게 정보를 처리하는 것이 가능하므로 실행 통제 과정의 발달이 인지 발달과 밀접하게 관련되는 것이다.

2. 인지 발달과 교육

인지 발달 이론이 유아 및 아동교육에 주는 시사점을 제시하면 다음과 같다.

첫째, Piaget의 인지 발달 이론에 따르면 아동의 인지 발달은 환경과의 상호작용을 통해 이루어지므로 인지 발달을 자극하는 환경을 제공해 주는 것이 필요하다. 그리고 아동이 환경을 스스로 탐색하여 인지 갈등을 경험하고 이를 통해 도식을 변화시키며 인지 발달이 촉진될 수 있도록 도와주어야 한다. 즉, 다양한 환경 조성과 함께 이를 능동적으로 탐색하여 스스로 배울 수 있는 기회를 제공해 주어야 한다.

또한 아동은 성인과는 다른 인지적 사고 특성을 보인다. 따라서 영아기의 경우 대상영속성과 같은 내적 표상 획득에 까꿍놀이와 같은 경험이 도움을 줄 수 있으며, 유아기의 경우 상징적 사고를 하는 시기로 이를 발현할 수 있도록 상징놀이를 충분히 경험하도록 하는 것이 도움이 될 것이다. 즉, 다양한 자극을 줄 수 있는 놀이를 통해 아동의 인지는 발달할 수 있으므로 아동에게 충분한 놀이 기회를 제공하는 것이 필요하다.

둘째, Vygotsky의 사회문화적 인지 이론에 따르면 스스로 문제 해결을 할 수 있도록 아동과 적절한 사회적 상호작용을 해야 하며, 도움의 수준은 아동 개인의 특성에 맞게 제공되어야 한다. 이에 아동의 인지 발달을 위해서는 성인이나 조금 더 유능한 또래 등과의 상호작용을 할 수 있는 기회를 제공하는 것이 필요하다. 더 나아가서 다양한 소집단 활동이나 협력활동을 하여 다양한 수준의 아동들이 상호작용을 함으로써 서로 인지를 자극할 수 있도록 해야 한다.

아동에게 다른 사람과 함께 상호작용을 즐겁게 할 수 있는 기회 역시 놀이이다. Piaget와 마찬가지로 Vygotsky 또한 아동의 놀이를 인지 발달을 효과적으로 이끌어 내는 중요한 기제로 본다. 그러므로 아동에게 또래 또는 형제, 성인 등과의 놀이 기회를 제공하는 것이 필요하다. 또한 Piaget와 달리 Vygotsky는 아동의 연령별 공통된 인지적 특성과 수준을 제시하지 않고 개별 아동의 ZPD를 통해 아동의 인지 발달 수준을 설명했으므로 아동 개인 수준에 적합한 교육을 제공해야 한다.

셋째, 정보 처리 이론은 인지가 정보를 처리하는 과정을 밝힘으로써 인지 발달과 관련하여 정보를 효과적으로 처리하기 위한 방안에 관한 시사점을 제공한다. 그러므로 아동의 인지 발달을 촉진하기 위하여 부모와 교사는 아동이 학습하고 기억하는 데 있어 중요한 것들에 주의를 기울이고, 아동이 알고 있는 것과 새로운 정보를 연결하도록 도움을 주어야 한다. 또한 아동이 자신의 정보 처리 과정을 계획하고 반성해 보고 수정하여 다시 평가해 보는 경험들을 제공할 필요가 있다.

생각할 문제

- Piaget의 인지 발달 단계 중 전조작기 유아의 사고 특징을 생각해 보자.
- Vygotsky의 사회문화적 인지 이론 중 근접 발달 영역에 대하여 설명하고, 이를 실제 유아 및 아동의 인지 발달을 위해 적용할 수 있는 점에 대해 생각해 보자.
- 감각기억, 단기기억 및 장기기억의 특징에 대해 생각해 보고, 효율적인 기억 방법에 대하여 토론해 보자.

참고문헌

정옥분(2016). **발달심리학: 전생애 인간발달(개정판)**. 서울: 학지사.

황희숙, 이희영, 이경화, 이정화, 신경숙, 윤경미, 강승희, 윤소정, 황순영(2008). **아동발달과 교육**. 서울: 학지사.

Berk, L. E. (2012). *Child Development* (9th ed.). Boston: Pearson Education Inc. 이종숙, 신은수, 안선희, 이경옥 역(2015). **아동발달(9판)**. 서울: 시그마프레스.

Bjorklund, D. F. (2007). *Why youth is not wasted on the young: Immaturity in human development*. John Wiley & Sons.

Bjorklund, D. F., Periss, V., & Causey, K. (2009). The benefits of youth. *European Journal of Developmental Psychology*, *6*(1), 120-137.

Miller, P. H. (1993). *Theories of developmental psychology* (3rd ed.). NY: W. H. Freeman and Company.

Papousek, H., & Papousek, M. (1977). Mothering and the cognitive head-start: Psychobiological considerations. *Studies in mother-infant interaction*, 63-85.

Piaget, J., & Inhelder, B. (1956). *The child's conception of space*. Boston: Routledge and Kegan Paul.

Rogoff, B. (2003). *The cultural nature of human development*. New York: Oxford University Press.

Shin, H., Bjorklund, D. F., & Beck, E. F. (2007). The adaptive nature of children's overestimation in a strategic memory task. *Cognitive Development*, *22*(2), 197-212.

Turkewitz, G., & Kenny, P. A. (1982). Limitations on input as a basis for neural organization and perceptual development: A preliminary theoretical statement. *Developmental psychobiology*, *15*(4), 357-368.

Vygotsky, L. S. (1978). Interaction Between. Learning and Development. In Gauvain &. Cole (Eds.), *Readings on the Development of Children*. New York: Scientific.

Vygotsky, L. S. (1978). *Mind in Society*. MA: Harvard University Press.

Vygotsky, L. S. (1986). *Thought and language*. Cambridge, MA: MIT Press.

제 6 장

언어 발달

제6장 언어 발달

학습목표

- 언어의 중요성과 관련 이론에 대해 설명할 수 있다.
- 영유아의 언어 발달의 특징과 발달 단계에 대해 설명할 수 있다.
- 언어 발달에 영향을 주는 요인에 대해 알아보고 효과적인 교육 방법에 대해 생각해 본다.

1. 언어의 이해

언어는 각 개인의 상호작용을 촉진하는 주요 매개 변인으로서 타인과의 대화를 통해 자신의 의견을 전하고 서로의 생각과 감정을 이해하는 수단이다. 이러한 언어의 의사소통기능을 통해 인간은 상호관계를 맺어가게 된다. 또한 언어 사용을 통해 세상을 이해할 수 있고, 새로운 것들을 배울 수 있게 된다. 인간은 세상에 태어난 순간부터 끊임없이 주변을 탐색하고, 새로운 것들을 관찰하고 받아들이며, 이해하고, 기억하고, 판단하는 등의 인지적 사고를 한다. 이 모든 과정에 있어서 언어는 필수불가결한 요소가 된다.

1) 언어의 개념

언어는 말이나 의사소통과 같거나 유사한 의미로 해석되기도 하지만, 언어의 개념을 구체화하기 위해서는 말, 언어, 의사소통 간의 차이를 구별할 필요가 있다. 먼저 말(speech)은 소통을 위한 구어적 수단으로서 특정 운동 계열로 계획되고 수행되어야 하는 행위이므로 매우 정교한 신경근육 협응이 요구되는 과정이다. 소리 언어에는 특정한 소리, 또는 음소가 있으며, 이 소리의 조합에 따라 각 언어의 특성이 나타나게 된다. 또한 음성 자질, 억양, 속도 등의 요소들을 통해 전달하려는 의미를 증진시킬 수 있다(Owens, 2013). 언어(language)는 개별 말소리에 특정한 규칙성을 부여한 체계로서 사회적으로 공유된 부호이며, 임의적 상징과 규칙에 따른 상징들의 조합을 사용하여 개념을 나타내는 관습적인 체계를 말한다(Owens, 2013). 언어는 각각의 생각을 전달하는 고유한 매체로서 진화하고, 변화하는 특성을 지닌다. 대부분의 언어가 말소리로 전달되지만, 말이 언어의 본질적인 특징은 아니므로, 손짓이나 기호 양식으로 전달되는 수화 또한 언어에 속한다.

더불어 말과 언어는 모두 의사소통 과정의 한 부분에 속한다. 의사소통(communication)은 참여자가 정보와 생각, 요구와 욕구를 교환하는 데 사용하는 과정으로서 전하고자 하는 메시지를 부호화하여 전달하고 이를 해독하는 능동적인 과정으로 나타난다. 소통의 과정은 복합하지만 체계적인 행동 패턴을 보이며, 말하는 사람과 듣는 사람 간에 소통되는 메시지의 의미를 파악하고 조정하고 의도된 의미가 성공적으로 전달될 수 있도록 돕기 위해서는 소통능력(communicative competence)이 요구된다. 소통능력을 발달시키기 위해서는 소통할 수 있게 해 주는 규칙, 즉 문법의 습득 정도가 중요한 요인이 된다. 문법은 보다 복잡한 관계를 표현하도록 해 주며, 정보를 요청하는 것부터 제공하고 공유하는 과정에서 중요한 역할을 한다(Tomasello, 2008).

말과 의사소통의 의미를 포함한 언어는 자신의 의견을 전달하고 다른 사람을 이해하기 위한 수단으로서의 사용을 넘어서 사회적인 관계를 형성시켜 주며 협력을 통해 사회를 발전시키는 데 핵심 기반이 된다. 뿐만 아니라 언어란 수단을 사용하지 않고서는 사회 존재 자체의 성립이 어렵게 되며, 한 사회가 고유의 문화를 생성하고 그 형성된 문화를 후대에 전달하는 수단이 된다(김은심, 조정숙, 2016). 즉, 개인적 · 사회적 · 문화적 · 학문적 측면에서 중요한 역할을 하는 언어는 인간 생활의 질과 형태를 결정하는 요인이 된다.

2) 언어의 구성 요소

언어의 기능을 이해하기 위해서는 언어를 구성하는 필수 요소를 살펴보아야 한다. 언어를 구성하는 요소는 형식적 · 내용적 · 사용적 측면에서 구분된다. 형식적 측면에서는 소리와 상징을 연결하는 요소를 다루는 데 음운론 · 형태론 · 구문론을 포함하며, 내용적 측면에서는 의미론, 사용적 측면에서는 화용론으로 구분된다(Owens, 2013). 영유아는 언어를 습득함으로써 이러한 구성요소들을 익히게 되고 의사소통하고 사고하는 데 적절하게 활용할 수 있게 된다. 즉, 발달기의 유아는 말소리의 차이를 인식하고 구별할 수 있게 되고, 사용되는 단어의 의미를 알고 적절하게 배열하여 문장으로 만들 수 있게 되며, 일상생활에서 상황에 맞게 말할 수 있게 된다.

〈표 6-1〉 언어의 구성 요소

구성 요소		행동 특성
형식	음운론	• 말소리 이해하기 예: '곰'과 '공'의 소리를 변별하고 다르게 반응할 줄 안다. • 말소리 산출하기 예: 주어진 질문에 '아'가 아닌 '예'로 반응할 줄 안다.
	형태론	• 단어 구조에 대해 인식하기 예: '한 사람'과 '사람들'의 의미 차이를 이해한다. • 구조화된 말 산출하기 예: 맞는 조사(내가, 집에……)를 사용할 줄 안다.
	통사론	• 문장 구조에 대해 인식하기 예: 문법적으로 맞는 문장과 맞지 않는 문장을 안다. • 문장 구조에 적합한 문장 산출하기 예: 주어와 동사의 순서로 문장을 말할 수 있다.
내용	의미론	• 말의 의미를 이해하기 예: '안녕'이라는 말을 처음 만났을 때의 상황과 연결할 줄 안다. • 의미 있는 문장이나 단어를 산출하기 예: 버스가 지나갈 때 '버스'라고 말할 줄 안다.
사용	화용론	• 말의 사회적 의미를 이해하기 예: '도와주세요'라는 말에 적합한 상황을 이해할 줄 안다. • 사회적 상황에 맞는 적절한 말 산출하기 예: 어른에게 존댓말을 사용해야 함을 알고 사용할 줄 안다.

출처: Levin(1983); 이지현, 마송희, 김수영, 정정희(2015). **영유아를 위한 언어교육**에서 재인용, p. 23.

(1) 음운론

음운론(phonology)은 말의 구조와 배치 및 순서 등 말소리의 조합을 지배하는 규칙과 관련되며 소리를 내는 방법에 대한 내용을 연구하는 분야다. 소리의 가장 작은 단위인 음운(phoneme)은 음소와 운소로 나누어지며, 음소에는 자음과 모음이 있고, 운소에는 소리의 높낮이, 길이, 강약 등이 있다. 한글의 음운은 자음 24개, 모음 19개로 모두 43개의 음소로 되어 있다.

(2) 형태론

형태론(morphology)은 의미를 나타내는 최소의 단위인 형태소(morpheme)가 서로 결합되어 단어를 구성하는 규칙에 관한 것을 다룬다. 즉, 단어는 형태소가 하나 이상 합쳐져서 만들어지며, 형태소는 자립형태소와 의존형태소로 나뉜다. 자립(자유)형태소는 독립적이고 혼자서도 의미를 가지는 것으로 명사, 동사, 부사, 형용사 등을 포함하며, 의존(문법적)형태소는 형태소 간의 문법적 관계와 기능을 명확하게 해 주는 역할을 하는 것으로 명사 뒤의 격조사, 형용사나 동사의 어미 변화 등이 이에 속한다.

(3) 통사론

통사론(syntax)은 전체 문장을 문법적으로 분석하는 분야로서 단어의 배열, 문장의 구성, 단어 간의 관계, 품사 등의 형식과 구조에 관한 규칙 등에 관해 다룬다. 즉, 문장의 어순이 주어–목적어–동사의 순서로 되어 있지 않거나 단어 조합 또는 배열이 바르게 되어 있지 않은 경우 문법성에 문제를 보이게 되므로 구문 혹은 통사 오류를 범하게 된다.

(4) 의미론

의미론(semantics)은 음운론, 형태론, 구문/통사론과 달리 언어의 내용적 구성 요소에 해당하며, 단어와 단어 조합의 내용을 지배하는 규칙적 체계를 말한다. 즉, 아동이 어휘 및 문장에 대해 이해하는 정도와 관련된다. 또 의미론은 우리가 대상이나 사건에 대해 가지고 있는 지식과 언어와의 관계 정도에도 영향을 받는다. 아동이 대상이나 사건에 대해 가지는 지식은 세상사 지식

(world knowledge)과 단어 지식(word knowledge)으로 구분할 수 있는데 전자는 특정 대상이나 사건에 대한 경험을 통해 형성된 이해와 기억과 관련되며, 후자는 단어와 상징에 대한 정의와 관련된다. 단어 지식은 세상사 지식에 따라 다양한 의미로 이해되고 적용될 수 있다(임지영, 도금혜, 류혜원, 문영경, 배기조, 송혜영, 이수원, 2015).

(5) 화용론

화용론(pragmatics)은 언어를 활용하고 사용하는 측면에서의 구성 요소에 속하며 효과적인 의사소통을 위해 정보를 전달하거나 언어를 사용할 때 적용되는 규칙이다. 적절한 어휘를 사용하고 문법적으로 바른 문장을 사용하였더라도, 어떤 상황에서 어떻게 사용했는지에 따라 의사소통의 정도가 달라질 수 있다. 즉, 어른에게 존댓말을 사용하거나, 부탁할 때와 명령할 때의 적절한 언어 사용 등 일상생활의 다양한 상황에서 적합한 언어를 사용하여 사회적 의사소통을 하는 것을 말한다.

2. 언어 발달 이론

한 아동이 자신이 속한 문화권과 가정의 언어를 습득하고 그 기능을 알고 발달시키는 과정을 이해하기 위해서는 이와 관련된 이론들에 대해 살펴보아야 한다. 발달적 측면에서 언어가 발달되는 과정을 설명하는 이론으로는 행동주의 이론, 생득주의 이론, 상호작용주의 이론 등을 들 수 있다.

1) 행동주의

행동주의는 1950～1960년대에 주를 이루었던 이론으로 유아의 언어 습득 과정과 언어 발달은 선천적인 능력에 의한 것이 아닌 경험적인 훈련과 강화, 모방, 반복에 의해 후천적으로 이루어진다고 보았다. 영유아의 언어 발달이 학습과 모방에 의해서 이루어진다고 보는 입장으로 이 이론의 대표적인 학자

스키너
(B. F. Skinner, 1904~1990)

인 Skinner(1957)는 언어 발달에서도 다른 학습 원리와 같이 자극, 모방, 강화가 중요한 요소로 작용한다고 보았으며, 언어 습득은 유아의 생득적인 능력이 아닌 후천적인 것이며, 외부 자극에 의한 경험을 통해 이루어진다고 보았다. 그는 유아가 최초로 산출한 음성과 옹알이는 스스로 강화되고 후에는 유아 주변의 성인이 사용하고 있는 언어의 일부가 되는 소리만 선택적으로 강화되어 언어에 가까운 소리만 남게 되고 다른 소리들은 사라져 버리게 된다고 주장하였다. 즉, 유아의 언어는 주변 성인에 의해 형성되는데, 유아의 말이 성인이 원하는 말에 가깝게 들릴 때 보상이 제공되며, 부적절하고 의미 없는 말은 무시되고 바르게 발음하는 말은 강화된다. 이러한 과정에서 유아는 다른 사람이 듣고 이해할 수 있는 언어를 획득하게 된다고 보았다. 또 유아는 그들이 들은 말의 모방을 통해 언어 구조를 배우고, 말을 듣고 문장과 문장이 아닌 것을 구별함에 따라 문법과 적절한 단어 순서를 학습하게 된다고 주장하였다.

행동주의 이론에서는 능력보다는 수행을 강조하므로 외적으로 관찰되고 측정이 가능한 언어 수행 측면에 초점을 둔다. 행동으로 관찰되지 않는 어떤 능력이나 지식의 존재를 인정하지 않으므로 개인의 의도나 문법규칙에 대한 내면적 구조에 대한 설명보다는 언어의 기능, 언어적 행동을 야기하는 자극, 그리고 언어 수행의 결과에 중점을 둔다. 환경에서의 자극과 유기체의 반응 간의 연결 또는 연합으로 행동이 변화한다고 간주하므로 이를 언어적 측면에서 보면 외부로부터의 언어적 자극과 이에 대한 반응 간에 형성된 연합을 통해 어휘의 의미를 학습하게 된다(Staats, 1971).

그러나 이러한 행동주의 이론은 유아가 언어를 습득하는 방식을 어느 정도 설명해 줄 수는 있으나 유아들이 문법 체계를 이해하고 적용해 가는 과정을 강화와 모방만을 통해 설명하기에는 어렵다는 점에서 제한성을 가지고 있다. 또한 인간의 언어 습득과 발달을 지나치게 수동적인 측면에서 설명했으며, 객관적인 행동의 분석에 치우쳐 유아의 자발적인 학습능력과 내면의 사고 과정에 대해 간과하였다. 이러한 한계점은 행동주의 관점이 고차원적으로 이루어지는 인간의 정신 과정을 설명하기에는 부족한 이론임을 나타낸다.

2) 생득주의

촘스키
(A. N. Chomsky, 1928~)

언어학자인 Chomsky(1976)는 아동의 언어 발달이 행동주의에서 설명하는 강화와 모방만으로는 설명되기 어렵다고 보았다. 행동주의 이론에 대한 비판과 제한점이 제기되면서 언어의 형태와 표현에 있어서의 기초적인 정신 과정에 대해 설명하려는 움직임에 의해 생득주의 이론이 나타나게 되었다. Chomsky(1976)는 인간 언어의 선천성(innateness)과 보편성(universality)에 대한 자신의 생각을 언어습득장치(Language Acquisition Device: LAD)와 변형생성이론(transformational generation theory)이라는 개념으로 설명하였다.

Chomsky에 따르면 인간은 선천적인 언어능력이 있기 때문에 이 언어습득장치의 도움으로 자신의 모국어를 획득할 수 있게 된다고 한다. 이 장치로 인해 인종, 지능, 성별 등의 개인차에 상관없이 자신의 모국어를 습득하고 사용할 수 있게 된다는 것이다. 또한 이 장치는 인간 언어의 보편성, 즉 보편적인 내재적 언어 원리와 구절 구조 규칙을 지니며, 이러한 보편성으로 인하여 어떠한 언어에도 기본적인 기초 이론을 형성할 수 있게 된다(이영자, 2013). 말을 배우기 시작하는 영유아는 언어습득장치의 도움으로 들어오는 단어를 처리하고 그 언어에서 발견되는 규칙성에 근거하여 모국어에 대한 가설을 형성하게 된다(김은심, 조정숙, 2016). 이와 함께 일상생활에서 말하고 듣게 되는 언어에 포함된 문법적 규칙들을 하나의 법칙으로 인식하고 추출하며 여과시키게 된다. 이러한 일반화된 규칙들을 이용하여 예전에 듣지 못했던 새로운 방식으로 단어를 조합해 낼 수 있게 된다. 언어습득장치는 유아들이 수많은 발화들을 독창적으로 만들어 낼 수 있게 도와주며 형식적인 교수 없이도 자동적으로 언어를 획득할 수 있게 되는 과정에 대해 설명해 준다(김은심, 조정숙, 2016).

또한 생득주의 이론에 따르면 세상의 모든 언어에는 공통적인 문법구조인

르네버그
(E. H. Lenneberg, 1921~1975)

보편적 문법(universal grammar)이 존재한다. 말을 시작하게 되는 단계의 영아 및 유아는 언어습득장치를 통해 문장변형 규칙을 자연스럽게 적용할 수 있게 됨으로써, 이전에 들어보지 않은 복잡한 구문들을 문법구조에 맞게 적절한 문법으로 산출하는 능력을 가지게 된다(정남미, 2016).

언어의 선천적인 측면을 강조한 또 다른 언어학자는 Lenneberg(1967)로서, 언어 습득은 유전적으로 결정되고, 이는 유기체의 생물학적 성숙과 관련이 있으며 언어 습득에 결정적 시기가 있다고 보았다. 그는 인간의 뇌에는 언어 발달을 관장하는 특정 부위가 있으며 어떠한 문화권에서든 유아의 언어 발달 과정은 동일하게 이루어진다고 보았다.

이러한 생득주의 이론은 유아가 각기 다른 모국어를 획득하는 단계가 유사하다는 것을 설명할 수 있으며, 언어 발달 과정에서 나타나는 과잉일반화 현상 같은 공통적인 오류를 설명할 수 있게 하였다. 그러나 언어 발달에 있어서 선천적인 언어능력을 지나치게 강조하였으며 환경이나 경험에 따른 언어 발달의 영향을 간과하였다. 또한 경험적 증거에 기초한 이론이기보다는 가설적인 이론이므로 유아 각 개인에 따라 다르게 나타나는 문법적 능력의 발달과 단어 이해 과정의 변화를 설명하는 데 한계가 있다.

3) 상호작용주의

(1) 인지적 상호작용주의

인지적 상호작용주의 이론에서 가장 기본적인 틀은 아동이 주변 환경과의 상호작용을 통해 지적 능력을 증진시키고 지식을 습득한다는 데 있다. 아동은 어떤 것을 새롭게 경험하면, 그것을 이미 경험한 것들과 연결하면서 가설을 만들고 이를 증명해 나가게 된다. 이것이 아동이 세상을 이해하고 지식을 구성해 나가는 방식이다. 아동은 경험을 계속해 나가면서 때로는 자신이 가지고 있는 지식 체계를 수정하기도 하고 적절한 설명을 찾아내기도 한다. 이런 관점에서 인지적 상호작용주의 이론가들은 유아들의 문법적인 오류는 아동이 성인의 언어에 계속적으로 노출되면서 내적 규칙의 체계를 구성하고, 그런 규칙들을 적용함으로써 변화하게 된다고 보았다. 또한, 일정 기간 동안 말하는 경험을 함으로써 마침내 성인들이 사용하는 언어와 비슷한 언어를 사용할 수 있게 된다고 주장하였다. 그러나 아동이 사용하는 규칙들은 직접 구성한 규칙들이며, 단순히 성인의 것을 모방한 형태가 아니다(Clay, 1991). 바람직한 언어교육은 내적 관계성이 높은 활동들을 다양하고 폭넓게 제공하여, 아동의 언어능력이 자연 발생적으로 생겨나게 돕는 환경 안에서 이루어지게 된다. 또한 교사나 부모가 영유아가 태어나면서부터 자연스럽게 언어활동에 함께 참여하는 것이 중요하다. 인지적 상호작용주의 이론의 전체적인 목표는 유아가 스스로 관심 있어 하는 아이디어, 문제, 질문 등의 활동을 가능한 한 많이 할 수 있도록 지원하는 것이다. 그리고 유아의 언어 발달을 위하여 교사나 부모가 해야 할 가장 중요한 일은 유아들이 그들이 발견한 것들을 서로 관련시킬 줄 알고 유사점과 차이점을 찾아낼 수 있도록 돕는 일이다(이차숙, 2007).

피아제
(J. Piaget, 1896~1980)

Piaget(1983)를 비롯한 인지적 상호작용주의 입장은 인간의 언어 발달이 환경과 상호작용하는 유아의 인지능력에 의해 결정된다고 주장하였다. 즉, 언어는 생득적인 것인 아니라 인지적 성숙의 결과로 획득되는 여러 능력 중 하나이며, 인지 발달이 언어 발달에 선행한다고 보았다. 특정한 사고의 발달이 먼저 선행되어야 그에 맞는 언어 발달이 이루어진다는 것이다. 특히 Piaget는 언어가 사고와의 관계에서 언어가 사고를 정교화하는 데 필수적인 역할을 하지만 사고 발달에 주도적인 역할을 하지는 않는다고 보았다. 또한 언어 발달은 생득주의에서 주장하는 선천적 언어습득기제에 따른 것이 아니라 동화(assimilation)와 조절(accommodation), 평형화(equilibrium)의 인지적 발달 과정에 따른 것이라고 보았다. 유기체인 유아가 환경과의 상호작용과 직접 경험을 통해 능동적으로 인지적 과정을 구성해 나간다고 보는 입장에서 아동의 언어 발달을 설명하였다. 즉, 유아의 언어 발달이 성인의 강화나 모방에 의한 것이 아니고, 타고난 기제로 인해 저절로 습득되는 결과물도 아니며, 유아 스스로 환경과의 상호작용을 통해 스스로 구성해 나가면서 발달하는 것이라고 보았다(홍혜경, 김명화, 김정아, 김세루, 김현정, 2016).

또한 Piaget는 언어란 현재 유아의 사고 수준을 반영하는 것이기 때문에 영유아기에 나타나는 자기중심적 언어(egocentric speech)는 이 시기의 자기중심적 인지 발달 특성을 반영한 것이라고 보았다. 유아의 사고가 자기중심성에서 벗어나면서 반복어, 독백과 같은 자기중심적 언어는 점차 줄어들게 되고, 만 5세의 유아는 정보 교환, 비판, 명령, 요구, 질문과 같은 사회화된 언어(socialized speech)를 사용할 수 있게 된다. Piaget는 인지 발달이 언어 발달에 선행하므로 이를 위해서는 인지 구조에 적합한 풍부한 물리적 환경의 제공이 중요하다고 주장하였다. 유아를 수동적인 학습자로 보는 행동주의 입장과는 달리 인지적 상호작용주의에서는 유아가 경험을 통해 지식을 능동적으로 구성하는 주체라고 보았다. 그러므로 아동이 흥미로워하는 것에 관련된 활동들을 가능한 한 많이 경험할 수 있도록 돕고 그들이 발견한 것들을 서로 관련지어 유사점과 차이점을 찾을 수 있도록 도와주는 성인의 역할이 무엇보다도 중요하다고 볼 수 있다.

이러한 인지적 상호작용주의 이론은 영유아의 현재의 인지적 발달 수준과 환경과의 지속적인 상호작용의 결과로 언어 발달이 이루어진다는 입장에서 지지를 받았다. 하지만 언어가 인지 발달에 미치는 영향을 과소평가하고 전조작기 유아들의 복잡한 문법규칙의 습득에 대한 충분한 설명이 부족하며 실제 영유아들의 인지적 능력이 Piaget가 주장한 것보다 더 뛰어난 것으로 보고되면서 한계를 보이고 있다(노영희, 김창복, 전유영, 2015).

(2) 사회적 상호작용주의

사회적 상호작용주의 이론은 인간의 발달이 일상적 활동 및 사회적 상호작용과 더불어 광범위한 문화 · 역사적 맥락에 의해 이루어진다는 입장을 취한다. 즉, 인지 우선론을 주장한 Piaget와 달리 Vygotsky(1962)는 언어가 인지 발달을 이끌 수 있다는 언어 우선론을 주장하였다. 그는 인지 발달에 있어서 사회 · 문화적 영향을 강조하였으며, 특히 사회적 개입의 결과로 일어나는 정신적

비고츠키
(L. S. Vygotsky, 1896~1934)

성장에 주목하고, 유아의 발달을 자연적 발달(natural development)과 문화적 발달(cultural development)로 구분하였다. 자연적 발달은 생물학적인 성장 과정을 의미하는 것으로 성숙의 개념에 해당하고, 문화적 발달은 사회 · 문화적 경험, 관습, 문화적 행동 형태, 문화적 추론 방법과 관련이 있으며, 언어를 매개로 습득된다. 문화적 발달은 아동이 문제 해결을 위해 상징을 사용하면서 시작되는데, 이때 언어가 매우 중요한 상징 체계가 된다. 유아는 그 사회의 문화, 관습, 사고방식을 반영하고 있는 언어를 배움으로써 그 사회의 사고 체계, 행동 형태 등을 습득하면서 사고를 발달시켜 나간다는 것이다. 즉, 사고 발달은 사고의 도구인 언어와 아동의 사회 · 문화적 경험에 의해 결정되고, 언어를 내면화할 때 언어에 내포되어 있는 사회적 의미도 내면화하므로 언어는 사회적 가치, 규범, 전통 등이 내면화되는 통로가 된다고 보았다.

또한 Vygotsky는 사회적 관계에 관심을 가졌으며, 특히 언어 습득에 있어서 성인의 역할을 강조하였다. 언어 사용에 능숙한 사람이 제공해 주는 언어적 환경과 도움이 중요하며, 의미 있는 성인, 교사, 또래와의 사회적 상호작용은 아동의 언어 발달과 인지 발달에 매우 중요한 역할을 한다고 하였다. 언어의 발달순서가 자기중심적 언어에서 사회적 언어로 발달해 나간다는 Piaget의 주장과 달리, 아동의 언어 발달은 사회적 언어로 시작하여 자기중심적 언어로 발달되어 간다고 보았다. 그는 유아의 언어 발달 과정을 초기 언어 단계, 순수 심리언어 단계, 혼잣말 언어 단계, 내적 성장 언어 단계로 설명하였다. 즉, 언어 발달과 인지 발달은 출생 후 독립적으로 발달하다가 생후 2년경 후 언어와 인지 발달이 통합되면서 언어적 사고가 형성되어 생각하는 것을 말로 표현할 수 있게 되고 논리적으로 말할 수 있게 되는 내적 언어를 구성할 수 있게 된다(홍혜경 외, 2016).

Vygotsky와 마찬가지로 사회적 상호작용을 중시한 Bruner는 영유아가 빠른 속도로 새로운 말을 배우고 이를 사용하는 과정을 언어습득지원체계

(Language Acquisition System: LASS)의 개념을 통해 설명하였다. Bruner는 인간의 언어 발달이 단순히 지식 전달이나 반복 훈련을 통해서는 이루어지기 어렵다고 생각하였다. 그는 기본적인 인지능력을 갖춘 인간은 자신이 속한 사회의 언어에 익숙해지기 위해 가장 효과적인 방법을 스스로 발견하고 이를 내면화시켜 능숙한 언어 사용자로 발달해 나간다고 보았다(노영희 외, 2015). 이러한 발견과 습득을 돕기 위해 영유아의 말에 적절히 반응해 주는 것이 부모와 교사의 역할이라고 주장하였다. 즉, 여기서 성인이 유아와 놀이를 하며 사회적 상호작용을 촉진하는 것은 영유아의 언어 습득을 지원하는 체계가 원활히 작동되도록 해 주는 것이라 할 수 있다.

이와 같이 사회적 상호작용주의 이론은 아동이 사회적이고 협력적인 관계 속에서 상호작용을 통해 언어를 습득한다고 보았다는 점과 성인이나 또래의 매개적이고 촉진적인 역할을 강조했다는 점에서 언어교육의 방향을 제시하는 데 큰 역할을 했다고 볼 수 있다. 반면에 언어 구조의 획득이 이루어지는 과정이나 각기 다른 경험을 가진 아동들에게 발달 단계의 전환을 가져오게 하는 요인에 대한 구체적인 설명이 부족한 점은 한계에 해당한다.

3. 언어 발달 단계

1) 음성언어 발달

(1) 전언어기

언어 이전의 발달 단계는 분화되지 않은 울음소리를 내는 데서 첫 단어를 말할 때까지의 기간에 해당한다. 언어 발달 이전에 영아는 울음, 쿠잉, 옹알이, 자신과 타인의 소리를 모방하는 순서를 통해 언어 습득을 위한 기초를 형성하게 된다.

① 울음

언어 발달의 첫 단계는 울음에서 출발한다. 신생아는 울음을 통해 자신의 욕구를 표현하게 되고 의사소통의 수단으로서 사용된다는 것을 점차 인식하게 된다. 초기의 울음은 미분화된 울음이지만 점차 울음의 패턴이나, 고저, 강도의 변화를 통해 배고픔, 화남, 졸림 등의 욕구를 표현하게 되는 분화된 울음으로 변화된다. 이러한 과정을 통해 울음은 영아의 기본적인 욕구를 표현하는 확실한 의사소통 수단으로 활용된다. Dunstan(2009)은 신생아의 울음소리는 특정한 욕구에 따라 분류될 수 있다고 주장하였다. 신생아가 본격적으로 울기 시작하기 직전의 소리는 자신이 원하는 것(예: 배가 고프거나 잠이 올 때, 더워서 불편할 때)을 알리기 위한 육체적 반사작용으로 나타나며 5가지 유형의 소리로 구별될 수 있다고 보았다. 즉, 배가 고프거나 졸릴 때, 트림이 하고 싶을 때, 배에 가스가 찼을 때, 또는 불편할 때에 따라 울음소리가 다르게 나타나며 주양육자는 이를 인식함으로써 영아의 욕구를 해소시켜 주고 적절하게 반응해줄 수 있다고 보았다.

② 쿠잉과 옹알이

쿠잉(cooing)은 출생 후 곧 나타나는 발성으로 초기에는 모음과 같은 발성에서 자음이 추가된 형태의 소리로 변화한다. 쿠잉의 단계에서 어머니와 영아 간 상호 발성이 이루어지는데, 약 3개월쯤 영아가 표현했던 쿠잉 중 하나의 소리를 엄마가 표현한 후 기다리면 영아가 이에 응하여 같은 쿠잉으로 반응하게 된다. 즉, 이 시기부터 언어를 통한 상호 교환적 의사소통이 시작된다고 볼 수 있다(이영자, 2013). 옹알이(babbling)는 일반적으로 생후 3~4개월경에 시작하여 9개월경 이후에 활발해지는데 언어와 유사한 말소리 형태로 전달된다. 이는 영아가 혼자 입속말처럼 자꾸 소리를 내는 것으로서 신체적 성숙으로 인해 나타나는 근육활동의 움직임을 통한 결과로 나타난다. 즉, 옹알이는 보통 영아가 기분 좋은 상태에서 근육을 움직임으로써 나타나는 소리이며, 초기에는 옹알이 그 자체가 영아에게 기쁨을 주는 놀이의 역할을 한다. 영아가 옹알이를 즐겨 하기 시작하면서, 주변 사람들의 반응 정도에 따라 옹알이의 횟수와 정도가 달라지게 된다. 이 시기에 부모나 주변의 어른들이 언어적 · 비언어적 상호작용으로 영아의 옹알이에 적극적으로 반응하는 것은 영아가 자연스러운 상황에서 강화를 통해 타인의 소리를 모방하여 모국어를 습득할 수 있게 하는 계기가 되므로 매우 중요하다. 즉, 옹알이를 통해 자기 소리와 타인의 소리를 모방하게 되고 모국어의 특정 억양 패턴이나 강세를 발견하게 되므로, 풍부한 언어적 자극과 상호작용의 기회 제공이 중요함을 알 수 있다.

(2) 언어기

① 한 단어 시기

옹알이의 사용이 활발해지면서 9~10개월쯤이 되면 새로운 발음을 하거나 단어를 말하는 등 관습적으로 통용되는 소리를 내기 시작한다. 첫 단어를 말하기 시작하는 시기는 대략 생후 10~14개월경에 해당하며, 이후 평균 5~6개월이 지나고 나서야 대략 6개의 단어를 말할 수 있으며, 50개 정도의 단어를 이해할 수 있게 된다. 영아가 처음 사용하기 시작하는 단어들은 주로 주변에서 익숙하게 접하게 되는 물건이나 가족의 이름, 언어적 · 사회적 상호작용을 하기 위한 용어들에 해당한다. 한 단어 시기 동안 영유아가 사용하는 단일어는 한 문장을 대표하며 문장으로서의 역할을 담당하므로 일어문(holophrase)에 해당한다. 또한 주어진 맥락에 따라 일어문의 의미는 달라질 수 있다. 예를 들어, 18개월의 영아가 선반에 있는 우유를 보고 "우유."라고 말한 경우, 단순히 우유가 있음을 의미하는 표현일 수도 있지만 "우유 주세요."라는 요구를 나타낼 수도 있다.

한 단어 시기의 영유아는 흔히 단어의 의미를 과잉확장 또는 과잉축소하여 사용하게 된다. 과잉확장은 어떤 단어의 의미를 넓은 범위로 확장하여 생각하는 것으로 영유아가 아빠 또래의 젊은 남자들을 모두 '아빠'라고 부르거나 다리가 4개에 털이 난 동물들을 모두 '강아지'로 부르는 경우에 해당한다. 반면에 과잉축소는 어떤 단어의 의미를 실제 의미보다 좁은 의미로 한정하여 생각하는 것으로 영유아가 자신의 어린이집 가방만을 가방이라고 말하는 경우에 해당한다. 과잉확대와 과잉축소는 습득된 단어의 수가 제한되어 있고 유목 포함 개념이 발달하기 전이므로 어휘 수 증가와 인지 발달에 따라 자연스럽게 변화하게 된다(한유미, 김혜선, 권희경, 양연숙, 백은정, 2016).

② 두 단어 시기

한 단어 시기 동안 어휘 수가 증가하고 언어 사용 횟수가 증가하면서 영유아는 친숙한 두 단어를 결합하여 언어적 의사소통을 시도한다. 대략 18개월 이후에 두 단어를 결합하여 초보적인 문장을 사용하기 시작하며, 전보식과 주축문법의 형태를 띤 문장으로 나타난다. 두 단어로 말하기 시작한 지 2~3개월 정도가 지나면 세 단어로도 말하기 시작하는데, 언어 습득 속도가 급격히 증가하는 18~24개월 전후를 '언어의 폭발적 팽창기'로 간주한다(Goldfield & Renznick, 1990).

전보식 문장은 두 단어의 조합이 전보를 치는 것과 같은 형태로 핵심적인 단어만으로 문장을 구성하는 것이다. 일반적으로 관사, 전치사, 조사, 접속사 등은 생략된다. 예를 들어, "나는 아이스크림을 좋아해요."를 "아이스크림 좋아."로 표현하는 것에 해당한다. 전보식 문장은 문법적으로 완성된 문장을 사용하기 전에 영유아가 전달하고자 하는 주요 내용을 알고 있음을 직관적으로 표현하는 수단으로서의 기능을 담당한다.

또한 두 단어로 된 문장은 주축어와 개방어로 이루어져 있으므로 주축문법의 관점에서 일종의 규칙이 있는 것으로 간주된다. 이어문으로 말하기 시작하는 영아는 "아빠, 우유." "엄마, 맘마." 등으로 주축어와 개방어를 조합하여 문장을 만든다. 주축어와 개방어를 구별하는 것은 두 단어를 조합하는 문법적 규칙을 알고 있다는 뜻으로 해석된다(McNeill, 1966). 주축문법은 이어문의 표면적인 분석을 가능하게 하나 두 단어의 의미론적 관계를 설명하는 데는 부족하다.

③ 어휘와 의사소통의 발달

유아기 동안 어휘력은 급속도로 발달하게 되는데 만 3세경에 약 1,000개 정도의 어휘를 습득하기 시작하여, 만 5세경에는 2배 이상 증가한 약 2,200개의 어휘를 습득하게 된다. 어휘 습득 속도나 학습능력에는 개인에 따라 차이가 있는데, 유아가 초기에 습득하는 어휘의 종류에서도 개인차가 나타난다(Nelson, 1973). 일부 유아들은 초기에 습득한 단어의 대부분이 사람이나 사물을 가리키는 어휘로 제한된 반면에 다른 유아들은 다양한 맥락에서 사용되는 표현 어휘들(예: 감사합니다, 안 해요, 좋아요)을 사용하기도 한다. 전자의 유아들이 주로 사용하는 어휘는 참조적 양식에 속하며, 후자의 유아들이 주로 사용하는 어휘는 표현적 양식에 속한다(정옥분, 2015).

유아가 사용하는 어휘 수에 따라 언어 발달 단계를 구분한 Brown(1973)은 평균발화길이(Mean Length of Utterance: MLU)를 측정하여 언어발달지표를 제시하였다. 평균발화길이는 유아가 사용하는 100개 이내의 문장을 이용하여 한 문장 내 평균 형태소의 수를 산출한 것으로서, 유아가 3세경이 되면 모국어의 기본 형태론과 통사론 구조를 습득한다고 보았다. 연령이 증가함에 따라 유아는 문법적 규칙에 대한 지식을 구성하고, 다양한 수준에 적용되는 규칙도 습득하게 된다. 일반적으로 3세경에는 부정문과 복수형의 개념에 대해 이해하게 되며 4~5세경에는 형용사와 부사를 포함하는 복합 문장을 사용하게 되고, 어간에 붙이는 어미를 다르게 하여 문장을 변형시킬 수 있게 된다. 또 5~6세경에는 문법적으로 정확한 문장을 사용하며, 대부분의 기본 언어 규칙을 습득하여 다양한 형태의 문장을 구성하여 사용할 수 있게 된다.

2) 문자언어 발달

음성언어의 발달과 함께 아동은 일상생활 안에서 다양한 환경 인쇄물을 접하게 되며 언어적 또는 사회적 상호작용을 통해 문자언어와 관련된 문해능력(literacy skill)을 발달시키게 된다. 예를 들어, 다양한 그림책, 잡지, 길거리의 인쇄 간판, 마트 전단기, 우편물 등을 통해 아동은 자연스러운 상황 안에서 문자를 접하고 호기심을 갖고 탐색하게 되면서 문자언어의 기능과 필요성을 알게 된다. 문해(literacy)란 일상생활에서 인쇄물을 이용하여 읽고 쓰면서 다른 사람과 의사소통하는 능력을 말하는 것으로, 단순히 읽고 쓰는 것이 아닌 글을 이해하고 타인에게 전달하는 언어능력을 포함한다(홍혜경 외, 2016).

문해 발달에 대한 관점은 읽기 준비도(reading readiness)를 보는 시각에 따라 달라져 왔는데, 초기에는 Gesell 등의 성숙주의 견해에 영향을 받아 발달을 자연적 성숙이나 내적 성장의 결과로 보고, 유아들이 발달적으로 충분히 성숙할 때까지 읽기와 쓰기 학습을 기다려야 한다고 보았다. 이후 행동주의 이론이 대두되면서 읽기 준비도는 기다리기보다는 체계적인 지도를 통해 가르치는 방향으로 전환되었다. 1960년대 헤드스타트 운동은 행동주의 이론의 영향을 받아 취학 전 유아의 읽기 준비도를 향상시키기 위한 여러 교수활동을 제공하는 계기가 되었다.

1970년대 Piaget의 인지 발달 이론은 수동적인 존재가 아닌 능동적인 학습자로서의 아동을 강조하였고, 이는 문해 발달에도 영향을 주었다. 유아의 읽기와 쓰기 능력이 적절한 경험과 상호작용에 의해서 자연스럽게 발현된다고 보는 발생적 문해(emergent literacy) 관점이 대두되었다. 발생적 문해는 형식적이고 직접적인 읽기나 쓰기 지도가 아닌 유아에게 의미 있는 자료와 활동을 제시하여 자연스럽게 접근하는 것을 강조하였다. 유아와 함께 그림책을 읽거나 극놀이 영역에서 읽기나 쓰기 경험을 하는 활동 등은 유아 스스로 문자에 대한 규칙을 습득할 수 있도록 하며 읽기와 쓰기가 동시에 발달된다고 보았다. 발생적 문해 관점에는 읽기 자료의 의미를 중시하는 의미 중심 지도법, 총체적 접근법, 언어 경험 접근법 등이 속한다.

(1) 읽기 발달

읽기는 낱글자나 단어를 보고 소리 내어 발음하는 해독과 글자에 의미를 부여하고 이끌어 내는 과정이 동시에 진행되는 과정이라고 할 수 있다(한유미 외, 2016). 영유아의 읽기가 출현하는 시기는 글자가 의사소통을 위한 언어라는 것을 이해하고 글자를 해석하기 위해 읽는 행동을 하는 시점이라고 할 수 있다. 즉, 아동이 글자가 주는 의미를 알려고 시도할 때 다양한 읽기행동이 나타나며 이를 통해 읽기에 대한 이해 수준을 파악할 수 있다(Morrow, 1997).

관례적인 의미의 읽기를 할 수 있기 전에도 영유아는 읽기활동을 즐기며 능동적으로 참여한다. 9개월경에 영아의 능동적인 책 읽기가 시작되며, 12개월부터는 주로 부모와 함께 책을 읽는 경향이 나타난다. 또한 3~15개월의 영아기 동안 책 읽기 시간은 평균 약 3분 정도이며, 하루 동안 책 읽기활동의 총 시간은 30분에서 1시간 정도가 된다(Lamme & Packer, 1986).

[그림 6-1] 책 읽기 중 상호작용하는 모습

McGee와 Richgels(1996)는 영유아의 읽기 발달 과정을 세 단계로 나누어 살펴보았다. 첫 단계는 문식성 발달의 시작으로 출생 후 3세까지에 해당한다. 이 시기의 영유아들은 일상생활에서 자연스럽게 읽기, 쓰기와 관련된 활동을 하면서 문식성을 이해하기 시작한다. 그다음은 초보적 읽기 단계로서 3~5세의 유아는 아직 표준적 읽기 단계에 도달한 것은 아니지만 글자나 상표가 무엇을 전달하고자 하는지 이해한다. 마지막은 실험적 읽기 단계로서 5~7세의 유아는 지속적인 문식성 활동을 통해 문어에 대한 새로운 지식을 구성해 가며 이전 수준보다 표준적인 형태로 나타난다. 실험적 읽기 수준의 유아는 글자와 소리는 서로 연관되어 있으며, 자기가 읽는 것과 성인이 읽는 것의 차이를 알게 된다. 또한, 거의 모든 글자의 이름과 형태를 구별할 수 있으며 정확하게 읽기 위해 글자를 손가락으로 짚으면서 읽기도 한다.

McCormick과 Mason(1986)은 유아의 초기 읽기 발달을 세 수준으로 나누어 제시하였다. 첫째는 상황 의존적 수준(context dependency level)으로 이 단계의 유아는 자신의 이름, 도록 표지판, 과자나 음료수 등 맥락적 단서에 의해서만 읽을 수 있으며, 글자를 그림과 다르게 인식하지 않고 독특한 형태의 그림으로 인식한다. 둘째는 시각적 인식 수준(visual recognition level)으로 이 단계의 유아는 글자의 이름을 익히고 그 소리를 구별하며, 단어를 이루고 있는 글자에 관심을 가지나 각각의 글자보다 덩어리로 제시될 때 의미를 가진다는 것은 아직 깨닫지 못한다. 셋째는 글자 발음 분석 수준(letter-sound analysis level)으로서 이 단계의 유아는 6~8개의 글자로 이루어진 단어를 읽을 수 있으며, 읽기 학습 속도가 매우 빠르게 진행된다.

(2) 쓰기 발달

영유아의 쓰기 발달에 관한 연구는 비교적 최근에 나타나기 시작하였다. 이는 영유아가 쓸 수 있도록 하기 위해서는 체계적이고 형식적인 훈련과 교육을 실시해야 한다는 생각과도 관련된다. 그러나 발생학적 문식성의 관점에 의하면 쓰기 발달은 말하기나 듣기와 마찬가지로 자연스러운 과정을 통해 일상생활에서 발달될 수 있다. 즉, 영유아의 쓰기는 읽기와 마찬가지로 일상생활에서 문자와 다양한 상호작용을 통해 이루어지며, 스스로 발견한 문자의 규칙성을 적용해 보는 과정을 통해 자연스럽게 발달한다. 또한 Vygotsky(1978)는 영아의 긁적거리기가 구어에 기반을 둔 시각적 언어이므로 문어의 발달 단계로서 긁적거리기가 고려되어야 한다고 주장하였다. 영아의 긁적거리기 또한 쓰기행동의 하나로 볼 수 있으므로, 자연스럽게 나타나는 유아의 쓰기 형태는 표준적인 쓰기 발달 과정의 기초가 된다고 보인다.

[그림 6-2] **그림일기 발표하는 모습**

영유아의 쓰기행동을 관찰을 통해 연구한 Clay(1991; 한유미 외, 2016에서 재인용)가 제시한 쓰기 학습의 원리는 다음과 같다.

- 반복의 원리: 작은 동그라미나 선 모양을 반복적으로 그려 놓는다. 마치 작은 동그라미나 선 모양이 반복적으로 그어져 있는 것처럼 보인다.
- 생성의 원리: 잘 알고 있는 낱자나 잘 쓸 수 있는 낱자들을 여러 가지로 조합하고 반복해서 쓴다.
- 기초 개념의 원리: 그림, 상징, 기호의 차이를 인식하고 종이 위에 단어, 아이디어, 정보를 나타내기로 한다. 그림을 그려 놓고 그 밑에 나름대로 글자 모양을 그려 놓고 말로 설명을 붙이기도 한다.
- 융통성의 원리: 글자의 기본 모양을 가지고 한 번도 본 적이 없는 새로운 글자를 만들어 내며 글자와 말소리의 관계에 관심을 가진다. 이때부터 창안적 글자 쓰기가 나타난다.
- 줄 맞추기와 쪽 배열의 원리: 방향성의 원리로써 글을 쓸 때 줄을 맞춰서 쓰거나, 왼쪽에서 오른쪽으로 쓰고 나면 아래로 내려와서 다시 왼쪽에서 오른쪽으로 쓰기 시작한다.
- 띄어쓰기의 원리: 단어와 단어 사이를 띄어 써야 하는 것을 알게 되며, 단어와 단어 사이에 마침표를 찍기도 한다.

4. 언어 발달과 교육

영유아의 언어 발달은 선천적으로 타고난 성향과 기질과 더불어 후천적인 언어적 자극의 정도와 환경의 영향에 의해 발달하는 정도가 달라진다. 또한 발달 영역은 서로 상호 연계되므로 충분한 언어적 자극과 적극적인 상호작용 환경에서 자라게 되는 영유아는 언어뿐만 아니라 인지적 · 사회적으로도 균형적으로 발달되며 학교와 또래관계에서 성공적으로 적응할 수 있게 된다. 표준보육과정의 의사소통 영역에 제시되어 있는 교사 지침을 토대로 듣기, 말하기, 읽기, 쓰기 환경을 통합적으로 제공하여 영유아 언어 발달을 돕기 위한 교사의 역할을 연령별로 나누어 살펴보면 다음과 같다(김은심, 조정숙, 2016; 보건복지부, 2012).

1) 만 2세 미만 영아의 언어교육을 위한 교사의 역할

첫째, 다양한 소리자극에 관심을 보이고 다르게 반응하고 익숙한 말소리에 반응할 수 있도록 다양한 놀잇감과 교구들을 제공하고 풍부한 언어적 · 비언어적 자극을 제공한다.

둘째, 영아가 쿠잉이나 옹알이로 소리를 낼 때 주의하여 듣고, 눈높이에 맞추어 반응하며, 교사의 말을 모방하도록 격려한다.

셋째, 인형이나 그림책, 사진과 같은 다양한 자료를 통해 언어적 상호작용을 많이 할 수 있는 환경을 제공하고, 충분한 자극을 통해 영아가 새로운 말과 발음을 익힐 수 있는 기회를 충분히 갖도록 돕는다.

넷째, 다양한 그림책에 관심을 가지고 읽기활동에 흥미를 느낄 수 있도록 분위기를 제공하고, 그림에 묘사된 구체적인 상황에 대해 이야기를 하며 그림을 함께 보는 환경을 조성한다. 또한 다양한 촉감으로 된 책, 운율과 리듬감이 있는 책, 일상생활 습관을 다룬 내용이 담긴 책 등 다양한 유형의 책을 접할 수 있는 기회를 제공한다.

다섯째, 손의 소근육과 손과 팔을 의도적으로 움직이는 긁적이기 활동을 자유롭게 하도록 함으로써 주변 환경을 탐색하고 관심을 가지도록 돕는다.

2) 만 2세 영아의 언어교육을 위한 교사의 역할

첫째, 영아가 이해하기 쉽게 간단명료하게 말하고 다양한 상황을 구체적인 말로 표현하여 들려준다.

둘째, 목소리의 강약을 주어 변화 있게 말해 줌으로써 영아가 소리 크기에 따른 상황이나 분위기를 파악하게 한다.

셋째, 교사가 하고 있는 일이나 생각을 짧은 이야기로 들려주어 영아가 상황에 맞는 어휘와 표현을 익힐 수 있는 기회를 제공한다.

넷째, 영아가 천천히 말할 수 있도록 기다려 주고 열심히 들어주며 관심 있는 것에 대해 이야기할 기회를 제공해 주고 표현할 수 있도록 격려한다.

다섯째, 그림책을 많이 읽어 주고 일상과 관련된 이야기나 자연의 변화에 대한 감정 표현하기 등 언어적 자극을 제공한다.

여섯째, 다양한 질감의 종이류와 여러 가지 쓰기 도구를 제공하여 영아가 자신만의 그림을 그리거나 글자와 비슷한 모양을 그려내기도 하는 자발적인 쓰기활동을 하도록 돕는다.

3) 만 3~5세 유아의 언어교육을 위한 교사의 역할

첫째, 유아가 말소리와 이야기에 관심을 가지도록 일상과 관련된 친숙한 주제의 이야기를 들려준다.

둘째, 유아가 다양한 감정이나 기분 등을 표현할 수 있도록 관련 단어들을 자주 들려주어 말하는 사람의 감정이나 기분을 이해할 수 있는 기회를 제공한다.

셋째, 유아가 일상생활에서 접하는 여러 상황에 대해 자신의 생각이나 경험을 말할 수 있도록 개방적인 분위기를 조성하고 일대일 또는 대 · 소집단 안에서 말할 수 있는 기회를 제공한다.

넷째, 발달에 적합한 다양한 주제와 형태의 그림책을 제공하고, 여러 가지 인쇄물과 읽기 게임 교구 등을 활용하여 다양한 방법으로 읽기활동을 즐길 수 있도록 풍부한 문해환경을 제공한다.

다섯째, 맞춤법이나 글의 형태와 상관없이 유아의 쓰고자 하는 욕구와 글의 내용에 초점을 맞춰 상호작용을 함으로써 쓰는 행위에 흥미를 가질 수 있도록 격려한다.

여섯째, 놀이(예: 병원 이름 쓰기, 메뉴 적기, 과일 이름 적기 등)를 통해 일상생활에서 쓰기활동이 자연스럽게 이루어지도록 돕는다.

5. 언어 발달에 영향을 주는 요인

1) 생물학적 요인

생득주의 이론에서 Chomsky(1976)는 인간은 선천적으로 언어를 습득하기 위한 능력을 가지고 태어난다고 보았다. 즉, 언어는 생물학적으로 결정되며 뇌의 발달이 언어 습득을 위한 필수적인 요소가 된다는 것이다. 뇌 과학의 발달과 더불어 뇌의 각 영역 중 언어와 밀접하게 관련되는 영역에 관한 증거들 또한 제시되고 있다(Berk, 2015). 뇌의 좌반구의 전두엽 부위에 있는 브로카(broca) 영역은 언어를 생성하고 발음하는 능력과 관련되며 이 영역에 손상을 입은 경우에는 다른 사람의 말은 이해 가능하나 발음하기 어렵거나 유창성이 부족하여 알아들을 수 없게 되는 브로카 실어증을 보이게 된다. 또한, 뇌의 좌반구 측두엽에 위치한 베르니케(wernicke) 영역은 언어를 조합하고 의미를 이해하는 능력과 관련되며, 이 영역에 손상을 입을 경우에는 말은 산출 가능하나 단어를 의미 있는 문장으로 연결하지 못하고 이해할 수 없는 말을 하게 된다.

청각신경이나 감각신경의 결함 또한 말소리를 지각하고 언어를 습득하는데 장애를 가져올 수 있다. 뇌 기능의 이상이나 신체 기능의 이상으로 인한 언어장애는 조기 발견이 중요하므로 신생아 또는 영아의 울음이나 신체적 반응에 민감하게 반응하여 발달의 지연이 없는지 지속적으로 확인하여야 한다.

2) 가정환경과 사회계층

아동은 언어 발달은 선천적인 요인과 더불어 후천적인 환경에 따라 복합적으로 영향을 받아 이루어지게 된다. 저소득층 가정의 아동은 경제적 어려움이나 환경적 요인으로 인해 부모와 충분한 시간을 보내기 어렵거나 언어적으로 충분한 자극을 받을 기회가 상대적으로 적은 현실에 처해 있다. Hart와 Risley(1995)는 일상생활에서 아동이 자극받는 언어의 양과 질의 중요성을 언급하면서 전문직 가정의 아동이 저소득층 가정의 아동들보다 세 배 이상 많은 어휘(vocabulary)에 노출된다고 하였다. Hoff(2003) 또한 저소득층 가정의 유아의 경우, 초기 언어 발달이나 어휘 습득, 부모의 언어자극과 상호작용 등이 중산층 가정의 유아에 비해 느리거나 떨어지는 것으로 보고하였다. 국내의 취약계층 가정의 유아 또한 중산층 이상 가정의 유아에 비해 언어표현력과 어휘력에서 지연된 경향을 보인다는 연구 결과도 있다(김영란, 김영태, 2011; 장명림, 이윤진, 이정림, 이미화, 전혜정, 민현숙, 박수연, 이세원, 김주연, 정주희, 송윤정, 2009). 소득격차나 양육환경의 차이로 인해 충분한 언어적 자극이나 언어적·사회적 상호작용을 가질 기회가 적을 경우 언어 발달뿐만 아니라 사회성, 정서 발달 측면에서 지체되거나 어려움을 겪게 되며 향후 학교생활에서 실패하거나 장애를 갖게 될 확률이 높은 아동이 될 수 있다.

3) 성별

언어 발달에 있어서 여아가 남아에 비하여 말을 시작하고 문장을 사용하는 시기가 빠르며, 언어장애에서도 남아보다 여아의 발생률이 낮은 점 등으로 인해 성차가 존재한다고 보기도 한다(Berk, 2015). 또한 언어 발달에 있어서 성차의 원인은 호르몬과 뇌의 구조의 차이 때문이라는 주장과 후천적으로 성별에 따른 부모 및 성인들의 기대의 차이로 인한 언어자극 정도 때문이라는 견해도 있다. 반면에 유아의 성별에 따른 언어 발달의 차이에 관한 연구들은 성별차이가 나타나지 않았음을 보고하기도 하므로(황상심, 2010; Maccoby & Jacklin, 1974) 언어능력에서 성별에 따른 차이가 확실히 있다고 확증하기는 어렵다. 그러므로 유아 간의 언어 발달의 차이를 이해하기 위해서는 각 유아의 기질과 언어환경의 차이를 포함한 개인차와 관련된 여러 가지 요인들이 복합적으로 고려되어야 한다.

4) 이중언어환경

다문화 사회 및 세계화 시대의 흐름에 맞추어 이중언어에 대한 습득과 이중언어환경에 대한 관심이 지속적으로 증대하고 있다. 부모가 서로 다른 언어를 사용하는 경우, 이중언어를 사용하게 되는 유아는 언어 습득의 어려움을 겪게 되며, 양쪽 언어 모두의 발달이 지연될 수도 있게 된다. 이중언어를 획득하게 되는 방법은 유아기에 두 언어를 동시에 습득하는 경우와 두 언어를 차례로 습득하게 되는 경우로 나눌 수 있다(Owens, 2013). 두 언어를 동시에 획득하게 되는 경우는 한 언어가 다른 언어에 비해 습득 속도가 느리게 발달하게 되며, 초기 이중언어 환경에서 두 언어가 지속적으로 사용되는 정도에 따라 이중언어 습득의 성공 여부가 달라지게 된다.

우리나라 다문화 가정 아동들의 경우 가정과 밖에서 사용하는 언어가 모두 한국어이며 부모 중 한 사람만이 다른 언어를 사용하는 경우가 많으므로 일반적인 이중언어환경과는 다르다고 볼 수 있다. 다문화 가정 아동이 가정 내에서는 모국어를 사용하고 학교에서는 한국어를 잘할 수 있도록 돕기 위해서는 주 양육자인 어머니가 모국어를 지속적으로 사용하여 어휘 및 문장 습득 능력을 향상시킬 수 있는 환경을 제공하여야 한다. 또한 가정 밖에서는 다문화 아동이 한국어를 지속적으로 발달시킬 수 있는 교육환경과 충분한 학습기회를 제공함으로써 두 언어를 유창하게 구사하고 자신과 관련된 문화를 존중하며 자라날 수 있도록 도와주어야 한다.

생각할 문제

- 언어 발달과 관련된 이론의 장단점에 대해 설명하고 이를 통해 실제 영유아의 언어 발달을 위해 적용할 수 있는 점에 대해 토론해 보자.
- 영유아의 음성언어와 문자언어 발달을 위한 환경요인에 대해 살펴보고 효과적인 교수방법에 대해 토론해 보자.

참고문헌

김영란, 김영태(2011). 취학 전 저소득층 다문화가정 아동의 언어능력. **언어치료연구, 20**(3), 73-88.

김은심, 조정숙(2016). **영유아 언어교육의 이론과 실제**. 경기: 정민사.

노영희, 김창복, 전유영(2015). **영유아 언어교육**. 경기: 양서원.

보건복지부(2012). 제2차 표준보육과정의 구체적 보육내용 및 교사 지침.

오성숙, 유민임(2016). **유아언어교육**. 경기: 양서원.

이경화, 이성숙, 김경화(2010). **유아언어교육**. 경기: 공동체.

이대균, 김주영, 임자영, 박지선(2017). **영유아언어교육**. 경기: 공동체.

이민정, 황현숙, 김정희, 이해정, 차영숙, 박주연, 이혜경(2014). **유아언어교육**. 경기: 공동체.

이영자(2013). **유아 언어발달과 지도**. 경기: 양서원.

이지현, 마송희, 김수영, 정정희(2015). **영유아를 위한 언어교육**. 경기: 공동체.

이차숙(2007). **유아언어교육의 이론과 실제**. 서울: 학지사.

임지영, 도금혜, 류혜원, 문영경, 배기조, 송혜영, 이수원(2015). **유아발달**. 경기: 공동체.

장명림, 이윤진, 이정림, 이미화, 전혜정, 민현숙, 박수연, 이세원, 김주연, 정주희, 송윤정(2009). **취약계층 영유아 통합적 육아지원 모형개발 및 시범 적용**. 서울: 육아정책연구소.

정남미(2016). **유아언어교육(제3판)**. 서울: 창지사.

정옥분(2015). **영유아발달의 이해**. 서울: 학지사.

한유미, 김혜선, 권희경, 양연숙, 백은정(2016). **영유아 언어교육의 이해(제3판)**. 서울: 학지사.

홍혜경, 김명화, 김정아, 김세루, 김현정(2016). **영유아 언어교육-이론과 실제-**. 서울: 학지사.

황상심(2010). 다문화가정 유아의 초기 표현어휘 발달과 성차. **언어치료연구**, **19**(1), 193-209.

Berk, L. E. (2012). *Child Development* (9th ed.). 이종숙, 신은수, 안선희, 이경옥 역(2015). **아동발달(9판)**. 서울: 시그마프레스.

Brown, R. (1973). *A first language: The early stages*. Cambridge, MA: Harvard University Press.

Chomsky, N. (1976). *Reflections on language*. London: Temple Smith.

Clay, M. (1991). *Becoming literate: The construction of inner control*. NH: Heinemann.

Dunstan, P. J. (2009). *Child Sense*. NY: Bantam Books.

Godfield, B. A., & Reznick, J. S. (1990). Early lexical acquisition: Rate, content, and the vocabulary spurt. *Journal of Child Language*, *17*, 171-184.

Hart, B., & Risley, T. R. (1995). *Meaningful differences in the everyday experience of young American children*. Baltimore: Brookes.

Hoff, E. (2003). The specificity of environmental influence: Socioeconomic status affects early vocabulary development via maternal speech. *Child Development*, *74*(5), 1368-1378.

Lamme, L. L., & Packer, A. B. (1986). Bookreading behaviors of infants. *The Reading Teacher*, *39*(6), 504-509.

Lenneberg, E. H. (1967). The biological foundations of language. *Hospital Practice*, *2*(12), 59-67.

Maccoby, E. E., & Jacklin, C. N. (1974). *The Psychology of Sex Difference*. Stanford, CA: Stanford University Press.

McCormick, C., & Mason, J. M. (1986). Use of little books at home: A minimal intervention strategy that fosters early reading. *Center for the Study of Reading Technical Report; no. 388*.

McGee, L. M., & Richgels, D. J. (1996). *Literacy's beginnings: Supporting young readers and writers* (2nd ed.). Boston: Allyn and Bacon.

McNeil, D. (1966). Development psycholinguistics. In F. Smith & G. A. Miller (Eds.), *The Genesis of Language*. MA: MIT Press.

Morrow, L. M. (1997). *Literacy development in the early years* (3rd ed.). Boston: Allyn & Bacon.

Nelson, K. (1973). Structure and strategy in learning to talk. *Monographs of the Society for Research in Child Development*.

Owens, Jr. R. (2012). *Language Development: An Introduction* (8th ed.). 이승복, 이희란 역(2013). **언어발달**. 서울: 시그마프레스.

Piaget, J. (1983). Piaget's Theory. In P. H. Mussen (Eds.), *Handbook of Child Psychology*, *4*, 103-128.

Skinner, B. F. (1957). *Verbal Behavior*. NJ: Prentice Hall.

Staats, A. W. (1971). *Child learning, intelligencee, and personality: Principles of a behavioral interaction approach*. NY: Harper & Row.

Tomasello, M. (2008). *Orignins of human communication*. MA: The MIT Press.

Vygotsky, L. S. (1962). *Thought and Language*. MA: MIT Press.

Vygotsky, L. S. (1978). *Mind in Society*. MA: Harvard University Press.

제 7 장

정서 및 성격 발달

제 7 장 정서 및 성격 발달

학습목표

- 아동의 정서 발달에 대해 설명할 수 있다.
- 아동의 성격 발달에 대해 설명할 수 있다.
- 아동의 정서 및 성격 발달을 위한 부모와 교사의 역할을 설명할 수 있다.

1. 정서 발달

1) 정서의 개념

아동을 비롯한 모든 사람은 정서를 경험하는데, 기쁨, 슬픔, 분노, 놀람, 흥미, 두려움 등은 모든 문화권에서 인식되는 보편적인 정서다(Ekman, 2007). 정서는 중추신경계와 뇌로 신호를 전달하는 내적 사건이나 외적 사건에 의해 유발되는데, 이러한 정서는 생리적 · 표현적 · 인지적 요소를 포함한다. 즉, 사람들이 경험하는 내 · 외적 사건이 뇌에 전달한 신호의 결과로 심장박동이 빨라지거나 목이 타는 등의 생리적 변화가 일어난다. 또한 사람은 미소, 웃음, 얼굴 찡그리기 등 자신이 어떻게 느끼는지에 대한 가시적인 신호를 보이는데, 이것이 정서의 표현적인 측면이다. 사람들은 이를 보고 어떤 일이 일어나는지를 해석하는데, 이때 해석은 사람이 표현하는 가시적인 신호뿐 아니라 상황의 맥락, 과거 경험 등 개인의 주관적인 해석과 인지적 판단에 의해 영향을 받는다. 개인은 이 모든 것을 고려하여 자신이 행복, 슬픔, 분노, 두려움을 어느 정도 경험하는지를 판단하는데, 이것이 정서의 인지적인 측면이다. 이와 같은 신체적 감각, 표현적 반응, 인지적 해석이 일어나는 순서에 대한 생각은 학자마다 다르지만, 일반적으로 이 세 요인이 결합하여 정서를 형성한다고 본다(Kostelnik, Soderman, Whiren, Rupiper, & Gregory, 2015).

2) 정서 발달의 이론적 관점

정서 발달에 관한 연구는 다양한 이론적 관점하에 이루어지는데 크게 발생학적 관점, 생리적 관점, 인지적 관점 그리고 학습 이론적 관점이 있다(이영, 김온기, 조성연, 이혜정, 이선원, 이정림, 나유미, 김상림, 나종혜, 2015a, pp. 181-183; 이영, 이미란, 홍희영, 한성희, 민성혜, 박신진, 유영미, 신혜원, 민현숙, 정지나, 문영경, 2015b, pp. 280-282).

(1) 발생학적 관점

발생학적 관점은 Darwin의 이론에서 비롯되고, 정서를 진화 과정의 산물로 본다. 정서는 유기체가 생활하는 데 필요한 적응 과정이며, 생물학적 구조 내에 이미 계획된 것으로 진화 과정을 통해 얼굴 근육이 점차 분화되어 얼굴 표정으로 나타나는 것이다.

이러한 관점의 대표적인 학자인 Izard(1994)는 정서 발달이 문화적 요소보다는 생물학적 요인의 영향을 더 강하게 받으며, 모든 정서는 선천적으로 갖고 태어나되 단지 표현되지 않을 뿐이라고 하였다. 즉, 각 정서는 영아의 성장 과정에서 이미 결정된 일정한 순서에 따라 출현한다는 것이다. Izard는 영아의 얼굴 표정에 기초해 정서를 측정하였는데, 영아는 흥미, 불쾌, 혐오 등의 정서를 선천적으로 가지고 태어나고, 기쁨은 생후 1개월경부터, 분노와 놀람은 3개월경부터, 수줍음과 분노는 6~7개월부터 출현한다고 하였다. Izard는 정서를 나타내는 얼굴 표정은 성숙에 의한 패턴에 따라 출현한다고 보고하면서 정서는 생물학적으로 프로그램된 것이라고 설명하였다.

(2) 생리적 관점

생리적 관점은 다양한 정서와 관련된 뇌의 부위와 신경회로를 확인하고 이해하면서 뇌 발달을 통해 정서 발달을 설명하고자 하는 관점이다. 예전부터 변연계가 정서를 전담한다고 알려졌으나 오늘날에는 뇌의 여러 부위가 정서 처리에 관련되며 일부 정서는 고유한 통로가 있다고 한다. 정서 처리와 관련되는 뇌 부위로는 대상회, 시상하부, 안와전두피질, 편도체 등이 있다.

정서와 관련된 뇌의 여러 부위 중 편도체는 정서적 정보에 대한 주의 혹은 정서와 관련된 정보를 처리한다. 그러므로 편도체는 외부 자극이 있을 때 그의 정서적 중요성에 대한 정보를 처리하고 그에 대한 즉각적인 정서적 혹은 행동적 반응을 생성한다. 반면, 정서를 유발하는 상황에 대처하면서 아동이 반사적이고 습관적인 정서 반응을 억제하고, 사회적 상황을 고려하여 새로운 행위 도식을 나타내는 능력은 모두 전두엽의 기능에 의존한다. 전두엽, 특히 안와전두피질은 어떤 상황에서의 가능한 보상적 가치를 평가하여 최선의 것을 선택하는 의사결정을 하며, 사회적 상호작용에서도 정서적 단서를 처리하여 상황에 대해 대처할 수 있도록 한다.

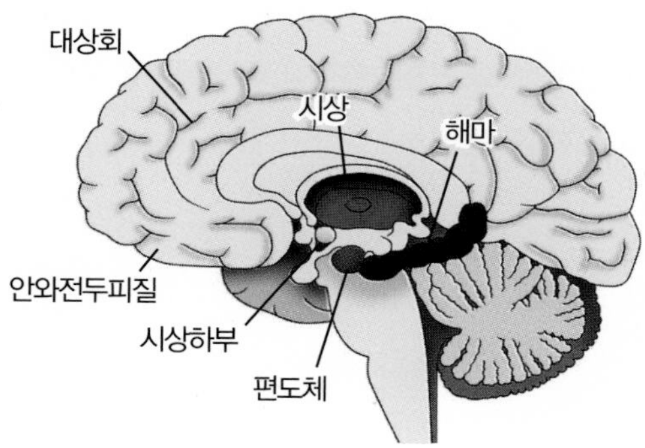

[그림 7-1] **정서에 의해 활성화되는 뇌 부위**

출처: Gazzaniga, M. S., & Heatherton, T. F. (2006). *Psychologicla science* (2nd ed.), p. 404; 이영 등(2015b), p. 281에서 재인용.

(3) 인지적 관점

정서에 대한 인지적 관점은 정서는 인지와 관련되어 있다는 전제에 기초한다. 그에 따라 정서는 정서 경험의 인식 또는 인지적 평가와 관련되며, 또한 정서는 인지 경험을 안내하거나 인지에 영향을 준다고 주장한다(Arend, Gove,

& Sroufe, 1979). 특히 주변 환경에 대한 인식과 식별, 친숙한 사람과 낯선 사람의 식별, 대상영속성 개념, 인과 개념 등의 인지 발달 측면이 영아의 정서 발달과 관련되어 있다. 예를 들어, 낯가림으로 인한 두려움 정서는 친숙한 얼굴과 낯선 얼굴을 구별할 수 있게 되는 6~7개월경에 가능하다. 이처럼 영유아의 특정 정서가 나타나는 시기와 이와 관련된 인지적 요소가 발달하는 시기가 일치한다는 점을 들어 정서와 인지는 서로 관련되어 있다고 보는 관점이다.

(4) 학습 이론적 관점

아동의 정서 발달은 학습 경험과 사회화의 결과라고 본다. 학습 이론적 관점에서는 대부분의 정서가 사회적 상호작용으로부터 기인되며, 사회적 상호작용을 하는 동안 아동은 정서 경험과 정서 표현을 사회화하게 된다고 본다. 예를 들어, 영아의 경우 어머니의 얼굴을 보고 웃거나 미소 짓는 등의 정서 표현을 하고 이때 상호작용하는 어머니가 영아와 비슷한 표정을 짓거나 미소로 답하면서 영아의 긍정적 정서 표현이 강화된다고 본다. 이러한 강화 과정을 통해 영아의 긍정적인 정서 표현이 증가하고 부정적 정서 표현이 감소되며 양육자는 적절한 정서 표현을 설명하는 것이다.

3) 정서 발달의 특징

(1) 정서의 기능

아동은 기쁨, 슬픔, 분노 등 다양한 정서를 경험하는데 이러한 긍정적 및 부정적 정서는 모두 아동의 삶에서 중요하다. 정서는 특정한 행동양식을 유발하는 동기가 된다. 정서의 기능주의적 접근에 따르면 정서는 우리의 모든 노력과 행위의 핵심이며, 개인의 목적 달성을 목표로 하는 행동에 활기를 넣어 준다. 정서는 생존에 도움을 주며, 현재 상태를 이해하게 하고, 인지적 기능에 영향을 주며, 의사소통 및 사회성 발달에 영향을 준다. 구체적으로 살펴보면 다음과 같다.

첫째, 정서는 아동이 잠재적인 위협을 인지할 때 본능적으로 반응하게 하여 아동의 생존에 도움을 준다. 예를 들어, 빠르게 달려 오는 오토바이를 피하는 것은 인지적 반응보다 정서적 반응이 앞선다. 위험 상황으로 인한 부정적인 정서는 아동이 무엇이 일어났는지에 대해 '생각'하기 전에 본능적으로 몸을 움직이게 하여 안전을 추구하도록 한다(Ekman, 2007).

둘째, 정서는 아동의 현재 상태에 관한 정보를 알려 준다(Lewis, 2007). 정서는 자신에게 무슨 일이 일어나고 있는지를 해석하고 변화된 환경에 적응하도록 도와준다. 예를 들어, 행복과 신뢰감과 같은 정서는 아동에게 안전과 안정감을 준다. 애정은 자신이 사랑스럽고 다른 사람이 자신을 가치 있게 여긴다는 것을 알려 준다. 반면, 불만족, 두려움 등 부정적 정서는 무엇인가 잘못되고 있다는 경고를 준다.

셋째, 정서는 아동의 인지적 기능과 관련된다. 최근 연구에 따르면 정서를 조절하는 뇌의 신경회로는 아동으로 하여금 주의를 기울이고 목표를 설정하며, 계획하고 문제를 해결하고 의사결정을 하는 것과 같은 인지적 활동과 관련되어 있다(Koestelnik et al., 2015). 아동의 긍정적인, 잘 조절된 정서는 아동이 활동에 흥미를 가지고 즐겁게 참여하여 그 내용을 더 잘 이해하고 기억할 수 있도록 하고, 높은 수준의 불안과 같은 조절되지 않은 정서와 부정적인 정서는 인지적 기능을 저하시켜 낮은 수행 결과를 가져온다. 또한 아동은 인지적 활동을 수행하면서 다양한 정서 상태를 경험한다. 어려운 과제를 성공적으로 완성하면 아동은 즐거움과 성취감을 경험하고, 이러한 긍정적인 정서 경험은 아동에게 새로운 인지 과제에 도전하도록 하는 동기를 제공한다. 이처럼 정서와 인지는 양방향적으로 밀접한 관련성을 지니고 아동 발달에 기능한다.

마지막으로 아동의 정서는 사회성 발달에 영향을 준다. 먼저 아동의 정서는 사회화 과정 내 타인과 의사소통기능을 한다. 말을 배우기 전 영아는 미소와 울음 같은 정서 표현으로 양육자와 의사소통한다(Widen & Russell, 2003). 영아가 보이는 정서적 신호는 양육자의 행동에 강력한 영향을 미치며 이들의 행동을 조절하며, 동시에 타인의 정서적 반응은 이들의 사회적 행동을 조절한다. 특히 영아는 친숙하지 않은 사람 · 사물 · 사건 등을 만났을 때와 같이 반응이 애매모호한 상황에서 부모를 비롯한 성인의 정서적 반응을 살피고 이것을 자기 행동을 조절하기 위한 정보로 사용한다. 즉, 영아는 양육자의 감정에 세심한 주의를 기울이며 이들의 정서를 확인하는 과정을 통해 자신의 행동을 정하는 '사회적 참조'를 하게 된다. 이처럼 아동은 정서 표현과 정서 이해를 통해 중요한 타인과 상호작용하면서 사회적 관계를 맺음으로써 사회성을 발달시킨다.

(2) 정서의 출현

정서 발달은 태어나면서부터 시작되는데, 정서의 종류는 대체로 일차 정서(또는 기본정서)와 이차 정서(또는 복합정서)로 구분된다(Brigeds, 1930). 일차 정서란 선천적으로 타고난 것으로 모든 문화권의 영아에게서 공통적으로 나타나며 기쁨, 슬픔, 분노, 공포 등을 포함한다. 이차 정서는 한 가지 이상의 정서가 조합되면서 복잡한 반응을 가져오게 되는데, 자기 인식과 자기 행동을 평가하는 능력이 요구되는 정서로 당황, 질투, 수치심, 죄책감, 자긍심 등을 포함한다. 아동기 정서 출현의 시기는 〈표 7-1〉과 같다.

〈표 7-1〉 정서 출현의 시기

정서		출현시기
일차 정서	기쁨, 슬픔, 혐오	3개월경
	놀람	0~6개월
	분노	3~6개월
	공포	6~8개월
이차 정서	공감, 질투, 당황	1.5~2개월
	자긍심, 수치심, 죄책감	2.5세

출처: Santrock, J. H. (2004). *Child Development* (10th ed.), p. 351.

(2) 정서 표현

정서 표현은 아동이 자신의 정서와 관련된 욕구를 표현하는 것으로, 아동은 사회화 과정을 통해 타인과 상황에 적절하게 정서를 표현하게 된다. 어린 아동의 정서는 비교적 지속 시간이 짧은 편이고, 다른 정서로 쉽게 전환되며, 아직은 상황을 고려하기보다는 자신의 정서적 욕구에 충실하므로 강렬하게 표현하는 특징을 지닌다. 아동기 대표적인 정서인 기쁨, 분노, 공포, 질투 등의 정서를 중심으로 그 특징을 살펴보면 다음과 같다.

① 기쁨

기쁨은 인간이 생의 초기부터 느끼는 기본 정서 중 하나로, 영아기에는 생리적 · 운동적 · 감각적 원인에 의해 주로 유발되며, 단순한 쾌감에서 비롯되는 행복한 정서다. 인지적 능력이 발달하는 유아기에는 이와 더불어 사회적 관계나 사건 등의 경험을 통해 기쁨을 느끼게 된다. 영아기에는 웃음, 미소, 손뼉 치기 등의 신체적 표현을 주로 하다가 언어능력이 발달하면서 자신의 기쁨에 대한 표현 방법이 늘어난다. 영아가 출생 직후 보이는 배냇 미소(endogenous smile)는 기쁨의 표현이라기보다 선천적인 반사 반응이라고 할 수 있다. 영아는 생후 2개월경 사람의 얼굴에 대해 사회적 미소(social smile)를 보이면서 양육자의 상호작용을 유발한다.

[그림 7-2] 어머니의 긍정적 반응을 유발하는 영아의 사회적 미소

② 분노

분노는 영아기부터 출현하는 기본 정서로, 불편함, 불쾌감, 좌절 등의 부정적 감정에서 비롯되며 부정적 감정의 강도가 높아지면 분노로 표현될 수 있다. 영아기에는 배고픔 등 신체적 · 감각적 욕구가 충족되지 않을 때 울음으로 분노를 표현하며, 유아기에는 이와 더불어 자신이 하고자 하는 것을 제지받을 때 생기는 욕구 좌절로 인하여 분노를 표현한다.

어린 아동은 울음과 떼쓰기, 고집부리기, 반항, 공격적 행동 등 다양한 형태로 분노를 표현한다. 특히 걸음마기 영아는 공공장소에서 소리를 지르거나 바닥에 누워 몸을 구르는 등 강력한 떼쓰기(tamper tantrum)로 화나 분노를 표현하여 양육자를 종종 당황시킨다. 이는 영아가 자신의 강렬한 부정적 감정을 어떻게 표현해야 하는지를 몰라서이므로, 양육자는 신체적인 체벌을 가하거나 비일관적인 태도로 영아를 대하기보다 자신의 욕구나 감정을 언어로 표현하도록 지도하여 영아가 사회적으로 수용되는 방식으로 분노를 표현하고 다룰 수 있도록 일관되고 지속적으로 지도하여야 한다.

③ 공포

공포는 신체적 혹은 심리적 위험이 예상되거나 위협적인 상황에 대해 자신의 대처능력으로 극복할 수 없을 것 같이 느낄 때 비롯되는 방어적 정서다. 영아가 느끼는 공포의 대상은 개인마다 다르며 연령에 따라 차이가 있는데, 생후 1년 이전의 영아는 큰 소리, 낯선 사람이나 장소 등에 공포를 느낀다. 특히 생후 9개월경 낯선 사람에 대한 경계심에서 비롯되는 공포를 표현하는 낯가림 행동을 보이며, 1세경에는 친숙한 양육자가 사라지는 것에 대한 공포로 인해 분리불안을 나타낸다. 연령이 증가하면서 공포의 대상이 확대된다. 유아기에 이전에는 인식하지 못하였던 잠재적 위험물과 자극에 대해 인지하게 되고, 표상능력을 습득하고 상상력이 발달하면서 직접 경험해 보지 못한 대상이나 자극물에 대해 상상함으로써 공포를 느끼거나, 과거의 부정적 경험이나 직접적인 경험은 아니나 양육자의 반응을 모방하여 공포를 느끼게 된다. 예를 들어, 기관에 처음 등원할 때, 골목길에서 큰 개를 만나거나, 도깨비나 귀신과 같은 가상적 대상에 대해, 어머니가 강아지를 무서워하면 같이 강아지에 대해 공포를 느낀다.

④ 질투

질투는 애정, 분노, 공포가 혼합되어 나타나는 정서로서 애정을 상실했거나 상실할까 봐 두려워하는 경우에 나타난다. 대개는 질투는 18개월경 나타나기 시작하여, 2~3세에 가장 많이 나타난다. 그 이후에 질투는 유아의 관심 범위가 넓어지면서 점차 감소하지만 성인기에도 나타난다.

유아는 부모가 다른 아이에게 애정을 표현하면 울거나 삐치는 등의 질투 반응을 보인다. 특히 동생이 태어나 부모의 사랑을 빼앗길 위협을 느낄 때 질투는 절정에 달한다. 유아는 동생을 몰래 괴롭히거나 공격적 행동을 보이거나, 어리광 부리기나 손가락 빨기, 배변 실수와 같은 퇴행행동을 보이기도 한다. 유아의 질투는 수치심, 자부심 등과 같은 자아 의식적 정서이므로, 부모나 교사는 질투의 정서 경험으로 인해 유아의 자아존중감이 손상되지 않도록 유의하여야 한다.

(3) 정서 인식

정서 인식은 얼굴 표정이나 상황적 단서를 통해 자신과 타인이 경험하는 정서를 읽고 이해하는 능력을 말한다. 자신 및 타인의 정서 인식능력이 향상되면서 사회적 상황에서 유아의 정서 조절능력이 향상되며 이는 궁극적으로 원만한 사회적 관계를 형성하도록 한다. 영아는 생후 6~7개월경부터 다른 사람의 정서를 인식하기 시작하는데, 유아기가 되면서 상황에 대한 인지능력과 정서를 나타내는 어휘력의 발달로 유아의 정서 인식능력이 신장한다. 유아는 또래의 정서를 파악하고 이해함으로써 이에 적합한 정서 표현을 할 수 있고, 상대방의 행동을 예측할 수 있게 됨에 따라 자신의 정서와 행동을 조절할 수 있게 된다.

3세 이전의 영아는 타인의 정서에 반응하기는 하지만 아직 경험과 어휘의 부족으로 인해 그것을 정확하게 해석하지는 못한다. 이후 유아는 타인의 긍정적 · 부정적 정서를 점차 더 정확하게 알게 되는데, 유아는 슬픔과 같은 부정적 정서보다는 기쁨, 행복과 같은 긍정적 정서를 더 쉽게 이해한다. 또한 유아는 타인의 정서를 이해하기 위해 상황적 · 맥락적 단서보다는 얼굴 표정과 같은 표현적 단서에 의존한다. 이 시기 유아는 복합적 정서보다는 기쁨, 슬픔, 분노, 놀람 등의 단순한 정서를 유발하는 원인이나 상황을 더 잘 이해하며, 슬퍼하거나 속상해하는 타인의 모습을 보고 부정적인 정서를 완화시키거나 없애는 방법을 모색하거나 행동으로 표현한다.

(4) 정서 조절

아동은 자신과 타인의 정서 인식능력이 향상되는 등 정서를 더 잘 이해하게 되면서 자신의 정서를 더 잘 조절하게 된다. 정서 조절은 자신의 정서가 상황이나 상대방에게 미치는 영향을 고려하여 아동이 자신의 정서를 사회문화적으로 수용되는 적절한 방식으로 관리하는 것을 이른다. 이는 개인이 정신적 건강과 원만한 인간관계를 유지하고 사회에서 목표를 성취하고 적응하는 데 필수적인 능력이다. 아동의 정서 조절능력 발달은 대개 부정적 정서를 조절하는 데 초점을 두지만, 상황에 따라서 기쁨을 크게 표현하는 것이 적절하지 않을 때도 있기 때문에 긍정적 정서도 조절이 필요하다. 그러므로 아동의 정서 조절은 상황과 맥락에 적합한 방식으로 정서의 표현을 조절하는 긍정적 · 부정적 정서의 관리를 모두 포함한다.

정서 조절의 과정은 영아기부터 시작되는데, 아기는 부정적 정서를 경험할 때 소리를 내어 양육자로부터 위안을 얻거나 자극이 많은 경우 고개를 돌리는 식으로 자신의 정서를 조절한다. 걸음마기 영아는 기분이 좋지 않을 때 몸을 좌우로 흔들거나 좌절하거나 기다려야 할 때 주의를 돌리는 방식으로 자신의 정서를 조절한다. 유아는 인지 및 언어능력이 발달하면서 다양한 상황에서 정서를 조절하기 위한 전략을 더 잘 사용하게 된다.

한편 정서 조절과 관련되는 유아기 능력으로 만족지연 능력을 들 수 있는데, **'만족지연'**이란 스스로 현재의 즉각적인 보상을 지연시켜 미래의 더 큰 보상을 얻기 위해 인내하는 것이다. 유아기 만족지연능력이 발달하면서 자신의 부정적인 정서를 통제하는 능력과 더불어 좌절하면서 느끼는 긴장감을 감소시킬 수 있는 전략을 습득한다.

[그림 7-3] 교사에게 위로받는 유아

(5) 정서 지능

정서는 개인이 환경에 잘 적응하고 행복한 삶을 살아가기 위해 중요하다. 아동이 자신과 타인의 정서를 인식하고, 적절한 방식으로 표현하고 자신의 정서를 관리할수록 사회적으로 유능하다고 볼 수 있다. 이처럼 개인이 사회적으로 유능하게 행동하고 잘 적응하기 위해 필요한 정서능력으로 정서 지능을 들 수 있다.

Goleman(1995)은 정서 지능을 '자신을 동기화하고 좌절에 직면하여 이를 이겨내려는 능력, 충동을 통제하고 만족을 지연시키는 능력, 자신의 기분을 조절하고 사고능력을 저해하는 걱정을 감시하는 능력, 공감하고 기대하는 능력' 등으로 정의하였다. Salovey와 Mayer(1996)는 지적 능력이 정서와 독립된 영역이 될 수 없음을 강조하면서, 정서 지능은 정서 정보를 인지하고 적절하게 처리하는 능력으로 개인이 다양한 상황에 능숙하게 대처하고 사회생활에 적응하는 데 매우 중요한 요소라고 보았다. 이들이 제시한 정서 지능의 구성요소는 〈표 7-2〉와 같다.

〈표 7-2〉 **정서 지능의 구성 요소**

정서	구성 요소
정서의 인식과 표현	1. 자신의 정서를 정확하게 인식하는 수준 2. 타인의 정서를 이해하는 수준 3. 정서를 정확히 표현하고 정서와 관련된 욕구를 표현하는 수준 4. 표현된 정서 구별
정서에 의한 사고 촉진	1. 정서를 사용하여 중요한 정보에 집중함으로써 사고의 우선순위 결정 수준 2. 생생한 정서를 불러일으키는 것과 관련된 판단 · 기억 수준 3. 정서를 세련된 정서와 사고에 도움을 줄 수 있도록 효율적으로 활용하는 수준 4. 정서 상태에 따라 다른 문제 해결 접근
정서적 지식의 활용	1. 정서 간의 관계를 이해하고 명명하는 수준 2. 정서가 전달하는 의미이해 수준 3. 복잡하고 복합적인 정서를 이해하여 활용하는 수준 4. 정서의 전환에 대한 변화 양상 추론

정서의 반영적 조절	1. 정서에 대해 개방적으로 수용하는 수준 2. 정서의 유익성과 실용성을 반영하여 정서를 지속시키거나 그 정서에서 벗어나는 수준 3. 자신과 타인의 관계 속에서 정서를 반영적으로 점검하는 수준 4. 정서가 전달하는 정보를 축소, 과장, 왜곡하지 않고 자신과 타인에 대한 정서 관리, 조절

출처: 정희영 외(2014). **유아발달**, p. 250.

4) 기질

(1) 기질의 구성 요소

어떤 아동은 대체로 기분이 좋은 반면 어떤 아동은 그렇지 않거나, 어떤 아동은 활동적인 반면 어떤 아동은 조용하고 조심스러운 것으로 기술할 때, 이를 기질(temperament)적 차이라고 말한다. 기질이 어떤 특성으로 구성되어 있는지에 대해서는 연구자마다 다소 견해가 다르다. 구체적으로 살펴보면 다음과 같다.

① 토머스와 체스

Thomas와 Chess(1977)는 1956년 시작된 뉴욕종단연구(New York Longitudinal Study: NYLS)를 통해 기질을 구성하는 9가지 요소를 발견하였다. 9가지 요소는 활동 수준, 규칙성, 접근/회피, 적응성, 산만성, 지속성, 기분, 반응 강도, 반응 역치 등이다(〈표 7-3〉 참조).

〈표 7-3〉 Thomas와 Chess의 기질 구성 요소

구성요소	내용
활동 수준	일상생활에서 보이는 신체적 활동 양
규칙성	수유, 수면, 배변 등의 생리적인 규칙성
접근/회피	새로운 사건이나 자극에 대한 접근과 회피의 반응
적응성	변화된 상황에 대한 적응의 정도
산만성	외부 자극에 의해 진행 중인 활동이 방해받는 정도
지속성	방해를 받았을 때도 진행 중 활동을 계속하는 정도
기분	즐겁고 우호적인 행동의 양이나 불쾌하고 슬프고 적대적인 행동의 양
반응 강도	자극에 대한 반응의 강도
반응 역치	반응을 유발하는 데 필요한 최소 자극의 양

② 로스바트

Rothbart(2004)는 기질은 상대적으로 안정적이라고 하면서 기질의 구성 요소로 생물학적으로 기초한 '반응성(reactivity)'과 '자기조절(self-regulation)'을 제시하였다. '반응성'은 정서적 반응의 강도를 의미하는데, 영아가 긍정적 정서와 부정적 정서를 모두 포함하는 정서적 자극에 대해 얼마나 쉽게 얼마나 강하게 반응하는지 정도를 말한다. '자기조절'은 영아가 정서적 반응을 조절하는 전략으로 스스로 증대시키거나 감소시키는 조절능력을 의미한다.

③ 버스와 플로민

Buss와 Plomin(1986)은 기질을 '인생 초기에 나타나는 인간의 타고난 성격 특성'으로 정의하고, '정서성(emotionality)', '활동성(activity)', '사회성(sociability)'의 3가지 구성 요소로 범주화하여 EAS 기질 모형을 제시하였다. 여기서 '정서성'이란 자극에 대한 영아의 부정적인 반응의 정도로 정서성이 높은 영아는 울음을 달래기 어렵고 화를 강하게 내는 특성을 보인다. '활동성'은 영아의 행동에서의 속도와 강도를 의미하는데, 활동성이 높은 영아는 끊임없이 움직이고 활동이 격렬하지만 활동성이 낮은 영아는 조용하고 행동이 느리다. '사회성'은 다른 사람과 함께 하는 것을 선호하고 다른 사람과 활동을 공유하는지를 의미한다. 사회성이 높은 영아는 낯선 사람에게도 잘 다가가지만 사회성이

낮은 영아는 다가가지 못하고 친숙한 양육자 옆에 바짝 붙어 있다.

(2) 기질의 유형

Thomas와 Chess는 앞서 제시한 9가지 특성을 바탕으로, 기질의 유형을 순한 기질, 까다로운 기질, 느린 기질로 분류하였다. 이들은 연구 대상 중 순한 기질이 40%, 까다로운 기질은 10%, 느린 기질은 15% 정도로 나타났으며, 35% 정도는 어느 유형에도 포함되지 않는다고 하였다. 구체적인 특징은 다음과 같다.

① 순한 기질

순한 기질의 영아(easy child)는 대체로 긍정적인 기분 상태에 있고 수면 등 일상생활이 규칙적이며 새로운 경험에 비교적 쉽게 적응한다. 이들은 쉽게 잠드는 편이고, 기분 좋게 잠에서 깨어나며 규칙적으로 수유와 수면이 이루어지며, 새로운 음식이나 경험을 쉽게 받아들인다. 놀잇감이 있으면 혼자서도 잘 놀고 낯선 사람에게도 미소를 보이며 쉽게 친해진다.

② 까다로운 기질

까다로운 기질의 영아(difficult child)는 전체적으로 생리적 리듬이 불규칙적이다. 낯설거나 새로운 상황에 직면하였을 때 적응하기 어려워하며 조금만 불편해도 강렬하고 부정적으로 반응한다. 자주 울고 대체로 기분이 좋지 않을 때가 많다. 수면과 식사 습관이 불규칙적이고 수면량과 식사량도 일정하지 않다. 자신의 선호가 뚜렷하여 자신이 원하는 상태가 될 때까지 끊임없이 요구한다.

③ 느린 기질

느린 기질의 영아(slow to warm up child)는 활동 수준이 낮고 환경적 자극에 대하여 적극적 반응을 보이지 않는 편이다. 낯설거나 새로운 상황에 움츠러드는 경향이 있어서 적응하는 데 시간이 오래 걸리는 경향이 있다. 처음에는 보통 정도의 부정적 반응을 보이다가 점차 적응하며, 반복적으로 경험한 다음에 기회가 주어지면 흥미를 가지고 참여한다.

(3) 기질과 자녀양육: 조화 적합성 모델

영아는 각기 다른 기질적 특성을 갖는데, 이러한 영아의 기질은 영아와 양육자의 관계에 영향을 미친다. 영아의 기질과 부모의 상호작용을 고려하여 Thomas와 Chess(1977)는 바림직한 결과를 이끄는 '조화 적합성(goodness-of-fit)'의 모델을 제시하였다. 조화 적합성은 영아의 기질과 환경적 요구 사이의 조화를 말하는데, 영아의 기질이 양육자와 같은 환경 특성과 조화를 이룰 때 영아의 발달을 바람직한 방향으로 이끌 수 있다는 것이다. 모든 영아는 독특한 특성을 가지고 태어나므로 양육자는 이를 수용하고 기질 특성에 대한 기본적인 지식을 바탕으로 아기의 기질에 적합한 자녀양육을 제공할 때 영유아의 기질적 특성이 강점이 될 수 있는 환경으로 만들어 갈 수 있을 것이다. 이는 양육자와 영아 간 조화로운 관계를 유지하며 더 나은 발달적 결과를 가져온다.

〈표 7-4〉 영아의 기질 유형에 따른 효과적인 상호작용의 tip

순한 영아와의 효과적인 상호작용	• 순한 영아는 대체로 조용하고 잘 적응하여 양육자의 관심 밖으로 밀려나기 쉬우므로 매일 조금씩이라도 의도적으로 욕구를 점검해 주고 특별한 관심을 보여 주도록 배려하여야 한다. • 멀리서 부모나 교사를 바라보거나 눈 마주치기 등으로 자기 욕구를 조용히 표현하기 때문에 욕구 표현을 잘 알아차리고 반응을 해 주어야 한다. • 성인의 요구에 순종만 하도록 강조하지 않는 것이 필요하다.
까다로운 영아와의 효과적인 상호작용	• 에너지가 넘치므로 자기 표현의 기회를 많이 준다. • 활동적인 아이를 위하여 활동적으로 놀 수 있는 공간을 마련해 준다. • 아이를 통제할 수밖에 없는 상황에서는 무조건 제지하거나 통제하기보다 가능한 제안을 제시하여 스스로 선택하거나 관심을 돌리게 한다. • 까다로운 아이는 규칙적인 일과에 자신을 맞추기 어렵기 때문에 융통성을 가지고 상호작용하는 것이 필요하다. • 까다로운 아이는 서두르는 것을 싫어하므로 무엇인가를 하게 될 때는 갑자기 요구지 않고 미리미리 알려 줄 필요가 있다.

느린 영아와의 효과적인 상호작용	• 느린 영아는 새로운 상황에나 새로운 집단에 적응하는 데 시간이 오래 걸리므로 기다려 주어야 한다. • 성급하거나 무리하게 요구하기보다는 천천히 조금씩 시도하도록 해 준다. 재촉하거나 서두르면 아예 시도도 하지 않고 위축될 수 있다. • 낯선 상황에서도 친숙한 장소나 물건, 활동을 경험하게 하여 낯선 상황에 대한 불안감을 감소시키도록 한다. • 새로운 것을 처음 시도할 때는 친숙한 성인이 옆에서 지켜보면서 기다려 줌으로써 안전기지를 마련해 주어야 한다. • 새로운 상황, 교사, 또래를 접하게 될 때 갑작스러운 변화를 느끼지 않도록 특별한 주의를 기울여야 한다. • 기다려 주고 믿어 주고, 인정해 줌으로써 자존감이 낮아지지 않도록 주의한다.

출처: 이영 외(2015b). 영아발달, pp. 296-297.

5) 정서 발달과 교육

아동의 정서 발달을 촉진하기 위한 부모나 교사의 역할을 살펴보면 다음과 같다.

첫째, 부모나 교사는 가정과 기관에서 정서적으로 안정된 환경을 조성하여야 한다. 부모의 불화 · 이혼, 양육자의 빈번한 교체는 가정에서 양육자와 아동 모두에게 심리적으로 불안정한 환경을 제공하게 되고, 그 결과 아동의 정서 발달에 문제가 발생할 가능성이 높아진다. 아동이 사회화 과정에서 부모나 교사의 정서를 모델링한다는 점을 고려할 때 부정적인 정서환경은 아동의 정서 발달에 부정적인 영향을 미칠 수 있을 것이다.

둘째, 부모나 교사는 아동의 기질적 특성을 고려하고 이들의 신호에 민감하게 반응해야 한다. 아동은 각기 다른 기질적 특성을 가지고 있으며, 이는 양육자와의 관계에 영향을 미친다. '조화 적합성' 모델에서 알 수 있듯이 아동의 기질은 부모나 교사와 같은 환경 특성과 조화를 이룰 때 바람직한 방향으로 발달할 수 있다. 이에 부모나 교사는 아동의 기질적 특성을 파악하고, 기질 유형에 따라 효과적인 상호작용 행동을 보여야 할 것이다. 이를 위해서는 부모와 교사가 아동을 주의 깊게 관찰하여 이들이 보내는 신호를 잘 알아차리고 적절하게 해석하여 따뜻하고 일관되게 반응하는 민감한 양육을 하여야 할 것이다.

셋째, 부모, 교사는 아동이 표현하는 정서를 공감하고 존중해 주어야 한다. 아동은 자신과 타인의 정서를 인식하면서 이에 공감하고 적절하게 반응하는 능력이 발달하게 되는데, 이때 부모, 교사는 아동의 정서를 수용하고 공감해 주고, 이후 아동과 함께 정서와 관련된 어려움을 해결하는 방법을 다루면서 아동의 정서 발달을 도와줄 수 있다. 부모, 교사가 아동의 정서를 공감하고 존중하는 대표적인 방법으로 **'정서적 반영하기'**를 들 수 있다. 아동은 직접적인 경험을 통해서 가장 잘 배우기 때문에 정서가 일어났을 때 그 정서를 직접적으로 명명하고 말해 주는 정서적 반영은 아동의 정서 발달에 유용하다. 정서적 반영하기는 정서에 대한 언어적 명명을 통해 아동이 자신의 정서를 더 잘 인식하여 자신의 감정을 이해하게 해 준다. 더불어 아동으로 하여금 부모와 교사가 자신의 말을 들어 주어 수용된다고 느끼게 하고, 아동이 언어를 사용하여 자신의 정서를 표현하도록 도와준다.

넷째, 부모, 교사는 아동이 보이는 강렬한 정서에 대처하도록 도와주어야 한다. 아동이 표현하는 부정적인 정서는 인정하지만 파괴적인 행동은 안 된다는 것을 알려 준다. 아동이 이러한 강렬한 정서를 더 잘 조절하고 적절한 방법으로 표현할 수 있는 방법에 대해 지속적으로 알려 주고 모델을 보여 준다. 즉, 언어를 사용하여 아동이 자신의 정서를 표현하도록 돕는다. 때로 부모, 교사가 아동이 표현하는 부정적 정서를 무시하거나 부인하는 경우가 있다. 이는 부모나 교사가 자신이 다루기 어려운 부정적 정서를 무시하거나 부인함으로써 이러한 정서가 사라지기를 기대하기 때문이다. 하지만 이것은 아동으로 하여금 이러한 정서를 느끼는 자신을 부정적으로 인식하게 만들어 아동의 자아존중감에 부정적 영향을 미치고, 아동이 자신의 부정적 정서를 다루는 방법을 배울 기회를 놓치게 할 뿐이다.

〈표 7-5〉 자녀의 정서에 반응하는 부모의 4가지 양육방식

축소전환형 부모	아이의 감정을 대수롭지 않게 취급하고 제대로 공감해 주지 않으며, 아이의 감정을 최소화하고 시간이 지나면 해결된다는 식으로 반응하는 양육방식이다. 특히 부정적 정서를 다루는 것은 문제를 더 악화시킬 뿐이라고 생각한다. 이럴 경우 자녀는 자신의 감정이 옳지 않고 부적절하며 타당하지 않다고 느끼게 된다. 아동은 자신의 감정을 제대로 이해하지 못하고, 감정 조절을 어려워한다. 아동은 자신의 감정을 인정받기 위해 감정을 과장하여 표현하거나 감성을 속이게 된다.
억압형 부모	축소전환형 부모와 유사하지만 좀 더 부정적이다. 자녀의 감정을 무시할 뿐 아니라 자녀의 감정 표현이 옳은지 그른지 판단하고 비판하는 양육방식이다. 자녀가 부정적인 감정을 드러내면 비난하거나 화를 내고 벌을 주며, 권위에 대해 아동의 복종을 강조한다. 이 경우 아동은 슬픔이나 두려움, 분노와 같은 부정적인 감정에 대처하는 법을 배우지 못한다.
방임형 부모	아이의 모든 감정 표현을 거리낌 없이 받아 주며 부정적인 감정을 경험하는 아이를 위로하지만, 행동에 대한 지침을 제공하거나 문제를 해결하도록 돕거나 해결 방법을 가르치지 않는다. 감정을 분출하면 모든 것이 해결된다고 믿으며, 이 경우 아동은 감정을 조절하는 법을 터득하지 못하고 집중력이 부족하여 친구를 사귀며 다른 사람과 사이좋게 지내는 것을 어려워하게 된다.
감정코칭형 부모	아이의 감정을 파악하고 그것에 맞추어 대응하는 일이 의미 있다고 생각하고, 아이의 부정적 감정은 부모 자녀 간의 친밀도를 높일 기회라고 생각한다. 아이의 부정적 감정을 존중하며, 아이의 감정에 인내심을 보이며 아이가 스스로 감정을 잘 표현하도록 도와준다. 이들은 자녀의 감정을 인정하고 존중하며 어떻게 다룰 수 있는지 방향을 제시해 준다. 이 경우 아동은 자신이 느끼는 감정을 신뢰하고, 감정을 조절하고 문제를 해결하는 방법을 터득한다. 자긍심이 높으며 학습능력이 뛰어나고, 다른 사람과의 관계도 원만하다.

출처: 존 가트맨, 남은영 공저 및 감수(2007). 내 아이를 위한 사랑의 기술: 감정코치, pp. 50-90에서 재구성.

2. 성격 발달

1) 성격의 개념

성격은 영어의 personality에 해당하는 것으로, 그 어원은 라틴어의 persona에서 유래된 것으로 가면을 의미한다. 성격에 대한 정의는 학자마다 다양하다. Allport는 성격을 '환경에 대한 한 개인의 독특한 적응 방식을 결정하는 정신적 · 물리적 재조직의 역동적 체제'로 정의한 바 있다. Guilford는 성격이란 '한 개인에게서 다른 사람과 다른 어떤 면을 구별할 수 있고, 비교적 지속적인 행동을 하는 것'으로 보았으며, Fromm은 성격이란 '한 개인의 특징이 되며, 독자성을 꾸며 주는 선천적 · 획득적인 정신적 특질의 총체'라고 정의하였다.

2) 성격 발달의 이론적 관점

(1) 정신분석학적 이론

① 프로이트의 심리성적 이론

Freud(1856~1939)는 성격의 구조를 원초아(id), 자아(ego), 초자아(superego)의 3가지 체계로 구성된 것으로 보았다. Freud는 건강한 성격은 이 3가지 구조가 잘 통합되어 환경에 적응하는 것으로 보았다. 그러나 만일 이 3가지 구조가 잘 통합되지 못할 경우, 이러한 사람은 환경에 적응하지 못하게 된다. 그에 따르면 인간의 성격은 이 3체계 간의 상호작용의 결과로 나타난다고 할 수 있다.

■ 성격의 구조

- 원초아(id): 인간이 가지고 태어나는 원초아는 성격의 기초로 에너지의 원천이며, 생물학적 과정과 밀접한 관련이 있다. 원초아는 전적으로 무의식에 속하는 것이며, 비이성적이고 충동적인 본능을 즉각적으로 만족시켜 쾌락을 추구하고자 하는 '쾌락 원리'의 지배를 받는다.
- 자아(ego): 자아가 모든 사고와 추리활동을 관장한다고 간주하였다. 자

아는 오관(五官)을 통해서 외부세계와 직접적으로 접촉하고 현실을 토대로 원초아의 본능적 욕구를 조절하는 역할을 한다. 원초아가 긴장을 완화하기 위해 쾌락 원리에 의해 지배를 받는다면, 자아는 '현실 원리(reality principle)'의 지배를 받는다. 성격의 의식적 · 이성적 요소로 자아의 발달은 아동이 자신의 비이성적인 원초아를 잘 통제하고 자신의 욕구를 만족시킬 수 있는 현실적인 방법을 잘 찾도록 한다. 원초아의 욕구를 합리적인 방법으로 충족하도록 조정하는 자아의 행동이 항상 사회적이고 도덕적인 것은 아니다. 성숙한 성인의 행동은 현실적이면서 동시에 도덕적이어야 한다. 따라서 부모 및 사회와의 상호작용을 통하여 학습된 성격의 세 번째 구조인 도덕적인 측면이 필요하다. 성격의 도덕적인 측면이 곧 초자아이다.

- 초자아(superego): 초자아는 부모의 가치나 사회적 규범 등이 내면화된 것으로 옳고 그름과 선악을 판단하는 양심이다. 원초아가 쾌락을 추구하고 자아가 현실을 검증한다면 초자아는 이상을 추구한다. 초자아는 '양심'과 '자아이상'의 2가지 요소로 이루어지는데, '양심'은 아동이 자신이 속한 사회의 사회적 규칙을 배우는 사회화 과정에서 부모의 도덕적 가치와 표준을 자신의 것으로 내면화함으로써 갖게 된다. '자아이상'은 자신의 행동이 내면화된 기준과 일치되어 자부심을 느끼면서 형성된다. 초자아가 발달하면서 자아는 원초아의 바람직하지 못한 충동을 사회적으로 수용되는 방식으로 충족하는 방법을 찾게 된다. 예를 들어, 아동이 잘못된 행동을 하면 초자아는 '자아이상'에 비추어 자아의 행위를 비교한 뒤 자아에게 처벌을 내리고, 이에 아동은 죄책감을 느끼거나 부끄러움을 느끼게 된다.

■ 불안과 방어기제

Freud가 제시한 3가지 성격구조는 항상 갈등 속에 있고, 각 부분이 상호작용하며 이 갈등을 해결하고자 한다. 긴장을 해결하고 즉각적으로 충동을 만족시키려는 것은 인간의 본능이다. 그러나 이러한 본능은 초자아의 처벌과 규제로 인해 갈등이 발생하게 된다. 원초아, 자아, 초자아 간의 끊임없는 갈등은 불안을 유발하는 원인이 된다. 사람들은 현실적인 방법으로 이러한 불안의 상태를 벗어나기 위해 행동하지만, 이러한 현실적인 방법이 실패하면 비현실적인 방어기제를 무의식 수준에서 사용하게 된다. 사람들이 주로 사용하는 방어기제에는 억압(repression), 투사(projection), 반동 형성(reaction formation), 합리화(rationalization), 승화(sublimation) 등이 있다(〈표 7-6〉 참조).

〈표 7-6〉 방어기제

방어기제	정의
억압	무의식적인 충동이나 사상에 대해 억제하는 것
투사	수용할 수 없는 충동을 억제하고 불안의 원인을 다른 사람의 탓으로, 다른 원인으로 돌리는 것
반동 형성	불안을 야기하는 충동이나 욕구가 의식 차원에서 그 반대로 대치되는 것
합리화	합리적인 설명으로 진실처럼 들리지만 실제로는 틀린 것
승화	사회적으로 수용할 수 없는 충동을 사회적으로 수용할 수 있는 방식으로 표현하는 것

■ 성격 발달

Freud는 성격의 발달적 측면을 강조하면서 인간의 성격은 생의 초기, 즉 약 5세까지 대부분이 형성되는 것으로 보고 있다. 인간의 성격 발달 단계를 구강기, 항문기, 남근기, 잠복기 및 성기기(혹은 생식기) 등 다섯 단계로 나누고, 각 단계를 순조롭게 진행하면 성숙한 성격을 가진 사람으로 성장하게 된다고 하였다. 만약 특정 단계에 고착되거나 퇴행이 발생하면 부적응적인 성격을 형성한다고 보았다.

- 구강기(oral stage): 구강기는 생후 약 1년까지 지속되며, 아동의 쾌락적 신체 감각과 최대의 만족은 구강과 관계된다. 그러나 이 시기의 욕구 충족은 전적으로 다른 사람에게 의존하게 된다. 만약 구강기에 욕구가 충분히 충족되었다면 아동은 만족스럽고 자신감을 가진 안정적이고 낙천적인 성격을 형성하게 되지만, 그 욕구 충족에 문제가 있거나 불충분하게 되면 적절한 발달이 이루어지지 않아 불안정하고 타인에 의존하는 성격을 형성하게 된다고 보았다. 껌을 심하게 씹는 버릇, 흡연과 같은 행동은 지나치게 구강적 만족을 얻거나 혹은 얻지 못한 것에서 비롯된 것이며, 남을

쉽게 믿지 못하는 사람도 어렸을 때 이러한 구강적인 만족을 얻지 못한 데에서 오는 결과라고 설명하였다.

- 항문기(anal stage): 항문기는 구강기 이후 약 3세까지의 시기로, 이 시기에는 부모나 아동 모두가 배변에 대하여 많은 주의와 관심을 두고 배변훈련을 진행한다. 이 시기의 아이들은 배설물을 방출하거나 보유함으로써 느끼는 쾌감을, 다른 한편으로는 부모에 의한 배변훈련 사이에서 갈등을 느끼게 된다. 이것은 아이들이 처음으로 경험하게 되는 권위와 사회적 압력과의 첫 대면이다. 만일 부모가 이러한 배변훈련에 대하여 매우 엄격하게 되면, 아동은 망설이며 억제하는 것을 학습하게 되고, 아주 인색하고 욕심 많은 사람이 되기가 쉽다는 것이다. 반대로 만일 부모가 아이들이 스스로 통제할 수 있도록 해 준다면, 아동은 적대감을 갖지 않는다고 보았다.
- 남근기(phallic stage): 남근기는 항문기 이후부터 약 5~6세에 해당되는 시기로, 아동은 이 시기에 남녀의 해부학적 차이를 최초로 인식하고, 이성의 부모에 대한 성적 추구 감정과 동성의 부모에 대한 적대적 감정을 느낀다고 하였다. 즉, 남아에게는 '오이디푸스 콤플렉스(oedipus complex)', 여아에게는 '엘렉트라 콤플렉스(electra complex)'가 나타난다고 설명하였다. 오이디푸스 신화를 통해 제시된 이 감정에서 남아는 어머니를 소유하고자 하는, 동성의 부모가 제거되기를 바라는 근친상간적 욕구를 가지는데, 남아는 힘이 강한 아버지가 자기의 이러한 감정을 알고 자기의 성기를 해치지 않을까 하는 '거세불안(castration anxiety)'을 갖는다고 하였다. 남아는 콤플렉스와 불안이 심화되면서 이를 극복하기 위해 아버지의 행동, 특성, 태도 등을 닮아 남자다워지는 '동일시'를 하게 되며, 어머니에 대한 비도덕적인 욕구를 누르고 자신을 스스로 감사하기 위해 아버지의 가치체계와 도덕률을 내면화함으로써 초자아를 발달시킨다.

  반면에 여아는 '엘렉트라 콤플렉스'를 경험하며, 남아와 같은 성기가 없는 데 대한 어머니에의 책임 추궁과 함께 아버지에 대한 사랑으로 남아의 거세불안감에 대응하는 '남근선망'의 감정을 갖게 된다. 엘렉트라 콤플렉스 경험은 여아로 하여금 아버지를 사랑하는 자신에 대한 어머니의 보복을 두려워하게 하므로 여아는 어머니와 동일시하여 여자다워지거나 비도덕적인 욕구를 억제하는 초자아를 발달시켜 두려움을 극복하게 된다. 이 시기 아동이 경험하는 콤플렉스가 동성의 부모와 동일시함으로써 잘 해결되지 않는다면 그 갈등이 계속 무의식 속에 남아 앞으로의 성격에 결함이 생긴다고 하였다. 이 단계의 고착으로 인한 성격은 과시적이고 거만하고 공격적인 성향을 보인다고 하였다.

- 잠복기(latency stage): 잠복기는 구강기, 항문기 및 남근기 이후 6~12세에 해당되는 시기로, 성적 욕구가 억압되어 전에 가졌던 충동들이 잠재되어 있는 시기다. 이 시기의 아동들은 상대방의 성에 대하여 무관심하며 흥미를 보이지 않는다. 오이디푸스 콤플렉스, 엘렉트라 콤플렉스에서 나오는 갈등이 억압됨으로써 그러한 감정이 있었다고 하는 자체를 부정하기 위하여 겉으로 무관심하게 행동하는 것으로 해석한다. 이 시기의 아동들은 스포츠나 게임, 지적 활동과 같은 구체적이고 사회적으로 용납되는 행동에 관심이 있다.
- 성기기 혹은 생식기(genital stage): 성기기는 타인에 대한 성적 흥미를 느낄 뿐만 아니라 이성에 대한 사랑이 시작되는 12세 이후의 시기다. 이 시기는 청년기의 시작과 함께 활성화되면서 신체적 성장과 기능 면의 성숙이 이루어지는데, 성기기의 특징은 애타적이고 생식적 충동과 관계된다는 것이다. 이 시기의 이동은 신체적 · 성적으로 성숙한 특징을 갖게 되기 때문에 성적 충동을 현실적으로 수행할 수 있다. 잠복기에서 보였던 동성 간의 집착을 벗어나서 이제는 성에 대하여 깊은 관심을 가지며 성숙한 사랑을 할 수 있게 된다.

② 에릭슨의 심리사회적 이론

개인의 성격 발달과 관련하여 Erikson(1950, 1963)은 인간이 전 생애를 거쳐 일련의 정서적 과업을 수행하며, 이 과정에서 자아는 심리사회적 '위기(crisis)'를 경험하고 이 위기를 어떻게 극복하였는지에 따라 개인의 성격이 달라진다고 보았다. 그에 따르면 인간발달은 8단계로 설명할 수 있는데, 각 단계마다 긍정적 · 부정적 정서 간에 일어나는 갈등인 '위기'를 해결하는 정서적 과업이 있다. 모든 아동은 각 단계에서 어느 정도 양극단을 경험하지만, 긍정적인 비율이 좀 더 좋을 때 최적의 발달을 하게 된다. 〈표 7-7〉에서 알 수 있듯이 각 단계는 순서대로 발달하고, 다음 단계의 기초가 된다.

〈표 7-7〉 심리사회적 발달 단계

연령	단계	발달 과업	주요 사회화 기관
생후~1세	기본적 신뢰감 대 불신감	주 양육자와 신뢰적 관계 형성하기 (희망)	부모/가족
1~3세	자율성 대 수치심/회의감	독립심 추구하기 (의지력)	부모/가족/교사 등 양육자
3~6세	주도성 대 죄책감	활동을 계획하고 수행하며, 사회의 경계를 학습하기 (목적)	가족/교사 등 양육자
6~12세	근면성 대 열등감	생산적이고 성공하기 (유능감)	교사/또래
12~20세	정체성 형성 대 역할 혼미	사회적, 직업적 정체감 형성하기 (충실함)	또래
20~40세	친밀감 대 고립감	확고한 우정 형성하기와 동료애와 사랑받는다는 느낌 갖기 (사랑)	친구/애인/배우자/파트너
40~65세	생산성 대 침체	가족과 일에서 생산적이기 (관심)	배우자/파트너/자녀/문화
65세 이상	자아통합 대 절망	의미 있고 생산적인 것으로 일생을 되돌아보기 (지혜)	가족/친구/사회

〈표 7-7〉에서 제시된 단계 중 처음 네 단계는 아동기 동안 일어나는데, 이 네 단계에 대해 자세히 살펴보면 다음과 같다.

■ 신뢰감 대 불신감

성격 발달의 첫 단계는 영아기에 나타난다. 이 단계에서 나타나는 정서적 갈등은 영아가 자신감, 세상에 대한 신뢰감을 발달시킬 것인지, 혹은 절망감, 불확실성, 의구심을 발달시킬 것인지에 대한 것이다. 양육자가 영아와 긍정적인 관계를 맺고 이들의 요구에 민감하게 반응하여 줄 때 영아는 이러한 정서적 과업을 성취하게 된다.

■ 자율성 대 수치심/회의감

신뢰감을 형성한 2세 된 걸음마기 영아는 완전한 의존성에서 벗어나 점차 자신의 생각과 의지를 발달시킨다. 이들은 자신이 독립적이고 자기주도적인지, 아니면 자기 가치가 회의적인지에 대한 갈등을 겪게 된다. 자율적인 영아는 스스로 할 수 있는 것을 하지만, 자율적이지 못한 영아는 세상이나 스스로를 통제하는 자신의 능력을 의심하게 되어 타인에게 지나치게 의존한다. 탐색하거나 독립적으로 행동하려 할 때 양육자가 조바심을 내거나 지나친 비판, 조롱, 신체적 통제를 하게 되면 영아는 수치심과 회의감을 발달시킨다. 이와 대조적으로 숙달할 수 있는 기회와 선택권을 주고 행동을 제시할 때 분명하고 긍정적인 메시지를 제공하면 영아의 자율성이 발달한다.

■ 주도성 대 죄책감

이 시기 유아는 유아교육기관이나 가정에서 계획을 세우고 생각을 행동으로 옮기거나, 새로운 기술과 목표를 숙달하도록 노력하기, 상상을 통한 아이디어 탐색, 자신의 신체 감각 경험하기 위해 도전하기, 사회적으로 인정되는 경계 안에서 자신의 행동을 지속하기 위한 방법 찾기 등의 과정을 통해 주도성과 죄책감을 모두 경험한다. 이 과정에서 성인이 지지해 주고 수용해 줄 때 유아의 주도성이 발달한다. 이들은 유능해지는 것에 기뻐하고, 다른 유아와 잘 협력할 뿐 아니라 올바른 방법으로 자신이 원하는 것을 할 수 있음을 알게 된다. 반면에, 노력이 자신이나 양육자의 기대에 미치지 못하는 경우 유아는 죄책감을 발달시키게 되며 이러한 경험은 타인과 세상과의 상호작용에 영향을 주고, 유아의 자기평가에 영향을 미치게 된다.

■ 근면성 대 열등감

대략 6~12세 아동 중기 동안 아동은 뭔가를 만들고 성인들이 하는 일과 유사한 과업을 하려고 한다. 이들은 타인과 협력하고 사회에 기여하는 것에 더 많은 관심을 가지게 된다. 이 단계의 주된 정서적 문제는 아동이 자신을 유능하고 능력 있는 존재로 생각하는지 아니면 노력해 봐야 소용없다고 생각하는지에 대한 것이다.

모든 아동이 하려던 것에서 반드시 성공만 할 수는 없지만, 실패를 주로 경험하는 아동의 경우는 주변의 부모, 교사, 또래가 아동이 가진 능력 이상을 기대하거나 비현실적인 성취를 바랄 때 일어난다. 아동은 잘하지 못하는 분야에서 잘하는 것만이 중요하다고 믿을 때 강한 열등감을 경험하게 된다. 근면성은 양육자가 아동의 성공을 인정하고 칭찬해 줄 때, 다양한 영역에서 자신의 기술을 탐색하도록 격려할 때, 현실적인 목표를 가지도록 도와줄 때 그리고 아동이 성취할 수 있는 과업을 제시해 줄 때 발달한다. 노력했지만 실패한 아동에게는 지도해 주고 지지함으로써 재도전할 자신감을 심어 주어야 한다.

(2) 학습 이론

학습 이론에서 성격을 연구하는 학자들은 성격 구조를 기술하거나 특성(traits)을 찾아내는 것에 관심을 보이지 않았다. 이들은 인간의 행동이 습득되고 변화되는 과정을 밝히는 데 많은 시간을 보냈다. 성격에 대한 학습 이론의 대표적인 사람으로 Skinner를 들 수 있다. Skinner는 쥐 실험을 통해 우연히 자연스럽게 방출된 행동의 결과로 주어지는 외적인 자극(강화물, 처벌)에 따라 추후 그 행동의 반복이나 학습이 좌우된다는 '조작적 조건 형성의 원리'를 제시하였다.

Skinner는 수정할 수 있는 행동과 그것을 통제하는 환경적 요소에 관심을 가졌다. 따라서 Skinner는 성격을 한 개인의 행동과 그 강화 결과들 사이에 있는 독특한 행동 패턴으로 보았다(홍숙기, 1994). 행동 패턴이 습득되는 것은 강화를 통해서다. 즉, 아동의 성격도 강화에 의해 습득될 수 있다는 것이다. 불안이 어떤 과정을 통해 형성되는지 예를 들어 보면, 예민하고 불안한 성격을 가진 부모들은 매사에 불안한 반응을 하고, 자신의 자녀들이 자신과 같은 반응을 할 때 강화한다는 것이다.

이것은 애착, 수줍음, 나눔, 경쟁심과 같은 것에도 적용할 수 있는데, 부모에게 매달리는 행동에 대하여 강화를 받은 아동은 그렇지 않은 아동보다 더 자주 부모에게 매달릴 것이며, 교사가 아동이 난폭하고 공격적일 때만 관심을 쏟으면 날이 갈수록 그 아동은 더 난폭하고 공격적인 아동이 된다는 것이다(김경중, 류왕효, 류인숙, 박은준, 신화식, 유구종, 정갑순, 조경미, 조희숙, 주리분, 최인숙, 최재숙, 1998). 예측 가능하고 일관성 있게 강화 받은 행동보다 간헐적으로 강화 받는 행동이 더욱 강하게 학습되고, 소거되기가 어렵다고 보았다.

3) 성격 발달과 교육

아동의 긍정적 성격 발달을 촉진하기 위한 부모와 교사의 역할을 살펴보면 다음과 같다.

첫째, 부모는 아동과 자주 대화하며 격려해 주어야 한다. 상대적으로 많은 관심과 격려를 받은 아동들이 그렇지 못한 아동에 비해 자아존중감이 높은 것으로 나타났다. 그러므로 부모가 많은 대화를 통해 칭찬과 격려를 많이 할 때 아동은 긍정적인 성격으로 발달하게 된다.

둘째, 양육자의 지속적인 관심과 사랑은 아동의 뇌 발달을 촉진하고 안정적인 정서를 형성하여 건강한 성격이 형성되는 데 중요한 역할을 한다. 자신을 돌보는 양육자의 사랑과 관심을 적절히 받지 못한 아동들은 스트레스가 크고, 새로운 일에 대한 도전의식이 없고, 호기심이 낮다. 또 새로운 환경에 대한 적응능력이 떨어져 사회성 발달에도 부정적인 영향을 받는다. 따라서 주변 사람의 적절한 관심과 사랑이 아동의 밝고 건강한 성격을 형성하는 데 중요한 역할을 한다.

셋째, 부모의 자녀양육태도는 민주적이어야 한다. 부모의 자녀양육 방법과 아동의 성격을 연구한 많은 연구들은 부모의 양육태도가 합리적이고 민주적일 때 자녀들은 독립적이고 타인에 대해 우호적이며 정서적으로 안정적인 성격을 형성하지만, 부모의 양육태도가 강압적이고 비민주적이며 통제적일 때 아동들은 적응능력이 떨어지고 반항적이거나 의존적이며 정서적으로 불안정한 성격을 형성할 가능성이 높다고 한다.

넷째, 아동이 스스로 선택할 수 있는 기회를 많이 부여하고 자신이 선택한 행동에 대해 책임을 경험하도록 격려한다. 예를 들어, 아동으로 하여금 게임 시간이나 활동 시간을 스스로 계획하게 하고 자신이 계획한 시간을 지키도록 격려한다.

생각할 문제

- 아동의 정서 지능을 향상을 위한 부모교육 프로그램을 알아보고, 특징 및 보완점에 대해 토론해 보자.
- 아동기 정서적 과업을 살펴보고, 이러한 정서적 과업이 적절히 발달하지 않았을 때 개인의 성격 발달에 미치는 어려움을 토론해 보자.

참고문헌

김경중, 류왕효, 류인숙, 박은준, 신화식, 유구종, 정갑순, 조경미, 조희숙, 주리분, 최인숙, 최재숙(1998). **아동발달심리**. 서울: 학지사.

이영, 김온기, 조성연, 이혜경, 이선원, 이정림, 나유미, 김상림, 나종혜(2015a). **유아발달**. 서울: 학지사.

이영, 이미란, 홍희영, 한성희, 민성혜, 박신진, 유영미, 신혜원, 민현숙, 정지나, 문영경(2015b). **영아발달**. 서울: 학지사.

정희영, 이성복, 김성원, 윤선화, 김정희, 김선아, 방승미(2014). **유아발달**. 경기: 파워북.

홍숙기(1994). **성격심리학**. 서울: 박영사.

황희숙, 이희영, 이경화, 이정화, 신경숙, 윤경미, 강승희, 윤소정, 황순영(2008). **아동발달과 교육**. 서울: 학지사.

Arend, R., Gove, F. L., & Sroufe, L, A. (1979). Continuity of individual adaptation from infancy to kindergarten: A predictive study of ego-resiliency and curiosity in preschoolers. *Child Development, 50*, 950-959.

Bridges, K. M. (1930). Genetic theory of emotions. *Journal of Genetic Psychology*, 37, 514-527.

Buss, A. H., & Plomin, R. (1986). The EAS approach to temperament. In R. Plomin & J. Dunn (Eds.), *The study of temperament: Changes continuities and challenges* (pp. 67-80). Hilsdale, NJ: Earlbaum.

Ekman, P. (2007). *Emotions revealed* (2nd ed.). New York: Times Books.

Erikson, E. H. (1950, 1963). *Childhood and society* (Rev. ed.). New York: W. W. Norton & Company.

Gazzaniga, M. S., & Heatherton T. E. (2006). *Psychological science* (2nd ed.). New York: W. W. Norton & Company.

Goleman, D. (1995). *Emotional Intelligence*. New York: Bantam Books.

Gottman, J. M. (1998). *Raising an Emotionally Intelligent Child.* New York: Simon and Schuster. **내 아이를 위한 사랑의 기술: 감정코치.** 남은영 공저 및 감수(2007). 서울: 한국경제신문.

Izard, C. E. (1994). Innate and universal facial expressions: Evidence from developmental and cross cultural research. *Psychological Bulletin, 115*, 288–299.

Kostelnik, M. J., Soderman, A. K., Whiren, A. P., Rupiper, M. L., & Gregor, K. M. (2015). **영유아의 사회정서발달과 교육.** 박경자, 김송이, 신나리, 권연희, 김지현 역(2017). 경기: 교문사.

Lewis, M. (2007). Early emotional development. In A. Slater & M. Lewis (Eds.), *Introduction to infant development* (pp. 216–232). Oxford, NY: Oxford University Press.

Moony, C. G. (2000). **유아교육이론.** 최양미 역(2014). 서울: 학지사.

Rothbart, M. K. (2004). Commentary: Differentiated measures of temperament and multiple pathways to childhood disorders. *Journal of Clinical Child and Adolescent Psychology, 33*, 82–87.

Salovey, P., & Mayer, J. D. (1996). *What is emotional intelligence.* New York: Basic Books.

Santrock, J. W. (2004). *Child development* (10th ed.). New York: McGraw-Hill.

Shaffer, D. R. (2009). *Social and personality development* (6th ed.). Belment, CA: Wadsworth. Cengage Learning.

Thomas, A., & Chess, S. (1977). *Temperament and development.* New York: Brunner & Mazel.

Widen, S. C., & Russell, J. A. (2003). A closer look at preschoolers' freely pronounced labels for facial expressions. *Developmental Psychology, 35*, 232–245.

제 8 장

사회성 발달

제 8 장 사회성 발달

학습목표

- 아동의 사회성 발달에 대해 설명할 수 있다.
- 아동의 사회성 발달을 위한 부모나 교사의 역할을 설명할 수 있다.

1. 애착의 발달

1) 애착의 개념

애착은 영아와 양육자 간에 형성되는 지속적이며 강력한 정서적 유대감으로(Bowlby, 1973), 인간발달에서 애착이 많은 관심을 불러일으킨 이유는 출생 후 1년 이내 영아와 주 양육자 간 애착 형성의 결과가 이후 정서 및 사회성 발달에 중요한 기초가 되기 때문이다. 영아가 특정 대상에게 애착을 형성하면 그 사람은 영아에게 '안전기지(secure base)'가 되어 정서적으로 안정감을 느끼게 하고 주변을 탐색하는 행동을 하도록 한다. 뿐만 아니라 불안하거나 당황스러운 상황에서 영아는 그 사람과 함께 있고자 하고 그로부터 위안을 받고 정서적으로 안정을 찾는다.

안정적 애착 형성을 위해서는 양육자와 영아 간의 '상호작용적 동시성(interactional synchrony)'이 중요하다. '상호작용적 동시성'이란 영아와 양육자 간의 상호작용에서 양육자가 영아의 행동에 반응하여 자신의 행동을 조화로운 방식으로 반응하는, 민감하고 조율된 정서적인 춤으로 표현할 수 있다. 양육자는 영아의 상태에 주의하여 영아가 깨어 있고 주목하는 상태에서는 놀이 자극을 제공하지만, 영아가 지나치게 흥분되어 있거나 지쳐 있을 때는 자극을 철회하여 마치 춤의 파트너처럼 조화로운 상호작용을 할 때 안정적인 애착을 형성할 수 있다(Isabella, 1993).

2) 애착 이론

(1) 정신분석 이론

정신분석 이론가들은 애착이 영아의 기본적인 욕구를 충족시키는 것으로 태어날 때부터 가지고 있는 생물학적 경향성으로 본다. Freud는 영아는 구강 욕구를 가진 존재이므로 이들에게 구강 만족을 제공하는 사람이나 사물에 애착을 갖는다고 보았다. 어머니가 수유를 통해 영아의 구강 욕구를 충족시켜 주므로 영아는 어머니에게 정서적 유대감을 갖는다. Erikson은 수유 및 기본적인 욕구를 충족시켜 주는 것이 신뢰감 형성에 중요하다고 보았다. 이에 어머니가 영아의 수유나 기본적인 요구에 적절하게 반응하지 못하면 영아는 타인에 대해 신뢰감을 형성하기보다 불신감을 형성하게 된다.

(2) 학습 이론

학습 이론은 인간의 모든 행동을 학습의 결과로 본다. 마찬가지로 영아의 애착 또한 인간의 본능이라기보다는 학습된 행동이라고 해석한다. 영아에게 있어 어머니라는 존재는 일차적 욕구, 예를 들어 배고픔이나 갈증 등을 음식물이나 신체적 접촉을 통해 해결해 주는 이차적 강화자의 역할을 한다. 영아는 음식물, 신체적 접촉과 같은 일차적 강화물과 함께 이를 제공하는 이차적 강화자의 중요성을 알게 된다. 이에 영아가 이차적 강화자인 어머니와 애착관계를 형성했다고 볼 수 있다. 어머니와 애착관계를 형성한 영아는 엄마의 관심을 끌기 위해 미소나 옹알이, 추종반응 등을 하게 된다(최순영, 2009).

한편, 정신분석 이론가처럼 학습 이론가도 영아에 대한 수유가 애착 형성에 중요하다고 주장한다. 그러나 새끼 원숭이의 애착에서 먹이와 촉각 자극의 중요성을 비교한 Harlow와 Zimmerman(1959)의 실험에서 먹이를 주는 철사 어미 원숭이보다 편안한 접촉을 주는 헝겊 어미 원숭이에게 새끼 원숭이가 더 오랫동안 매달린다는 결과를 바탕으로 연구자들은 수유가 애착관계 형성에 가장 중요한 요인이 아니라는 것을 제안하였다.

[그림 8-1] Harlow의 새끼 원숭이 실험

(3) 인지 발달 이론

애착이 영아의 인지 발달과 관련되어 있다고 본다. 애착을 형성하기 전에 영아는 친근한 사람과 낯선 사람을 구별할 수 있는 지각적 변별력을 가져야 한다. 또한 애착 대상이 멀어지는 것에 대한 불안감을 표현하기 위해서는 어떤 대상이 보이지 않아도 계속 존재한다는 것을 아는 대상영속성 개념이 발달되어야 한다. 일반적으로 영아의 애착 형성이 시작되는 시기를 7~9개월쯤으로 보는데, 이 시기는 Piaget의 인지 발달 단계에서 대상영속성 개념이 획득되는 시기이기도 하다. 대상영속성 개념이 형성되는 이 시기의 영아는 어머니와 분리되는 것에 대해 큰 저항을 보인다는 연구들에 근거해 볼 때, 영아의 인지 발달과 애착은 밀접한 관련이 있다고 볼 수 있다(최순영, 2009).

(4) 동물행동학적 이론

동물행동학자들은 인간의 애착행동을 진화된 것으로 본다. 애착은 생존 유지 및 보호를 위한 본능적인 반응의 결과이며 생래적으로 계획되어 있다고 설명한다. 인간을 포함한 모든 동물은 한 개체뿐만 아니라 종 전체의 생존 가능성을 높이기 위해 어떤 사회적 행동을 유발하는 종 특유의 신호와 행동 경향을 가지고 태어난다고 가정한다.

양육자의 정서적 유대를 생존을 향상시키는 진화론적 반응으로 생각하는 동물행동학적 이론의 관점을 영아-부모 간 정서적 유대에 적용한 Bowlby(1973)는 영아가 자신을 돌보는 사람과의 지속적인 접촉을 위해 특유의 신호 혹은 행동을 한다고 보았다. 예를 들어, 영아들의 미소, 옹알이, 울기, 잡기 등의 행동은 영아가 자기를 돌보는 사람의 주의를 끌기 위한 행동을 하는 것이라고 볼 수 있다. 동시에 영아를 돌보는 사람들은 영아의 이러한 반응에 적극적으로 반응하는 능력을 선천적으로 가지고 태어난다. 따라서 애착은 영아나 어머니 중 한 사람의 반응에 의해 형성되는 것이 아니라, 영아가 보내는 신호에 어머니가 적극적으로 반응할 때 형성되는 것이다(Ainsworth et al., 1978).

3) 애착 발달 단계

Bowlby는 영아와 부모의 관계는 영아가 타고난 신호 체계를 활용하여 성인을 자신의 곁으로 부르는 것으로부터 시작되며, 시간이 흐름에 따라 애정적 결합으로 발달하며 온정적이고 민감한 보살핌뿐 아니라 새로운 정서적 · 인지적 능력에 의해 다음의 4단계로 발달한다고 보았다(Berk, 2006, pp. 356-357).

(1) 애착 전 단계(출생에서 6주)

영아는 잡기, 미소 짓기, 울기, 성인의 눈 응시하기와 같이 타고난 신호 체계를 통해 주변의 사람들을 가까이에서 접촉하도록 한다. 일단 이러한 신호에 성인이 반응하여 신생아를 안아 주거나 수유를 하는 등 가까이 있게 되고, 영아는 성인이 가까이 있는 것이 자신을 편안하게 해 주기 때문에 가까이 머무른다. 이 시기의 영아는 어머니의 냄새와 목소리, 얼굴을 인식하지만 반드시 어머니가 가까이 접근해야만 안정되는 것은 아니다. 주 양육자 외에 친숙하지 않은 성인과 있더라도 개의치 않으므로 주 양육자에게 아직 애착을 형성한 것은 아니다.

(2) 애착 형성 단계(6주에서 6~8개월)

영아는 친숙한 부모(주 양육자)에게 하는 반응과 낯선 사람에게 다르게 반응한다. 예를 들어, 영아는 주 양육자와 있을 때 더 미소 짓고, 웃고, 옹알이를 하며, 낯선 상황이나 당황스러운 상황에서 낯선 이보다 친숙한 주 양육자를 통해 더 잘 진정된다. 영아가 자신이 신호를 보내면 애착 대상인 주 양육자가 반응할 것이라는 신뢰감을 발달시키는 단계다. 하지만 아직 애착 대상인 주 양육자와 분리되었을 때 이에 대해 저항하지는 못한다.

(3) 명백한 애착 단계(6~8개월에서 18개월~2세)

친숙한 주 양육자(부모)에 대한 애착이 명확해지는 시기다. 영아는 자신이 의존하고자 하는 주 양육자가 떠나면 당황하는 '분리불안(separation anxiety)'을 보인다. 분리불안이 항상 발생하는 것은 아니고, 분리불안의 수준은 영아의 기질과 상황에 따라 다르게 나타난다. 분리불안은 양육자가 보이지 않을 때에도 양육자가 언제나 존재한다는 것을 영아가 명확히 이해했음을 의미한다. 이에 대상영속성을 아직 습득하지 못한 영아들은 어머니로부터 떨어져도 대체로 불안해하지 않는다. 이 시기 영아는 가능한 한 주 양육자(부모)와 가까이 있으려고 하며, 다른 사람과 주 양육자(부모)를 구분하고 가까이 다가가거나 따라다니는 행동을 보인다. 이들은 탐색을 위한 안전기지로 주 양육자를 이용한다.

(4) 상호호혜적 관계의 형성(18개월에서 2세 이후)

두 살이 끝날 무렵 인지 및 언어의 발달로 인해 걸음마기 영아는 부모를 가까이 오게 할 수도 있고 언제 돌아올지를 예측할 수 있게 된다. 이에 분리불안으로 인한 저항이 없어지며, 영아는 주 양육자의 목표를 변경하도록 요구하거나 협상을 할 수 있게 된다. 예를 들어, 영아는 어린이집에 두고 가기 전에 동화책 한 권을 읽어 주고 가라고 하기도 하며, 부모가 언제 돌아올지 이야기해 주면 이해하고 부모를 기다릴 수 있다.

4) 애착의 유형

애착의 유형은 영아 애착의 질과 안전-기반 행동을 측정하여 그 유형을 구분할 있다. Ainsworth는 Bowlby 이론을 기초로 영아가 실험실이라는 낯선 상황에서 보이는 행동을 기초로 영아의 애착 유형을 구분하였다. 그녀는 영아가 주 양육자와 애착의 발달이 잘 이루어졌다면 낯선 실험실을 탐색할 때 주 양육자를 안전기지로 사용해야 하며, 그 부모가 떠나면 분리불안을 보이고 친숙하지 않은 성인이 부모보다 덜 편안해야 한다고 보았다. 또한 부모가 돌아왔을 때 위로가 되고 진정되어야 한다고 보았다. 낯선 상황에서 영아는 주 양육자(부모)와의 짧은 헤어짐과 만남이 있는 8개의 에피소드를 거친다(〈표 8-1〉 참조).

Ainsworth는 낯선 상황에서 영아가 보이는 행동에 근거하여 애착 유형을 세 집단, 즉 안정애착(secure attachment) 유형, 회피애착(avoidance attachment) 유형, 저항(resistant) 혹은 양가적 애착(ambivalent attachment) 유형으로 분류하였다.

〈표 8-1〉 낯선 상황 실험 절차

에피소드	참여자	내용	관찰된 애착행동
1	양육자, 영아, 관찰자	관찰자가 양육자와 영아에게 실험실을 소개한 후 떠난다(실험실에는 놀잇감이 있다).	-
2	양육자, 영아	양육자는 영아가 놀잇감을 탐색하여 혼자서 놀이하게 하고, 영아가 먼저 상호작용을 원할 때만 반응한다.	안전기지로서의 양육자
3	낯선 사람, 양육자, 영아	낯선 성인이 들어와 앉아서 부모와 이야기는 나눈다.	친숙하지 않은 성인에 대한 반응
4	낯선 사람, 영아	부모가 방을 나간다. 낯선 성인이 영아에게 대답하고 영아가 혼란스러워하면 달래 준다.	분리불안
5	양육자, 영아	양육자는 영아의 이름을 부르며 들어온다. 이때 낯선 이는 조용히 나간다. 양육자는 영아가 접촉을 원하면 안정시킨 후 자리로 돌아간다.	재결합 반응

6	영아	양육자가 방을 나가고 영아는 혼자 방에 남아 있다.	분리불안
7	낯선 사람, 영아	낯선 사람이 영아의 이름을 부르며 들어와 영아를 달래 준다.	낯선 이에 의해 위로받는 능력
8	양육자, 영아	양육자가 다시 영아의 이름을 부르며 들어와 영아를 진정시킨다. 낯선 사람은 조용히 나간다.	재결합 반응

주: 에피소드 1은 약 30초, 나머지 에피소드는 약 3분, 분리 에피소드는 영아가 매우 힘들어하면 3분 이내로 중단, 결합 에피소드는 영아가 진정하여 다시 놀이를 시작하기 위해 필요시 3분 이상.

(1) 안정애착

안정애착 유형에 속하는 영아의 행동은 어머니와 단 둘이 있는 상황에서 장난감을 가지고 놀면서 주변을 적극적으로 탐색한다. 어머니가 나가면 당황해하지만 어머니가 돌아오면 반갑게 맞이하고 어머니로부터 위안을 얻기 위해 능동적으로 신체적 접촉을 요구하고 쉽게 달랠 수 있다. 연구 대상의 65%가 안정애착 유형에 해당된다.

안정애착을 보이는 영아의 부모나 양육자는 민감하고 반응력이 뛰어나다. 양육자는 영아의 신호에 민감하게 반응하며, 자신의 감정을 잘 표현하며, 영아의 탐색활동을 장려하는 경향이 높았다. 안정애착 유형의 영아를 둔 부모들은 영아가 울 때 빨리 안아 주며, 기분 좋은 소리로 달래 주었다. 또한 영아를 안아 주는 기술이 다른 부모들보다 더 발달되어 있었다.

(2) 불안정-회피애착

불안정-회피애착 유형의 영아는 낯선 상황에서 어머니와 함께 있지만 주변을 탐색하고 즐겁게 놀지 않는다. 또한 어머니와 분리되었을 때에도 두려워하거나 고통스러워하지 않는 등 별 반응을 보이지 않는다. 어머니가 다시 돌아왔을 때에도 가까이 가려 하지 않고 접촉을 피하려는 경향을 보인다. 영아는 어머니가 안아 주려 해도 적극적으로 안기려 하지 않고, 낯선 사람에 대해서도 무시하거나 관심을 보이지 않는다. 연구 대상의 20% 정도가 이에 해당된다.

부모로부터 거부당한 경험이 많은 영아들이 이러한 애착 유형에 속하는데, 부모는 영아가 자신의 계획이나 활동을 방해하면 화를 내거나, 영아가 보내는 신호에 반응을 잘 하지 않는다. 자녀에게 긍정적인 감정보다 화를 내거나 분노를 표현하는 등의 부정적인 감정을 나타내는 경우가 많았으며, 아기를 안아 줄 때도 애정을 가지고 안아 주지 않고, 신체적 접촉을 피하는 경향이 있었다.

(3) 불안정-저항애착

불안정-저항애착 유형의 영아는 낯선 상황에서 어머니가 함께 있어도 불안해하며, 주변을 탐색하지 못한다. 어머니가 떠나려 하면 매우 당황하며 고통스러워한다. 그러나 어머니가 다시 돌아왔을 때 어머니에게 매달리는 동시에 화를 내고 밀어내는 등 저항행동을 보이는 양가적 태도를 보인다. 낯선 사람에 대해서도 매우 경계하는 태도를 보인다. 연구 대상의 10~15%가 이에 해당된다.

주 양육자는 영아에게 비일관적인 반응을 보여 주었다. 즉, 영아의 행동보다는 자신의 기분에 따라 행동하는 부모들이 많았다. 이 부모들은 영아의 행동에 대해 어떤 경우에는 열광적으로 좋아하다가, 어떤 경우에는 그 행동을 부정하거나 무관심으로 대하는 등 비일관적이고 과장된 반응을 보이는 경우가 많았다. 또한 영아에게 정서적이고 긍정적인 표현을 잘 하지 않고 엄격한 편이었다.

(4) 혼란애착

불안정애착 중 가장 큰 불안감을 보이는 유형으로, 낯선 상황에서 가장 큰 스트레스를 받아 멍해 보이는 등 얼어붙은 것과 같은 행동을 보이거나 두려워하는 모습을 보이는 등 불안정한 행동을 보인다. 재결합 시 부모가 안고 있을 때 얼굴을 돌리거나 멍한 표정을 보이거나 우울한 정서나 경직된 표정을 보인다. 연구 대상의 5~10%의 이에 해당된다.

이들은 과거 양육자로부터 무시되어 왔거나 학대받은 경험이 있어 양육자에게 정서적으로 끌리는 동시에 양육자를 두려워하는 경향을 보였다. 영아에게 수용과 학대의 경험을 되풀이하였기에 영아가 양육자에게 접근해야 할지,

회피해야 할지를 혼란스러워한다고 볼 수 있다. 이러한 유형은 학대받은 영아나 심한 우울증을 보이는 어머니의 영아에게서 주로 나타난다.

5) 초기 애착 발달이 이후 발달에 미치는 영향

영아 초기에 형성된 애착은 성인기까지 어떠한 형태로든 지속되는 특성을 가지고 있다. 즉, 중요한 타인(부모)과의 초기 애착이 잘 형성될 경우 다른 사람을 지지적이고 우호적으로 지각하게 되고, 이는 그 이후의 대인관계와 성격 형성에 중요한 역할을 한다. 예를 들어, 부모와 안정적 애착을 형성한 영유아는 또래관계가 더 활발하고 문제 해결 상황에서도 더 성취지향적인 경향을 보인다(Ainsworth et al., 1978; Cassidy, 1986). 또한 청소년기의 교우관계, 학업 성취 등의 학교생활 적응에도 영향을 미치는 것으로 나타났으며, 나아가 성인기의 직장생활, 부부관계 등과도 관련이 있는 것으로 나타났다. 그러나 반대로 초기 애착 형성에 실패할 경우, 대인관계에 어려움을 겪고, 학교생활, 직장생활 등에서도 문제가 생기게 되기 쉽다.

이처럼 영아기에 형성된 애착의 질은 시간의 흐름에도 불구하고 안정적이며, 이후 대인관계 특성이나 행동에 지속적으로 영향을 미친다. 이에 대하여 Shaffer(2000)는 2가지 관점에서 설명하였다(전예화, 최미현, 천희영, 서현아, 황해익, 오경녀, 2010, pp. 59-60에서 재인용).

첫 번째 Erikson의 견해로 영유아기 초 타인에 대한 신뢰감의 발달이 이후 발달에 중요한 영향을 보인다는 관점이다. 필요할 때 쉽게 접근할 수 있고 반응적인 양육자에게 신뢰감을 형성한 아동의 경우 성장하면서 호기심 많은 문제 해결자가 되는데, 이는 자신에게 관심을 보이고 집중하는 양육자와의 신뢰감을 바탕으로 이후 양육자와 떨어져도 편안하게 탐색할 수 있게 되어 스스로 문제를 찾고 질문에 답하는 것을 학습했기 때문이다. 반면 불안정애착을 형성한 영유아는 환경 탐색이나 문제 해결을 주도하지 못하거나 타인에 대한 신뢰감을 형성하지 못하여 대인관계에 어려움을 가지게 된다고 설명한다.

두 번째 동물행동학적 입장에서 애착을 자신과 타인 및 사회적 관계에 대한 '내적 작동 모델(internal working model)'로 보는 것이다. Bowlby 등이 제시한 내적 작동 모델은 자신과 타인에 대한 인지적 표상으로, 생의 초기에 형성된 작동 모델은 안정적이며 이후 주 양육자와의 관계뿐 아니라 또래관계 및 교사와의 관계 등 다른 사회적 관계에 대한 표상으로 작용하게 된다. 이에 초기 형성한 내적 작동 모델은 삶에서 정서적 유대감에 지속적으로 영향을 나타낸다는 것이다.

하지만 초기 어머니와 불안정 애착을 형성한 영유아도 교사, 아버지, 조부모 등 다른 사람과 안정된 애착을 형성할 수 있으며, 시간이 지나면서 개선될 수 있다. 이는 내적 작동 모델에 변화를 가져올 수 있다는 것이다. 따라서 초기 형성한 안정애착이 성장 후 긍정적인 적응을, 불안정애착이 불행한 삶을 반드시 확정하는 것은 아니다. 하지만 많은 연구에서 보듯이 초기 안정적 애착은 이후 발달에 지속적으로 영향을 미치므로 애착의 중요성에 대해서는 유념하여야 할 것이다.

6) 애착과 교육

아동과의 안정된 애착 형성을 위해 부모 및 교사의 역할을 살펴보면 다음과 같다(김혜금 송영주, 임양미, 김현자, 김진숙, 박진욱, 2013, pp. 135-140; 민혜영, 김영희, 유은석, 임경령, 2017, pp. 106-107; 전예화 외, 2010, pp. 60-62).

첫째, 아동이 양육자로부터 애착 반응을 불러오는 데 영향을 미치는 미소, 옹알이 등과 같은 선천적인 반사나 신체적 특징, 기질적 특성은 부모 및 교사와 아동 간 상호작용의 질에 중요한 역할을 한다. 이에 부모나 교사는 선천적인 반사와 신체적 특징, 기질적 특성을 고려하여 안정적인 애착을 형성하도록 노력하여야 한다.

둘째, 교사나 부모는 영유아의 신호에 민감하고 적절하게 반응하여야 한다. 또한 민감한 반응과 더불어 영유아가 보내는 신호를 정확하게 해석하여 적절하게 반응하여야 한다. 이를 위해서 부모, 교사는 아동과의 상호작용 시 이들이 신호나 기질적 특성에 맞추어 '동시적 상호작용'을 하여 안정된 애착을 형성할 수 있도록 하여야 한다.

셋째, 정서적으로 안정된 분위기를 제공하여야 한다. 부모나 교사가 정서적으로 온정적이고 따뜻한 태도와 반응을 보이는 것은 안정애착 발달에 매우 중요하다. 따뜻하고 부드러운 시선과 함께 아동과 기분 좋은 신체접촉을 통해 이들이 사랑받고 있음을 인지할 수 있도록 도와주어야 한다.

넷째, 반응적이고 흥미로운 환경을 제공하여야 한다. 부모, 교사는 긍정적 분위기 속에서 아동의 호기심을 충족시켜 줄 수 있는 반응적이고 흥미로운 환경을 마련하여 아동과의 긍정적 상호작용을 통해 안정적 애착을 형성하도록 한다.

넷째, 놀이를 통해 영유아의 애착 증진을 지원해 준다. 놀이를 통해 영유아는 긍정적인 정서를 나누고, 함께 하는 즐거움을 느끼며, 자연스럽게 신체접촉을 하게 된다. 특히 아버지의 경우 영아와의 놀이 시 대개 어머니보다 강도 높은 신체적 놀이를 하며 놀아 주는데, 이는 아버지와 영유아 간의 애착 형성에 긍정적인 영향을 나타낸다.

다섯째, 부모와 교사는 아동이 존중받는다는 것을 느낄 수 있도록 개별적이고 존중하는 상호작용을 하여야 한다. 긍정적 상황에서 아동의 이름을 자주 불러 주거나, 유아의 물건이나 작품을 소중히 여기는 등 부모와 교사가 아동을 존중하는 언어적 · 비언어적 환경을 제공하여야 한다. 또한 유아교육기관에서 어머니와 처음 헤어질 때 아동이 느끼는 분리불안을 감소할 수 있도록 아동의 불안한 감정을 수용해 주고, 예측 가능한 환경을 제공해 주어야 한다.

2. 자아의 발달

1) 자아개념

(1) 자아개념의 정의

자신이 누구인지 알고 태어나는 사람은 없다. 자아(self)란 '개개인이 자신을 보는 눈'을 의미하는데, 자아개념은 자신을 타인과 구별하여 인식하는 것, 즉 신체적 특징, 가치관, 역할, 사회적 신분 등 다양한 측면에서 자신에 대한 평가를 말한다(김연진, 이경화, 송주미, 장미경, 2005). Cooley(1902)는 '거울상 자아(looking-galss self)'라는 용어를 사용하여 한 사람의 자아개념은 사회적 거울에 비춰진 상과 같아서 타인의 반응에 크게 영향을 받으면 발달한다고 하였다. 이와 같은 자아에 대한 이해는 아동이 자신에 대해 느끼는 방식, 아동이 또래나 성인과 상호작용하는 방식, 사회적 상호작용의 잠재적 성공이나 실패에 대한 기대, 새로운 것을 탐험하고 학습하고자 하는 동기에 영향을 미친다(Thompson & Virmani, 2010).

(2) 자아개념의 발달

① 영아기

자아인식(self-awareness)은 영아가 다른 대상과 구분되는 자아를 이해하는 것으로, 이는 영아가 자신이 누구인지를 아는 자아개념의 기초가 된다. 영아가 자신의 신체 모습을 알아보게 되는 시기는 자아의 시각적 표상, 즉 동영상이나 거울에 비친 자신의 이미지나 얼굴을 친숙한 사회적 자극으로 반응하거나 또래와 함께 있는 이미지 속에서 자신보다는 또래의 이미지를 신기한 자극으로 응시하는 등의 반응에서 알 수 있다. 5개월부터 영아는 자신의 이미지를 구분하여 반응하는 것으로 나타났다(Fogel, 1995).

영아의 자아인식과 관련하여 Lewis와 Brooks-Gunn(1979)은 유명한 거울 실험을 실시하였는데, 이들은 9~24개월 된 영아의 코 위에 빨간 립스틱을 묻힌 다음 거울 앞에 앉히고 영아의 반응을 관찰하였다. 15~17개월의 영아 소수가, 18~24개월의 영아 대다수가 자신의 코를 만짐으로써 거울 속의 영아가 누구인지 알고 있음을 보여 주었다. 영아는 자신의 얼굴 도식을 가지고 있고 거울에 비친 이미지가 자신이라는 것을 인식하고 있었다(전예화 외, 2010).

② 유아기

2~4세경 유아는 언어 및 인지 능력이 발달하면서 연령이나 성과 같은 속성에 기초하여 자신에 대해 기술하기 시작한다. 이 시기 유아는 외모 등의 신체적 속성, 소유물, 관계, 좋아하고 싫어하는 것, 능력 등과 같이 외현적이고 관찰 가능한 속성에 기초하여 자신을 기술한다. 이들의 자아개념은 즉각적이

고 구체적이며 내적 상태가 아니라 특정한 경험과 관련되어 있다(Bjorklund, 2012).

③ 아동기 초기

이 시기 아동은 여전히 연령, 성, 소유물, 능력, 관계, 선호와 관련하여 자신을 기술하지만, 5~7세경이 되면 과거, 현재, 미래와 관련하여 자신을 기술할 수 있게 된다. "나는 옛날에는 밤에 무서웠는데, 지금은 안 무서워요."와 같이 과거와 현재를 비교할 수 있다. 또 "나는 글자를 읽을 수 있고, 수학도 잘해요."와 같이 여러 가지 관련된 속성을 통합하여 더 완전한 자아개념을 가지게 된다.

④ 아동기 중기

8~11세경 아동은 관찰 가능한 속성뿐 아니라 내적 특성과 정서적인 속성을 포함하여 자아개념을 가지게 된다. 과거의 자아와 현재의 자아를 비교할 뿐 아니라 또래와 비교하여 자신을 구분하고 정의한다. 학업, 사회적 능력, 신체능력 등 자신의 능력을 구체적인 영역으로 범주화하고, 이전 시기보다 더 확대된 자아인식과 통합된 자아개념을 형성한다.

〈표 8-2〉 **아동의 자아개념 발달**

연령	출생~1세 (영아기)	2~4세 (유아기)	5~7세 (아동 초기)	8~11세 (아동 중·후기)
자아에 대한 기술	• 양육자와 분리된 존재로서 자신에 대한 인식	• 구체적이고 관찰 가능한 속성으로 자아를 정의 • 한 번에 한 가지 속성에만 집중 • '지금 여기'에 기초하여 자아 기술	• 구체적이고 관찰 가능한 속성으로 자아를 정의 • 구체적인 속성들을 연결하여 종합적으로 자신을 기술(난 빨리 달리고, 높이 점프도 하면서 공도 멀리 던질 수 있어) • 현재의 자아, 과거의 자아, 미래의 자아가 포함.	• 외적 속성뿐 아니라 내적 속성에 기초하여 자아를 정의내림. • 자신의 속성을 여러 범주로 구분하여 기술함(사회, 학업, 신체, 외모). • 자아가 지속적인 특성과 행동 패턴으로 구성됨.

비교 사용	• 비교하지 않음.	• 비교하지 않음.	• 현재의 자아와 이전 자아를 비교함.	• 자신과 타인 간의 사회적 비교를 함.
자기 평가	• 인식하기 시작함.	• 전반적으로 긍정적으로 자신을 평가함. • 자신을 부정적으로 보지 않음. • 자신의 능력을 과대평가함.	• 전반적으로 긍정적으로 자신을 평가함. • 자신 안에 있는 부정적인 속성을 보지 못함. • 자신의 능력을 과대평가함. • 진정한 자아와 이상적인 자아를 동일하다고 생각함.	• 자아의 여러 측면을 인식함(긍정적인 측면과 부정적인 측면). • 범주로 자신을 평가함(사회, 학업, 신체, 외모). • 범주 간 구분하여 평가함. • 이전 시기보다 자신에 대해 더 비판적이고 정확하게 평가함.

출처: Kostelnik et al. (2015). 영유아의 사회정서발달과 교육, p. 145.

2) 자아존중감

(1) 자아존중감의 정의

자아존중감은 자기 존재에 대한 견해로, 자아에 대한 스스로의 평가 결과이다. 아동은 어려운 일을 성취하려고 도전하고, 친구를 사귀는 등 다양한 발달과제를 수행하면서 자아존중감을 발달시킨다. 자아존중감은 사회적 경험의 산물이다. 성공과 실수에 대한 주변인의 반응 방식을 통해 아동은 자신의 가치와 능력에 대한 메시지를 받는다. 자신에 대해 주변인의 평가가 긍정적이라고 인식한 아동은 자신을 긍정적으로 평가하고 자아존중감이 높아지게 되고, 부정적이라고 인식한 아동은 자신에 대한 부정적인 평가를 내려 자아존중감이 낮아지게 된다.

(2) 자아존중감의 구성 요소

자아존중감은 가치, 능력, 통제의 3가지 차원으로 구성된다. 이러한 각각의 차원은 아동이 자신을 좋아하는지, 자신이 세상을 통제할 힘이 있다고 느끼는지에 영향을 미친다(Hewitt, 2002; Kostelnik et al., 2015, p. 142).

① 가치

가치의 차원은 사람이 자신을 가치 있게 여기고 좋아하는 정도, 그리고 다른 사람이 자신을 가치 있게 여기고 좋아한다고 생각하는 정도를 말한다. 아동은 자신이 맺고 있는 관계나 형성하지 못한 관계에 근거하여 자신의 가치를 판단한다(예: "수연이가 나랑 친구하고 싶지 않대.").

② 능력

능력의 차원은 자신이 과제를 완수하고 목표를 성취할 수 있다는 신념을 말한다. 아동이 목표를 설정하고 새로운 과제를 시도하고 자신의 잠재력을 탐구하고 또래나 성인과 상호작용하는 등의 일상적인 활동을 통해 얻게 되는 경험을 바탕으로 자신의 능력에 대해 판단한다.

③ 통제

통제의 차원은 개인이 세상에서 일어나는 일과 사건에 영향을 미칠 수 있다고 느끼는 정도를 말한다. 영아가 미소 짓고 옹알이할 때 양육자가 상호작용을 지속하는 것, 유아가 스스로 신발을 신으려고 하는 것 등 다양한 경험을 통해 아동은 자신의 행동이 미치는 영향을 관찰하게 되고, 자신이 언제, 어떤 종류의 통제를 행사할 수 있는지에 대한 믿음을 가지게 된다.

3) 자아 발달과 교육

아동의 긍정적 자아개념 및 자아존중감 발달을 위한 교사와 부모의 역할을 살펴보면 다음과 같다.

첫째, 부모와 교사는 아동의 자아개념 발달에 결정적이면서 지속적인 영향을 미친다. 이에 부모는 영유아의 발달에 적합한 기대를 하고, 다양한 시도를 할 수 있는 기회를 제공하여야 한다. 또한 아동의 노력을 격려하고 긍정적인 지지를 해 주어야 한다. 즉, 도전하여 성공적인 경험을 할 수 있도록 발달에 적합한 기대를 하고, 실패하더라도 비난하기보다는 긍정적인 격려와 구체적인 칭찬을 해 주어야 한다.

둘째, 부모와 교사는 아동이 자신에 대해 긍정적 감정을 가질 수 있도록 아동의 긍정적 · 부정적 정서에 대해 인지하고 이를 언어로 표현해 주는 등 아동의 정서를 수용해 주고 표현하게 하며, 사회적으로 수용 가능한 방법으로 문제를 해결할 수 있도록 모델을 제공해 주어야 한다.

셋째, 부모와의 안정애착은 유아의 자아개념 발달에 매우 중요한 영향을 미치므로 부모와 안정애착을 형성할 수 있도록 한다.

넷째, 부모와 교사와의 긍정적 상호작용은 아동의 자아개념 발달에 중요한 영향을 미치므로 부모와 교사는 아동을 그 자체로 수용하고 존중하여야 한다. 또한 가정과 기관에서의 아동 행동의 한계를 명확하고 일관되게 제시하여 아동이 행동 한계에 대한 이해를 토대로 행동을 조절하고 유능감을 가질 수 있도록 지원한다.

다섯째, 부모와 교사는 아동이 학습에 대한 성공감을 느낄 수 있도록 돕는다. 아동이 학습자로서 자신에 대하여 긍정적으로 인식하고 획득한 기술을 활용하여 숙달감을 느끼면서 자아존중감을 발달시킬 수 있도록 돕는다.

3. 성역할의 발달

1) 성개념 발달

성개념의 발달은 남성과 여성을 구별하고, 그중 하나의 성에 자신을 포함시키는 것에서부터 시작된다. 6개월 된 영아는 목소리의 높이를 이용하여 여성과 남성의 목소리를 구분해 내며(Miller, 1993), 생후 1년이 되면 여성과 남성의 사진을 구별할 수 있게 된다(Leinbach & Fogot, 1993; Poulin-Dobois et al., 1994). 생후 2~3년이 되면 유아들은 '엄마' '아빠' '남자아이' '여자아이'라는 명칭을 습득하고 정확하게 사용할 수 있다(Leinbach & Fogot, 1993). 그리고 5~7세의 아동은 성별은 변할 수 없는 영속적인 속성이 있다는 것을 이해하게 된다(Shaffer, 1999).

[그림 8-2] 여아의 화장품 바르기

2) 성역할 개념의 발달

성역할이란 성별에 따라 기대되는 행동이나 태도, 권리, 의무 그리고 책임을 말한다. 즉, '소년' '소녀' '여자' '남자'의 역할을 포함하는 광범위한 개념이다. 성역할과 관련하여 성유형화(gender typing), 성역할 고정관념(gender role stereotypes), 성정체성(gender identity), 성안정성(gender stability), 성항상성(gender constancy) 등의 용어를 함께 사용한다.

'성유형화'란 아동이 자신이 속한 사회에서 규정하는 성별에 적합한 행동, 태도 및 가치를 학습함으로써 성역할 특성을 발달시켜 가는 과정을 의미한다. '성역할 고정관념'은 성별에 따라 외모, 행동양식, 말씨, 감정 표현 등이 다르다고 규정하는 인식을 말한다. '성정체성'은 남성 또는 여성으로서의 생물학적 특성을 의식하고 자신의 성을 정확하게 명명하고 정서적으로 수용하는 능력과 함께 다른 사람을 남성, 여성으로 구분할 수 있는 능력을 포함한다. 2~7세경 유아기에 자신의 성별을 알게 되는 성정체감 획득을 시작으로 성안정성을 가지게 되는 일련의 과정을 거치게 된다. '성안정성'이란 시간이 지나도 성별은 변하지 않음을 아는 것으로 4세경에 이르면 성안정성에 대해 이해한다. '성항상성'이란 외모나 놀이에 따라 성별이 변하는 것이 아니라 생물학적인 성에 의해 유지된다는 것을 아는 것으로 대게 7~8세경 습득한다. 성항상성은 연령이 높을수록 보존개념과 같은 인지적 성숙에 따라 높아지는 경향을 보인다(민혜영 외, 2017).

3) 성역할 발달 이론

(1) 생물학적 이론

생물학적인 이론에서는 남성과 여성의 성역할에 영향을 주는 최초의 결정적인 사건은 아버지로부터 X 혹은 Y염색체를 받는 수정 과정에서 발생한다고 보았다. 이러한 성염색체로부터 결정된 성에 따라 각기 다른 호르몬을 분비하게 되며, 이는 생식 체계를 발달시키게 된다.

또한 출생 후의 사회적 요인들도 생물학적 특성에 따라 달라진다고 보았다. 즉, 부모와 주위 사람들은 아이의 생식기 모양에 기초하여 아동의 성별을 명명하고 반응하게 된다. 따라서 만일 생식기가 비정상적이어서 다른 성별로 잘못 명명되는 경우(예: TSF 증후군과 여성의 외부생식기를 가진 남아)에는 2~3세경에 잘못된 성정체성을 갖게 된다.

(2) 정신분석 이론

Freud는 성본능을 타고나는 것으로 보고, 남근기 동안 성정체성과 성역할에 대한 선호가 나타난다고 믿었다. 이 시기의 남아는 오이디푸스 콤플렉스를, 여아는 엘렉트라 콤플렉스를 극복하기 위해 성역할 동일시가 이루어지기 시작하며, 이로 인해 성역할의 발달이 일어난다고 본 것이다. 즉, 남아의 경우 어머니에 대한 근친상간적 욕망을 없애고, 거세불안에서 벗어나기 위해 아버지를 동일시하게 되며, 이러한 과정에서 성역할 발달이 나타난다. 여아의 경우에는 자신이 이미 거세되었다고 느끼고, 자신의 애정의 대상인 아버지로부터 여성적 행동에 대한 격려를 받기 위해 어머니의 여성적 특성을 동일시하게 된다고 보았다.

그러나 Freud의 이론에서는 거세불안이 없는 여아의 성역할 발달에 대한 기제가 분명하지 않으며, 남성과 여성 생식기의 차이를 모르는 많은 4~6세 아동의 경우, 거세불안으로 성역할 발달을 설명하기 어렵다. 그리고 많은 아동이 처벌적이고 위협적인 아버지보다 따뜻하고 양육적인 아버지를 더 강하게 동일시하는 것으로 밝혀져, 아버지에 대한 불안만으로 성역할 발달이 이루어진다는 가설이 받아들여지는 데는 어려움이 있다.

(3) 학습 이론

학습 이론가에 따르면 아동은 강화를 통한 직접적인 지도와 관찰학습을 통해 성정체성과 성역할 선호를 습득한다. 아이가 기본적인 성정체성 및 선호를 보이기 전인 2세경에 부모는 이미 성에 적합한 활동들을 격려하고 반대 성의 놀이에는 제재를 가하게 된다. 실제로 이러한 직접적인 지도를 받은 경험이 많은 아동들은 보다 스스로를 남아 혹은 여아로 잘 명명할 수 있으며, 성유형화된 장난감과 활동을 선호하게 된다. 이러한 부모의 직접적인 지도는 학령전기 동안 점차로 줄어들게 되며, 그 후에는 부모보다 또래의 성유형화된 태도와 행동에 더 많은 영향을 받게 된다.

또한 아동은 다양한 동성 모델들을 관찰하고 모방함으로써 성유형화된 태도와 흥미를 획득하게 된다(Bandura, 1989). 어머니나 아버지뿐만 아니라 또래, 교사, 나이 든 형제자매, 대중매체의 등장인물 등을 포함하는 다양한 동성 모델들을 선택적으로 주목하고 모방한다. 6~7세경의 아동은 자신과 동성의 모델에 더 많은 주의를 기울이게 되며, 동성 모델의 행동을 모방하는 경향이 더 높다.

(4) 인지 발달 이론

① 콜버그의 인지 발달 이론

Kohlberg(1996)는 성역할 발달과 인지 발달이 깊이 관련되어 있으며, 아동의 성역할 발달이 환경적인 영향이나 동일시를 통해 이루어지는 것이 아니라 아동 스스로 자신의 성에 적합한 지식들을 구성해 가면서 발달한다고 보았다.

인지 발달 이론에서는 아동이 성항상성을 획득하는 것을 다음과 같은

4단계로 설명하고 있다(Slaby & Frey, 1975). 첫 번째 단계는 성정체성 단계로, 2세 전후에 나타난다. 성정체성 단계에서는 스스로를 남자, 여자라고 말할 수 있게 된다. 두 번째 단계는 성안정성의 단계로 4세경에 나타나며, 이 시기의 아동은 시간이 지나도 자신의 성별은 변하지 않는다는 것을 인식하게 된다. 즉, 남아는 남자 어른이 되고, 여아는 여자 어른이 되어 간다는 것을 알게 된다. 세 번째 단계는 성항상성의 동기적 요소의 발달 단계로, 만일 개인이 원한다 하더라도 성별은 영원히 바뀌지 않는다는 신념을 갖게 된다. 마지막으로, 네 번째 단계는 성일관성 단계로 5~7세경에 나타나게 되며, 자신의 성별이 상황적으로 안정적이어서 머리 모양, 옷 모양 그리고 행동이 달라진다 하더라도 언제든지 같은 성을 유지한다는 것을 인식하게 된다. Kohlberg(1969)는 아동이 성안정성을 획득한 이후에야 스스로 사회화될 수 있으며, 성적으로 유형화된 행동을 하거나 동성 모델에 더욱 주목하게 된다고 보았다.

② 성도식 이론

성도식 이론은 성을 유형화하고 성역할을 습득하기까지의 정보 처리 과정을 중요시한다. 기본적인 성정체성의 확립은 아동이 성에 대해 학습하고 이 정보를 성도식(gender schema)에 통합하려는 동기가 되어, 어떤 사물, 행동 혹은 역할을 '남자 것' '여자 것'으로 분류하도록 하는 내집단/외집단(in-group/out-group) 도식을 습득하게 된다. 이러한 도식은 자신의 성에 적합한 역할에 대해 더 많은 정보를 주어 자신만의 성도식(own-sex schema)을 구성할 수 있게 된다.

아동은 주어진 정보가 자신의 태도와 일치하고 그에 대한 지식이 많을수록 잘 기억하고 선호하게 되며 반대의 경우에는 기억하지 못할 뿐 아니라 회피하게 된다. 즉, 자신이 가지고 있는 성도식에 근거하여 이러한 선택적인 기억과 선호 과정을 통해 아동의 성역할 발달이 이루어진다고 본다. 이 이론은 성역할 고정관념의 형성과 유지를 잘 설명해 줄 수 있고, 성안정성을 인식하기 전의 아동이 어떻게 성역할에 대한 선호와 성유형화된 행동을 보이는지를 설명해 준다.

4) 새로운 성역할 개념: 양성성

Bem(1993)은 남성성과 여성성이 단일 차원의 양극이 아닌 성격의 분리된 두 차원이라고 보았다. 즉, 전형적인 남성적 특질이 많고 여성적 특질이 적은 경우의 사람은 남성적으로 성유형화된 사람이며, 전형적인 여성적 특질이 많고 남성적 특질이 적은 사람은 여성적으로 성유형화된 사람이라고 보았다. 양성적인 사람은 남성적 특질과 여성적 특질을 모두 소유하고 있는 반면, 미분화된 개인은 이런 속성들 모두가 부족하다고 할 수 있다. 결국 양성적인 사람은 남성성과 여성성을 동시에 가질 수 있기 때문에, 상황에 따라 보다 효율적인 성역할을 해낼 수 있다.

5) 성역할 발달에 영향을 미치는 요인

(1) 생물학적 요인

성역할 발달에 영향을 미치는 생물학적 요인으로는, 첫째, 성염색체(sex chromosome)의 영향을 들 수 있다. 성염색체는 수정세포가 남아인지 여아인지를 결정하는 기능을 하게 된다. 둘째, 성 호르몬 분비의 차이로 배아기부터 생식기 간의 발달이 다르게 진행된다. 남아는 남성 호르몬인 안드로겐(androgen)의 분비가 활발하고 여성 호르몬인 에스트로겐(estrogen)의 분비는 적으며, 여아는 반대로 에스트로겐의 분비는 활발하나 안드로겐의 분비가 적다. 따라서 성염색체와 성 호르몬 분비의 차이로 인해 각기 다른 성역할 발달이 일어나게 된다.

(2) 사회적 요인

대부분의 사회에서는 아동이 출생할 때부터 남아와 여아를 구분하여 다르게 양육한다(McDonarld & Parke, 1986). 즉, 사회는 아동에게 지어 주는 이름이나 입히는 옷의 모양, 색, 장난감 유형, 머리 모양, 권장하는 놀이 내용 등 다양한 상황에서 아동의 성별에 따른 차이를 두며, 이로 인해 아동의 성역할 발달이 다르게 이루어지게 된다(Fagot & Leinbach, 1989).

① 부모

부모의 양육태도는 아동의 성역할 유형화에 결정적인 역할을 한다. 부모는 남아에게는 용감하고 강하며, 달리기나 던지기 등 활동적이고 독립적이며 경쟁적이고 힘찬 모습을 기대하고, 여아에게는 친절하고 예의 바르며 수동적이고 조용한 모습을 기대한다. 놀잇감을 줄 때에도 남아에게는 소방차, 트럭, 야구공, 총, 집 짓기 등을 주고, 여아에게는 인형, 다리미, 간호사놀이 세트, 소꿉놀이 세트를 준다. 따라서 부모가 자녀를 양육할 때 이러한 성고정관념을 탈피하여 자녀의 개성을 존중하고 상황에 맞는 융통성 있는 역할을 기대하고 강화함으로써 아동은 양성적인 특성을 가진 인간으로 성장할 수 있다.

② 형제

형제의 수, 출생순위 그리고 형제들과의 관계는 아동의 성역할 발달에 중요한 역할을 한다. 일반적으로 남자형제를 가진 아동은 여자형제를 가진 아동보다 더 남성적이며, 같은 성별의 형제가 있는 경우 성역할 발달이 더욱 빨리 이루어질 수 있음이 밝혀졌다. 또한 아버지가 부재한 가정의 경우에도 남자형제, 특히 손위형제가 있는 남아는 남성성을 발달시키는 데 큰 어려움을 가지지 않는다.

③ 또래와 교사

또래들이 주는 보상과 벌은 유아의 성역할 행동에 많은 영향을 준다. 또래는 각기 자신들의 성에 적합한 행동에는 강화를, 성에 적합하지 않은 행동을 할 때에는 비판적이고, 때로는 의도적으로 망신을 주기도 한다. 아동은 놀이를 통해 성에 적합한 행동을 배우고 실행해 보는 경험을 통해 성역할 개념을 발달시킨다. 이처럼 아동은 또래집단을 통해 자신이 살고 있는 사회 · 문화적 가치, 사회적 역할과 함께 기대되는 행동을 학습하면서 남자는 남자다운 것, 여자는 여자다운 것으로 자신의 성역할에 대한 사회적 이해를 내면화하게 된다.

교사 또한 또래집단만큼 강하지는 않지만 아동의 성에 적합한 놀이는 보상하고, 성에 적합하지 않은 놀이는 하지 못하도록 하는 경향이 있다. 반면에, 남아와 여아 모두에게 여성적인 특성을 강조하는 모습도 보이는데, 이는 교실 분위기 조성을 위해서 여성성을 강조하는 것이 효과적이라고 느끼기 때문이다. 그러나 교사의 여성성 강조는 남아에게 혼란을 가중시킬 수 있다(김경옥, 2004).

④ 책과 TV 등 사회 · 문화적 분위기

아동은 동화책, 교과서, TV 등을 통해서 성역할을 경험하고 배워 간다. 그러나 유아를 대상으로 사용하는 그림 동화책이나 텔레비전 드라마에 나타난 성역할에서 여성은 주로 수동적이고 남성에게 복종하는 것으로 묘사되고, 여성이 갖는 관심의 범위도 가정이나 가족의 문제로 제한되는 등 성역할 고정관념이 많이 나타난다. 이러한 성역할 고정관념이 담긴 책이나 텔레비전 등의 대중매체는 아동의 성역할 고정관념 형성에 많은 영향을 줄 수밖에 없다. 이에 비전통적인 성역할 모델의 제시는 유아의 성역할 고정관념을 감소시킬 수 있다.

6) 성역할 발달과 교육

아동의 성역할 교육에 있어 중요한 점은 아동이 성에 따른 고정관념을 갖지 않고 심리적으로 양성화된 특성을 가질 수 있도록 하는 것이다. 이미 성역할 고정관념을 가지고 있는 아동이라면, 아동의 고정관념이 완전히 굳어지기 전인 어린 나이에 성역할에 대한 고정관념을 가지지 않도록 노력해야 한다. 이를 위해 부모와 교사는 다음과 같은 점에 유의하여야 한다.

첫째, 부모와 교사는 아동의 양성성 발달을 위해서 좋은 성역할 모델이 되어야 하며, 또래 및 교사들이 미치는 영향을 주의 깊게 관찰할 필요가 있다. 그리고 성역할 고정관념이 많이 담긴 대중매체나 서적 등에 아동이 자주 노출되지 않도록 보살펴야 한다. 자신의 성정체감을 분명히 인식함과 동시에, 상황에 맞게 성역할을 적절히 사용할 수 있도록 교육하는 것이 바람직하다. 이를 위해 가정과 교육기관에서 성별에 관계없이 다양한 경험에 동등하게 참여할 수 있도록 하여야 한다.

둘째, 성역할 고정관념이 형성된 아동의 경우 인지적 중재 방법을 통해 지도할 수 있다. 인지적 중재는 주로 모델링, 관찰학습, 대리학습 등을 사용하여 문제행동과 관련된 인지적 결함이나 왜곡을 중재하는 것을 말한다. 즉, 모델링이나 관찰학습 등을 통해 아동이 학습되기를 기다리는 것이 아니라, 교사와 부모의 설명, 훈련과 같은 다른 일반적인 교수 방법들과 병행되어야 한다(Cullinan, 2002). 성역할 고정관념의 인지적 중재는 성역할 고정관념을 직접적으로 공격하거나, 사물들이 다양한 방식으로 분류될 수 있다는 것을 보여 주는 정보의 유목화 훈련을 통해 자신이 가진 오류를 발견하게 하는 것이다. 성역할 고정관념을 갖고 있는 사람은 한 사람이 하나 이상의 사회적 유목에 동시에 속할 수 없다고 믿는 일차원적 사고를 하는 경향이 있다. 따라서 아동이 상황과 역할에 맞는 융통성 있는 유연한 사고를 하도록 격려해 주는 것이 도움이 될 수 있다.

4. 친사회적 행동 발달

1) 친사회적 행동의 개념

친사회적 행동(prosocial behavior)은 다른 사람과의 관계에서 돕기, 나누기, 협동하기, 관용, 협력, 친절, 자선행동, 이타행동 등 사회적으로 바람직한 행동을 하는 것을 말한다. 친사회적 행동에 대한 정의는 학자들마다 다양하다. 친사회적 행동에 대한 정의를 '동기와 상관없이 결과적으로 타인에게 이익을 주는 자발적이고 의도적인 행동'으로 정의하기도 하고(Eisenberg, 1986), '동기적 측면을 강조하여 외적 보상을 기대하지 않고 다른 사람에게 이익을 주거나 도와주려는 행동'으로 정의하기도 한다(Bar-Tal, 1976). 연구자마다 다소 차이는 있지만 종합해 보면 친사회적 행동은 '외적인 보상을 기대하지 않고 타인을 도와주는 자발적인 행동과 타인에게 인정받고자 하는 욕구에서든, 아니든 관계없이 타인에게 긍정적인 영향을 주는 모든 행위를 포함하는 행동'으로 정의할 수 있다. 이러한 친사회적 행동을 위한 필수적인 전제조건이 공감(empathy)이다. 친사회적 행동은 타인의 경험에 대하여 공감한 결과로 나오는 행동이다.

선행연구에 따르면 친사회적 행동은 10세 정도까지는 연령과 더불어 증가하며 어린 아동들의 경우에도 친사회적 행동이 나타난다고 한다(Green & Schneider, 1974). 다만 연령이 낮은 아동의 경우 외적 통제나 보상에 대한 기대로 친사회적 행동을 하는 경우가 많고, 연령이 높은 아동의 경우 외적인 통제나 보상보다는 타인을 생각하는 진정한 동기에서 친사회적 행동을 하는 경우가 많았다(Bar-Tal, 1976).

2) 친사회적 행동의 발달 이론

(1) 학습 이론

인간의 친사회적 행동은 일반적인 행동 습득과 같이 자극에 대한 반응의 결과로서 일어나며, 보상의 결과로 얻어진 행동을 강화함으로써 발달한다. 즉, 아동은 모델링, 연습과 강화 등의 방법으로 친사회적 행동을 습득한다. 사회학습 이론에서는 학습자가 관찰자로서 모델의 행동과 그 행동에 따른 결과를 관찰하는 것이 중요하다고 지적한다.

(2) 인지 발달 이론

친사회적 행동을 수행하기 위해서는 다른 사람의 감정이나 정서 상태를 추론하고 공감하는 조망수용 능력과 감정이입, 문제해결기술 능력 등이 선행되어야 한다고 주장한다. 전조작기의 유아들은 자기중심적이고 인지 수준이 제한되어 있으므로 다른 사람의 입장에 대한 조망(perspective)이나 상황을 고려할 수 없다고 하였다. 그러나 구체적 조작기에 이르면 유아가 자기중심적 성향에서 탈중심화되고 조망수용 능력이 발달함으로써 다른 사람의 요구나 견해, 역할 등을 수용할 수 있게 되어 다른 사람의 요구를 정확하게 해석하고 공감할 수 있게 된다고 보았다(Honig, 1982).

(3) 정신분석 이론

인간의 본성을 이기적이며 공격적인 것으로 보는 관점이다. 특히 영아나 유아들은 타인의 감정과 요구에 상관없이 자신이 원하는 것을 즉각 충족하고자 하기 때문에 친사회적 행동은 초자아가 발달할 때까지는 가능하지 않다고 보고 있다. 그러다가 초자아가 발달하는 5, 6세 정도가 되면 처벌을 두려워하고, 성인의 친사회적인 도덕적 가치를 동일시하는 과정을 통해 친사회적 행동을 내면화한다고 보았다.

3) 친사회적 행동 발달에 영향을 주는 요인

(1) 아동의 성별

친사회적 행동에 있어서 남녀 성별 차이에 대한 연구는 분명하지 않다. 친사회적 행동의 성차이가 있다는 연구와 없다는 연구가 공존한다. 그러나 친사회적 행동에서 성별 차이가 있다는 연구들은 여아가 남아보다 더 관계지향적이고 타인에게 반응적이며 감정이입을 잘하는 반면, 남아는 독립적이고, 성취지향적이며, 도구적인 역할을 수행하기 때문에 여아가 남아보다 더 친사회적이라고 설명한다(Shaffer, 1999). 일부 학자들은 친사회적 행동에 대한 이러한 성별 차이가 생물학적인 차이에 원인이 있다기보다 사회적 환경에 원인이 있다고 주장하기도 한다.

(2) 기질

일반적으로 까다로운 기질의 아동이 순한 기질의 아동에 비해 친사회적 행동뿐만 아니라 대인관계에서도 어려움을 겪는다고 하였다. 다시 말해, 까다로운 기질의 아동이 순한 기질의 아동에 비해 친사회적 행동 수준이 낮다고 할 수 있다.

(3) 사회인지 능력

사회인지는 다른 사람이 어떻게 생각하고 느끼는지를 이해하는 것이다. 이를 위해 아동은 공감능력, 조망수용 능력, 마음 이론을 가지고 있어야 하는데 이러한 사회인지 능력은 친사회적 행동에 영향을 미친다. 다른 사람의 감정을 이해할 수 있는 아동은 더 친사회적으로 행동하는 경향이 있다(Kostelnik et al., 2015).

(4) 부모의 양육태도

유아의 친사회적 행동 발달에 중요한 역할을 하는 것은 부모이며, 특히 부모의 양육태도가 중요하다. 친사회적 행동을 많이 하는 아동의 부모들은 자녀에게 이타적 행동을 연습할 기회를 많이 제공하며, 자녀의 책임감과 독립심을 격려하는 양육태도를 보였다. 이에 반해 권위적이고 강압적인 양육태도는 자녀의 친사회적 행동 발달에 부정적인 영향을 주는 것으로 나타났다. 부모가 아동에게 귀납적으로 친사회적 행동을 강조하고 상대방의 입장을 추론해 보도록 하는 것이 효과적이었다.

(5) 애착

많은 연구자들이 유아의 애착과 사회성에 관심을 가져 왔다. 안정애착 유아들은 불안정애착 유아들보다 대인 간 문제를 친사회적으로 더 잘 해결했고, 새롭고 공격적인 문제를 좀 더 융통성 있게 처리하였다. 안정애착된 유아는 또래와 상호작용할 때 호혜적 행동(공유하기)을 비교적 많이 하는 반면, 부적 행동(울기, 신체적 공격, 언어적 위협 등)은 더 적게 하였다(Arend, Gove, & Sroufe, 1979).

한편 어머니와 불안정애착관계를 형성하였지만 교사와 안정애착관계를 형성한 유아들은 어머니와 교사 둘 다에 불안정애착을 형성한 유아들보다 더 친사회적이고 사회적 유능성에서 높은 평가를 받았으며, 정서적으로 안정되어 있는 것으로 나타났다(Howes et al., 1998).

4) 친사회적 행동과 교육

아동의 친사회적 행동을 발달시키기 위한 부모와 교사의 역할을 살펴보면 다음과 같다.

첫째, 유아들에게 남을 배려하고 도움을 주는 기회를 많이 제공한다.

둘째, 협동놀이를 통해 유아들에게 협동의 중요성과 기쁨을 알 수 있게 한다.

셋째, 부모와 교사 자신이 친사회적 행동의 모델링이 되어 주어야 한다.

넷째, 부모와 교사 자신이 양육적인 행동을 아동에게 보여 줌으로써 양육적인 모델링이 되어 주어야 한다. 양육적인 행동이란 다른 사람을 따뜻하게 보살펴주고 지지해 주며 친절하고 친근하게 행동하는 것을 말한다. 이를 위해 아동에게 풍부하고 따뜻한 환경을 제공한다.

다섯째, 부모나 교사는 자녀의 감정을 있는 그대로 수용해 줌으로써 자녀들이 자신의 감정을 자유롭게 표현하도록 해야 한다.

여섯째, 자녀와 부모 간의 긍정적인 상호작용을 촉진하고 친사회적 행동의 지도 과정에 가족 모두가 참여하도록 한다. 이를 위해 친사회적 행동에 대한 기대를 언어로 표현하고, 친사회적 행동에 대한 이야기를 나누는 기회를 자주 가지도록 한다.

일곱째, 온정적이고 합리적인 지도를 제공하여야 한다. 즉, 긍정적인 훈육을 통해 아동에게 다른 사람의 관점에서 상황을 바라볼 수 있는 기회를 제공하여야 한다. 또 해야 할 것과 하지 말아야 할 것에 대한 구체적인 안내를 제공하여야 한다. 행동의 원칙과 규칙을 분명히 알려 주고 행위의 결과를 알게 해 주면 친사회적 행동을 증진할 수 있다.

5. 공격성의 발달

1) 공격성의 개념

공격성에 대한 정의는 학자마다 다양하지만 일반적으로 공격성은 타인에게 상처를 주거나 의도적으로 해를 가하려는 사회적으로 바람직하지 않은 행동을 의미한다. 다시 말해, 다른 사람을 상해할 의도를 가지고 다른 사람 또는 대상을 손상시키는 신체적, 언어적 반응을 말한다(Aronson, 1988).

공격성의 유형은 크게 4가지로 나눌 수 있다. 첫째, 우연적 공격성은 지나가다 앉아 있는 친구의 손을 밟게 되는 것과 같이 의도하지 않았으나, 놀이과정에서 다른 아동에게 우연히 피해를 주는 경우를 말한다. 둘째, 표현적 공격성은 상대방에게 적대적 의도를 가지고 피해를 주려는 행동이 아니라 공격적 행동을 경험하게 된 후 신체적 감각에 몰두하여 공격적 행동을 하는 경우다.

예를 들어, 쌓여 있는 블록을 무너뜨리는 것이 재미있어 교실 안에서 친구가 만들어 놓은 블록을 발로 차고 기분 좋아하는 경우를 들 수 있다. 셋째, 도구적 공격성은 다른 사람을 해칠 의도 없이 자신이 원하는 것을 가지려고 하면서 나타나는 공격적 행동이다. 예를 들어, 놀잇감 다툼이 일어나는 경우 두 아동이 자동차를 서로 가지고 놀려고 공격적 행동을 하는 경우다. 여기서 상대방 아동을 미는 등의 공격적 행동은 자동차를 가져가려는 목적을 달성하기 위한 수단으로써 나타난 행동이다. 즉, 아동은 상대방에게 적대적 의도를 가지고 있다기보다 자동차를 가져가고 싶을 뿐이다. 아동은 사회적 지식과 기술의 부족으로 공격적 행동을 한다. 넷째, 적대적 공격성은 의도를 가지고 타인에게 고통이나 해를 가하는 것을 목적으로 한다. 아동이 행하는 공격적 행동은 대부분 도구적 공격성이 많다.

아동의 공격성은 4세경에 절정을 이루다가 6~7세 이후에 줄어드는 경향이 있다. 공격성을 민감하게 받아들이는 시기가 8세 정도이며, 이것이 12세가 넘도록 지속되는 경향이 있다(Huesmann, Eron, Lefkowitz, & Walder, 1984).

2) 공격성의 발달 이론

(1) 본능설

공격성의 본능설을 주장하는 대표적인 학자는 정신분석학자인 Freud와 동물행동학자인 Lorenz를 들 수 있다. Freud는 공격성을 죽음의 본능인 타나토스(tanatos)에서 찾는다. 즉, 인간을 삶의 본능인 에로스(eros)와 함께 죽음의 본능인 타나토스를 가진 존재로 본다. 죽음의 본능인 타나토스는 공격 에너지의 원천이 되며, 인간은 공격 에너지를 주기적으로 발산해야 하는 존재이다. 이러한 공격적 에너지를 주기적으로 발산하는 방법에는 사회적으로 바람직한 방법, 즉 운동이나 노동 등이 있고, 사회적으로 바람직하지 않는 방법, 즉 싸움, 물건 부수기 등이 있다.

한편, Lorenz는 공격성을 투쟁 본능에서 찾는다. 이 투쟁 본능으로 인해 인간은 서로를 공격하기 위해 무기를 개발하거나 다른 사람을 공격한다. 그는 인간의 투쟁 본능을 결과적으로 인류를 멸망시킬 수 있는 것으로 보고, 그것을 사회적으로 바람직한 방법으로 표출시켜야 한다고 주장한다.

(2) 욕구좌절설

공격성을 설명하는 욕구좌절설은 인간의 공격성이 욕구의 좌절, 즉 목표로 하는 행동의 좌절로 발생한다고 보았다. 하지만 우리는 좌절을 경험한 사람이 모두 공격적으로 행동하는 것은 아니라는 것을 알고 있다. 어떤 아동은 좌절되면 더 열심히 하거나 도움을 요청한다.

이에 공격성에 대한 욕구좌절설은 좌절을 공격행동을 위한 준비성으로 보았다(Berkowitz, 1974). 즉, 공격행동을 할 수 있는 준비성은 반드시 공격행동으로 연결되지는 않는다. 다시 말해, 공격행동의 준비성 이외에 부가적인 요소들, 예를 들면 상대방의 선제 공격이라든지, 이전의 공격 습관, 공격 단서 등이 첨가될 때 공격적 행동으로 연결될 수 있다고 보았다. 즉, 좌절이 공격성에 기여하지만 좌절이 유일한 원인으로 공격적 행동을 유발하는 것은 아니다.

(3) 사회학습 이론

사회학습 이론에서는 공격성을 강화나 모방을 통한 학습 결과로 습득되는 것으로 본다. Bandura는 공격성을 관찰학습을 통해 학습하는 것으로 보았다. 즉, 다른 사람의 공격적 행동에 주목하고 기억한 후 행동으로 옮기는 관찰학습을 통해 학습되는 것으로 보았다. 이와 함께 아동은 자신의 공격행동으로 원하는 결과를 얻는 강화를 통해 공격행동을 학습하는 것으로 나타났다.

3) 공격성 발달에 영향을 주는 요인

(1) 아동의 성별 및 기질 특성

연구자들은 생물학적 성별 차이가 공격성 발달에 영향을 준다고 보았다(Maccoby & Jacklin, 1980). 예를 들어, 모든 사회 혹은 문화권에서 남아가 여아보다 더 공격적이라는 것을 인정하고 있으며, 유아기로부터 아동 · 청소년기에 이르기까지 대체적으로 여아보다 남아가 더 공격적인 성향을 보이는 것으로 나타났다.

공격성의 성별 차이에 대해서는 먼저 남성 호르몬인 테스토스테론, 신체적인 힘, 더 높은 충동성과 같은 생물학적 요인에 의해 비롯된다고 보는 견해가 있다(Olweus, 2010). 또 공격성의 성 차이는 서로 다른 사회화의 과정을 그 원인으로 보기도 한다. 예를 들어, 부모들이 남아는 권위적으로, 여아는 민주적으로 양육하기 때문이라고 본다. 또한 생물학적으로 수컷이 암컷보다 더 공격적인 경향이 크다. 남성 호르몬과 공격성의 관계를 밝힌 연구들은 생물학적 성별 차이가 공격성과 관련이 있음을 말해 준다.

아동의 기질적 특성도 공격성과 관련되어 있다고 알려져 있다. 까다로운 기질의 아동이 순한 기질 아동에 비해 공격적인 행동을 더 많이 나타내고, 대인관계에서도 어려움을 보인다.

(2) 대중매체

아동은 다른 사람의 공격적 행동을 관찰하는 것만으로도 쉽게 공격적 행동을 습득한다. 텔레비전 등의 대중매체의 폭력성 정도가 아동의 공격적 행동에 의미 있는 영향을 미친다는 연구가 많이 있다. 공격성이 높은 대중매체를 경험한 유아는 그것을 그대로 모방하는 경우가 많아 실제로 공격적 행동을 더 많이 보이는 것으로 나타났다.

(3) 부모의 양육태도와 가정환경

역기능적인 가족 내의 아동 혹은 학대받는 아동은 사회적 기술과 문제해결 능력 등을 습득하지 못하는 경우가 많다. 이 부모들은 적절한 사회적 기술의 역할 모델이 되지 못할 뿐만 아니라 오히려 훈육의 과정에서 공격적 행동의 모델이 되기도 한다. 즉, 부정적이고 공격적인 부모의 양육방법은 아동의 공격적이고 반사회적인 행동을 강화하거나, 훈육의 과정에서 공격적인 행동의 모델이 됨으로써 아동의 반사회적 행동의 발달을 조장할 수 있다.

또한 공격성이 높은 아동의 부모들은 출산 시부터 부모-자녀 간 애착이 결여되어 있거나, 통제적이고 권위주의적이며 신뢰감이 없으며 거부적인 양육태도를 보이는 경우가 많았다. 반면에, 온정적이고 합리적인 지도는 낮은 공격성과 관련이 있었다. 이로 미루어 볼 때 공격성은 아동기에 학습되며, 특히 가정에서 이루어지는 부모와 자녀의 상호작용의 결과로 습득된다고 할 수 있다(Davis & Cummings, 1994). 또 공격적 행동은 아동기와 청소년기 사이의 연속성이 높았다. 부모의 양육태도 이외의 가정환경으로 경제적 어려움을 들 수 있다. 비행다발 지역이나 빈민가와 같은 불량한 주거환경에서 양육자의 훈육이나 감독이 잘못된 아동의 경우 비행을 초래하기 쉽고, 공격적인 성향이 높았다.

4) 공격성 발달과 교육

아동의 공격성을 줄이기 위한 부모와 교사의 역할을 살펴보면 다음과 같다(전예화 외, 2010, pp. 83-84; 민혜영 외, 2017, pp. 146-148).

첫째, 부모와 교사는 공격성을 통제할 수 있는 환경을 조성하여야 한다. 아동의 사회적 · 물리적 세계를 어떻게 조직하는가에 따라 공격성의 수준에 영향을 줄 수 있다. 아동의 좌절을 최소화해 주고, 아동이 유능하다고 느낄 수 있으며 아동의 감정이입을 촉진시켜 주는 환경에서 공격성은 감소된다. 반면에 아동들 간 부적절한 경쟁을 유발하거나 너무 밀집된 환경에서는 공격성이 증가될 수 있다. 또 놀잇감의 종류도 아동의 공격성에 영향을 줄 수 있다. 이에 부모와 교사는 아동이 유능하다고 느낄 수 있는 사회적 환경과 아동의 공격성을 통제할 수 있는 적절한 양과 종류의 놀잇감을 갖춘 물리적 환경을 조성해 주어야 한다.

둘째, 부모와 교사는 갈등중재 전략을 통해 공격적 행동의 대안을 가르쳐야 한다. 공격적인 아동은 대인관계 문제를 해결하는 기술이 없기 때문에 적대적이고 부적절한 방법으로 행동한다. 따라서 아동에게 효과적인 대인관계 갈등해결 기술을 가르칠 필요가 있다.

셋째, 부모와 교사는 공격적 행동이 다른 사람에게 미치는 부정적 영향을 아동이 인지하도록 도와주어야 한다. 즉, 아동의 공감능력을 향상시켜야 한다. 공격적인 유아는 공감능력이 부족하여 자신의 행동이 타인에게 미치는 영향을 알지 못하거나 관심이 없는 경우가 있다. 부모와 교사는 평소 감정이입적 관심을 보여 상대방이 어떻게 느끼는지 생각해 보는 기회를 자주 가지도록 지도하여야 한다.

넷째, 부모와 교사는 친사회적 행동의 모델링이 되어야 한다. Freud는 성격 발달 이론에서 아동은 남근기에 해당하는 5~6세경에 부모와의 동일시를 통해 초자아를 형성한다고 하였다. 성격의 도덕적 측면인 초자아가 형성되는 이 시기에 부모의 도덕적 행동의 모델링은 아동의 친사회적 성향을 형성하는 데 중요한 역할을 한다.

다섯째, 공격성에 대한 명확한 한계 설정과 공격성을 허용하지 않는 분위기를 조성하여야 한다. 다른 사람을 방해하고 다치게 하거나 놀잇감을 부수는 것에 대한 제한 설정을 명확하게 하여야 한다. 즉, 아동이 공격적 행동을 보일 때 단호하고 낮은 건조한 톤으로 아동에게 바람직한 행동에 대한 안내를 해 주도록 한다.

생각할 문제

- 아동의 애착의 중요성을 이야기하고, 맞벌이 가정이 많은 오늘날 한국 사회에서 부모와 아동 간 안정 애착을 증진하기 위한 지원방안을 생각해 보자.
- 아동의 사회성 발달에 대한 대중매체의 영향을 살펴보고, 문제점과 대안에 대해 토론해 보자.

참고문헌

김경옥(2004). 유아의 성역할 사회화에 관한 문화기술적 연구: K 어린이집을 중심으로. 창원대학교 대학원 박사학위논문.

김연진, 이경화, 송주미, 장미경(2005). **유아 · 아동발달**. 서울: 동문사.

김혜금, 송영주, 임양미, 김현자, 김진숙, 박진욱(2013). **유아사회교육**. 서울: 학지사.

민성혜, 김경도, 김리진, 이화영(2010). **영유아사회교육**. 서울: 신정.

민혜영, 김영희, 유은석, 임경령(2017). **유아사회교육**. 경기: 공동체.

전예화, 최미현, 천희영, 서현아, 황해익, 오경녀(2010). **유아사회교육의 이해**. 경기: 양서원.

최순영(2009). **인간의 사회 · 성격 발달심리**. 서울: 학지사.

황희숙, 이희영, 이경화, 이정화, 신경숙, 윤경미, 강승희, 윤소정, 황순영(2008). **아동발달과 교육**. 서울: 학지사.

Ainsworth, M. D. S., Blehar, M., Waters, E., & Wall, S. (1978). *Patterns of attachment*. Hillsdale, NJ: Erlbaum.

Arend, R., Gove, F. L., & Sroufe, L. A. (1979) Continuity of individual adaptation from infancy to kindergarten: A predictive study of ego-resiliency and curiosity in preschoolers. *Child Development, 50,* 950-959.

Aronson, E. (1988). *Social animals*. New York: Freeman & Company.

Bandura, A. (1989). Social cognitive theory. In R. Vasta (Ed.), *Annals of child development: Vol. 6. Theories of child development: Revised formulations and current issues* (pp. 1-60). Greenwich, CT: JAI Press.

Bar-Tal, D. (1976). *Prosocial behavior: Theory and research*. New York: Wiley.

Bem, S. L. (1993). *The lens of gender: Transforming the debate on sexual inequality*. New Haven, CT: Yale University Press.

Berk, L. E. (2006). *Child development*. 이종숙, 이옥, 신은수, 안선희, 이경옥 역 (2008). **아동발달**. 서울: 시그마프레스.

Berkowitz, L. (1974). Some determinants of impulsive aggressive: Role of mediate association with reinforcement of aggressive. *Psychological Review, 81,* 165-176.

Bjorklund, D. F. (2012). *Children's thinking: Cognitive development and individual differences*. Belmont, CA: Wadsworth Publishing Co.

Bowlby, J. (1973). *Attachment and loss: Vol. 2. Separation*. London: Hogarth Press.

Cassidy, J. (1986). The ability to negotiate the environment: An aspect of infant competence as related to quality of attachment. *Child Development, 57,* 331-337.

Cooley, C. H. (1902). *Human nature and the social order*. New York: Scribner's.

Cullinan, D. (2002). *Students with emotional and behavior disorders*. New Jersey: Person Education.

Davis, P. T., & Cummings, E. M. (1994). Marital conflict and child adjustment: An emotional security hypothesis. *Psychological Bulletin, 116,* 387–411.

Davitz, J. (1952). The effects of previous training on ion behavior. *Journal of Abnormal and Social Psychology, 47,* 309–411.

Eisenberg, N. (1986). *Altruistic emotion, cognition, and behavior.* NJ: Lawrence Erlbaum Association, Inc.

Fagot, B. I., & Leinbach, M. D. (1989). The young child's gender schema: Environmental input, internal organization. *Child Development, 60,* 663–672.

Fogel, A. (1995). Relational narratives of the prelinguistic self. In P. Rochat (Ed.), *The self in infancy: Theory and research* (pp. 117–139). Amsterdam: North Halland Elsevier.

Green, F. P., & Schneider, F. W. (1974). Age differences on the behavior of boys on three measures of altruism. *Child Development, 45,* 248–251.

Harlow, H. F., & Zimmermann, R. R. (1959). Affectional responses in the infant monkey. *Science, 130,* 421–432.

Hewitt, J. (2002). The social construction of self-esteem. In C. R. Snyder & S. T. Lopez (Eds.), *The handbook of positive psychology* (pp. 135–147). New York, NY: Oxford University Press.

Honig, A. S. (1982). Prosocial development in children: Research in review. *Young Children, 37*(5), 51–62.

Howe, C., Hamilton, C. E., & Phillipsen, L. C. (1998). Stability and continuity of child-caregiver and child-peer relationships. *Child Development, 69,* 418–426.

Huesmann, L. R., Eron, L. D., Lefkowiz, M. M., & Walder, L. O. (1984). Stability of aggression over time and generations. *Developmental Psychology, 2,* 1120–1134.

Isabella, R. A. (1993). Origins of attachment: Maternal interactive behavior across the first year. *Child Development, 64,* 605–621.

Kohlberg, L. (1969). Stage and sequence: The cognitive-developmental approach to socialization. In D. A. Goslin (Ed.), *Handbook of socialization theory and research* (pp. 347–380). Chicago: Rand McNally.

Kostelnik, M. J., Soderman, A. K., Whiren, A. P., Rupiper, M. L., & Gregory, K. M. (2015). *Guiding Children's Social Development and Learning.* 박경자, 김송이, 신

나리, 권연희, 김지현 역(2017). **영유아의 사회정서발달과 교육**. 서울: 교문사.

Leinbach, M. D., & Fagot, B. I. (1993). Categorical habituation to male and female faces: Gender schematic processing in infancy. *Infant Behavior and Development, 16,* 317-322.

Lewis, M. M., & Brooks-Guun, J. (1979). *Social cognitions and the acquisition of self.* New York: Plenum.

Maccoby, E. E., & Jacklin, C. N. (1980). Sex difference in aggressive: A rejoinder and reprise. *Child Development, 51,* 965-980.

McDonarld, K., & Parke, R. D. (1986) Parent-child physical play: The effects of sex and age of children and parents. *Sex Roles, 15*(7/8), 367-378.

Miller, P. H. (1993). *Theories of developmental psychology* (3rd ed.). NY: Freeman and Company.

Olweus, D. (2010). Understanding and researching bullying: Some critical issues. In S. R. Jimerson, S. W. Sweater, & D. L. Espelage (Eds.), *Handbook of bullying in schools: An international perspectives* (pp. 9-31). New York, NY: Routledge.

Poulin-Dobis, D., Serbin, L. A., Kenyon, B., & Derbyshire, A. (1994). Infant's intermodal knowledge about gender. *Developmental Psychology, 30,* 436-442.

Shaffer, D. (1999). *Developmental Psychology.* 송길연, 김수정, 이지연, 양돈규 역(2000). **발달심리학**. 서울: 시그마프레스.

Shaffer, D. R. (2000). *Social and personality development* (4th ed.). Belmont, CA: Wadsworth/Thomson Learning.

Slaby, R. G., & Frey, K. S. (1975). Development of gender constancy and selective attention to same models. *Child Development, 46,* 849-856.

Thompson, R. A., & Virmani, E. A. (2010). Self and personality. In M. H. Bornstein (Ed.), *Handbook of cultural developmental science* (pp. 195-207). New York, NY: Psychology Press.

제 9 장

발달장애

제 9 장 발달장애

학습목표

- 발달장애의 개념과 원인에 대해 설명할 수 있다.
- 발달장애 유형을 알고 각 유형별 특성과 치료 및 중재 방법에 대해 설명할 수 있다.
- 발달지체 및 발달장애의 선별, 진단, 교육 지원의 전반적인 과정에 대해 설명할 수 있다.

1. 발달장애의 개념

유아기 및 학령전기 발달장애는 생득적 원인과 환경적 원인 등의 이유로 인해 비슷한 연령의 또래들이 보이는 발달이 이루어지지 않거나 지연된 경우를 말한다. 일반적으로 또래보다 1년 반 이상 또는 2년 이상 발달이 지체된 경우, 그 지연된 발달 영역에 대한 개별적인 교육계획과 이의 실행이 필요하다. 이 장에서는 발달장애의 개념과 발달장애 유형 및 특성에 대해 알아보고, 발달장애 위험 아동과 발달장애 아동을 위한 적절한 교육적 지원에 대해 살펴봄으로써 발달장애 아동에 대한 지식을 넓히고 적합한 교육적 환경과 지원을 제공하기 위한 교사의 역할에 대해 생각해 보고자 한다.

1) 발달장애

발달장애(developmental disabilities)란 일반적으로 발달이 어떤 원인에 의해 정상적인 상태에서 회복 곤란한 상태로 손상됨으로써 신체적 · 지적 · 정서적 · 사회적 측면에서 능력 부진을 초래하며 정상적인 일상생활이나 사회적응에 곤란을 가져오는 상태를 의미한다.

미국의 발달장애학회에서는 발달장애를 '5세 이상의 사람이 보이는 심한 만성적인 장애로서 ① 정신적 또는 신체적 결함이나 정신, 신체 결합적인 결함에 기인하며, ② 22세 이전에 명백히 나타나고, ③ 무기한으로 지속될 가능성이 있으며, ④ 주요 생활 활동 영역(자기관리, 수용 · 표현 언어, 학습, 이동, 자기지시, 독립적인 생활능력, 경제적 자급자족) 중 셋 이상이 상당히(실제적으로) 기능적으로 제한되어 있고, ⑤ 평생 또는 장기간 개별적으로 계획되고 조정되는 특수하고 간학문적이며 포괄적인 관리, 치료 또는 기타 서비스가 필요한 경우'로 정의하고 있다. 또한 0~5세 사이의 서비스가 제공되지 않으면 발달장애를 초래할 가능성이 높은 발달지체 또는 특정한 선천적 · 후천적 조건을 지니고 있는 영유아에게도 적용된다고 기술하고 있다.

일반적으로 발달장애는 발달지체(developmental delay) 개념을 포함하고 있으며 포괄적인 맥락에서 유사한 개념으로 사용되고 있다. 「장애인 등에 대한 특수교육법」(2007)에서는 발달지체를 특수교육대상자로 지정될 수 있는 장애유형의 하나로 규정하고 있다. 발달지체는 발달지연의 의미로 해석되는데 이는 취학 전 유아를 대상으로 주로 사용되는 용어로서, "같은 연령의 정상 또래보다 낮은 수준의 기능을 나타내는 아동의 성숙 지연, 발달의 비정상과 느린 속도"를 말한다(서현아, 조용태, 박명화, 김경숙, 강미라, 하지민, p. 38에서 재인용). 즉, 발달지체는 한 발달 영역에서만 나타날 수도 있으며, 심하거나 영구적이지 않고 나중에 회복될 수 있는 일시적 지연일 수도 있다. 그러므로 발달지체를 보이는 유아들의 경우, 특정 영역의 지체가 일시적인 것인지, 아니면 지속적인 발달장애로 될 것인지를 결정하기 위해서 종합적인 검사와 정확한 평가를 해야 한다.

2) 발달장애의 원인

발달장애의 원인은 선천적 요인과 후천척 요인으로 구분되는데, 선천적 요인으로는 유전적 원인과 뇌의 구조적인 문제를 주 요인으로 들 수 있으며, 후천적 요인으로는 환경적 요인이 해당한다. 발달장애 아동은 주로 뇌의 결함이나 생물학적 요인의 이상으로 인해 선천적으로 장애를 가지고 태어나는 경우가 많으며, 산모의 임신 중이나 출산 후의 문제로 인해 발달장애가 생기는 경우도 있다. 또한 출생 전이나 출생 시의 여러 가지 장애위험 요인들을 지니고 태어난 영유아들 중 많은 수는 빈약한 환경에서 자라나기 때문에 환경적 위험으로 인해 장애가 발생할 확률이 더욱 높아지게 된다. 빈약한 환경과 관련된 요소들로는 낮은 사회 · 경제적 지위 및 부모의 교육 정도, 영양 결핍이나 열악한 양육환경, 부모와 가족의 불안정한 심리적 요소 등에 해당한다(이소현, 2003). 이러한 요소들은 서로 상호 관련하여 작용하므로 악순환으로 연결되어 아동의 전반적인 발달에 부정적이고 치명적인 영향을 미치게 된다.

2. 발달장애 유형에 따른 특성과 교육

현재 가장 일반적으로 사용되고 있는 정신장애 분류체계는 미국정신의학회(American Psychiatric Association: APA)에서 2013년에 개정한 『정신 장애 진단 및 통계 편람(Diagnostic and Statistical Manual of Mental Disorders: DSM-5)』이다. DSM-5에서는 발생연령에 따른 분류로서 신경발달장애(neurodevelopmental disorders)라는 범주로 발달에 관련된 장애 유형을 분류하였다. 이에 해당되는 장애 유형은 지적장애, 의사소통장애, 자폐스펙트럼장애, 주의력결핍 과잉행동장애, 운동장애, 기타 신경발달장애다. 이를 중심으로 발달장애 유형을 살펴보고 주요 특성 및 적절한 교육적 지원에 대해 살펴보고자 한다.

1) 의사소통장애

(1) 의사소통장애의 정의와 유형

의사소통장애(communication disorder)는 말(speech)과 언어(language)의 결함으로 인해 의사전달에 어려움을 장애를 말하며, 주로 말장애(speech disorder)와 언어장애(language disorder)로 구분된다. 말장애는 말소리를 산출하거나(조음), 말의 흐름을 유지하거나(유창성), 목소리를 조절하는 데(음성) 어려움을 보이는 장애를 포함하며, 언어장애는 언어이해력(수용언어)과 언어생성능력(표현언어)에 어려움을 보이는 경우를 포함한다. 또한 「장애인 등에 대한 특수교육법」(2007)에서는 의사소통장애를 언어의 수용 및 표현 언어, 조음능력, 말 유창성, 기능적 음성장애 영역 중 하나에 해당하며 이와 관련된 특별한 교육적 조치가 필요한 경우로 규정하고 있다. DSM-5에서는 말장애, 언어장애, 아동기 유창성장애 외에 사회적 의사소통장애를 추가하였다.

① 말장애

조음장애(articulation disorder)는 발음장애라고도 하며 개별 음소를 분명하게 조음하는 데 어려움을 보이는 장애다. 발음이 부정확하여 말의 내용을 제대로 전달하지 못하게 되므로 언어적 의사소통에 제한이 생긴다. 부정확한 발음의 원인으로는 구조적 · 신경학적 손상으로 인해 혀 짧은 소리를 내거나 청각 또는 신경학적 결함은 없으나 잘못된 습관이나 말을 시작하는 시기가 늦은 것을 들 수 있다. 기질적 또는 기능적 요인으로 인해 조음장애를 가진 유아는 받침이나 음소를 생략하거나, 특정 소리를 다른 소리로 대치하기도 하고, 표현하기 힘들게 발음하기도 하며, 불필요한 음을 첨가하여 말하게 되는 오류를 보이게 된다. 조음장애는 언어장애 중 가장 흔하며, 발음에만 문제를 보이는 순수 조음장애(발음장애)도 있으나, 음성이나 유창성, 언어 발달의 지체와 함께 동반되어 나타나기도 한다.

음성장애(voice disorder)는 말의 소리가 비정상적이거나 부적절하게 산출되어 말의 내용을 이해하는 데 어려움을 겪는 경우를 말한다. 일반적으로 듣기에 적절한 음성은 성대의 진동과 혀와 입술의 위치가 조화를 이루어 나오게 된다. 음성장애를 가진 아동은 음성의 질, 고저, 세기를 조절하는 데 어려움을 보이므로, 비음이나 거칠고 쉰 목소리, 너무 크거나 약한 목소리, 음의 높고 낮음이 달라지지 않고 계속 같은 억양으로 말하는 경향을 보인다. 음성장애는 아동보다 성인에게서 많이 나타나지만 큰 소리로 말하는 영유아의 경우 성대에 무리가 생겨 거칠고 쉰 소리를 내게 되거나, 성대에 이물질이 생기거나 완전히 닫히지 않아 음성장애가 나타나기도 한다(한유미, 김혜선, 권희경, 양연숙,

백은정, 2016).

유창성장애(fluency disorder)는 부적절한 속도나 흐름의 조절에 어려움을 보이는 장애로, 말을 매우 빠르게 하는 '속화(cluttering)'와 말이 막히거나 말을 더듬게 되는 '말더듬(stuttering)'으로 구분된다. 유창성장애를 가진 아동들은 말의 속도가 일정하지 않고 같은 말을 반복하거나, 문법에 맞지 않는 말을 하기도 하며, 너무 빨리 하는 경향을 보인다. 유창성의 문제는 보통 유아기에 나타나며 심리사회적 요인과 생리학적 요인이 복합적으로 작용하여 발생하게 된다. 즉, 자신의 생각이나 느낌을 말로 표현하게 되면서 특정 소리나 단어 또는 절을 반복하는 말더듬의 초기 증상을 나타내기도 한다. 보통의 경우 시간이 지나면서 자연적으로 회복하는 경우가 많으나, 유아 스스로 자신의 말더듬을 인식하게 되면 '어'를 반복 또는 연장하거나 첫 음이 완전히 막히게 되는 현상을 보이게 된다. 또한 말할 때의 주변 분위기로 인해 얼굴 근육의 떨림이나 운동성 움직임을 보일 수 있으며 스트레스와 불안으로 말더듬증이 더 악화되기도 한다.

② 언어장애

언어장애는 의미론, 구문론, 또는 화용론 중 하나 혹은 그 이상의 영역에서 결함을 보이는 것과 관련되며, 단순언어장애(specific language impairment)와 혼용되기도 한다. 단순언어장애 아동은 언어능력과 관련된 지능, 청력 또는 신경학적 손상의 기능에 이상을 보이지 않으나, 언어 발달에만 문제를 보이는 아동을 말한다. 즉, 지적장애, 자폐증, 또는 청각장애로 인해 수용언어 및 표현언어의 결함을 보이는 아동은 단순언어장애로 볼 수 없다.

Leonard(1989)가 제시한 단순언어장애의 조건을 보면 정상 범주의 지능과 정상적인 청력을 가지고 있으며 뇌기능 또는 신경학적 이상이나 말산출기능에 이상이 없으며, 사회적 상호작용 능력에 결함을 보이지 않는 반면에 언어능력에서만 정상보다 지체되어야 한다. 의미론적 측면에서 결함을 보이는 아동은 낱말의 뜻이 은유적으로 쓰일 때 이해하지 못하며, 은유적인 표현의 사용에도 어려움을 보인다. 또한 말하는 사람의 입장에서 표현되는 의미를 자기의 입장으로 전환하는 데 어려움을 보이며, 해당되는 낱말의 이름을 상기하는 데 어려움을 나타내기도 한다. 구문론적 측면에서 결함을 보이는 아동은 낱말을 순서대로 나열하여 문장을 만드는 과정에서 어려움을 보인다. 적절한 문장을 구사하기 위해서는 낱말이나 문장에서 그 뜻이나 문법적 유형을 바꾸어 주는 문법형태소들(격조사, 어말 어미, 선어말 어미)의 기능을 이해하고 바르게 사용할 수 있어야 한다. 문법형태소의 사용에 어려움을 보이는 아동은 주로 최소의 낱말들만을 사용하여 문장을 만들게 되고, 낱말이 결합된 문장이나 접속문의 사용에 제한이 있기 때문에 문장의 평균발화길이(mean length of utterance)가 또래에 비해 짧은 경향을 보인다(김영태, 2015). 또한 주절과 종속절을 포함한 복문을 이해하고 표현하는 데 어려움을 나타낸다.

화용론적 측면이란 실제 상황에서 말하는 사람과 듣는 사람 사이에서 사용되는 말의 기능을 의미하며, 일상적인 대화에서 필요한 화용론적 능력은 말하는 사람과 듣는 사람이 상대방의 말하고자 하는 의도를 파악하고 이해함으로써 적절하게 반응하는 것을 말한다. 화용론적인 측면에서 결함을 보이는 아동은 말을 이해하고 표현하는 데 있어서 전체 문맥의 단서를 파악하고 사용하는 데 어려움을 보이므로 직설적이고 융통성이 없는 경향을 보인다. 또한 원인과 결과의 관계를 이해하거나 직간접적인 표현이나 완곡한 표현을 이해하는 데 어려움을 보인다. 무엇보다도 화용론적인 결함을 보이는 아동은 대화 상황에서 요구되는 규칙을 지키는 데 어려움을 나타내어 상대방이 말하는 도중에 끼어들거나, 대답을 기다리지 않고 자신이 원하는 내용만을 이야기하는 경향이 있다.

③ 사회적 의사소통장애

사회적 의사소통장애는 DSM-5에 추가된 유형으로서 언어적 · 비언어적 의사소통의 사회적인 사용에 있어서 지속적인 어려움을 보이는 경우에 해당하며 4가지 진단기준이 제시되고 있다. 제시된 기준은 ① 사회적 맥락에 적절한 방식으로 의사소통을 하는 데 있어서의 결함(예: 인사 나누기, 정보 공유하기), ② 대화 시 맥락이나 듣는 사람의 요구에 맞추어 의사소통 방법을 바꾸어 말하는 능력(예: 아동과 성인에게 다른 방식으로 말하기, 교실과 운동장에서 다른 방식으로 말하기)에 있어서의 손상, ③ 대화를 주고받는 규칙(예: 자기 순서에 대화하기, 알아듣지 못했을 때 쉬운 말로 바꾸어 말하기)을 따르는 데 있어서의 어려움, ④ 명시적 기술이나 언어의 애매모호한 의미를 이해하는 데 있어서의 어려움에 해당한다. 즉, 사회적 의사소통장애는 성인이나 다른 아동과 대화할 때 화용론적 측면에서 제한을 보이는 것으로 언어와 의사소통의 사회적 사용과 함께하는 어려움으로 유형화된다. 자연적인 맥락에서 구어적 · 비구어적 의사소통에 대한 사회적 규칙을 이해하고 따르거나 상황적 요구에 따른 언어의 변화 또는 대화에 대한 원칙 따르기에 관련된 결함으로 구분된다. 사회적 의사소통에 있어서의 제한은 효과적인 의사소통, 사회적 참여, 학업 성취에서 기능적 한계를 야기하며, 이러한 결함은 구조적인 언어 또는 인지적 능력의 제한으로 설명되기 어렵다.

(2) 의사소통장애 아동을 위한 중재 및 교육적 지원

의사소통장애 아동을 위한 중재에서 중점을 두어야 하는 부분은 사회적 상호작용 촉진을 통한 의사소통능력 증진에 있다. 교실 안에서 교사와 아동, 아동과 아동 간의 언어적 · 비언어적 상호작용이 활발하게 일어날 수 있는 환경의 제공이 중요하다. 즉, 아동 스스로 환경에 적응하여 상호작용할 수 있는 자연적인 언어교수환경이 조성되어야 한다. 또한 장애 영유아의 언어 발달 특성을 고려한 적합한 매체와 자료를 사용하여 자연적인 환경에서 의사소통이 이루어질 수 있는 중재를 계획하고 실행하여야 한다.

2) 지적장애

(1) 지적장애의 정의와 분류

지적장애(intellectual disabilities)는 정신지체(mental retardation)라는 용어로 사용되어 오다가 2007년에 「장애인 등에 대한 특수교육법」이 제정된 이후로 지적장애라는 용어로 순화하여 사용하고 있다. 「장애인 등에 대한 특수교육법」(2016)에서 규정하고 있는 특수교육 대상자로서의 지적장애는 "지적 기능과 적응행동상의 어려움이 함께 존재하여 교육적 성취에 어려움"을 보이는 경우를 말하며, 「장애인 복지법」(2017)에서 규정하고 있는 지적장애 대상자는 '정신발육이 항구적으로 지체되어 지적 능력의 발달이 불충분하거나 불완전하고 자신의 일을 처리하는 것과 사회생활에서의 적응이 상당히 곤란한 사람'에 해당한다. 또한 미국의 「장애인교육법(Individuals with Disabilities Education Act, 2004)」에서는 지적장애를 '발달시기에 나타나며 교육적 성취에 부정적 영향을 미치는 적응행동의 결함과 이와 동시에 나타나는 심각한 평균 이하의 지적 기능'으로 정의하고 있다.

지적장애에서 정의하고 있는 평균 이하의 지적 기능은 일반적인 정신능력을 말하며, 낮은 정도에 따라 경도, 중등도, 중도, 최중도로 구분된다. 지적 능력은 일반적으로 지능지수(IQ) 70을 기준으로 하며, 이는 표준 지능검사에서 평균 지능지수 100, 표준편차 15점을 기준으로 하였을 때 평균에서 −2 표준편차(SD)에 해당된다. 경도의 지적장애는 IQ 50에서 70, 중등도는 35에서 50, 중도는 IQ 20~35, 최중도는 IQ 20 미만에 해당한다. 이 중 반복적인 훈련에 의한 교육이 가능한 아동은 경도와 중등도 지적장애 아동으로, 경도의 지적장애 아동은 IQ 정도에 따라 초등학교 4~5학년까지의 학업 성취가 가능하며, 중등도 지적장애 아동은 일부 기능적 학업 분야의 학습이 가능하며 주로 자조기술과 관련된 행동의 습득이 가능하다. 지능지수와 함께 지적장애 정도를 판별하는 또 다른 기준은 적응행동(adaptive behavior)으로, 일상생활 속에서 필요한 개념적 · 사회적 · 실제적 기술들을 말한다. 개념적 기술은 돈과 시간, 수의 개념, 자기지시 능력 등과 관련되며 사회적 기술은 상호관계기술, 책임감, 자아존중감, 규칙을 지키는 능력 등을 말하고, 실제적 기술은 일상생활과 관련된 활동, 즉 여행이나 교통수단의 사용, 안전한 한경을 유지하는 능력 등에 해당한다(강대옥, 강병일, 김기주, 김남진, 김창평, 2016). 이러한 적응행동은 지적장애 아동이 사회 구성원으로 생활하기 위해 필요한 기본적인 기술들로서 지능지수 정도와 함께 지적장애 수준을 판별하는 기준이 된다.

지적장애 아동은 인지기능의 제한으로 인해 주의집중, 기억, 일반화 측면에서 장애를 가지고 있으며, 반복되는 실패와 좌절로 인해 낮은 학습동기와 자아존중감을 보이는 경우가 많다. 장기기억보다는 단기기억에 어려움을 보이고 학업 관련 지식을 습득하는 속도가 느리며, 짧은 주의집중과 다양한 환경과 상황에서 학습한 것을 일반화하는 데 어려움을 보인다. 언어 발달도 또래들보다 지체되어 있으며, 사회성에서도 주위에 있는 성인에게 지나치게 의존하는 성향을 보이거나 자기통제 능력이 부족하여 문제행동을 자주 나타내기도 한다. 인지기능뿐만 아니라 실제적인 적응행동상의 제한으로 인해 신변처리기술과 일상생활기술에 어려움이 있다.

(2) 지적장애 아동을 위한 중재 및 교육적 지원

지적장애 아동의 인지기능 향상을 위해서는 지속적이고 직접적인 교수의 제공과 반복적인 연습과 훈련을 통해 학습효과를 높여야 하며, 과제 수행 시 단계별 과제를 제시하여 성취감과 동기를 일으키도록 도와야 한다. 중도 지적장애 아동의 경우, 중다감각적 접근으로 다양한 방법을 감각을 자극하여 제시된 과제를 단계별로 수행할 수 있는 교수를 제공하도록 한다. 또한 적응행동기능을 높이기 위해 일상생활에 필요한 다양한 기능적 기술을 학습시키고, 이러한 적응기술이 유지되도록 해야 한다. 특히 신변처리 및 일상생활 기술의 향상을 위해서는 아동 스스로 해야 할 일을 결정하고 관리할 수 있는 자기결정 및 자기관리 기술을 습득을 위한 훈련을 제공해야 한다. 사회성 및 대인관계 기술을 향상시키기 위해서는 사회성기술 향상 프로그램을 통해 친사회적 행동 및 적절한 사회적 행동을 습득하고 다양한 상황에서 적용하여 사회적 상호작용 능력을 증진시킬 수 있도록 함으로써 습득된 행동을 유지 및 일반화하도록 해야 한다.

3) 자폐스펙트럼장애

(1) 자폐스펙트럼장애의 정의 및 특성

자폐스펙트럼장애(autism spectrum disorders: ASD) 아동은 사회적 상호작용과 의사소통문제에 심각한 결함을 보이며 비정상적인 반복행동을 하는 특성을 보인다. 1943년 Leo Kanner 박사가 심한 고립행동을 보이는 아동들의 사례를 보고하면서 이들이 보이는 증상을 유아 자폐증이라고 명명하면서 알려지기 시작했고, 전반적 발달장애(pervasive developmental disorder)라고 지칭하기도 한다. 또한 아동들에 따라 보이는 행동 특성이 다양하게 나타나므로 자폐스펙트럼장애라는 용어를 사용한다. DSM-5에서는 자폐성 장애, 아스퍼거 장애, 소아기 붕괴성 장애, 달리 분류되지 않는 광범위성 발달장애(PDD-NOS)를 자폐스펙트럼장애로 통합하였다. 자폐스펙트럼장애는 「장애인 등에 대한 특수교육법」(2007)에서 독립된 장애 영역으로 분리되었으며, 자폐스펙트럼장애를 지닌 특수교육대상자는 "사회적 상호작용과 의사소통에 결함이 있고, 제한적이고 반복적인 관심과 활동을 보임으로써 교육적 성취 및 일상생활 적응에 도움이 필요한 사람"으로 규정되어 있다.

DSM-5에서는 자폐스펙트럼장애의 진단기준을 2가지로 제시하고 있는데, ① 사회적 의사소통 및 상호작용에서 지속적인 결함을 보이는 것, ② 행동, 흥미 또는 활동에서 제한적이고 반복적인 패턴을 보이는 것이 그것에 해당한다. 첫 번째는 대부분의 자폐스펙트럼장애 아동이 공통적으로 보이는 핵심 행동에 해당하며 두 번째는 자폐 정도가 심한 아동이 흔히 보이는 행동에 해당한다. 자폐스펙트럼장애 아동의 과반수 이상은 허밍이나 단순한 소리를 내는 정도의 무발화 특성을 보이며, 약간의 소리를 내거나 말을 할 수 있는 경우, 반향어를 나타낸다. 반향어란 상대가 하는 말의 끝부분이나 단어, 문장을 특별한 의미 없이 반복하는 것을 말한다. 자폐스펙트럼장애 아동은 발화 시 대체로 억양, 장단, 강세를 단조롭게 표현하여 기계적으로 딱딱하게 들리는 경향이 있으며, 상대방과 대화할 때 다른 사람의 정서적 상태를 지각하거나 자신의 정서를 표현하고 관계를 형성하는 데 어려움을 겪는다.

또한 사물의 특정 부분에 대해 과도한 집착을 보이거나 행동이나 일과를 반복하는 모습을 보이며, 손이나 머리를 흔드는 것과 같은 상동적이고 반복적인 운동 습관을 보이기도 하며, 특정 감각에 대해 매우 과민한 반응을 보이기도 한다. 지적 능력의 경우, 자폐스펙트럼장애 정도에 따라 범위가 넓게 나타나나 70~80% 정도의 아동은 IQ 지수 70 이하의 지적장애 수준을 보인다. 또한 제한된 일부 자폐스펙트럼장애 아동의 경우, 암기나 음악, 미술 분야 같은 특정 영역에서 매우 뛰어난 능력을 보이는 서번트 증후군(savant syndrome)에 속하기도 한다.

〈표 9-1〉 DSM-5에 의한 자폐스펙트럼장애 특성

1. 다양한 상황에서 사회적 의사소통 및 상호작용에 지속적인 결함을 보인다.
   1) 사회적 정서적 상호작용의 결함
   2) 사회적 상호작용을 위해 사용되는 비언어적 의사소통행동의 결함
   3) 대인관계를 발전, 유지 및 이해하는 데 결함
2. 행동, 흥미 또는 활동에서 제한적이고 반복적인 패턴을 보인다(2개 이상).
   1) 정형화되거나 반복적인 운동 동작, 물체 사용이나 언어 사용
   2) 동일한 것에 대한 고집, 일상적인 것에 대한 완고한 집착, 또는 언어적 · 비언어적 행동의 의식화된 패턴
   3) 제한적이고 고정된 흥미를 보이며 그 강도나 초점이 비정상적
   4) 감각적 자극에 대한 과잉 또는 과소 반응, 감각에 대한 비정상적인 관심

출처: American Psychiatric Association (2013). DSM-5.

[그림 9-1] 서번트 증후군을 소재로 한 드라마와 영화

(2) 자폐스펙트럼장애 아동을 위한 중재 및 교육적 지원

자폐스펙트럼장애 아동을 위한 중재는 주로 의사소통기술과 사회적 기술 향상에 중점을 둔다. 무발화나 발화가 거의 되지 않는 아동의 의사소통기술 향상을 위해서는 보완대체의사소통(AAC) 기구를 사용하여 상대방과 상호작용을 할 수 있도록 돕는다. 사회적 기술 향상을 위해서는 행동치료가 일반적으로 사용되는데, 행동치료에서는 자폐스펙트럼장애 아동이 또래나 성인의 행동을 모방하고, 타인의 말을 경청하고, 상황에 맞게 행동하는 법을 습득하여 자연적인 상황에서 일반화하도록 돕는다. 또 반향어나 자해행동, 상동행동을 제거하거나 다른 행동으로 대체하도록 도움으로써 의사소통과 사회적 기술행동을 습득할 수 있도록 중재한다.

4) 주의력결핍 과잉행동장애

(1) 주의력결핍 과잉행동장애의 정의 및 특성

주의력결핍 과잉행동장애(attention deficit hyperactivity disorder: ADHD)는 주의산만, 과잉행동, 충동성을 주 증상으로 한다. ADHD 아동은 또래에 비해 현저하게 산만한 행동을 보이고 안절부절못하고 충동적인 행동을 나타내기 때문에 가정이나 학교생활에 어려움을 겪게 된다. ADHD 증상은 부주의와 과잉행동–충동 증상으로 구분되며, 주의력결핍 우세형은 부주의한 행동을 주로 보이는 경우이며, 과잉행동–충동 우세형은 산만하고 충동적인 행동을 주로 보이는 경우에 해당한다. 또한 2가지 행동 증상을 모두 보이는 경우는 복합형으로 구분한다. DSM-5(2013)에서 제시한 ADHD 진단기준에 따르면 〈표 9–2〉에 기술된 부주의와 과잉행동–충동과 관련된 행동 9가지 중 각각 6가지 이상의 증상이 6개월 이상 부적응적인 발달 상태로 지속되어야 한다.

산만하고 과다하게 몸을 움직이고 충동적인 행동을 보이는 ADHD 아동은 특히 과제와 관련된 자극에 집중하는 선택적 주의집중에 어려움을 보이기 때문에 또래보다 짧은 주의집중 시간을 보이게 된다. 또한 한 가지 과제를 주어진 시간에 완수하고 다음 과제로 넘어가는 데 어려움을 보인다. 이는 '실행기능(executive function)에 제한을 나타내는 것으로 작업기억이나 내적 언어, 문제 해결을 하는 과정에서 다른 사람들과 상호작용을 통해 자신의 행동을 통제하고 조절하는 데 문제가 있기 때문이다(권석만, 2016).

〈표 9-2〉 DSM-5에 의한 주의력결핍 과잉행동장애(ADHD) 특성

1. 부주의
1) 세부적인 면에 대해 주의를 기울이지 못하거나, 학업, 일 또는 다른 활동에서 부주의한 실수를 저지른다.
2) 일이나 놀이 활동에 주의집중을 하지 못한다.
3) 다른 사람이 직접 말을 할 때 경청하지 않는 것처럼 보인다.
4) 지시를 완수하지 못하고, 학업, 일 또는 직장에서의 업무를 완수하지 못한다.
5) 과제와 활동을 체계화하지 못한다.
6) 지속적인 정신적 노력을 요구하는 과제에 참여하기를 피하거나 저항한다.
7) 과제나 활동에 필요한 물건들을 잊어버린다.
8) 외부 자극에 쉽게 산만해진다.
9) 일상적인 활동을 잊어버린다.

2. 과잉행동-충동
1) 손발을 가만히 두지 못하거나 의자에 앉아서도 몸을 움직인다.
2) 앉도록 요구되는 교실이나 다른 상황에서 이탈한다.
3) 부적절한 상황에서 과도하게 뛰어다니거나 높은 곳에 올라간다.
4) 조용한 여가 활동에 참여하거나 노는 것을 어려워한다.
5) 끊임없이 움직이거나 뭔가에 쫓기는 것처럼 행동한다.
6) 쉴 새 없이 수다스럽게 말한다.
7) 질문이 끝나기도 전에 성급하게 대답한다.
8) 차례를 기다리는 데 어려움을 보인다.
9) 타인의 활동(대화, 게임 등)을 방해하고 간섭한다.

출처: American Psychiatric Association (2013). DSM-5.

(2) 주의력결핍 과잉행동장애 아동을 위한 중재 및 교육적 지원

ADHD 아동의 경우, 약물치료를 통해 집중력, 기억력, 학습능력에서 전반적인 향상을 가져올 수 있다. 집중력이 호전됨으로써 과제에 대한 흥미와 동기가 강화되어 수행능력도 좋아질 수 있다. 점차 부주의하고 과다하며 충동적인 행동은 줄어들게 된다. 그러나 약물치료는 부작용을 일으킬 수 있고, 장기적인 효과를 나타내기는 어렵기 때문에 인지행동치료, 놀이치료, 미술치료, 사회성 기술훈련 등 아동의 행동장애 유형에 적합한 치료와 중재를 병행하여야 한다.

5) 운동장애

DSM-5(2013)에 제시된 운동장애는 발달성 협응장애, 상동(증)적 운동장애, 틱장애의 3가지 유형에 속한다.

(1) 발달성 협응장애

발달성 협응장애(developmental coordination disorder)는 전반적인 운동기능의 결함으로 인해 복잡한 움직임에 어려움을 겪는 경우에 해당하며, 운동의 움직임이 또래에 비해 느리므로 반복적이거나 리듬감을 필요로 하는 움직임에 제한을 보이게 된다. 협응된 운동의 습득과 수행이 개인의 생활연령과 기술 습득 및 사용 기회에 비해 현저하게 낮은 경우로, 물건을 잡거나 글씨 쓰기, 또는 자전거 타기와 같은 운동기술 수행 지연과 부정확하고 서투른 동작을 나타내기도 한다. 즉, 대 · 소근육 활동 수행에 한계를 보이므로 협응의 문제뿐만 아니라 집중력, 충동조절에 어려움을 보이며, 난독증과 같은 학습장애와 관련된 증상을 보일 수도 있다. 또한 발달성 협응장애가 있는 아동은 일상생활 활동에서의 기능적 수행에 어려움을 보이며, 다른 장애 또는 질환의 여부에 따라 손상은 심해진다. 운동기능의 결함은 학업생활 및 친구와의 관계에도 영향을 미치게 되는데, 스포츠 또는 그룹 활동에의 저조한 참여와 자존감 저하 및 학업적 성취의 손상을 가져올 수 있다.

(2) 상동(증)적 운동장애

상동(증)적 운동이란 억제할 수 없거나 목적이 없는 것 같은 운동행동을 말하는데, 일반적으로 손이나 손가락, 몸, 머리를 흔드는 행동에 속하며 자신의 몸을 물어뜯거나 때리는 자해행동들을 포함한다. 이러한 반복적인 상동(증)적 운동행동은 사회적 · 직업적 활동을 방해하거나 자해의 원인이 될 수 있는 정도에 해당되어야 한다. 주로 발달 초기에 나타나며 중도 이상의 지적장애 아동과 심각한 감각장애 아동의 경우 자해행동을 동반할 수 있으므로, 상동(증)적 운동의 정도를 구분하여 증상에 대한 방어책과 예방책을 제시하여 행동 중재를 하는 것이 중요하다.

(3) 틱장애

틱은 갑작스럽고, 빠르고, 반복적이며, 비율동적인 동작이나 음성증상을 말하며 주로 운동틱과 음성틱으로 나타난다. 단순 운동틱은 눈 깜빡거리기, 어깨 으쓱하기, 끄덕거리기 등이며, 단순 음성틱은 킁킁거리기, 헛기침하기, 혀차기 등에 해당한다. 복합 운동틱은 얼굴 표정 짓기, 뛰어오르기, 발 구르기 등이며, 복합 음성틱은 단어나 구절 반복하기, 다른 사람이 하는 말 따라 하기, 외설적인 단어 사용하기 등으로 나타난다. DSM-5에서는 틱장애(tic disorder)를 3가지 유형(뚜렛장애, 만성 운동 또는 만성 음성 틱장애, 잠정적 틱장애)으로 구분하여 진단기준을 제시하고 있다. 뚜렛장애는 여러 운동 틱과 한 가지 이상의 음성 틱이 1년 이상 지속적으로 나타나는 경우다. 만성 운동 또는 만성 음성 틱장애는 한 가지 이상의 운동 틱 또는 음성 틱이 1년 이상 지속된 경우로 분류한다. 잠정적 틱장애는 한 가지 이상의 운동틱 또는 음성틱이 1년 미만으로 나타나는 경우에 해당한다. 이러한 틱장애는 보통 유아기에 나타나 10~12세 사이에 가장 심하며, 청소년기 또는 성인기에 증상이 감소되기 시작한다. 틱은 차분하게 집중할 때 감소되고 스트레스를 받을 때 증가하는 양상을 보인다. 또 틱장애 아동은 사회적 불만족이나 우울, 수치심 등을 자주 느끼며 틱이 나타나는 데 대한 불안으로 사회성이나 학업기능에 어려움을 겪게 된다. 증상이 심하지 않은 틱장애의 경우 틱 증상을 즉시 지적하거나 혼내게 되면 증상이 악화될 수 있으므로 틱에 대해 직접적으로 말하지 않고 환경에 잘 적응할 수 있도록 돕는 것이 필요하다(신명희, 강소연, 김은경, 김정민, 노원경, 서은희, 송수지, 원영실, 임호용, 2016).

6) 기타 장애

(1) 급식 및 섭식장애

유아나 아동에게 주로 나타나는 섭식장애(eating disorder)는 이식증, 반추장애, 회피적/제한적 음식섭취장애로 구분된다. 유아기 또는 초기 아동기의 섭식장애와 관련된 문제는 아동이 음식을 섭취하는 행동에 있어서 이상을 보이는 경우로서 소식, 편식, 과식 그리고 씹거나 삼키는 것과 관련된 문제들, 기이한 식습관, 좋지 않은 식사행동 등에 해당한다. 반추장애(rumination disorder)는 기질적 문제가 없는데도 음식이나 액체를 고의로 계속 토하는 행동을 반복하는 경우로서 부모의 무관심, 정서적 자극의 결핍, 스트레스가 많은 환경, 부모–자녀관계의 갈등으로 인해 유발될 수 있다.

발달상 문제가 없는 영유아의 경우는 주로 생후 1년 동안에 시작해 2세 말에는 호전되며, 3~4세까지 지속되는 경우도 있다. 지적장애 아동의 경우에는 늦은 시기에 발생할 수 있으며 성인기까지 지속될 수 있다. 반추장애는 지속적으로 반복될 경우, 아동의 생명을 위협하는 장애가 될 수 있으므로 비혐오적 방법을 적용한 행동치료를 통해 조기에 치료하는 것이 중요하다.

이식증(pica)은 보통 사람들은 먹을 수 없는 페인트나 끈, 종이, 헝겊, 머리카락 등을 적어도 1개월 이상 지속적으로 먹는 행위를 말한다. 이식증은 영아가 먹을 수 있는 것과 먹을 수 없는 것을 구분하게 되는 이후인 2~3세 사이에 가장 많이 진단되며, 장 폐쇄 또는 오염 물질로 인한 감염의 위험 때문에 문제가 될 수 있다. 또한 빈곤이나 아동학대, 인지기능의 결함, 부모 양육의 문제 등으로 인해 위험도가 증가될 수 있다.

회피적/제한적 음식섭취장애(avoidant/restrictive food intake disorder)는 음식이나 먹는 것에 관심이 거의 없으며, 먹는 것을 가급적 회피하거나, 매우 제한적으로 섭취하여 심각한 부적응적 증상들을 보이는 것을 말한다. 6세 이하의 유아가 제대로 먹지 않아서 1개월 이상 심각한 체중 감소를 보이는 경우에 해당한다. 특히, 음식의 냄새, 모양, 색상, 질감 등에 민감하여 먹는 것을 회피하며, 극히 소량만 먹게 된다. 또한 정서적으로 무감각하거나 위축되어 있고 발달지체를 보이기도 한다. 음식섭취장애를 악화시키는 요인으로 부모의 섭식장애 경험, 아동학대, 방임으로 인해 부적절하게 음식을 주는 경우를 들 수 있다. 이러한 음식섭취장애의 치료를 위해서는 민감하게 반응하는 음식의 감각특성(냄새, 모양, 질감, 온도)에 점차적으로 적응하도록 돕는 체계적 둔감화 기법과 노출치료를 포함한 인지행동치료가 효과적이다.

(2) 배설장애

대부분의 유아는 3~4세가 되면 대소변을 가리기 시작하게 되며 스스로 용변을 보게 됨으로써 자율성을 증진시키게 된다. 배변훈련이 제대로 이루어지지 않았거나 적절한 시기에 훈련이 되지 않는 경우, 4세 이후에도 대소변을 가리는 데 어려움을 겪게 되는데, 이를 배설장애(elimination disorder)라고 하며 유뇨증과 유분증이 있다. 유뇨증은 방광의 기능이상이나 당뇨, 요도 감염과 같은 문제가 없음에도 불구하고 잠자리나 옷에 소변을 보는 경우에 해당한다. 보통 5세 이전에는 소변을 가리지 못하더라도 유뇨증으로 진단하지 않으며, 다른 정서 또는 행태장애를 수반하는 경우에는 소변을 통제하지 못하는 빈도가 최소한 일주일에 몇 차례 일어나는 경우에 유뇨증으로 진단한다. DSM-5(2013)에 의한 진단기준은 옷 또는 바닥에 3개월 동안 매주 2회 이상 부적절하게 소변을 보는 경우다. 야간형 유뇨증이 가장 흔하며 수면 초기에 주로 나타나는 경우가 많고 주간형 유뇨증은 학업 초기에 사회적 불안이나 학업으로 인해 발생하기도 한다. 유분증은 신체기능에 이상이 없음에도 옷이나 부적절한 장소에 대변을 보는 경우에 해당한다. 4세 이상의 유아가 3개월 동안 매달 한 번 이상 이러한 증상을 보이면 유분증으로 진단하는데, 부적절한 배변훈련으로 인해 변기에 대한 두려움을 보이거나 배변에 대한 부정적인 정서로 인해 유발될 수 있다. 유뇨증과 유분증의 치료를 위해서는 행동주의적 접근을 통해 규칙적인 시간에 용변을 보는 습관을 기르는 훈련을 시키거나 효과적인 배변훈련을 통해 긍정적인 정서를 경험할 수 있도록 도와주는 행동치료 기법을 사용할 수 있다.

(3) 반응성 애착장애

반응성 애착장애(reactive attachment disorder)는 영유아가 주양육자와의 애착 형성과 상호작용을 하는 데 어려움을 겪으며 이상행동을 보이는 장애다. 반응성 애착장애를 가진 영유아는 부모 및 다른 사람과의 접촉을 두려워하고 회피하며 사회성 발달에 어려움을 겪는다. 반응성 애착장애는 억제형과 탈억제형으로 구분되며, 억제형은 애착 형성이 되지 않아 자폐성장애 아동이 보이는 증상과 유사한 사회성의 발달 이상을 보이나 언어 발달 지연이나 반복행동을 보이지 않는다. 후천적인 양육환경의 영향으로 나타나는 장애이므로 또래와 성인과 사회적 관계를 형성하는 데 있어서 지나치게 억제하고 경계를 나타낸다. 반면에 탈억제형은 무분별한 애착행동을 보이는데 낯선 사람에 대해서도 지나치게 친근감을 보이거나 애착 대상을 제대로 분별하여 선택하는 데 어려움을 보인다.

〈표 9-3〉 DSM-5에 의한 반응성 애착장애 특성

1. 아동이 성인 양육자에 대해 거의 대부분 정서적으로 억제되고 위축된 행동을 보인다.
   (1) 괴로움을 느낄 때에도 양육자에게 위로를 거의 구하지 않음.
   (2) 괴로움을 느낄 때에도 양육자의 위로에 거의 반응하지 않음.
2. 지속적인 정서적 · 사회적 장애를 나타낸다(2가지 이상).
   (1) 다른 사람에 대한 최소한의 사회적 · 정서적 반응
   (2) 제한된 긍정적 정동
   (3) 양육자와 상호작용 중에 이유 없이 짜증, 슬픔, 두려움을 나타냄.
3. 아동은 다음 중 한 가지 방식으로 제대로 양육을 받지 못한 극단적인 경험을 해야 한다.
   (1) 기본적인 정서적 욕구가 양육자에 의해 제대로 충족되지 않은 사회적 방임이나 박탈
   (2) 안정된 애착의 형성 기회를 제한하는 주 양육자의 반복적인 교체 기회
   (3) 선택적 애착을 형성하는 기회를 심각하게 제한하는 비정상적 형태의 양육

출처: American Psychiatric Association (2013). DSM-5.

반응성 애착장애 아동을 위한 중재는 아동과 자녀와의 애착형성 및 관계 증진에 중점을 둔다. 부모와 유아 간의 애착 형성과 상호작용을 향상시킬 수 있는 효과적인 방법으로 치료놀이(theraplay)가 활용된다. 치료놀이는 영유아와 어머니가 주로 신체 접촉을 통해 애착을 형성하고 신뢰감 회복 및 부모의 민감성을 증진시켜 주는 데 초점을 둔다. 또한 치료놀이는 초기에 겪은 불안정한 애착 경험을 보상할 수 있는 친밀한 상호작용 경험을 통해 보다 긍정적인 대인관계를 형성할 수 있도록 한다(Booth & Jernberg, 2009). 그 외에도 반응성 애착장애 아동을 대상으로 사회성기술 향상을 위한 훈련과 부모를 대상으로 자녀양육 및 관계 개선 교육이 실시되어야 한다.

3. 발달지체 및 장애 영유아를 위한 서비스 지원

1) 발달지체 및 장애 영유아의 조기발견, 선별검사 및 진단

발달지체는 발달상의 지체로 인하여 특별한 관심과 조치가 필요한 장애위험 아동을 의미하는데 「장애인 등에 대한 특수교육법」(2007)에서는 발달지체를 "신체, 인지, 의사소통, 사회 · 정서, 적응행동 중 하나 이상의 발달이 또래에 비하여 현저하게 지체되어 특별한 교육적 조치가 필요한 영아 및 9세 미만의 아동"으로 규정하고 있다.

발달지체 및 장애 영유아를 가능한 한 일찍 발견하는 것은 적절한 치료와 교육적 개입을 실행하는 데 있어서 매우 중요하며 이들에 대한 조기발견 및 진단 · 평가와 관련한 세부 사항들은 「장애아동복지지원법」 및 「장애인 등에 대한 특수교육법」(2007)에 명시되어 있다. 발달지체 및 장애 영유아를 선별하여 진단검사를 실행하고 서비스 여부를 결정하여 개별화교육 프로그램을 제공하는 전반적인 단계는 [그림 9-2]에 제시된 바와 같다.

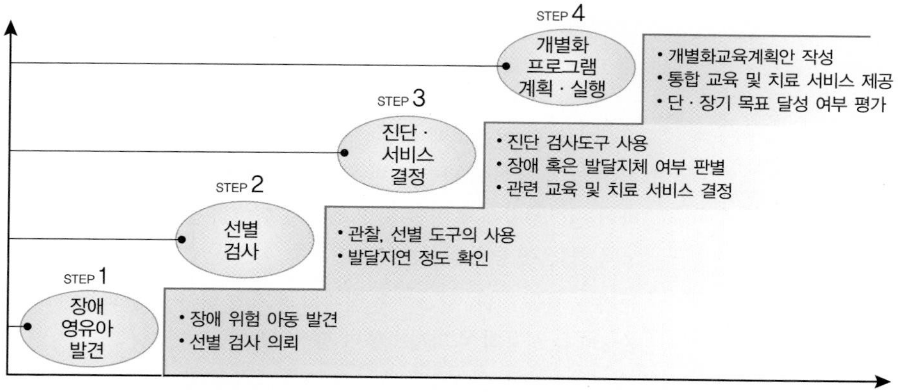

[그림 9-2] 장애아동의 선별, 진단 및 특수교육 관련 서비스 지원 과정

2) 발달재활서비스 지원

발달재활서비스는 특수한 요구(special needs)를 가진 장애 아동 및 발달지체 영유아에게 전반적인 발달 영역의 향상을 위해서 특수교육 이외에 필요한 재활치료 및 관련 서비스를 제공하는 것을 말한다. 「장애아동 복지지원법」 제21조에서 규정하고 있는 발달재활서비스의 지원은 "인지, 의사소통, 적응 · 행동, 감각 · 운동 등의 기능 향상과 행동 발달"을 한 적절한 발달재활치료서비스를 제공하는 데 목적을 둔다. 보건복지부에서 제공하는 발달재활서비스 대상자는 만 18세 미만 장애 아동이며 만 6세 미만의 영유아는 재활서비스가 필요하다고 인정되는 경우 서비스를 받을 수 있다. 서비스 신청은 대상자 주변의 주민센터에서 할 수 있으며 소득 수준과 대상자 여부 및 등급 결정을 통해 서비스 제공 여부를 알 수 있다. 재활서비스 제공이 결정되면 가구별 평균 소득수준에 따라 서비스 비용을 차등 지원받게 되며 발급된 바우처 카드로 발달재활 서비스 제공기관에서 필요한 서비스를 이용할 수 있다(보건복지부, 2017).

〈표 9-4〉 발달재활서비스 유형별 구분 및 내용

유형	구분	내용
언어 · 청능치료	언어치료	언어장애 및 언어지체 영유아의 언어 발달 특성을 고려하여 표현언어 및 수용언어 발달을 향상시키며, 의사소통기술을 습득하게 하여 일상생활에서 성인 및 또래들과 언어적 상호작용을 할 수 있도록 돕는 데 중점을 둠.
	청능치료	듣기 능력을 진단, 평가하여 현재의 듣기 능력 수준을 파악하고 잔존능력을 사용하여 의사소통이 향상되도록 도움.
인지 · 행동치료	인지치료	지적 기능의 결함과 인지 발달 문제를 가진 아동의 현재 발달 수준을 고려한 단계별 교육을 실시하여 잠재된 능력을 최대한 개발시키는 데 중점을 둠.
	행동치료	현재의 문제행동에 대한 기능 평가를 통해 문제행동이 일어나게 된 원인과 결과를 파악하여 문제행동은 줄어들고 긍정적이고 바람직한 행동이 일어나도록 효과적인 행동기법을 사용하여 치료함.

심리치료	미술치료	다양한 미술재료와 기법을 통해 장애아동이 원하는 것을 표현하도록 도우며 자신을 신뢰하고 스스로를 통제할 수 있도록 도움.
	음악치료	음악이나 다양한 악기 연주를 통해 아동의 심리적 · 정서적 · 신체적 통합과 바람직한 행동 변화를 가져오게 하는 데 중점을 둠.
	놀이치료	놀이를 통해 아동의 심리적 · 행동적인 문제를 파악하고 치료하는 데 중점을 둠.
	심리운동 치료	신체기능 개선에 중점을 둔 운동치료와 정신적 · 심리적 건강개선에 중점을 둔 심리치료를 병행하는 치료

출처: 조윤경, 김수진(2015). **유아교사를 위한 특수아동의 이해**, pp. 22-23.

3) 개별화교육계획의 실행 및 평가

발달지체 및 장애 아동을 위한 발달재활 서비스의 제공에 있어서 함께 고려되어야 하는 것은 각 아동의 특수한 요구(special needs)를 고려한 개별화교육계획안(Individualized Education Plan: IEP)의 작성과 그에 따른 적절한 중재의 실행이다. 「장애인 등에 대한 특수교육법」 제2조에 의하면 개별화교육(individualized education)은 "각급 학교의 장애 특수교육 대상자 개인의 능력을 계발하기 위하여 장애 유형 및 장애 특성에 적합한 교육목표, 교육방법, 교육내용, 특수교육 관련 서비스 등이 포함되는 계획을 수립하여 실시하는 교육"으로 정의되어 있다. 예를 들어, 사회성이 결여되거나 부족한 아동에게는 친사회적 행동과 사회성기술을 증진시키기 위해 구체적인 단기 및 장기 목표를 기술한 개별화교육계획안을 작성하여야 한다. 또한 교육계획안의 실행을 위해 자연적이고 실제적인 환경 안에서 적절한 교육적 중재 및 지원이 이루어지고 그 과정과 결과가 기록되어야 한다.

개별화교육계획에 대한 평가는 작성된 단기 및 장기 교육목표가 달성된 정도와 부족한 영역의 발달이 향상된 정도를 살펴봄으로써 개별화교육의 효과를 점검하고 개선하는 데 중점을 둔다. 평가는 3단계로 실시될 수 있는데, ① 매주 또는 2주에 한 번 주기적으로 간단한 검사를 통해 아동의 발달 정도와 학습 정도를 측정하고 ② 교육목표를 설정할 때 사용했던 교육과정 중심

사정도구를 다시 사용하여 개별화교육 전과 비교하여 향상된 정도를 연 4회 정도 측정하며 ③ 규준참조 검사지를 사용하여 아동의 발달이 증진된 정도를 측정하는 것이 필요하다(Bricker & Gumerlock, 1988; 이기숙, 장영희, 이윤경, 정미라, 심성경, 손순복, 김영아, 2015).

생각할 문제

- 발달지체와 발달장애의 차이점에 대해 알고 그 특성에 따른 적절한 교육적 지원에 대해 토론해 보자.
- 발달장애 영유아의 진단과 개별화교육계획의 실행을 위해서 중요한 요소들에 대해 토론해 보자.

참고문헌

김영태(2015). **아동언어장애의 진단 및 치료(2판)**. 서울: 학지사.

강대옥, 강병일, 김기주, 김남진, 김창평(2016). **특수교육학개론(2판)**. 서울: 학지사.

권석만(2016). **이상심리학의 기초: 이상행동과 정신장애의 이해**. 서울: 학지사.

보건복지부(2017). **2017 장애아동가족지원 사업안내**. 보건복지부.

서현아, 조용태, 박명화, 김경숙, 강미라, 하지민(2015). **유아특수교육**. 경기: 양서원.

신명희, 강소연, 김은경, 김정민, 노원경, 서은희, 송수지, 원영실, 임호용(2016). **유아발달**. 서울: 학지사.

이기숙, 장영희, 이윤경, 정미라, 심성경, 손순복, 김영아(2015). **유아발달**. 경기: 양서원.

이소현(2003). **유아특수교육**. 서울: 학지사.

조윤경, 김수진(2015). **유아교사를 위한 특수아동의 이해**. 경기: 공동체.

한유미, 김혜선, 권희경, 양연숙, 백은정(2016). **영유아 언어교육의 이해: 이론과 실제(3판)**. 서울: 학지사.

American Psychiatric Association (2013). *Diagnostic and Statistical Manual of Mental Disorders-5th edition(DSM-5)*. Washington, DC: Author.

Booth, P. B., & Jernberg, A. M. (2009). *Theraplay: Helping Parents and Children*

Build Better Relationships Through Attachment-Based Play (3rd ed.). CA: Jossey-Bass.

Bricker, D., & Gumerlock, S. (1988). Application of a three-level evaluation plan for monitoring child progress and program effects. *The Journal of Special Education, 22*(1), 66-81.

Leonard, L. B. (1989). Language learnability and specific language impairment in children. *Applied Psycholinguistics, 10*(2), 179-202.

제 10 장

아동발달과 가족

제 10 장 아동발달과 가족

학습목표

- 가족 체계가 아동발달에 미치는 영향에 대해 알 수 있다.
- 다양한 형태의 가족 특징을 이해할 수 있다.
- 부모의 양육태도가 아동발달에 미치는 영향에 대해 알 수 있다.

아동의 발달에 가장 중요하고 직접적인 영향을 주는 인적 환경은 바로 가족이다. 가족은 삶을 공유하는 혈연집단으로 그중 부모는 가족 중 아동의 성장에 가장 핵심적인 역할을 한다. 자녀를 양육하는 과정에서 부모는 그들의 신념과 가치를 자녀에게 암묵적으로 전수하며, 아동은 부모의 신념과 가치뿐 아니라 행동까지도 그대로 모방하고 실행한다. 즉, 아동의 인지적 · 정서적 · 신체적 · 사회적 성장에 있어 부모가 어떠한 태도로 자녀를 양육하는가는 아동의 발달에 중요한 영향을 준다. 또한 부모뿐 아니라 아동과 형제자매의 관계 또한 아동발달에 중요한 요소로 작용한다.

이 장에서는 아동의 발달에 있어서 가족의 영향을 부모 · 형제자매 관계 등을 통해서 알아본다. 또한 사회적 변화로 인한 가족구조의 다양한 변화와 형태를 알아보고, 이러한 가족구조의 변화가 아동의 개인 발달에 미치는 영향을 발달심리학적 관점에서 살펴본다.

1. 가족의 이해

1) 가족의 정의

가족의 사전적 의미는 '혼인, 혈연, 입양 등으로 이루어진 부부를 중심으로 한, 친족 관계에 있는 사람들의 집단 또는 그 구성원'이다.

가족에 관한 최근의 관점에 중요한 영향을 미치는 것이 Luhmann의 체계 이론을 가족에게 적용한 가족 체계 이론(family system theory)이다. 이 접근에서는 모든 가족 구성원들이 서로 영향을 주고받는다고 전제한다. 즉, 가족 구성원은 각자의 역할이 있고 이것을 수행하는데, 역할 수행 중 생긴 문제점은 개인의 잘못이 아니라 가족 체계의 문제점으로 본다. 체계 이론에서는 아동의 발달이 가족 구성원들 간의 복잡한 상호작용 안에서 이루어진다고 보고, 가족 체계 속에서 이해되어야 한다고 본다.

가족 체계 이론에서는 가족들이 안정과 변화를 거친다고 가정한다. 가족은 항상성의 상태를 유지하려는 경향이 있는데, 예를 들어 아동이 학교에 입학하거나 혹은 사춘기가 되면 가족 체계는 아동의 새로운 일상이나 독립의 요구를 수용하는 방향으로 재조정되어야만 한다. 즉, 외부 환경의 변화로 인해 아동을 포함한 모든 가족 구성원이 새로운 상황에 적응하기 위한 변화를 이루어야 하는 것이다.

가족 체계는 몇 가지 하위 체계가 있는데, 부부, 형제자매, 부모와 자녀 등이 포함된다. 아동은 부모와 상호작용하고, 동시에 형제들과 상호작용한다. 각 하위 체계 간의 관계는 다른 하위 체계에 영향을 줄 수 있다. 예를 들어, 부부간 친밀도가 높고 서로에 대한 신뢰가 있을 경우 그들은 자녀에게 보다 민감하게 반응할 것이다.

가족 체계는 정치, 경제, 종교, 교육 등 문화를 형성하는 보다 큰 사회 체계의 영향을 받는다. 직장, 학교, 이웃 등 가족 외부에서 발생한 사건은 가족 구성원 개인에게 영향을 줄 수 있고, 가족 상호작용에도 영향을 미친다. 예를 들어, 부모가 실직을 했을 경우, 가족은 스트레스를 받고 종종 부모-자녀 간에도 갈등이 나타난다. 또 다른 예로 부모 모두 직장에 나갈 경우, 아동은 간식을 스스로 챙겨 먹는다든지, 스스로 집안일을 하는 등 독자적인 기능을 하도록 요구받는다.

2) 가족의 기능

역사적 · 문화적 관점에서 가족의 기능과 가족 내 가족 구성원의 역할은 시대에 따라 변하고 있다. 가족은 가족 구성원의 기본적 안식처이자 심리적 안정을 도모하는 곳으로 가족이 긍정적 기능을 하느냐 부정적 기능을 하느냐는 아동의 발달에 중요한 영향을 준다.

가족기능이란 사회의 기본 단위인 가족이 가족 구성원이나 사회에 작용하는 기능이다. 가족은 가족 구성원 개인의 생존과 생활을 유지하며, 사회화 등을 제공하고, 사회에 대해서는 종족의 유지, 성의 통제, 문화와 보존과 전승, 신분 귀속의 기능을 수행한다(국립국어원). 이는 가족 내 구성원 개인을 이해하는 데 중요한 평가지표로 가족의 적응 수준에 영향을 미친다(김정운, 2016).

가족이 기능적인가, 역기능적인가는 아동의 발달에 중요한 영향을 미친다. 가족이 기능적일 경우 부부관계, 부모-자녀관계, 형제자매관계에서 서로를 존중하며 인정하는 행복한 가족의 모습을 보인다. 또한 가족 구성원들의 충분한 정서적 지지로 친밀감과 유대감이 있고, 원활한 의사소통을 통한 융통성 있는 가족규칙을 지닌다(전보영, 조희선, 2011). 반면, 가족기능이 역기능적일 경우 아동은 학교생활의 부적응, 문제행동, 사회적응, 대인관계 등의 사회적 어려움을 겪으며, 정신건강에서도 부정적 영향을 받는다(김태성, 2013).

3) 부모

옛날에 나무 한 그루가 있었습니다. 소년은 나무를 무척이나 사랑했습니다. 나무 한 그루는 매일같이 사랑하는 소년과 함께 할 수 있어 행복했습니다. 나무는 소년의 행복을 위해 자신의 모든 것을 아낌없이 내주었고, 소년이 청년이 되고, 노인이 될 때까지 나무는 여전히 그곳에서 아낌없이 자신의 모든 것을 내주었습니다. 하지만 소년이 나이가 들어가면서, 나무는 홀로 있을 때가 많아졌는데…….

– 아낌없이 주는 나무 中 –

아낌없는 사랑을 주고, 지켜주고, 외로울 때 의지가 되어 주고, 힘들 때 쉬어갈 수 있는 안식처가 되어 주는 존재. 이것이 부모다.

'아이는 부모가 하라는 대로 되지 않고, 부모가 하는 대로 된다.'라는 말이 있다. 즉, 자녀는 부모가 '말하는 대로 행동하는 대로' 자란다. 따라서 부모가 자녀를 어떠한 신념을 가지고 양육하는가, 자녀에게 어떠한 가치를 전달하는가는 아동의 발달에 큰 영향을 준다.

지금은 고정된 성역할 의식을 깨고 양성성을 가지는 것이 경쟁력인 시대다. 양성성이란 성역할 고정관념을 이루는 남성스러움과 여성스러움을 구분하지 않고 한 인격체 내에 남성성과 여성성을 동시에 갖춘 것으로 인식하는 것을 말한다. 과거와 달리 현대사회는 "여자가 무슨 군대를……" "남자애가 부끄럽게 눈물을……"이라는 말로 제한되던 전통적인 여성과 남성에 대한 이미지에서 벗어나 성(性)의 경계가 조금씩 느슨해지고 있다. 즉, 지금까지 '여성'과 '남성', '여성다움'과 '남성다움'으로 분류되어 암묵적으로 제한되었던 역할과 직업들에 대한 고정관념에서 벗어나 양성성을 발하는 것이 곧 경쟁력인 시대다.

자녀의 양성성을 키우는 부모에게 필요한 것은 부모 자신의 성(性) 고정관념을 먼저 점검해 보는 것이다. 이는 곧 부모를 모델링하여 자라날 자녀들에게 어떠한 가치와 생활양식을 전수해 주는가에 대한 부모의 역할이다.

맞벌이 부부가 점점 증가하고 있음에도 아직까지 양육은 대체로 어머니가 책임지고 있고, 아버지는 양육의 보조적인 역할을 하는 가정이 대부분이다. 하지만 과거에 비해 자녀양육에 참여하는 아버지가 점차 늘어나고 있으며, 아동의 발달과 교육에 대한 아버지의 관심 또한 커지고 있다. 최근 많은 연구(김고은, 조남억, 2017; 박은미, 이석순, 2015)들이 아버지의 양육태도와 양육참여가 자녀의 지적, 창의성, 문제 해결력, 사회성 발달에 큰 영향을 주고 있음을 밝히고 있는데, 이러한 사회적 변화 역시 아버지의 양육 참여의 중요성을 강조하고 있다.

어머니도 과거 전통적인 어머니의 역할에서 벗어나 다양한 역할을 요구받고 있다. 전통적으로 어머니는 가사를 하고, 자녀를 안전하게 보호하고, 먹이고 입히는 신체적 욕구를 충족시키는 역할을 하는 데 그쳤으며, 현대에는 기본적인 어머니의 역할과 함께 교육과 훈육까지 함께 하고 있다. 이처럼 시대적, 문화적 흐름에 따라 가족 내 부모의 역할도 변화되고 있다.

앤서니 브라운의 『돼지책』은 핵가족화되고, 맞벌이 부부가 증가하는 최근 우리나라의 가족구조에서 기대하는 가족의 역할에 대해 잘 표현되어 있다.

출처: 『돼지책』. 웅진주니어.

4) 형제자매

(1) 형제자매의 관계

형제자매의 관계는 경쟁자인 동시에 동반자적 관계다. 부모에게 사랑을 더 받으려고 경쟁하고 노력하는 동시에 부모가 없을 때는 누구보다 소중한 존재로 서로를 의지한다. 아동은 성장하면서 형제자매와 많은 시간을 함께 보내며 서로에게 영향을 미친다. 부모-자녀관계가 수직적인 데 비해, 형제자매의 관계는 수직적 특성과 또래와 같은 수평적 특성을 아울러 갖는다. 즉, 형제자매는 아동의 사회화 과정에서 동료로서 그리고 효과적인 교사로서 서로 영향을 준다. 함께하는 시간이 많은 형제자매는 공유하는 공간, 물건, 놀이로 인해 서로 돕고 즐기는 한편, 때로는 경쟁이나 갈등을 일으키기 때문에 가정 밖에서의 대인관계의 기초를 이루는 협동, 갈등, 경쟁의 원리 등을 배우게 된다. 형제자매관계를 경쟁의 대상으로 접근했던 과거와 달리 현대에는 서로 정서적 위안을 얻을 수 있으며, 사회화를 돕는 관계로 긍정적 접근이 점차 강조되고 있다.

형제자매의 관계가 아동의 발달에 기여하는 측면을 살펴보면 다음과 같다. 첫째, 정서적인 지지의 제공이다. 자라는 동안 형제자매는 서로 비밀을 공유하기도 하고, 힘들 때 서로 보호하고 위로도 하면서 서로의 정서적 지지자가 된다. 둘째, 손위 형제자매는 부모를 대신해서 동생을 돌보는 양육자의 역할을 하기도 한다. 셋째, 손위 형제자매가 동생들에게 모델 및 교사의 역할도 한다. 손위 형제자매는 사회적 역할모델로서 동생의 사회적 기술을 발달시켜 가는 데 도움을 주며, 상호작용을 통해 인지적 능력을 개발시키는 교사의 역할도 한다.

부모의 양육태도나 부부 사이의 관계도 형제간의 관계에 많은 영향을 준다. 박진희와 박지선(2015)의 연구에 따르면 부모의 부부응집력이 좋으면 부모가 자녀에게 민주적이고 자율적인 양육태도를 보이고, 이는 형제간의 갈등을 줄이는 중요한 요소로 작용한다고 했다. 또한 아버지가 자녀들에게 긍정적인 정서를 가지고 이를 잘 표현하는 경우, 형제들 간 우애가 높다(Volling & Bersky, 1992)는 연구도 있다. 즉, 아버지 어머니가 각자의 자리에서 자신의 역할을 잘 수행하고 서로를 신뢰하는 것이 자녀들 간의 관계에도 좋은 영향을 준다.

(2) 형제자매의 수와 출생순위

우리나라는 현재 OECD 전체 회원국 중에서 저출산 문제가 가장 심각한 국가다. 2016년 통계청 기준 우리나라의 합계출산율은 1.17명으로 2015년 대비 0.07명 감소하였다. 이러한 추세라면 앞으로는 형, 누나, 언니, 오빠라는 단어가 어색해지고, 고모, 이모, 삼촌이라는 단어 또한 책에서나 보는 시대가 올지도 모른다.

일반적으로 형제자매의 수가 적을수록 아동의 지능지수가 높고, 교육 수준이 높으며, 자아존중감도 높다. 형제자매가 많으면 부모는 한 자녀와 함께 보내는 시간이 적어지므로 다양한 인지적 자극을 주지 못하고, 더욱이 많은 수의 자녀를 가진 부모의 경우는 경제적인 스트레스가 많아 이러한 점이 부모역할의 질에 영향을 주기 때문이다. 하지만 정서적인 관점에서 보면 형제자매는 정서적 지지자의 역할을 한다. 부끄러움이 많고 소심한 유아라도 형제자매와의 관계가 긍정적이라면 유아교육기관에서 겪을 수 있는 부정적인 경험을 극복하는 데 도움을 받으며(Graham & Coplan, 2012), 부정적 정서를 가진 남자아이도 형제자매와의 관계가 긍정적이라면 자신의 부정적 정서를 조절할 수 있고, 사회적 상호작용에서 겪을 수 있는 어려움에 효과적으로 대처할 수 있다(Morgan, Shaw, & Olino, 2012).

아동의 출생순위도 발달에 영향을 주는 요인이다. 일반적으로 첫째아이는 다른 아이들에 비해 지능지수가 높고 성취도도 높다. 또한 사회적 책임감이 강하며 자기통제력도 높다. 그러나 동생을 돌보는 양육자로서의 역할이 과중할 경우 첫째아이는 지배적이고 경쟁적이며 감추어진 적개심을 가질 수 있다. 사회적인 면에서는 첫째아이보다 둘째 이후의 아이들이 더 강한 경향이 있다. 둘째아이는 또래와 상호작용을 잘하며, 사회적인 상황에서 보다 자신감이 있을 뿐 아니라 첫째아이보다 관심의 범위가 다양하며 경쟁적이다. 박정민(2010)의 연구에서도 유아가 둘째인 경우 더 온정적이고 친밀감을 나타낸다고 했으며, 이러한 성향은 긍정적 형제관계에 중요한 요소로 작용한다고 보고하였다. 막내는 부모의 관심과 애정을 많이 받으며 형제들의 보호 속에서 자라므로 다소 미성숙한 경향이 있다. 책임감이 낮고 독립심이 부족하기도 하다. 그러나 대인관계는 좋은 편으로 또래집단에서 인기가 높다. 유아 우울증후에 관한 배율미(2014)의 연구에서 형제자매 수가 2명인 유아들이 외동인 유아들보다 우울 증후를 더 적게 경험하고, 막내인 유아들이 첫째인 유아들보다 우울 증후를 더 적게 경험하는 것으로 나타났다. 이렇듯 형제자매의 수와 아동의 출생순위는 아동의 발달 과정 여러 영역에 영향을 준다.

(3) 외동아이

외동아이는 자신 이외의 형제자매가 없는 아이를 말한다. 현대사회는 적은 수의 자녀를 이상적으로 잘 기르자는 가치관과 경제적인 여건 등이 맞물려 외동이 증가하고 있다. 집안에서 외동은 출생에서부터 성장하는 과정 동안 부모의 기대와 관심을 한몸에 받는 존재다. 하지만 한국 특유의 높은 교육열과 취업난이 맞물린 사회구조 속에서 하나밖에 없는 자녀를 잘 키워 보자는 욕심이 앞서 외동은 '헬리콥터맘' '알파맘' '베타맘'의 희생양이 되기도 한다.

일반적으로 외동아이는 자기중심적이고 의존적이며 요구가 많고 버릇이 없다고 생각된다. 그러나 실제 연구에서는 상반된 결과들이 보고되고 있다. 유구종과 조희정(2010)의 연구에서 외동은 형제아에 비해 지적 발달이 우수하며, 자아존중감 및 자아개념이 높고, 자기 주장이 분명하고 성취 동기도 높다고 하였다. 반면 정희영(2014)은 형제아에 비해 외동이 의사소통 능력과 학교 적응력이 낮다고 보고하고 있다.

외동아이를 둔 부모는 형제아에 비해 의존적일 수 있으므로 독립성을 길러주도록 조력하고, 다양한 경험과 다양한 상황에 접근할 수 있도록 기회를 제공하여 사회성 발달에 도움을 주도록 지원하도록 한다.

(4) 쌍둥이

쌍둥이는 한 어머니에게서 한꺼번에 태어난 둘 이상의 아이를 말한다. 현재까지는 쌍둥이가 생기는 명확한 원인은 알려져 있지 않다. 다만 유전적 요인, 어머니의 나이와 출산 횟수와 연관성이 있는 것으로 알려져 있다. 갈수록 결혼·출산 연령이 늦어지면서 임신과 출산에 어려움을 겪는 부부들이 인공수정을 많이 하는 추세인데다, 최근 들어서는 보조생식술의 발달로 배란 유도제를 사용하여 한꺼번에 다수의 난자를 발생시키거나, 시험관 시술 시 여러 개의 배아를 이식하는 방식으로 쌍둥이 출산율이 높아지는 경향을 보이기도 한다. 이러한 현상은 전체 출생아 수는 점점 감소하는데, 쌍둥이 출생률은 증가하는 결과를 낳았다([그림 10-1] 참조).

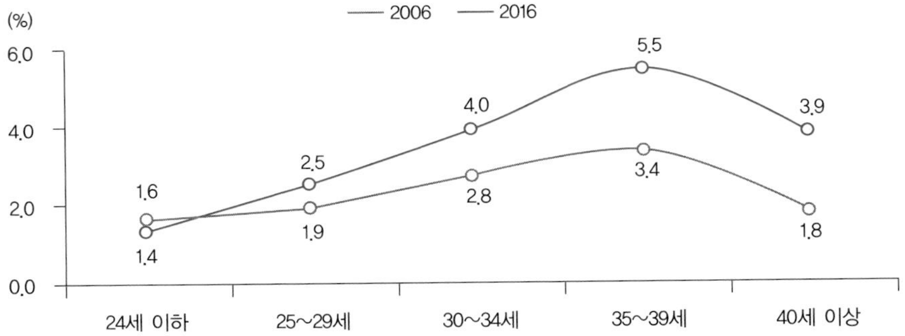

[그림 10-1] 모의 연령별 다태아 구성비 추이: 2006, 2016

출처: 통계청(2016). 출생통계.

쌍둥이를 양육하는 부모는 일반아동보다 더 많은 양육 스트레스를 경험하며, 양육비와 교육비에 대한 부담감이 높다. 이러한 이유로 쌍둥이 부모는 자신의 부정적 감정을 자녀에게 드러내는 경우가 많으며, 이는 자녀의 발달에 부정적 영향을 준다(장영란, 2016). 쌍둥이 영아를 양육하는 어머니를 대상으로 한 변경애와 김은주(2013)의 연구에서는 어머니가 인식하는 본인의 어려움을 경제적 부담, 몸도 마음도 쓸쓸한 엄마, 아플 시간도 없는 엄마로 표현하였

다. 또한 어머니가 인식하는 자녀가 겪는 어려움으로는 사랑도 욕심도 반으로 나누어야 하고, 태생이 약한 아이라고 표현하였다. 이는 부모도 자녀도 어려운 환경여건에 있음을 드러낸다.

따라서 쌍둥이를 양육하는 부모는 특수한 위치에 있는 그들의 심리적 환경을 잘 이해하고, 기질과 개별성을 인정하는 양육태도를 가져야 한다. 더불어 사회적 지원과 정서적 지지가 절실히 필요한 쌍둥이 부모에 대한 제도적 장치가 마련되어야 한다.

2. 부모의 양육태도

아동에게 부모란 불안하고 복잡한 세상에서 유일하게 자신을 의지할 수 있는 안식처이자 세상을 바라보는 관점을 제공해 주는 존재다. 아동은 부모를 통해 세상에 대한 지식을 습득하고 사회화의 기초를 형성한다. 그러므로 부모가 자녀를 대하는 방식은 자녀의 가치 형성과 행동에 큰 영향을 미치게 된다.

부모의 양육태도는 부모가 자녀를 양육할 때 보이는 태도와 행동을 의미하는 것으로 아동의 인지적 · 정의적 발달에 중요한 영향을 미친다. 즉, 양육과 훈육을 해야 하는 위치에 있는 부모가 어떠한 태도로 자녀를 대하는가는 자녀의 성격 형성뿐 아니라 생활양식, 자아개념, 문제해결 능력 등 다방면에서 암묵적인 영향력을 행사한다.

지금까지 부모의 양육태도와 자녀의 발달에 관련된 수많은 연구들은 여전히 부모의 양육태도가 자녀의 모든 발달 영역에 영향을 주고 있다고 보고한다. 예를 들어, 최정혜(2015)는 부모가 민주적 양육태도일 때 유아의 자아탄력성은 높다고 했으며, 초등학생을 대상으로 한 노경훈과 한대동(2017)의 연구에서는 부모의 양육태도가 자녀의 공격성과 학교폭력 허용도에 영향을 준다고 했다. 또한 부모의 양육태도와 청소년의 스마트폰 의존도를 알아본 연구(김광숙, 신경실, 이훈민, 2017)에서는 부모의 긍정적 양육태도가 높을수록 청소년의 스마트폰 의존도는 낮았다고 보고한 바 있다.

부모의 자녀양육태도에 대해 가장 잘 알려진 연구는 장기적 종단연구 결과를 토대로 한 Schaefer(1959)와 취학 전 아동들과 그 부모들을 대상으로 한 Baumrind(1971), Ginott의 인본주의 부모교육 이론을 기초로 하여 감정코치 양육 모형을 제공한 Gottman(2007)이 있다.

1) 셰퍼의 양육태도 유형

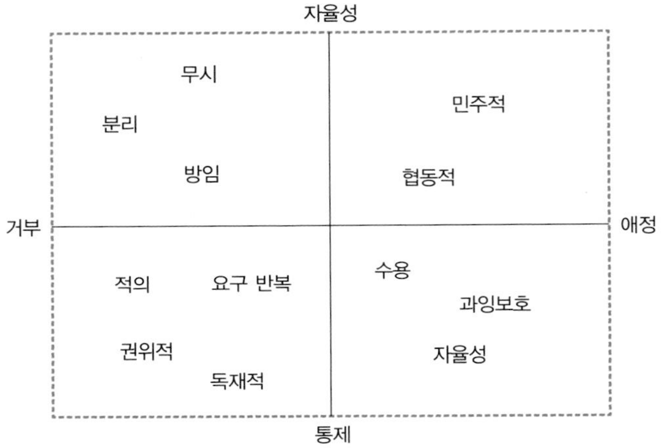

[그림 10-2] Schaefer의 양육태도 모형

출처: 허혜경, 김혜수, 박인숙(2013). 현대가정의 이해, p. 154.

Schaefer는 부모의 양육태도를 [그림 10-2]와 같이 애정-거부, 자율-통제의 두 축을 기점으로 애정적-자율적 태도, 애정적-통제적 태도, 거부적-자율적 태도, 거부적-통제적 태도로 구분하였다.

(1) 애정적-자율적 태도

부모가 자녀에게 민주적이고, 허용적 · 수용적 · 자율적 · 인격적 양육태도를 보이는 유형이다. 자녀에게 자유를 부여하지만 자녀가 자신의 자유에 책임을 지게 하고, 자녀가 어려운 문제에 봉착했을 때 자녀의 의사를 존중하고 자녀와 함께 대화하는 과정을 통해 함께 문제를 해결해 나간다. 자녀로 하여금 부모에게 복종하기를 강요하지 않으며, 자녀의 행동을 부모의 권위로 통제하거나 간섭하지 않는다.

이러한 양육태도를 보이는 부모를 둔 자녀는 정서적으로 안정감을 느끼고, 독립적 · 능동적 · 창의적이며 사회적응력이 높다.

(2) 애정적–통제적 태도

부모가 자녀에게 애정을 주면서도 자녀를 자신의 소유물로 생각하고 자녀의 행동을 통제하는 유형이다. 부모의 경험을 토대로 자녀의 삶을 계획하고, 자녀의 행동 및 언어, 생활양식까지 부모가 통제함으로써 자녀가 시행착오를 통해 스스로 학습할 기회를 제한한다.

이러한 양육태도를 보이는 부모를 둔 자녀는 스스로 문제를 해결하는 것을 어려워하고, 의존적이며 창의성이 낮다. 또한 부모의 강요와 통제에 대한 상상적 적대감을 품는 경향을 보인다.

(3) 거부적–자율적 태도

부모가 자녀를 수용하거나 사랑하지 않으면서 자녀의 행동을 규제하지 않는 유형이다. 부모는 자녀에게 거리감이 있고, 무관심하며, 냉담한 태도를 보인다. 또한 자녀가 하는 대로 내버려두는 것을 자율이라고 착각하고 자녀의 언행에 관심을 두지 않는다.

이러한 양육태도를 보이는 부모의 자녀는 정서적으로 불안감을 보이고, 자신의 행동을 스스로 조절하기를 어려워하며, 위축되거나 공격적인 행동을 보인다.

(4) 거부적–통제적 태도

부모가 자녀를 사랑하거나 수용적이지 않으면서 자녀의 행동을 통제하는 유형이다. 부모라는 권위를 내세워 비일관적인 태도로 자녀를 훈육하고 부모의 절대적 기준에 따라 자녀에게 폭언하거나 체벌하여 자녀의 행동을 간섭하고 통제한다.

이러한 양육태도를 보이는 부모를 둔 자녀는 자아정체감을 갖지 못하고, 정서적으로 불안하고 우울하며, 내적인 분노가 커서 자기학대, 자살을 보이는 등 사회적 적응이 어렵다.

2) 바움린드의 양육 유형

Baumrind는 14주 동안 유아교육기관에 다니고 있는 아동들의 행동을 관찰하였다. 또한 이 아동들의 부모가 가정에서 이들과 어떻게 상호작용하는지를 관찰하고 인터뷰를 통해서 자료를 얻었다. 자료를 분석한 결과, 부모들은 일반적으로 〈표 10-1〉에 제시되어 있는 4가지 유형의 자녀양육행동 가운데 하나를 사용하는 것으로 나타났다.

(1) 권위 있는 양육

부모가 자녀에게 애정과 관심을 가지고 있으며, 합리적인 요구를 한다. 이 유형의 부모들은 자녀양육에 있어 규칙이 있고, 이러한 규칙을 자녀들에게 설명하며, 자녀들이 가족 의사결정 과정에 참여할 수 있도록 한다. 또한 자녀들의 관점을 이해하고 존중하며, 합리적이고 민주적인 방식으로 통제하려는 경향을 보인다.

이러한 양육태도를 보이는 부모를 둔 자녀는 활기 있고 사회적으로 책임감이 있으며, 자신감이 높고 성인과 또래 모두와 협동적이다.

(2) 권위주의적 양육

부모가 자신의 신념이나 경험이 옳다고 생각하고 자녀에게 부모의 요구나 규칙에 맹목적으로 순종하기를 강요하며, 순종하지 않는 경우 처벌하는 경향이 있다. 이러한 부모들은 자녀가 자신의 말을 법과 같이 받아들이고 권위를 존중할 것을 기대하며, 융통성이 없고 자녀와 원활하게 소통하지 못한다.

이러한 양육태도를 보이는 부모를 둔 자녀는 침울하고 두려움이 많은 경향이 있고, 퇴행적이며, 불안정하다.

(3) 허용적인 양육

부모가 애정은 가지고 있지만 자녀의 행동을 거의 통제하지 않는 느슨한 유형이다. 이 유형의 부모들은 비교적 자녀들에게 요구를 적게 하며, 자녀들의 감정과 욕구를 자유롭게 표현하도록 허용한다. 자녀들이 나쁜 행동을 하여도 엄격한 통제를 하지 않고 고집이나 울음에 굴복한다.

이러한 양육태도를 보이는 부모를 둔 자녀는 충동적이고 공격적인 경향이 있다. 또한 자기중심적이고 자기통제력이 부족하며, 자립심 및 성취 수준이 낮은 것으로 나타났다.

(4) 무관심한 양육

부모가 자녀에게 무관심하며 방임하는 양육형태다. 이러한 유형의 부모는 우울증과 같은 문제를 갖고 있거나, 자신의 일 또는 스트레스가 너무 과중하여 자녀양육에 많은 시간이나 에너지를 투자하지 못하는 경우가 많다.

이러한 양육태도를 보이는 부모를 둔 자녀는 공격적이고, 갑자기 화를 폭발시키기도 한다. 또한 저조한 학업 성취를 보이는 경향이 있으며, 장기적인 목표를 갖지 못하고, 적개심이 많고 이기적이며, 반항하는 청소년이 되는 경향이 있다.

효과적인 부모는 자녀가 성장함에 따라 점차적으로 변화하는 자녀의 독립과 자율의 욕구에 맞추어 부모의 개입 정도를 조절할 수 있어야 한다. 부모의 개입이 지나치게 부족할 경우 자녀는 심각한 발달상의 어려움을 겪게 되고, 부모의 개입이 과도할 경우에도 자녀의 자율성이나 독립심 발달에 방해가 될 수 있다. 그러므로 자녀가 성장해 감에 따라 부모가 감독과 통제를 점차적으로 줄이고 지속적인 애정과 개방적인 의사소통을 통해 자녀와의 관계를 발달시켜 나가는 것이 자녀의 성숙하고 바람직한 행동을 촉진하는 데 유익하다.

〈표 10-1〉 부모 유형에 따른 부모의 특성과 자녀의 특성

부모 유형	부모 특성	자녀 특성
권위 있는 부모	• 자녀양육에 규칙이 있음. • 규칙을 명확히 전달함. • 아동의 고집에 굴복하지 않음. • 잘못된 행동은 엄격히 통제함. • 자녀의 관점을 이해하고 존중함. • 애정적이며 반응적임. • 아동의 연령에 적합한 성숙하고 독립적인 행동을 육성함. • 대화를 많이 하며 아동과 함께 문화적 활동을 즐겨 함.	• 자신감이 높음. • 책임감이 높고 자기통제를 잘함. • 활동 수준이 높음. • 쾌활함. • 또래 친구와 잘 사귐. • 스트레스에 잘 대처함. • 새로운 상황에 흥미와 호기심이 높음. • 성인에 협조적이며 사회성이 높음. • 목적이 있고 성취 동기가 높음.
권위주의적 부모	• 규칙을 맹목적으로 강요함. • 나쁜 행동을 즉각 지적하고 처벌함. • 분노와 불쾌감으로 표시함. • 논리적으로 설명하지 않음. • 심한 처벌과 훈육을 가함. • 애정과 긍정적 관여가 낮음. • 칭찬에 인색함.	• 공포와 두려움이 많음. • 부정적인 자아개념 또는 자신감이 낮음. • 긴장하고 쉽게 초조해짐. • 직접 표출하지는 않으나 적의적이고 배타적임. • 스트레스를 쉽게 받음. • 지나치게 복종적 · 의존적이거나 또는 반대로 반항적인 행동을 보이기도 함. • 대인관계 능력이 부족, 사회성 낮음.
허용적인 부모	• 규칙을 명시하거나 부과하지 않음. • 자녀에 대한 통제가 거의 없음. • 아동의 울음, 고집 등에 굴복함. • 일관성 없이 훈육함. • 독립적이며 성숙한 행동에 대한 요구나 기대가 적음. • 나쁜 행동을 무시 또는 수용함. • 애정적임.	• 어른에 대한 저항, 불복종을 보임. • 자기중심적이고 자기통제력이 부족함. • 충동적이고 공격적임. • 쉽게 화내지만 유쾌한 기분으로 회복도 빠름. • 목적이 없거나 목표 지향적 활동이 적음. • 자립심 및 성취 수준이 낮음. • 규율을 무시하고 제멋대로 행동함.
무관심한 부모	• 자녀에 대한 애정이 부족하거나 표현이 부족함. • 규칙을 명시하거나 부과하지 않음. • 자녀에 대한 통제가 거의 없음. • 냉담하거나 무관심함. • 칭찬하거나 처벌하지 않음. • 자녀와 함께하는 활동이나 대화가 부족함.	• 자기통제력이 부족함. • 적개심이 많고 반항적임. • 혼란스러워하고 좌절감을 많이 느낌. • 세상과 타인에 대해 불신함. • 저조한 학업 성취. • 장기적인 목표를 갖지 못함. • 알코올, 약물, 무단결석 등 반사회적인 비행을 저지르기 쉬움.

3) 가트만의 감정코치 양육 모형

Gottman은 Ginott의 인본주의 부모교육 이론을 기초로 하여 3,000가구를 대상으로 한 과학적 연구를 통해 감정코치 양육 모형을 제시하였다. '감정코치'란 자녀의 감정에 관여하는 부모를 의미하는데, 부모가 자녀에게 다양한 감정에 대한 대처법을 코치해야 한다고 보았다. 그는 기쁨과 행복과 같은 긍정적인 감정뿐 아니라 슬픔, 분노, 두려움 등 부정적 감정도 인생의 중요한 교훈이라고 여기고 무시하지 않았다.

Gottman은 부모가 자녀의 감정에 대응하는 방식을 축소전환형, 억압형, 방임형, 감정코칭형으로 분류하였다.

(1) 축소전환형

축소전환형 부모는 자녀의 부정적인 감정을 무시, 간과하거나 다른 방향으로 전환한다. 부모는 자녀의 부정적 감정을 허용하지 않으며, 자녀의 부정적 감정을 긍정적 감정으로 전환하려고 시도한다. 이러한 양육태도를 보이는 부모를 둔 자녀는 자신의 감정에 직면하는 경험을 하지 못하므로 자신의 감정을 알아채지 못하고 무력감, 실망감, 혼란함을 경험하게 된다.

(2) 억압형

억압형 부모는 자녀가 부정적 감정을 드러내는 것을 억압하고 비난한다. 또한 자녀가 부정적 감정을 보이는 자체를 훈계하고 체벌한다. 이러한 양육태도를 보이는 부모를 둔 자녀는 자신의 감정을 드러내는 것을 불편해하고, 자신의 감정을 어떻게 해결해야 할지 몰라 우발적인 행동이나 폭력적인 방법으로 감정을 표출할 수도 있다.

(3) 방임형

방임형 부모는 자녀의 감정을 모두 허용하고 받아 주지만, 자녀가 바람직한 방향으로 감정을 표출하는 방법을 제시하거나 한계를 설정해 주지 않는다. 이러한 양육태도를 보이는 부모를 둔 자녀는 부모에게 자신의 감정은 허용 받지만 감정을 다루는 방식을 몰라 다른 사람에게 피해가 가는 방법을 선택할 수도 있다.

(4) 감정코치형

감정코치형 부모는 자녀의 모든 감정을 허용하고 격려하며 공감한다. 자녀가 부정적 감정을 표현할 경우 이를 적절한 방법으로 다루는 방법을 제시할 뿐 아니라 부정적 감정 또한 당연한 감정임을 자녀에게 인식시켜 자녀에게 안정감을 느끼게 해 준다. 이러한 양육태도를 보이는 부모를 둔 자녀는 타인의 감정을 공감하고 당면한 문제를 잘 해결하며, 또래관계가 좋다.

〈표 10-2〉 양육 유형에 따른 부모의 반응

양육 유형	부모의 반응
축소 전환형	• 아이의 부정적인 감정은 독이므로 빨리 사라져야 한다. • 아이의 감정은 비합리적이므로 중요하지 않다. • 부정적 감정에 초점을 맞추면 문제를 더 악화시킨다. • 부정적 감정을 보이는 것은 아이가 정서적으로 안정되지 못해서다. • 시간이 지나면 문제는 해결된다.
억압형	• 아이의 감정표현을 비판한다. • 부정적인 감정을 느끼는 것은 성격이 나쁜 것이므로 억제해야 한다. • 감정은 사람을 나약하게 만든다. • 아이에게 권위에 대한 복종을 바란다. • 바른 기준에 순응하기를 요구한다.
방임형	• 아이의 모든 감정을 수용한다. • 부정적인 감정을 위로하지만 감정에 대한 대처법을 가르치지 않는다. • 지나치게 관대하여 한계를 정해 주지 않는다. • 감정이 분출되면 모든 것이 해결된다.
감정 코치형	• 아이가 부정적인 감정을 느낄 때가 곧 부모와의 친밀도를 높일 수 있는 기회다. • 아이의 감정을 예민하게 알아챈다. • 아이의 감정을 존중한다. • 부정적인 감정을 놀리거나 무시하지 않는다.

출처: 존 가트맨, 남은영 공저 및 감수(2007). 내 아이를 위한 사랑의 기술: 감정코치, pp. 60-64.

3. 가족구조의 변화

1) 이혼

우리나라는 OECD 국가 중 이혼율 2위라는 불명예를 안고 있다. 2016년도까지 우리나라 총 이혼건수는 10만 7,300건(통계청, 2016)이다. 이혼 통계를 살펴보면 2006년부터 감소와 증가를 반복하다가 2015년부터는 많이 줄어들고 있는 추세이며, 혼인 지속 기간은 20년 이상 이혼이 전체 이혼의 30.4%로 가장 많았으며, 다음으로는 5년 미만 이혼이 22.9%를 차지했다. 이처럼 이혼율이 급격히 증가하면서 이혼과 관련된 다양한 문제점이 제기되고 있다. 특히 자녀가 있는 경우는 이혼 과정에서 자녀의 심리적 안정과 더불어 새로운 환경에 대한 적응문제 등 아동발달 전반에 일어날 수 있는 문제점에 대해 고려해 보아야 할 것이다.

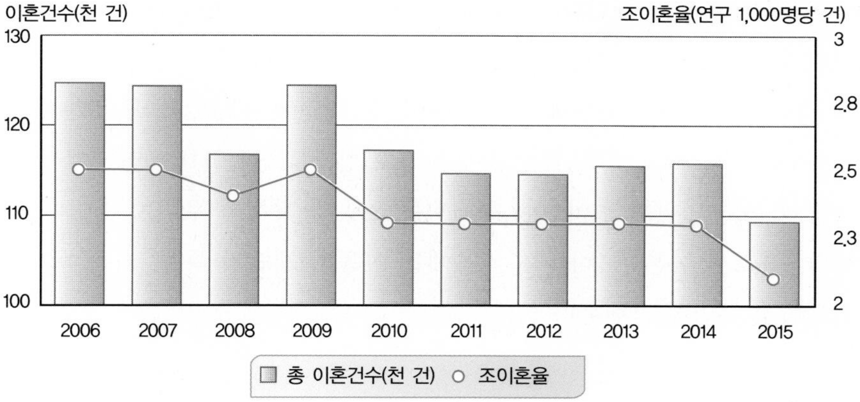

[그림 10-3] **총 이혼건수 및 조이혼율 추이**

출처: 통계청(2016). 인구동태 통계표(이혼).

*일반이혼율: 1년 동안에 발생한 총 이혼건수를 해당 연도의 15세 이상 인구로 나눈 수치를 1,000분비로 나타낸 것

*조이혼율: 특정 1년간 신고한 총 이혼건수를 당해 연도의 총인구로 나눈 수치를 1,000분비로 나타낸 것

가정은 가족 구성원 모두에게 안전하고 편안한 장소이며, 부모는 자녀에게 정서적인 지지자인 동시에 사회의 구성원으로 성장하기 위한 모델링의 대상이다. 따라서 가정이 해체되는 과정은 성장하는 아동에게 심리적으로 상당한 충격과 불안을 안겨 주며, 부모-자녀관계 및 형제자매와의 관계에도 혼란을 준다. 특히 어린 연령의 아동은 부모의 이혼이 자신 때문이라고 오해하거나, 부모에게 자신이 버려지리라는 불안감을 가질 수 있다. 부모 또한 이혼을 고려할 때 가장 깊이 고뇌하게 되는 것 중의 하나가 자녀문제다. 문제가 있는 결혼이라도 참고 계속 사는 것이 자녀를 위해 바람직한지, 아니면 항상 싸우는 가정환경보다는 이혼을 하는 쪽이 자녀에게 나은 선택일지에 대한 답은 그리 간단하지 않다.

여러 연구를 종합해 볼 때 이혼이 아동에게 미치는 영향은 긍정적이지 못하다. 한쪽 부모의 부재는 정서적 · 경제적 어려움을 가져오고, 이혼 후에도 종종 계속되는 부모들의 갈등은 자녀에게 여러 가지 심리적인 문제를 야기한다. 하지만 부모의 이혼이 반드시 자녀에게 부정적 영향을 미치거나 자녀의 부적응을 초래하는 것은 아니다. 호주에서 1983년부터 2000년까지 2,400명의 아이들의 발달을 조사한 대규모 종단연구 결과, 이혼가정과 일반가정 아동의 정서적 적응, 문제행동, 사회적 유능성, 학업적 측면에서 차이를 보이지 않았다(Ruschena et al., 2005). 고등학생을 대상으로 한 정묘순(2011)의 연구에서도 이혼가족 아동과 일반가정 아동이 학교적응도에 별 차이를 보이지 않았다고 보고했다. 따라서 이혼 후 아동의 적응에는 아동의 개인적 특성, 가족 내 요인, 사회문화적 요인이 관련된다.

(1) 이혼이 아동발달에 미치는 영향: 아동의 연령

부모의 이혼은 자녀에게 동일한 방식으로 영향을 주지 않는다. 부모가 이혼할 당시 자녀의 연령에 따라 또는 성별에 따라 자녀의 발달에 미치는 영역이나 방식이 다를 수 있다. 이혼 후 아동의 적응 정도는 몇 가지 아동 개인의 특성과 관련되는데, 아동의 연령이 성별과 함께 가장 대표적인 요인이다. 먼저 연령을 살펴보면, 일반적으로 연령이 어릴수록 부모의 이혼에 적응하기를 더 어려워한다고 보고되고 있다. 이들은 가족 상황의 심각성은 인식할 수 있지만, 가족구조의 변화에 따른 슬픔이나 죄책감을 다룰 수 있는 대처능력은 아직 부족하기 때문에 더욱 혼란스러워한다.

학령기 아동의 경우 정상적인 가정을 박탈한 데 대해 부모를 비난하고 분노를 표출하는 행동을 보이며, 이러한 분노가 또래나 교사를 향함으로써 학교 부적응과 연결되기도 한다. 일부 아동은 분노를 내면화하여 과도한 불안을 나타내기도 한다. 또한 자아존중감의 상실, 우울과 같은 정서문제, 학업부진, 문제행동 등을 보인다. 초등학생 260명을 대상으로 한 주소희(2003)의 연구에서 부모 이혼 시 연령에 따른 적응도를 알아본 결과, 부모 이혼 시 유아기나 학령전기였던 아동들보다 학령기였던 아동들이 자기비난과 유기불안을 많이 가지고 있었으며, 우울, 공격성, 비행 등 심리적 부적응을 더 많이 보였다고 보고했다.

반면에 청소년기 자녀는 부모 간의 갈등이 어떤 방식으로든 해결되어야만 했었다는 사실에 대해 이해하며, 이혼을 불가피한 상황으로 받아들일 수 있다. 또한 스스로를 가족으로부터 독립시키고 외부, 주로 또래관계에서 지지를 얻음으로써 부모와의 갈등을 해소할 수 있기 때문에 이혼에 대한 부적응은 어린 아동들에 비해서 적다. 하지만 정서적으로 민감한 시기인 청소년기 또한 부모의 이혼은 제어할 수 없는 스트레스로 작용하는 게 사실이고, 이는 곧 심리적으로 불편함을 겪게 한다. 청소년을 대상으로 한 채선미와 이영순(2011)의 연구에 의하면, 부모의 이혼을 경험한 청소년은 그렇지 않은 청소년에 비해 긍정적 정서를 적게 지각하고, 자아 강도는 낮았으며, 사회적 지지도 낮게 지각하였고, 학교적응도 또한 낮았다. 〈표 10-3〉은 정진영(1993)이 부모 이혼에 대한 연령별 반응 특징에 대해 설명한 것이다.

〈표 10-3〉 부모 이혼 시 아동의 연령별 반응 특징

연령	반응 특징
4세 이전	• 부모의 이혼에 대한 실상을 모른다. • 한쪽 부모가 없다는 것에 큰 관심을 보이고, 보고 싶어 하고 그리워한다. • 고통을 덜어 줄 방어기제나 자원이 없어 퇴행 증상을 나타낸다.
4세	• 한쪽 부모가 없다는 사실에 슬퍼하고 걱정하고 두려워한다. • 부모에 대한 신뢰관계가 흔들린다. • 부모의 이별이 자기 탓이라고 생각한다. • 남자아이보다 여자아이가 더 힘들어한다.
5~6세	• 가족의 변화에 대해 비교적 인식을 갖게 된다. • 우울, 불안, 그리움, 분노의 감정을 드러낸다. • 초기에 심한 증상을 보인 아이일수록 불안의 정도가 심하다.
7~8세	• 거부 반응, 슬픔, 유사 성숙도를 나타낸다. • 끊임없는 요구, 분노 등의 감정 표현을 한다. • 적절한 대응기제가 발달하지 않아 심리적 갈등을 겪는다. • 포기 상태에 들어가 '세상은 이렇게 나쁜 것이구나.'라고 생각한다. • 부모의 재결합에 대한 환상을 갖는다.
9~10세	• 상황에 대처하려고 노력하나 심사숙고형이나 적극적 활동형이 된다. • 타인으로부터 지지를 필요로 한다. • 부모의 행위를 부끄럽게 여긴다. • 한쪽 부모에 대한 분노를 느낀다.
13~18세	• 급격한 심적 고통과 상실감을 경험하나 드러내지 않는다. • 결핍감과 더불어 배신감을 느끼며, 때로는 창피해하고 속수무책의 감정을 느낀다. • 자신의 장래에 대한 불안감을 느낀다. • 부모를 한 인간으로 바라보는 과정을 겪는다. • 부모에게 거리감을 두고 부모를 도덕적 견지에서 판단한다.

(2) 이혼이 아동발달에 미치는 영향: 아동의 성별

이혼이 아동에게 미치는 영향은 아동의 성별에 따라 다소 차이가 있는데, 일반적으로 남아가 여아보다 이혼에 따른 부적응적 행동을 더 많이 보이며, 부적응행동의 양상에 있어서도 남아는 외현적 행동으로, 여아는 내재적 행동으로 나타난다는 점에서 차이가 있다.

남아는 여아에 비해 공격성과 같은 행동적인 문제를 많이 나타내는데, 부모 간의 갈등이 높고, 예측하지 못한 양육방식이 적용될 때 보다 심하게 문제행동을 보인다. 부모가 이혼한 직후 남아들은 부모, 교사, 또래로부터 애정을 덜 받고 부정적으로 인식되는데, 이는 남아의 행동이 다루기 어렵기 때문이다. 여아도 부모의 이혼에 대해 강한 충격을 받으나, 주로 내면화된 반응을 보인다. 울거나 자신을 비난하기도 하고, 위축된 행동을 보이기도 하는데, 이때 부모가 인내심을 가지고 온정적으로 대하는 것이 중요하다. 부모의 이혼을 경험한 초등학생을 대상으로 한 이숙과 지선례(2010)의 연구에서는 학교의 흥미도나 학업 성취 면에서는 남녀의 차이를 보이지 않지만 여아가 남아보다 친구관계나 학교규범 준수에 높은 적응력을 보였다고 보고하였다. 성별과 연령 외에 이혼 후 아동의 적응과 관련된 개인의 특성 요인에는 지능, 통제소재, 기질 등이 있다.

현대사회의 가족문화에는 많은 변화가 있지만, 여전히 한국사회 특유의 가족 문화로 인해 이혼가정 아이는 적응면에서 어려움을 겪는다. 이혼은 가족 모두에게 힘든 것이다. 이혼 후에 영향을 주는 가장 중요한 요인은 가족 구성원 간의 관계의 질이다. 갈등과 부정적인 정서는 부정적인 상호작용을 가져오고, 결국 아동에게 더 나쁜 영향을 초래할 수 있다. 이혼 후에도 양쪽 부모 모두와 긍정적인 관계를 형성하고 유지하는 것이 아동발달에 매우 중요하다.

2) 한부모 가정

한부모 가정의 사전적 정의는 이혼, 별거, 사망 따위의 사유로 인하여 부모 중의 한쪽과 그 자녀로 이루어진 가정을 말하며, 우리나라는 이혼율의 지속적인 증가와 함께 한부모 가정이 늘어나고 있는 추세다. 여성가족부(2015)의 조사에 따르면 한부모는 40대가 가장 많았으며, 혼인상태는 이혼이 77.1%로 가장 많았고, 가구 구성은 모자로 구성된 가구가 47.3%로 가장 많았다.

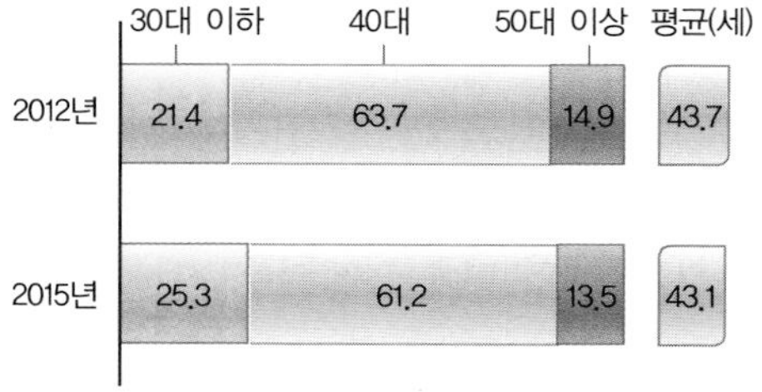

[그림 10-4] **한부모의 연령**

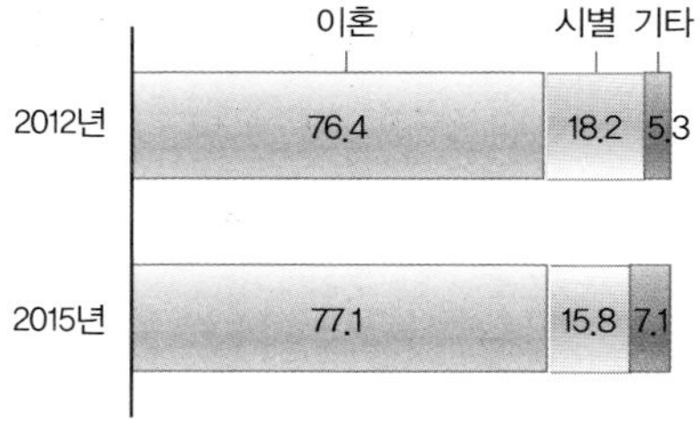

[그림 10-5] **한부모의 혼인상태**

출처: 여성가족부(2015). **한부모 가족 실태조사.**

한부모 가정은 자녀가 어머니와 동거 시 편모가족, 아버지와 동거 시 편부가족으로 분류된다. 편모가족은 아버지의 상실로 인한 소득의 감소와 주택문제, 어머니의 취업문제 등을 포함한 경제적인 문제가 가장 큰 어려움이다. 경제적 문제는 단순히 경제적 어려움으로 그치는 것이 아니라 가족 구성원들의 정서적 · 사회적 측면과 가족관계에 영향을 미치게 된다. 편부가족은 아동양육에 있어서 편모가족에 비해 대화의 어려움, 보호할 사람의 부재, 자녀양육에 대한 의논상대 부재로 인하여 어려움을 겪는다.

한부모 가정은 한쪽 부모의 부재로 인한 양육과 경제적 어려움 외에 자녀의 정서적 문제와 사회적 편견으로 인해 많은 어려움을 겪는다. 특히 일반가정에서도 흔히 발생하는 아동의 문제행동을 가족구조에 국한시켜 평가하는 고정관념은 아직까지 여전하며, 이러한 사회적 편견은 이들을 더욱 힘들게 한다. 또한 동일시할 수 있는 한쪽 부모의 부재로 인해 자녀가 성장함에 따라 필요한 상식을 주지 못하는 한계에 부딪히게 된다.

「한부모가족지원법」은 국가 또는 지방자치단체가 한부모가족의 어머니 또는 아버지와 아동의 직업능력을 개발하기 위해 능력 및 적성 등을 고려한 직업능력개발훈련을 실시하며, 한부모가족의 어머니 또는 아버지의 취업기회를 확대하기 위해 한부모가족 관련 시설 및 기관과 직업안정기관 간 효율적인 연계를 도모하고 있다. 한부모가족을 위한 이러한 국가적 지원 외에도 한부모가족을 위한 지원 프로그램이나 상담 등 다양하고 통합적인 사회적 지원이 필요하다.

3) 다문화 가정

다문화 가정의 사전적 의미는 결혼이민자가족, 외국인근로자가족, 새터민 가족 등 서로 다른 국적, 인종이나 문화를 지닌 사람들로 구성된 가족이다. 현대사회는 '지구촌 한가족'이라고 불릴 정도로 세계화, 국제화되는 추세다. 우리나라도 주변에서 흔히 다문화 가정을 볼 수 있을 정도로 다문화 가정의 수가 증가하고 있다.

여성가족부에서는 '다문화 가정의 현황 및 실태를 파악하고 다문화 가정 지원을 위한 정책 수립에 활용하기 위하여 다문화 가정에 대한 실태조사를 3년마다 실시한다. 그 내용을 살펴보면(2015), 전체 다문화가구는 278,036가구로 2012년 대비 4.3% 증가하였고 우리나라 전체 가구 중 1.3%를 차지하고 있으며, 결혼이민자 · 귀화자는 304,516명으로 추정된다. 결혼이민자 · 귀화자의 출신 국적을 보면 중국(한국계)이 30.7%로 가장 많고, 다음으로 중국 22.4%, 베트남 20.8%순으로 나타났다. 한국+외국 출신 부부 가구는 74.4%이며 부부 모두 외국 출신 가구도 25.6%를 차지한다. 이들의 혼인 지속 기간은 평균 9.77년으로 2012년 대비 증가하고, 결혼 초기 가족 해체율이 감소하였으며, 눈여겨볼 점은 아버지의 자녀돌봄 참여 의식이 전체 국민보다 더 높게 나타났다는 것이다. 만 9~24세 자녀 수가 2012년에 비해 24% 급증한 82,476명에 이르는 가운데 자녀 역시 차별 경험이 감소하고 차별에 적극적으로 대응하는 비율이 증가했다.

혈연관계를 중요하게 생각하고 있는 우리나라에서 다문화가족에 대한 편견과 차별은 여전히 존재하고 있다. 경제적 빈곤, 의사소통의 어려움, 문화적 차이에서 오는 사회부적응, 자녀의 학업문제 등 그들이 한국사회에서 잘 적응하고 생활하기에는 많은 어려움이 있다. 따라서 사회적 차원에서 다문화가족이 겪는 어려움을 제도적으로 지원하는 것이 시급하며, 특히 우리 사회가 가지고 있는 다문화에 대한 편견을 개선하고 세계시민의 한 사람으로 그들을 받아들이는 인식 전환이 필요하다.

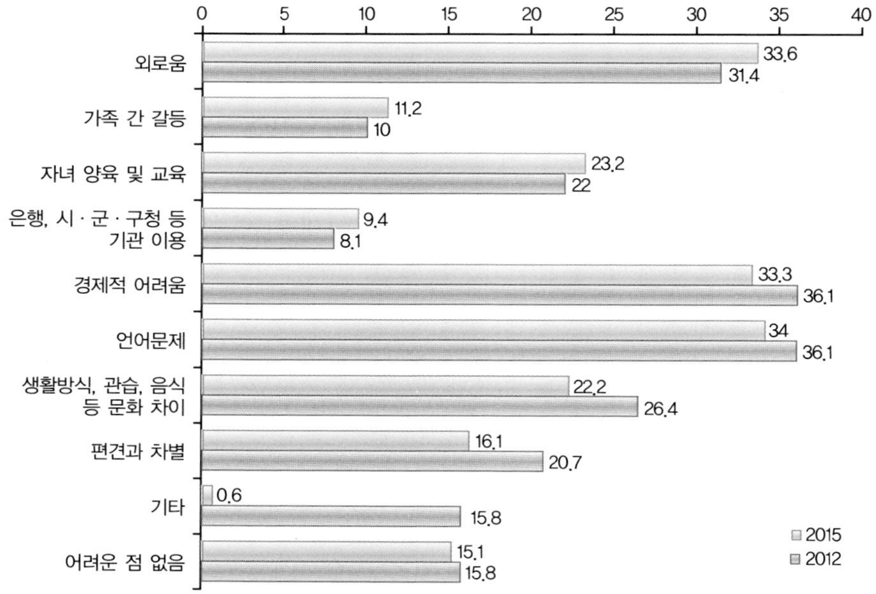

[그림 10-6] **결혼이민자 · 귀화자의 한국 생활 어려움**

출처: 여성가족부(2015). 전국 다문화가족 실태조사.

4) 맞벌이 가정

맞벌이 가정은 부부가 함께 경제활동에 참여하여 돈을 버는 가정으로, 'two income family, two paycheck family, two career family'라고도 한다. 여성의 사회 진출 증가로 인한 맞벌이 가정은 매년 늘어나 2015년에는 전체 가구의 43.9%가 맞벌이 가정으로 보고되었다(통계청, 2016). 과거에는 결혼과 동시에 직장을 그만두고 육아를 담당하는 여성이 대부분이었으나, 최근에는 자신의 일과 육아를 병행하려는 여성들이 늘어나고 있다.

아직까지 한국사회에서 육아는 여성의 몫이라는 사고가 지배적이다. 여성보다는 어머니의 역할이 강조되어 온 우리 사회에서 취업을 한 어머니들은 무거운 심리적 부담과 함께 죄책감을 강요당하고 있다. 비록 어머니의 취업으로 보다 나은 경제생활을 하고 이것을 가족 구성원이 공유한다 하더라도, 취업모는 자신의 취업으로 인해 자녀들이 희생당하고 있다고 생각한다. 또한 자녀들이 잘못을 저지르거나 사소한 문제라도 일으키게 되면 이를 어머니의 취업 때문으로 간주하는 것이 사회적 통념이다. 가사분담에 대한 남편들의 인식을 조사한 윤연옥(2015)의 연구에서 남편들의 47.5%가 아내와 공평하게 가사를 분담해야 한다고 생각하고 있었지만 남편들이 직접 가사에 참여하는 비율은 16.4%에 그쳤다. 이는 아직까지 남성들이 가정 내 역할에 대한 인식이 기존의 관점에서 벗어나지 못하고 있음을 알 수 있다. 또한 취업모를 대상으로 직장과 가정의 전이가 어머니와 자녀의 관계에 미치는 영향을 연구한 변혜연(2017)은 여성의 역할 갈등이 높을수록 자녀의 훈육과 감독, 애정 표현에 부정적 영향을 미쳤다고 보고하였다. 따라서 가정에서 여성과 남성의 전통적인 역할에서 벗어나 새로운 역할 변화가 필요한 시점이다.

맞벌이가족은 자녀의 성에 상관없이 자녀의 성역할 태도에 가장 큰 영향을 준다. 일하는 어머니를 둔 아동의 경우, 그렇지 않은 아동에 비해 전형적인 성역할 고정관념을 덜 가지며, 양쪽 성에 대해 보다 유능감을 가지는 경향이 있다. 어머니와 아버지가 모두 직업을 가진 경우, 자녀는 부모가 능력 있는 직업인과 다정한 양육자의 다중역할을 하는 것을 보는 기회를 가지므로 보다 평등주의적인 믿음을 가지게 된다. 이처럼 맞벌이 가족에서 부모의 역할 수행은 아동의 발달 전반에 영향을 준다.

갈수록 늘어나는 맞벌이가족을 위한 사회적 지원 또한 필요하다. 시간적 부족으로 인한 가정 내 갈등 상황을 해결할 수 있는 프로그램이나 어린 자녀에 대한 걱정 없이 직장생활을 할 수 있는 국가적 보육정책 등은 부모가 각자의 자리에서 맡은 역할을 잘 수행하여 자녀에게도 긍정적인 영향을 주는 이상적인 가정으로 성장하는 데 큰 도움이 될 것이다.

생각할 문제

- 현대사회에서 가족이 개인에게 주는 의미는 무엇인지 토론해 보자.
- 부모의 양육태도와 아동발달의 연관성을 자신의 경험에 비추어 토론해 보자.

참고문헌

김고은, 조남억(2017). 아버지의 양육태도가 중학생 자녀의 자기효능감에 미치는 영향:

자기결정성 동기와 행동조절능력의 매개효과. **청소년학연구**, 24(7), 191-213.

김광숙, 신경실, 이훈민(2017). 융복합시대 부모의 긍정적 양육태도와 부정적 양육태도가 청소년의 스마트폰 의존도에 미치는 영향: 또래애착 매개효과. **융합정보논문지**, 7(4).

김정운(2016). 청소년용 가족기능 척도개발 및 타당화 연구. 충북대학교 대학원 박사학위 청구논문.

김태성(2013). 청소년의 정신건강에 미치는 영향요인에 관한 연구: 가족기능 · 사회적 관계요인 · 자아요인 · 심리적 요인을 중심으로. 한세대학교 대학원 박사학위논문.

노경훈, 한대동(2017). 초등학생이 지각한 부모의 양육태도가 공격성과 학교폭력 허용도에 미치는 영향. **교육혁신연구**, 27(1).

박은미, 이석순(2015). 유아기 자녀를 둔 아버지의 양육스트레스와 행복감에 관한 연구. **유아교육 · 보육 복지연구**, 19(2), 271-294.

박정민(2010). 유아의 출생순위와 성별 및 형제성별에 따른 형제관계의 질과 행동적 자기조절력의 관계. 계명대학교 교육대학원 석사학위논문.

박진희, 박지선(2015). 부부응집력이 자녀의 형제자매관계에 미치는 영향: 양육태도 매개효과. **청소년학연구**, 22(8), 453-478.

배율미(2014). 유아 우울증후에 관한 연구: 형제자매 수와 출생순위를 중심으로. **유아교육학논집**, 18(2), 187-204.

변경애, 김은주(2013). 영아 쌍둥이 육아 경험에서 어머니가 인식하는 어려움에 대한 질적 연구. **한국보육지원학회지**, 9(6), 267-288.

변혜연(2017). 직장-가정 전이가 모-자녀관계에 미치는 영향. 성균관대학교 대학원 석사학위논문.

쉘 실버스타인(2017). **아낌없이 주는 나무**. 서울: 시공주니어.

여성가족부(2015). **한부모 가족 실태조사**.

여성가족부(2015). **전국 다문화가족 실태조사**.

유구종, 조희정(2010). 외동이의 사회적 능력 특성 탐색. **열린유아교육연구**, 15(6), 137-160.

윤연옥(2015). 2014 생활시간조사의 결과 및 함의점. **한국가족자원경영학회**, 11(1), 35-46.

앤서니 브라운(2017). **돼지책**. 서울: 웅진주니어.

이숙, 지선례(2010). 이혼가정 아동의 학교적응: 아동의 개인적 변인과 가족 변인을 중심으로. *Family and Environment Research, 48*(5), 119-128.

장영란(2016). 쌍둥이 자녀의 양육문제와 그 극복의 방안-설리반의 이론을 중심으로. **신학과 실천, 49,** 555-576.

전보영, 조희선(2011). 조손가족의 가족기능 향상을 위한 가족생활교육프로그램의 개발에 관한 연구. **한국가족관계학회지, 16**(3), 223-250.

정묘순(2011). 한부모 가정과 양부모가정 청소년의 자아분화가 학교적응에 미치는 영향 비교. **청소년문화포럼, 26,** 191-228.

정진영(1993). 한국의 이혼실태와 이혼가정자녀들의 문제에 관한 연구. **한국아동복지학, 1,** 81-108.

정희영(2014). 부모-자녀 의사소통 유형에 따른 초등학교 외동아와 형제아의 학교적응력 차이. 한국교원대학교 대학원 박사학위논문.

주소희(2003). 부모이혼에 대한 아동의 지각과 이혼가정자녀의 심리 · 행동적응문제와의 관계. **가족복지학, 12,** 179-210.

채선미, 이영순(2011). 부모의 이혼을 경험한 청소년의 정서, 자아강도 및 사회적 지지가 학교생활 적응에 미치는 영향. **놀이치료연구, 15**(1), 1-16.

최정혜(2015). 유아기 자녀를 둔 부모의 양육태도 유형과 유아의 자아탄력성과의 관계. **유아교육학논집, 19**(5), 55-71.

통계청(2016). 출생통계.

통계청(2016). 인구동태 통계표(이혼).

허혜경, 김혜수, 박인숙(2013). **현대가정의 이해.** 서울: 문음사.

Baumrind, D. (1971). Current patterns of parental authority. *Developmental Psychology Monograph, 4,* 1-103.

Gottman, J. M. (1998). *Raising an emotionally intelligent child.* 남은영 공저 및 감수(2007). **내 아이를 위한 사랑의 기술: 감정코치.** 서울: 한국경제신문.

Graham, A. A., & Coplan, R. J. (2012). Shyness, sibling relationships. and young children's socio-emotional adjustment at preschool. *Journal of Research in Childhood Education, 26*(4), 435-449.

Morgan, J. K., Shaw, D. S., & Olino, T. M. (2012). Differential susceptibility effects: the interaction of negative emotionality and sibling relationship quality on childhood internalizing problems and social skills. *Journal of Abnormal Child*

Psychology, *40*(6), 885–899.

Ruschena, E., Prior, M., Sanson, A., & Smart, D. (2005). A longitudinal study of adolescent adjustment following family transitions. *Journal of Child Psychology and Psychiatry*, *46*(4), 353–363.

Schaefer, E. S. (1959). A circumplex model of maternal behavior from infancy to preadolescence. *Journal of Abnormal and Social Psychology*, *61*(1), 1–6.

Volling, B. R., & Bersky, J. (1992). The contribution of mother-child and father-child relationships to the quality of sibling interaction: A longitudinal study. *Child Development*, *63*, 1209–1222.

제 11 장

아동발달과 부모교육

제 11 장 아동발달과 부모교육

학습목표

- 부모교육의 개념, 필요성 및 목표에 대해 설명할 수 있다.
- 부모됨의 의미와 효과적인 자녀양육의 원리를 설명할 수 있다.
- 민주적 부모교육 이론과 인본주의적 부모교육 이론에 대해 설명할 수 있다.

1. 부모교육의 의미

1) 부모교육의 개념

부모교육은 미국에서 1920년대부터 사용되어 온 오래된 용어로, 우리나라에서는 해방 직후부터 사용되기 시작하였다. 부모교육은 목적, 대상, 내용 및 방법을 어떻게 규정하고 어떤 측면을 강조하느냐에 따라 다양하게 정의될 수 있다. 다음에서 부모교육에 대한 국내외 학자들의 견해를 간략히 소개한다.

먼저 외국 학자들의 견해를 살펴보면, Harman과 Brim(1980)은 부모교육은 '부모의 역할 수행을 증진시키거나 변화시키기 위한 의도로 행해지는 조직적인 노력'이라고 정의하였다. Pehrson과 Robinson(1990)은 부모교육이란 '부모-자녀 간의 상호작용의 질을 개선하며, 부모와 자녀의 행동을 긍정적으로 변화시키기 위한 의식적 학습활동'이라고 정의한 바 있다.

부모교육에 대한 국내 학자들의 견해도 외국 학자들의 견해와 크게 다르지 않다. 이재연과 김경희(2000)는 부모교육을 '부모의 자녀에 대한 이해와 지식을 증진시켜 사고와 감정 그리고 행동에 있어서 습관적인 방법을 돌이켜 검토해 보도록 함과 동시에 자녀를 양육하는 새로운 방법을 습득하도록 도와주는 다양한 교육적 경험'으로 정의했고, 신용주와 김혜수(2002)는 부모교육을 '부모가 부모역할기능을 효과적으로 수행할 수 있도록 정보나 지식을 전달하거나 전략 및 기술을 가르치는 교육적인 활동'이라고 정의하였다. 끝으로 장대운(1997)은 부모교육을 '부모교육자의 자질 향상과 부모의 역할 수행에 변화를 일으키기 위하여 부모교육자, 부모, 예비부모, 그리고 자녀를 대상으로 부모교육문제와 자녀교육문제를 내용으로 모든 교육적인 방법을 동원하여 교육하는 활동'이라고 하였다.

이상에서 살펴본 바와 같이, 부모교육에 대한 여러 학자들의 견해는 초점과 포괄성에 있어 차이가 있을 뿐 대동소이하다. 즉, 이들은 부모교육이 부모가 자녀양육 역할을 잘 수행할 수 있도록 돕는 것을 목적으로 하는 교육적 활동임을 공통적으로 언급하고 있다.

부모교육과 개념적으로 거의 유사하거나 약간의 차이가 있어 부모교육과 특별히 구분되지 않고 혼용되고 있는 용어로 부모훈련, 부모참여, 부모개입, 부모역할하기 등이 있다. 부모훈련(parent training)은 행동주의적 관점을 가진 학자들이 주로 사용하는 용어로 부모교육과 대체할 수 있다. 부모참여(parent participation)는 유아교육 프로그램의 계획 · 실천 · 평가 및 수정 단계에 부모가 참여하는 것으로서 부모의 의사결정 권한이 강조된다(Evans, 1975). 부모개입(parent involvement)은 부모참여와 거의 같은 의미로 사용된다. 부모역할하기(parenting)는 최근에 널리 사용되고 있는 용어로 자녀를 양육하고 보호하며 지도하는 과정을 의미한다. 이 과정에는 부모뿐만 아니라 유아의 신체적 · 사회적 · 정서적 · 인지적 발달에 영향을 주는 형제자매, 또래집단, 친척, 교사 등도 포함된다. 부모역할하기는 어머니 역할하기(mothering)와 아버지 역할하기(fathering)로 구분할 수 있다(Bigner, 1994).

2) 부모교육의 필요성

적절한 부모역할은 아동의 성장 발달에 필수적이다. 아동이 건강하게 성장하느냐 못하느냐 하는 것은 상당 부분 부모가 어떻게 자신의 역할을 수행하느냐와 관련이 있다. LeMasters(1974)가 부모기에 대한 미신(〈표 11-1〉 참조)에서 지적한 바와 같이 부모역할은 재미있고 즐겁기만 한 것은 아니며, 하기 싫다고 중도에 그만둘 수도 없다. 사실 부모역할은 성인이 수행해야 하는 가장 어려운 역할 중 하나다. 그래서 이 역할을 성공적으로 수행하기 위해서는 체계적인 준비를 해야 하는데, 이것이 부모교육이 필요한 이유다.

〈표 11-1〉 **부모기에 대한 미신**

- 자녀양육은 재미있다.
- 아이들은 사랑스럽고 귀엽다.
- 좋은 부모를 만나면 아이들은 잘 자랄 것이다.
- 남자아이보다 여자아이를 키우기가 더 힘들다.
- 오늘날의 부모들은 예전의 부모들보다 못하다.
- 현대 의학, 현대적 기구, 아동심리학 등으로 인해 오늘날 아이 키우기가 더 쉽다.
- 요즘 아이들은 부모가 그들에게 줄 수 있는 모든 편의에 대해 감사해한다.
- 자녀를 기르는 어려움은 자녀들이 보다 나은 세상을 만들 것이기 때문에 정당화된다.
- 아이들은 적절한 성교육을 받으면 말썽을 부리지 않을 것이다.
- 나쁜 아이는 없다. 나쁜 부모가 있을 뿐이다.
- 아이들을 잘 키우기 위해서는 양쪽 부모가 필요하다.
- 부모역할을 잘 수행하는 데는 사랑만 있으면 된다.
- 모든 결혼한 부부는 자식을 낳아야 한다.
- 자녀가 없는 부부는 좌절되고 불행하다.
- 자녀가 부모의 결혼생활을 향상시킨다.
- 부모는 성숙한 성인이다.
- 사람들이 자신의 선택을 통해 부모가 된다.
- 부모기는 우리 사회에서 최우선적으로 고려된다.

출처: LeMasters, E. E. (1974). *Parents in modern America*.

부모교육의 필요성을 아동, 부모 및 사회의 측면으로 구분하여 보다 자세히 살펴보면 다음과 같다(유안진, 김연진, 2003; 이은화, 1997).

(1) 아동의 측면

부모가 자녀의 성장과 발달에 중요한 역할을 하기 때문에 부모교육이 필요하다. 부모가 자녀의 신체, 사회, 정서, 인지 등 발달의 모든 영역에 영향을 준다는 것이 많은 연구를 통해 밝혀졌다. 따라서 부모교육을 통해 부모들이 효율적으로 자녀를 양육할 수 있도록 도움을 주는 것이 필요하다.

(2) 부모의 측면

첫째, 부모교육을 통해 부모 자신이 인간으로서 성장할 기회를 얻기 때문에 부모교육이 필요하다. 자녀를 잘 기르기 위해서는 무엇보다도 부모가 심리적으로 건강해야 한다. 부모교육은 부모에게 자신의 심리적 건강을 검토해 볼 수 있는 기회를 제공해 준다. 따라서 결혼 전 예비부모교육은 물론, 부모가 된 후에도 계속적으로 부모교육을 받는 것이 한 인간으로서의 부모의 성숙을 위해 바람직할 것이다.

둘째, 대가족제도의 붕괴와 핵가족제도의 보편화로 인해 젊은 부모들은 자녀양육과 관련하여 어른들의 도움이나 조언을 즉각적으로 받을 수 없게 되었고, 부모에게 의지함 없이 스스로 자녀양육의 책임을 수행하여야 할 상황에 처했기 때문에 부모교육이 필요하다. 부모교육을 통해 젊은 부모들은 자녀양육에 대한 자신감을 얻을 수 있고, 자녀양육 시 발생할 수 있는 여러 가지 상황에 대한 대처능력을 기를 수 있다.

셋째, 성역할 개념의 변화와 여성의 사회 진출 확대로 인해 자녀양육에 있어 아버지의 참여와 역할이 중요해짐에 따라 아버지의 역할을 미리 준비해야 할 필요성이 대두되었기 때문에 부모교육이 필요하다.

(3) 사회의 측면

첫째, 인적 자원의 효율적 개발이라는 측면에서 부모교육이 필요하다. 국가 경제 발전의 원동력은 인간이며, 인간의 지적 · 인성적 기반은 상당 부분 부모에 의해 영향을 받기 때문에 정부나 사회는 자녀에게 절대적 영향력을 발휘하는 부모를 교육하는 일에 관심을 가져야 한다.

둘째, 사회균등의 관점에서 부모교육이 필요하다. 장기적인 관점에서 보면 부모교육은 사회복지정책의 일환이다. 특히 빈곤계층의 부모를 대상으로 하는 교육을 정부나 사회에서 지원하는 것은 미래 인적 자원의 질을 높일 뿐 아니라 평등사회 실현에도 기여할 수 있다.

3) 부모교육의 목표

부모교육의 기본 전제는 자녀 발달에 부모가 중요한 역할을 하기 때문에 부모를 교육하면 그 효과가 아동에게 나타날 것이라는 것이다. 따라서 부모교육의 궁극적인 목표는 부모로 하여금 자녀를 이해하고 돕고 지도하는 데 필요한 지식, 태도 및 기술을 습득하도록 돕는 데 있다. 부모교육 프로그램을 분석한 Fine과 Henry(1989)에 의하면, 부모교육의 목표는 [그림 11−1]에 제시되어 있는 바와 같이 정보 교환, 자기 인식, 기술 훈련 그리고 문제 해결의 4가지로 구분할 수 있다.

〈과정〉	〈내용〉	〈과정〉
A. 정보 교환 • 강연 • 집단토의 • 관련 서적 읽기 • 부모집단 모임	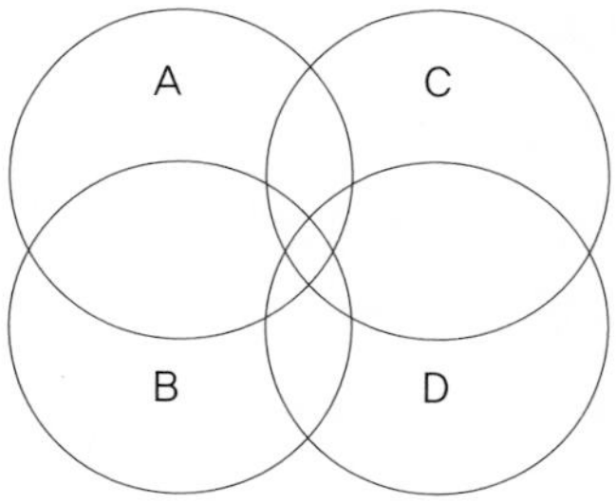	C. 기술 훈련 • 시범 · 연습 · 피드백 • 관련 서적 읽기 • 토의
B. 자기 인식 • 집단토의 • 개별 · 집단활동 • 자기분석 연습 • 일기 쓰기와 기록		D. 문제 해결 • 과제에 대한 피드백 • 관찰에 대한 피드백 • 토의 • 추후검토

[그림 11−1] **부모교육의 목표**

출처: Fine, M. J., & Henry, S. A. (1989). Professional issues in parent education. In M. J. Fine (Ed.), *Handbook on parent education*, pp. 3-20.

(1) 정보 교환

부모교육의 우선적인 목표는 자녀의 발달과정이나 양육방법과 관련된 실제적 · 이론적 정보를 나누는 것(information sharing)이다. 강연, 집단토의, 집단모임, 관련 서적 읽기 등을 통하여 부모 상호 간에 자녀양육 관련 정보를 교환하거나 집단 지도자로부터 관련 정보를 얻는다. 많은 도서가 아동발달과 양육방식에 관한 정보를 제공해 주고 있으나 이러한 자료의 활용도는 상당히 낮다.

(2) 자기 인식

부모교육의 또 다른 목표는 자기 인식(self-awareness)을 증진하는 것이다. 부모 자신에 대한 인식은 크게 2가지 관점에서 이루어질 수 있다. 하나는 자신의 부모세대가 현재 자신의 양육태도에 어떠한 영향을 미쳤는가에 대한 통찰을 통해서이고, 다른 하나는 부모가 가진 가치관이 어떻게 부모가 원하지 않는 방향으로 자녀에게 영향을 주는가에 대한 통찰을 통해서다. 또한 이 같은 가치관의 명료화를 넘어서 부모의 가치 체계에 변화를 가져오는 것도 포함된다.

(3) 기술 훈련

정보 교환만으로는 부모의 행동을 변화시키는 데 불충분하므로, 이와 병행하여 기술 훈련(skill building)이 보편적으로 행해지고 있다. 부모들에게 어떻게 하라고 말해 주는 것만으로는 교육이 효과적으로 일어나지 않는다. 역할놀이, 시범 보이기, 행동연습 등의 방법이 자녀양육기술을 가르치는 데 자주 사용된다. 자녀양육과 관련된 기술 훈련이라는 목표를 달성하기 위해 부모교육 프로그램에서 나-전달법, 반영적 경청, 시범 보이기, 칭찬, 격려, 가족회의를 하는 방법, 타협, 한계 설정, 아동의 행동 형성 등의 방법 등을 익힌다.

(4) 문제 해결

아동발달의 광범위한 영역에 적용할 수 있는 문제 해결(problem solving)의 기본적인 방법을 과제나 관찰에 대한 피드백이나 토의를 통해 부모들에게 가르쳐서 부모가 중재할 수 있도록 하는 것이다.

앞에서 언급한 것 외에도 부모교육은 다양한 목표를 가지고 수행된다. 그러나 대부분의 부모교육은 그 정도에 차이가 있을 뿐 이들 목표를 공유하고 있다.

2. 부모역할

부모교육은 자녀를 둔 부모가 부모로서의 역할을 잘 수행하도록 돕는 것을 목표로 한다. 따라서 부모교육은 부모역할에 대한 이해에서 출발한다고 볼 수 있다. 부모역할을 잘 수행하기 위해서는 부모됨의 의미와 동기에 대한 깊은 성찰과 효과적인 자녀양육 방법에 대한 공부가 필요하다.

1) 부모됨의 의미와 동기

과거에는 식량과 자원의 수급을 맞추기 위한 하나의 방법으로서 산아제한을 이용해 왔으나, 오늘날 우리는 자신의 선택에 의해서 부모됨을 결정하는 시대에 살고 있으며, 의학기술의 발달과 효과적인 피임 방법은 부모가 되느냐 여부를 결정하는 문제뿐만 아니라 자녀를 갖는 시기와 자녀 수에 대한 결정까지도 용이하게 해 준다. 최근 우리 사회는 맞벌이가 증가하고 자녀에 대한 경제적 부담이 증가하면서 자녀 수를 줄이고 임신 시기를 늦추는 풍조가 확산되고 있다. 또 초혼 연령이 상승하고 직업과 라이프스타일에 대한 선택의 폭이 넓어지면서 부모됨은 필수가 아닌 선택이 되었다. 그럼에도 오늘날 대다수의 사람들이 부모됨을 선택한다. 이들에게 있어 부모가 된다는 것은 어떤 의미일까? 이에 대해 사회학자인 Veevers(1973)는 부모가 되는 것의 사회적 의미를 다음과 같이 6가지로 설명하였다(유계숙, 정현숙, 2002; 이재연, 김경희, 2000에서 재인용).

첫째, 부모가 되는 것은 도덕적인 의무를 수행하는 것을 의미한다. 특히 종교의 가르침을 믿고 따르는 사람들은 자녀 출산이 도덕적 의무를 수행하는 것이라고 생각한다. 이러한 생각은 기독교나 가톨릭 등의 종교집단에서 자녀를 생산하는 일이 종교의 목적과 결혼의 목표를 달성하는 데 필요한 것이라고 해석하는 데서 나온다.

둘째, 부모가 되는 것은 시민으로서의 의무를 다함을 뜻한다. 국가나 사회가 지속되기 위해서는 그 구성원이 될 사람을 생산해야 한다. 따라서 경제적으로나 사회적으로 자녀를 가질 수 있는 부부가 자녀를 갖지 않는 것은 이기적이고 무책임하다고 비판한다.

셋째, 부모가 되어 자녀를 낳아 키우는 것은 자연스러운 일이다. 이것은 인간의 타고난 본능에 바탕을 둔 것으로 결혼한 부부의 성생활에 의한 자연스러운 결과다. 이 시각에서 피임과 같은 인위적인 방법을 사용하여 자녀를 갖지 않는 것은 부자연스러운 일로 받아들여진다.

넷째, 부모가 되고자 하는 것은 한 남성이나 여성으로서의 위치를 받아들이는 중요한 지표이고, 자녀를 갖는 것은 남성 혹은 여성으로서의 능력이 있음을 나타내 주는 중요한 지표로 해석된다. 성인 남녀는 자녀 출산을 통하여 자신이 아이를 낳을 수 있는 능력을 지닌 성인이라는 성정체성을 획득한다. 즉, 자녀가 있다는 것은 한 남성으로서 혹은 한 여성으로서 성적인 역량이 있음을 의미한다. 반대로 자녀가 없는 부부는 임신이 될 정도로 적절히 혹은 충분히 성을 수행하지 못함을 의미하기도 한다.

다섯째, 자녀는 결혼의 목표로 인식되어 슬하에 자녀를 둔 부부는 무자녀 부부보다 더 행복하고 안정된 생활을 하고 있는 것으로 지각된다. 즉, 자녀는 부부의 결혼생활을 결속시켜 주어서 결과적으로 이혼을 방지해 줄 것이라는 사회적 통념이 있다. 이러한 생각을 가진 부부들은 결혼생활을 '구원'하기 위한 방편으로 자녀를 갖는다. 그러나 자녀 출산과 더불어 부부의 결혼만족도가 감소하고 결혼생활에 스트레스가 야기된다는 연구 결과에 비추어 보면 이런 통념은 근거가 희박해 보인다.

여섯째, 일반적으로 자녀 갖기를 원하는 사람이 그렇지 않은 사람에 비해 정상적으로 간주된다. 부모기를 경험하는 사람은 부모가 되어 자녀를 기르고 자녀의 복지를 우선적으로 고려함에 비해 부모가 되지 않은 성인은 다른 사람보다는 자기의 복지에 더 관심을 가진다는 인식도 포함된다.

이상에서 살펴본 부모기의 사회적 의미가 모든 사람들에게 일률적으로 적용되는 것은 아니다. 언급된 6가지 의미에 대해 동의하는 정도는 사회계층, 교육 수준, 가치관 등 개인의 다양한 특성에 따라 매우 다르게 나타날 수 있다.

오늘날 결혼이나 자녀를 갖는 것에 대한 생각이 과거와 많이 달라졌다고들 하지만 대부분의 사람들은 일정한 연령에 도달하면 결혼을 하고 또 자녀를 낳는다. 즉, 아직까지는 결혼을 하고 자녀를 낳아 기르는 것이 자연스러운 과정이라고 생각한다. 부모가 된다는 것은 하나의 사회적 과정으로 인식되지만 거기에는 심리적 동기가 작용하기도 한다.

사람들은 어떤 동기로 부모가 되고자 하는가? 이 문제와 관련하여 일찍이 Rabin(1965)은 다음 4가지를 지적한 바 있다(김진영, 김정원, 전선옥, 2009; 송정애, 정해은, 김미영, 2008; 유안진, 김연진, 2003에서 재인용).

첫째, 운명론적 동기다. 자녀를 낳아 양육하는 일은 운명적인 것이기 때문에 자녀를 낳기를 거부하거나 자녀를 낳는 것과 관련되어 계획적인 행동을 하는 것은 신에 대하여 거역하는 일로 간주하는 경우다. 즉, 종교적 이유로 부모가 되는 것이며 몇 명의 자녀를 어떤 성별로 출산하는지도 오로지 신의 뜻에 따르는 일이라고 믿는다. 운명론자들이 부모가 되는 또 다른 동기는 가부장 중심의 가계를 계승하기 위해 자녀를 갖는 것으로, 이러한 동기는 사람들이 여아보다 남아를 선호하는 이유를 잘 설명해 준다.

둘째, 이타주의적 동기다. 자녀에게 애정을 주고 헌신적으로 돌보고자 하는 동기에서 부모가 되고자 한다. 자녀를 출산 · 양육하며 무조건적으로 베풀고 돌보는 헌신적인 행동의 가치를 높이 평가하는 사람들이 여기에 해당된다. 이런 사람들은 자신이 자녀를 출산하지 못할 때는 타인의 자녀를 양자로 삼아 키우기도 한다.

셋째, 자기도취적인 동기다. 이러한 동기로 자녀를 갖는 사람들은 자녀를 출산하고 양육하는 행동이 자신의 선함을 나타내 주는 것이며, 자신이 부모가 되기에 적절한 정도로 성숙했음을 증명해 주는 것이라고 생각한다. 자기도취적인 동기는 자녀 출산을 보편적인 가치로 보고 있는 사회의 주된 동기이며 이러한 동기를 가지고 있으면서 자녀를 출산하지 못하는 난임 부부들은 스스로를 가치 없는 존재로 인식할 수도 있다. 부모가 되는 데 대한 이러한 동기는 자녀를 가져야 한다는 인류의 신조와 병행한다. 자신이 보통 사람과 같다는 것은 한 개인의 심리적 안정의 요인이 된다. 어떤 이들은 부모가 되는 것이 성인의 동족의식 형성에 중요하다고 생각한다. 자녀를 갖는 데 대한 또 다른 자기도취적 측면은 부모가 됨으로써 정서적인 안정을 할 수 있을 것이라고 생각하는 데서도 찾을 수 있다.

넷째, 도구적인 동기다. 이 동기를 가진 부모는 자녀를 낳아 기르면 자녀가 부모의 기대를 성취해 줄 것이라 생각한다. 예컨대, 자녀가 부모를 대신하여 어떤 목적을 달성해 주기 바란다든가, 자녀가 부모를 즐겁게 해 주기를 바란다거나 자녀가 자신에게 삶의 보람을 가져다줄 것이라 기대하는 것이 여기에 해당된다. 또한 자녀를 통하여 지나가 버린 어떤 시절을 다시 경험해 볼 수 있는 인생의 두 번째 기회라고 생각하거나, 손자를 기다리거나 대를 이어야 한다는 시부모의 기대를 충족시키는 도구로서 자녀를 갖기도 한다. 어떤 사람은 부부의 문제를 해소시켜 주고 결혼의 파탄을 막아 줄 것이라는 생각에서 자녀를 갖기도 하는데 이 역시 도구적인 동기에 해당한다.

한편 유계숙과 정현숙(2002)은 우리나라의 남녀 대학생을 대상으로 하여 부모됨의 동기에 대한 인식을 조사하여 다음과 같은 5가지 부모됨의 동기를 발견하였다.

첫째, 혈연적 유대강화 동기다. 배우자를 닮은 아이를 낳고 싶어서, 나를 닮은 아이를 낳고 싶어서 등이 여기에 해당된다. 둘째, 전통적 · 규범적 동기다. 결혼하고 부모가 되어야 성인 대접을 받기 때문에, 대부분의 사람들이 자녀를 갖듯이 보통 사람으로 부모가 되려고 한다거나, 자녀가 없으면 인생이 적막하고 노후 기댈 곳이 없기 때문에 부모가 되려고 한다. 자녀양육을 통하여 내가 이루지 못한 것을 대신 이루고자 하는 이유 등이 여기에 해당한다. 셋째, 이타적 · 정서적 동기다. 자녀양육은 인생에서 의미 있고 보람찬 일이므로, 사랑스럽고 귀여운 아이들을 좋아하기 때문에, 정신적인 위안을 주는 친구로서 자녀를 갖고 싶어서 등의 이유가 여기에 해당한다. 넷째, 부부 결속적 동기다. 자녀를 통해 배우자와 가까워지고 인생 목표와 경험을 공유하려고, 자녀는 결혼생활의 활력소로 이혼을 방지하기 때문에, 나와 배우자의 사랑의 결실을 상징하기 때문에 등이 여기에 해당한다. 마지막으로 영속적 동기다. 가계계승과 상속을 위해, 나의 분신을 세상에 남기기 위해 등이 이 동기의 구체적인 예다.

부모가 되려는 동기는 사람마다 다양할 수 있다. 하지만 자녀를 돌보아야 하는 부담 등 자녀가 생김으로써 해서 발생할 수 있는 영향과 현실적인 변화를 예상해 보고, 자신의 욕구보다 먼저 다른 사람의 욕구를 기꺼이 생각할 수 있는 능력이 있는지를 고려해 본 후 부모가 되기를 결정해야 할 것이다(김진영 외, 2009).

2) 자녀양육의 원리

자녀를 둔 부모들은 모두 자신의 자녀가 잘 성장하기를 소망한다. 이를 위해 부모들은 자녀를 잘 키우기 위한 노력을 다양한 방식으로 수행한다. 어떤 부모는 자녀양육 관련 책을 읽고, 또 어떤 부모는 관련 강의를 들으며, 또 어떤 부모들은 방송을 보기도 한다. 인터넷의 발달로 인해 요즘 부모들은 과거의 부모들과 달리 원하기만 하면 자녀양육 관련 정보를 쉽게 얻을 수 있다. 책, 강의, 방송 등과 같은 매체는 자녀양육에 유익한 정보를 제공해 준다. 효과적인 양육에 대한 정보는 헤아릴 수 없을 만큼 많다. 하지만 자녀양육과 관련된 정보들은 대부분 과학적인 연구보다는 개인의 양육 경험에 기초한 경우가 많다. 다음에서는 자녀양육과 관련하여 수행된 많은 연구를 종합하여 10개의 자녀양육 기본 원리로 정리한 Steinberg의 견해를 소개하고자 한다. 부모역할을 잘 수행하기 위해서 꼭 알아야 할 유용한 정보이므로 주의하여 살펴보고, 더 자세한 내용은 『좋은 부모 되기 위한 10계명』(Steinberg, 2004; 신민섭, 송종용 역, 2010)을 참고하기 바란다.

(1) 제1원리: 행동으로 본보기가 되라

아이는 부모의 행동을 모방할 준비가 된 상태로 세상에 나온다. 아이가 부모를 모방하는 것은 타고난 성향이기 때문에 부모가 이것을 막을 방법은 없다. 부모는 항상 아이들에게 "나처럼 하지 말고 내가 말한 대로 해."라고 말하지만 아이들은 훈계보다는 부모의 행동을 통해 더 많이 배운다. 따라서 아이와 함께 있을 때 말과 행동에 주의해야 한다. 부모가 아이의 역할 모델이 될 것인지 말 것인지, 또 언제 모델이 될 것인지 선택할 수 없다. 부모가 좋은 싫든 상관없이 아이는 항상 어머니와 아버지를 관찰하면서 배우고 있다.

(2) 제2원리: 사랑은 넘치게 주라

사랑 때문에 자녀를 망치는 것은 불가능하다. 과거 한때 과도한 관심이 자녀를 망칠 것이라고 믿었던 때가 있었다. 하지만 그것은 잘못된 생각임이 밝혀졌다. 아직도 너무 많은 사랑은 아이를 나약하게 만든다고 생각하는 부모들이 있지만 사실은 그 반대다. 자녀에게 신체적인 애정 표현, 칭찬, 관심을 가능한 한 많이 보여 주고, 함께 시간을 보내는 것이 얼마나 즐거운지 말로 표현해 주는 것이 좋다. 많이 하면 할수록 더 좋다. 아이가 심리적으로 건강하게 성장하도록 만드는 것은 정서적 유대다. 자녀에게 지나치게 헌신하는 것을 두려워하지 마라. 그것이 자녀에 대한 순수한 사랑에서 우러난 것이라면 결코 문제될 일이 없다.

(3) 제3원리: 아이의 삶에 참여하라

아이의 정신건강, 적응력, 행복 그리고 만족감을 예측할 수 있는 가장 강력한 요인은 아이의 생활에 부모가 참여하는 정도다. 부모가 자녀의 삶에 참여하고 있는 아이들은 학교생활을 더 잘하고, 자기긍정적이며, 정서적인 문제가 적고, 위험한 일이나 말썽에 덜 말려든다. 아이의 심리적 발달에 부모의 뿌리 깊고 지속적인 참여보다 더 중요한 것은 없다. 이는 자녀의 나이와 상관없이 중요하다. 그러기 위해서는 아이와 많은 시간을 보내야 한다. 집 밖의 아이 생활에 참여하는 것도 중요하다. 자녀의 생활에 참여하는 것은 아이에게 전 생애에 걸쳐 행복하게 기억될 보이지 않는 유산을 남겨 주는 것이다. 자녀의 생활에 참여하고 아이가 성장해 나가는 과정을 함께하라.

(4) 제4원리: 아이의 눈높이에 맞추라

아이는 자라고 성숙해 가면서 능력과 관심 및 욕구가 변한다. 양육 방법도 이런 변화에 맞추어야 한다. 바람직한 양육의 기본 원칙은 아동기나 청소년기 동안 바뀌지 않지만 이러한 원칙을 실천하는 방법은 아이의 발달 단계에 맞추어 달라져야 한다. 초등학교 때 효과적이었던 방법이 청소년기에는 안 먹힐 수 있다. 아동의 발달 단계에 맞게 양육 방법을 조정하기 위해서는 발달이 무엇인지, 왜 발달이 일어나게 되는지, 그것이 부모에게 무엇을 의미하는지 어느 정도는 알아야 한다. 어떤 부모들은 자녀에게 맞춰 양육 방법을 바꾸는 것이 아이의 요구에 항복하는 것이라고 오해하기도 한다. 그러나 그렇지 않다. 양육은 승패의 문제가 아니다. 양육은 자녀가 건강하게 자랄 수 있도록 돕는 것이다. 때로는 자녀를 부모에게 맞추기보다는 부모가 자녀의 변화에 맞추는 것이 최선의 선택이다.

(5) 제5원리: 지켜야 할 규칙을 정하라

부모가 아이에게 주어야 할 가장 중요한 것은 사랑이다. 그러나 그에 못지 않게 중요한 것이 일상생활 속의 체계를 만들어 주는 것이다. 주된 방법 중 하나는 자녀가 어디까지 자유롭게 행동할 수 있는지를 제한하고 적절한 행동을 하도록 기대하는 것이다. 아이가 몇 살인지는 중요하지 않다. 모든 아이들은 규칙과 한계가 필요하다. 어떤 규칙이 좋은지에 대해서는 의견이 다를 수 있지만 좋은 부모는 자녀가 따라 주기를 기대하는 규칙을 가지고 있어야 한다. 규칙이 있어야 하는 가장 중요한 이유는 그렇게 함으로써 자녀가 자신의 행동을 조절하는 능력을 발달시킬 수 있기 때문이다. 자녀를 위한 규칙을 정했다면 변화가 필요하거나 일시적으로 예외를 둘 필요가 있다고 판단되지 않는 한 규칙을 고수하는 것이 좋다.

(6) 제6원리: 나이에 맞는 독립성을 키우라

아이들은 부모가 알려 주지 않아도 부모의 제약으로부터 독립하고 싶어 한다. 독립적이 되도록 자극하지 않아도 대부분의 아이들은 부모가 주려는 것보다 더 많은 자유를 추구한다. 자녀가 자율성을 추구하는 것을 당연하다고 받아들이는 것이 성공적인 양육의 관건이다. 많은 부모들이 독립성을 추구하는 아이의 욕구를 반항이나 불복종으로 잘못 이해한다. 아이가 부모에게 반항하기 위해 혹은 고의로 복종하지 않기 위해 독립성을 추구하는 것이 아니다. 다른 사람에게 통제당하는 것보다 스스로 통제하고 싶은 것이 인간 본성이기 때문에 아이들은 독립성을 추구한다. 독립하고자 하는 자녀의 갈망을 억눌러야 할 욕구로 받아들이기보다는 충족되어야 할 타고난 욕구라고 인식한다면 수많은 문젯거리를 피할 수 있다. 자율성을 충분히 주지 않는다면 혼자서 제대로 일을 처리하지 못하게 된다.

(7) 제7원리: 말과 행동의 일관성을 유지하라

자녀교육에서 가장 큰 문제가 되는 것은 일관성 없는 양육이다. 아이가 바르게 행동하도록 가르치는 가장 쉬운 방법은 교육할 때 항상 일관성을 지킴으로써 좋은 행동을 습관으로 만들어 주는 것이다. 종종 부모는 자신도 모르는 사이에 일관성이 없어진다. 아이를 교육하는 데 어려움이 생겼을 때, 처음 할 일은 한 걸음 뒤로 물러서서 일관적이지 못했던 건 아닌지 자문하는 일이다. 자녀를 양육할 때 일관성을 유지하는 것과 경직된 태도는 다르다. 훌륭한 부모는 일관성을 잃지 않으면서 융통성을 발휘한다. 경직된 훈육은 상황을 고려하지 않는 반면 일관성이 있는 훈육은 상황에 적절하게 맞춰 간다. 일관적이되 경직되어서는 안 된다. 비합리적으로 경직된 것보다 적절하게 융통성을 발휘하는 것이 궁극적으로 자녀에게 더 바람직하다.

(8) 제8원리: 절대로 때리지 말라

부모가 받아들일 수 없는 행동을 아이가 했을 때, 그 행동을 변화시키기 위해 우리가 사용하는 방법은 아이를 처벌하거나, 바람직한 대체 행동에 보상을 해 주거나, 아이가 한 행동이 왜 잘못인지를 설명하고 다음에는 어떻게 행동하는 게 좋을지를 알려 주는 것이다. 대부분의 부모들은 상황, 아이의 나이, 잘못된 행동의 특성에 따라 처벌, 보상, 설명을 섞어서 사용한다. 처벌은 원래 아이에게 나쁜 방법이라거나 보상이나 설명보다 효과가 적다는 말은 사실이 아니다. 처벌도 적절하게 사용하면 효과적이다. 부모가 사용하는 처벌 중에서 가장 나쁜 부작용을 가지고 있는 것이 체벌이다. 체벌은 다른 유형의 처벌보다 효과적이지 않을 뿐만 아니라 아동의 발달에 해로운 영향을 미친다. 장기적인 관점에서 볼 때 체벌은 문제를 해결하기보다는 더 많은 문제를 만들어 낸다.

(9) 제9원리: 부모의 규칙과 결정을 설명하라

아이는 어떤 규칙이 필요하고 공정하다는 점을 인정하면 그것을 더 잘 따르기 때문에 당신이 설정한 규칙의 이유를 설명해 주는 것이 좋다. 다양한 연령대의 아이들에게 적절히 설명하기 위해서는 자녀의 지적 능력을 고려해야 한다. 6세 이하의 아이는 규칙의 근거가 되는 원리를 이해하는 데 필요한 지적 능력이 없기 때문에 부모가 정한 규칙의 원리를 이해하도록 도와줄 만한 뾰족한 수가 없다. 이 연령의 아이에게는 단순하고 구체적으로 설명하는 것이 좋다. 예닐곱 살 정도가 되면 논리를 사용하는 능력이 발달하지만 여전히 추상적으로 사고하기는 어렵다. 이 시기의 아동에게 규칙은 논리적이고 이치에 맞는 것이어야 하며 구체적이어야 한다. 12세 이상의 자녀에게 규칙을 성공적으로 설명하기 위해서는 그것이 타당하고 이치에 맞을 뿐만 아니라 그 논리가 부모가 세운 다른 규칙, 부모의 말, 행동과 일치해야 한다.

(10) 제10원리: 아이도 인격체임을 잊지 말라

자녀는 부모가 자녀를 대하는 방식으로 다른 사람을 대한다. 부모는 자녀가 자신을 존경할지에 대해서는 걱정하면서도 자신이 아이를 존중하는지에 대해서는 잘 생각하지 않는다. 자녀로부터 존중을 받는 가장 좋은 방법은 자녀를 존중하는 것이다. 존중하는 마음을 갖고 자녀를 대하라는 말은 당신이 다른 사람을 대할 때 갖추는 예의를 아이에게도 갖추라는 뜻이다. 아이가 자기 나이에 맞게 행동하도록 해 주는 것도 아이를 한 인간으로 존중하는 방법이다. 이렇게 하려면 자녀가 지금 통과하고 있는 발달 단계를 즐기게 해야지 다음 단계로 나아가도록 다그쳐서는 안 된다. 항상 아이의 발달을 이끌어 가려 노력하지 말고 그것이 자연스럽게 펼쳐지도록 하자.

3. 부모교육 이론

20세기 중반 이래로 부모교육에 대한 많은 이론이 개발되었으나 오늘날 가장 널리 사용되고 있고 이론은 민주적 부모교육 이론과 인본주의적 부모교육 이론이다. 부모교육 이론은 주로 자녀양육과 관련된 내용으로 채워진다. 따라서 엄격한 의미에서 보면 부모교육 이론이라기보다는 자녀양육 이론 또는 자녀 지도 이론이라고 칭하는 것이 옳을 듯하다. 그러나 부모교육의 목표가 부모로 하여금 자녀를 이해하고 돕고 지도하는 데 필요한 지식, 태도 및 기술을 습득하도록 돕는 데 있고, 일반적으로 부모교육 이론이라는 용어가 선호되고 있기 때문에 혼란을 줄이고자 여기서도 부모교육 이론이라 부르기로 한다.

1) 민주적 부모교육 이론

민주적 부모교육 이론은 Rudolf Dreikurs가 Alfred Adler(1870~1937)의 개인심리학 이론을 부모교육에 적용하여 발전시킨 이론으로 부모-자녀 간의 평등한 관계에 기초한 민주적 자녀양육의 원리를 강조한다. 이 이론에 따르면 전통적인 부모의 양육태도는 권위주의적이고 독재적이어서 아동과 성인은 다른 위치에 있으며, 아동은 성인에게 복종해야 한다는 사고가 지배적이었으나 오늘날은 과거와 달리 평등사회로 변했기 때문에 아동과 성인 간에 새로운 관계가 정립되어야 한다. 이를 위해서는 부모가 변화되어야 하는데, 그러기 위해서는 다시 교육을 받아야 한다고 하였다.

(1) 기본 가정 및 목표

부모교육에 대한 민주적 부모교육 이론의 기본 가정은 다음과 같이 요약할 수 있다(박성연, 김상희, 김지신, 박응임, 전춘애, 임희수, 2003).

- 아동은 사회적 존재이며 다른 사람과의 관계를 통해 자신에 대한 생각을 갖게 된다.
- 모든 행동에는 목적이 있다. 따라서 개인의 행동을 이해하기 위해서는 개인의 목적을 알아야 한다.
- 행동의 근본적 목표는 소속감을 통해 자신이 중요하다는 것을 인식하는 데 있다.
- 문제행동은 낙담한 아동에게서 나타난다.
- 타인에 대한 배려가 중요하다는 것을 가르쳐야 한다.
- 모든 사람은 능력은 다르지만 그 가치 면에서는 동등하다.

부모교육의 목표는 모든 부모에게 적용되는 일반적인 목표와 각각의 부모가 개별적으로 경험하는 문제를 해결하기 위한 구체적인 목표로 구분할 수 있다. 일반적인 부모교육의 목표는 부모가 자녀 행동의 동기를 이해하고, 자녀와 평등한 관계를 형성하여 부모-자녀관계를 효과적으로 유지할 수 있게 하는 것이다. 문제가 있는 부모에 대해서는 개별적 부모가 경험하는 문제에 대한 해결책을 모색하여 부모역할을 잘 수행할 수 있도록 조력하는 것이다(이숙, 우희정, 최진아, 이춘아, 2002). 부모교육의 목표를 세분하여 구체적으로 제시하면 다음과 같다(정옥분, 정순화, 2000).

- 부모가 자녀에게 안정된 소속감을 제공해 주고, 자녀가 사용하는 잘못된 행동 목표를 수정해 나갈 수 있는 능력을 갖게 한다.
- 부모가 자녀를 한 사람의 인격체로 존중하는 민주적 양육태도를 갖게 한다.
- 부모가 자녀 스스로 자신의 일을 결정하고 책임질 수 있도록 가르치도록 돕는다.
- 부모가 자녀의 행동에 영향을 미치는 여러 요인에 대한 이해를 하도록 돕는다.

(2) 기본 원리

민주적 부모교육 이론에서 제시하고 있는 아동 지도를 위한 지침의 핵심은 첫째, 잘못된 행동 목표를 설정하지 않도록 하고, 둘째, 격려하며, 셋째, 자연적 · 논리적 결과를 경험하도록 하라는 것이다.

① 잘못된 행동 목표

인간은 사회적 존재이기 때문에 누구나 집단에 소속하고자 하는 기본적인 욕구를 가진다. 이 소속감은 유아기 때 최초로 접하게 되는 가족으로부터 자신의 위치를 인정받으려고 노력하면서 형성된다. 아동이 소속감을 얻기 위해서 여러 가지 행동을 하는 과정에서 좋은 방법으로는 인정받을 수 없다고 느낄 때 잘못된 행동을 통해서라도 이를 성취하려고 하는데 이를 잘못된 행동목표라 한다. Dreikurs(1964)는 아동의 잘못된 행동을 관심 끌기, 권력 행사하기, 보복하기, 무능함 보이기의 4가지 유형으로 구분하여 설명한다(〈표 11-2〉 참조). 여기서 한 가지 유의할 점은 다음에 설명할 잘못된 행동이 반드시 이와 같은 순서로 나타나지는 않는다는 것이다.

〈표 11-2〉 잘못된 행동 목표

자녀의 잘못된 생각	목표 행동	부모의 느낌과 반응	부모의 행동에 대한 자녀의 반응	부모를 위한 대안
내가 관심을 끌 때만 나는 소속감을 느낀다.	관심 끌기	느낌: 귀찮다. 반응: 관심을 보이고 달래려고 한다.	일시적으로 잘못된 행동을 중단한다. 후에 같은 행동을 다시 재개하거나 다른 방법으로 방해한다.	가능한 한 잘못된 행동을 무시한다. 고의적으로 관심을 얻으려 하지 않을 때 긍정적인 행동에 대해 관심을 보인다. 공연히 시중을 들어 주지 않는다.
내가 모든 것을 마음대로 할 수 있고 누구도 나를 지배하지 못할 때만 소속감을 느낀다.	힘 행사하기	느낌: 흥분한다. (마치 자신의 권위가 위협된 것처럼) 반응: 싸우거나 포기한다.	적극적이거나 수동적이며 공격적이고 그 행동이 심해진다. 또는 반항적인 순종을 한다.	갈등에서 한 걸음 물러선다. 아이에게 도움을 청하거나 협동하게 함으로써 힘을 건설적으로 어떻게 사용하는지 가르쳐 준다(부모가 아이와 싸우거나 양보하면 아이는 더욱 힘을 행사하고 싶어 한다).
내가 상처받은 만큼 다른 사람도 아프게 해야 소속감을 느낀다. 나는 사랑받지 못하고 있다.	보복	느낌: 깊이 상처 받는다. 반응: 보복하려는 경향을 보인다.	더욱 심하게 잘못된 행동을 함으로써 복수심을 나타내거나 다른 무기를 선택한다.	감정을 상하게 하지 말아야 한다. 벌을 주지 말고 앙갚음을 하지 않는다. 신뢰적인 관계를 세운다. 사랑받고 있음을 확신시킨다.
다른 사람이 나에게 아무것도 기대하지 않게 함으로써만 소속감을 느낀다. 나는 무능력하고 무기력하다.	무능함 보이기	느낌: 절망, 포기, 무기력해진다. 반응: 어떤 일도 할 수 없다고 인정하는 경향을 보인다.	어떤 것에든지 수동적으로 반응하거나 거의 반응하지 않는다. 어떠한 향상도 보이지 않는다.	절대 어린이를 비난하지 않는다. 어떠한 긍정적인 시도라도 격려해야 하며 조그만 일일지라도 관심을 보인다. 무엇보다도 동정하거나 포기하지 않아야 한다.

출처: 이경우 편역(1985). 당신도 유능한 부모가 될 수 있다, pp. 26-27.

■ 관심 끌기(attention)

아이들은 모두 관심을 받고 싶어 한다. 대부분의 경우 아이들은 긍정적인 방법으로 관심을 받으려고 하지만 이러한 방법이 통하지 않을 경우 부정적인(파괴적인) 방법을 사용해서라도 관심을 받으려고 한다. 이러한 관심 끌기 행동에 대해 만약 부모가 관심을 보이면 아동은 그러한 행동을 계속해서 반복하게 된다. 아동의 잘못된 행동을 교정하기 위해서는 아동이 보이는 잘못된 행동은 무시하고 건설적인 행동에 관심을 보여야 한다. 관심 끌기를 통해 다른 사람으로부터 강한 압력을 받게 되면, 아동은 두 번째 잘못된 행동 목표인 힘 행사하기로 나가게 된다.

■ 힘 행사하기(power)

아이들은 자기가 하고 싶은 것만 하려고 한다. 이러한 욕구가 부모에 의해 막히면 부모의 요구를 거절하면서 자신의 힘을 과시하려고 한다. 부모는 이러한 아이를 강제로 복종하도록 할 수도 있지만 그 효과는 일시적이다. 힘 행사하기를 하는 아이들을 다룰 때 부모는 화를 내지 말아야 하고 주도권을 누가 잡느냐에 대해서도 초연해야 한다. 힘 행사하기를 하는 아이에 대항해서 힘을 사용하는 것은 결과적으로 아이로 하여금 힘의 가치를 더욱더 실감하게 만든다. 힘 행사하기를 통해서도 부모를 이길 수 없다고 생각하게 되면 아이는 세 번째 목표인 보복을 추구하게 된다.

■ 보복(revenge)

다른 사람의 관심을 끌거나 힘 행사하기의 방법으로도 소속감을 얻지 못하게 되면 아이는 자신이 중요한 존재라는 사실을 인식시키기 위한 수단으로 보복을 하게 된다. 그 결과 부모 역시 깊이 상처받고 무의식적으로 자녀에게 앙갚음을 하게 되고, 자녀는 더 심한 방법으로 보복을 하는 악순환이 생길 수 있다. 이러한 경험이 반복되면 아이들은 패배감을 느끼고, 그 결과로 무능한 행동을 하게 된다. 이런 아이를 도우려는 부모는 아이의 보복행동이 좌절에서 비롯된 것임을 인식해야 하고, 보복 대신 선의를 보여 주면서 침착하게 부모-자녀관계를 개선해야 한다.

■ 무능함 보이기(display of inadequacy)

언급한 3가지 방법을 모두 사용했음에도 자신의 행동 목표를 달성하지 못하게 되면 아이는 극도로 좌절하고 모든 것을 포기한다. 이러한 아이들을 돕기 위해서는 비난을 하지 말고, 아동의 특기나 장점에 관심을 집중해야 한다. 또 아이가 자신을 개선하려는 노력을 보이면 아무리 작은 것이라도 격려해 주어야 한다.

② 격려

격려는 상호존중과 평등에 기초한 민주적인 부모-자녀관계를 설정하기 위한 가장 중요한 기술 가운데 하나다. 격려는 자녀의 장점과 성취에 초점을 맞춤으로써 자녀가 자신감과 자존감을 갖도록 한다. 격려의 기본적인 태도는 다음과 같다(Dinkmeyer & McKay, 1982; 이경우, 1985에서 재인용).

- 자녀를 있는 그대로 수용한다.
- 고자질은 무시하고 긍정적 행동에 관심을 보인다.
- 긍정적인 태도를 보인다.
- 자녀의 실수를 경시하는 대신 자녀에 대한 신뢰를 전달한다.
- 장점이나 잘한 점 또는 공헌한 점에 초점을 맞춘다.
- 합리적인 기대에 근거하여 노력과 성취를 인정한다.
- 칭찬하기보다는 격려한다.

칭찬과 격려의 차이점은 〈표 11-3〉과 같다.

〈표 11-3〉 칭찬과 격려의 비교

차이	칭찬	격려
통제 방법	외적 통제(네가 내 말을 들을 때에만 가치 있다.)	내적 통제(나는 네가 책임감 있고 독립적임을 믿는다.)
향상 기준	절대적 기준 존재(네가 내 기준을 따를 때에만 너는 가치 있다.)	노력과 향상(너는 완전할 필요가 없다. 노력과 향상이 중요하다.)
평가	외적 평가(가치 있게 보이려면 날 만족시켜라.)	내적 평가(자신이 어떻게 느끼는가가 중요하다.)

공헌	개인적 이익(너는 최고다. 항상 너는 남보다 우위에 있어야 가치 있다.)	장점-공헌, 가치 인정(너의 공헌은 자치가 있다. 네가 있으면 도움을 받는다.)

출처: 정옥분, 정순화(2000). **부모교육: 부모역할**의 이해, p. 368.

③ 자연적 · 논리적 결과

부모들이 자녀를 훈육할 때 흔히 쓰는 방법 중의 하나는 순종할 때 상을 주고 순종하지 않을 때 벌을 주는 것이다. 그러나 이런 훈육 방식은 다음과 같은 몇 가지 단점이 있다. 첫째, 자녀의 행동에 대한 책임을 자녀가 아닌 부모가 진다. 둘째, 자녀 스스로 결정을 내릴 기회를 제한한다. 셋째, 자녀는 부모가 권위적인 모습을 보일 때만 바람직한 행동을 하게 된다. 넷째, 자녀를 강제로 순응시킴으로써 반항이 생길 수 있다.

민주적 부모교육 이론에서는 상벌의 양육 방법 대신 자연적 · 논리적 결과라고 일컬어지는 방법을 권장한다. 자연적 결과는 자녀가 어떤 행동을 했을 때 부모의 개입 없이 자연적으로 일어나는 결과를 경험하는 것으로서, 자연 상황에서 아동이 자신의 행동으로 인해 보상과 벌을 받는다고 느끼도록 하여 행동을 통제하는 방법이다. 예를 들어, 배가 고파도 먹지 않는 아이는 시간의 흐름에 따라 배고픔의 자연적 결과를 경험하게 될 것이다. 자연적 결과는 부모가 아닌 자녀가 자신의 행동에 책임을 지게 하고 자녀 스스로 행동의 적절성을 결정하도록 한다는 장점이 있다. 그러나 이러한 장점에도 불구하고 대부분의 부모는 자녀가 자연적 결과를 경험하도록 내버려 두지 않는다. 이들은 자녀가 경험해야 할 자연적 결과를 사전에 막아 자녀의 의존심을 조장하고 스스로의 행동에 책임질 기회를 박탈한다.

자연적 결과를 적용할 수 없거나 이를 적용하는 것이 위험한 경우에는 논리적 결과를 사용한다. 논리적 결과는 행동의 대가로 따르는 결과, 즉 손해를 논리적으로 경험하게 하는 방법으로 논리적으로 행동과 관계되는 결과를 부모가 자녀와 합의하여 정한다. 예를 들어, 세탁할 때 정해진 바구니에 더러워진 옷을 넣지 않은 아동은 자신이 옷을 빨아야 한다는 규칙을 정할 수 있다. 논리적 결과는 아동 자신이 행동을 스스로 결정하고 이에 대한 책임을 지며, 부모의 요구에 강요당하지 않고, 자연적 · 사회적 질서로부터 스스로 배운다는 이

점을 가지고 있다. 논리적 결과는 벌과 비슷한 측면이 있으나, 〈표 11-4〉에서 보는 바와 같이 여러 가지 점에서 차이가 있다.

〈표 11-4〉 **벌과 논리적 결과의 차이점**

벌	논리적 결과
• 권위의 강조	• 사회적 질서의 강조
• 잘못된 행동과 무관	• 잘못된 행동에 대한 논리적 설명
• 도덕적 판단 내포	• 인권존중, 행위와 행위자의 분리
• 과거 행동에 관심	• 현재나 미래 행동에 관심
• 무관심, 위협	• 존중과 선의를 전달
• 복종을 요구	• 선택권 부여

출처: Dinkmeyer, D., & McKay, G. D. (1982). *The parent's handbook: Systematic training for effective parenting(STEP)*, p. 110.

2) 인본주의적 부모교육 이론

인본주의적 부모교육 이론은 인본주의 심리학의 원리를 Ginott(1922~1973)가 부모교육에 적용한 이론이다. Ginott는 자녀가 보이는 문제행동의 원인을 부모의 성격적 특성보다는 부모의 양육방식에서 찾는다. 아동이 문제행동을 보이는 것은 부모에게 어떤 문제가 있어서가 아니라 자녀양육에 대한 경험이나 지식, 기술이 부족하기 때문이라고 보았다. 그는 부모의 성격개조를 목표로 하는 심리치료나 상담보다 부모-자녀 간의 긍정적인 상호작용이나 대화를 통한 아동지도와 교육에 초점을 두었다. Ginott의 부모교육 이론의 기본 가정은 아동 중심이다. 즉, 아동을 인격적으로 존중하고 아동의 입장에서 생각하도록 노력함으로써 자녀의 문제를 더 잘 이해할 수 있으며, 부모-자녀관계도 보다 원만하게 이루어질 수 있다고 본다.

(1) 목표

Ginott의 인본주의적 부모교육의 목표는 부모가 자녀와 효율적으로 상호작용하는 데 필요한 의사소통기술을 갖추도록 도와주는 것이다. 인본주의적 부모교육에서는 아동을 자신의 행동을 적절하게 조절하고 통제할 수 있는 능력의 소유자로 보기 때문에 적절한 환경만 조성되면 자신의 문제를 스스로 해결할 수 있다고 믿는다. 여기서 적절한 환경이란 신뢰와 수용에 기초한 부모-자녀 간의 관계를 의미한다. 부모가 자녀와 이러한 관계를 구축하기 위해서는 효과적인 의사소통기술을 익혀야 한다.

(2) 기본 원리

Ginott의 인본주의적 부모교육의 원리는 부모-자녀 간의 상호작용을 원활하게 하고 대화를 용이하게 하는 데 초점을 두고 있다. 부모교육의 원리는 그의 저서 『부모와 아이 사이(Between Parent and Child)』(1965)와 『부모와 십대 사이(Between Parent and Teenager)』(1969)에 요약되어 있는데 이를 간략히 살펴보면 다음과 같다.

① 자녀와의 대화

부모-자녀 간의 의사소통의 기본 전제는 진정으로 아동을 존중하는 마음을 갖는 것과 의사소통기술을 익히는 것이다. 부모들의 자존심과 마찬가지로 자녀의 자존심도 존중해 주어여 하며 충고나 지시에 앞서 자녀를 마음 상태를 이해하려고 노력해야 한다. 아동의 질문이나 이야기에 반응할 때에는 그 사건이나 상황 그 자체보다는 이면의 숨어 있는 의미를 파악하고, 사건과 관련된 자녀의 감정에 알맞은 반응을 해야 하며, 아동이 바람직하지 못한 행동을 했을 때에는 잘못된 행동 그 자체에 관심을 두어야지 아동의 인성이나 성격을 비난해서는 안 된다. 아동이 자신에 대해 어떤 결정을 내리고 말을 할 때는 동의를 하거나 부정적인 반응을 나타내지 말고, 아동이 느끼고 있는 감정뿐 아니라 감정이 뜻하는 바를 이해하여 반응하여야 한다. 부모는 아동의 감정을 나타내 주는 거울과 같은 역할을 하여 아동이 자신의 감정을 이해하고 대처해 나갈 수 있는 기회를 마련해 주어야 한다.

② 아동의 행동 지도

- 칭찬: 대부분의 사람들은 칭찬이 아동에게 자신감과 안정감을 준다고 생각한다. 그러나 아동의 노력이나 성취에 근거하지 않고 성격과 관련하여

막연하게 표현하면 오히려 역효과를 가져올 수 있다.

- 부모의 감정 표현: 자녀를 교육하면서 부모가 화를 내야 할 때가 있다. 실제로 부모가 화를 낼 일인데도 이를 지나치거나 참으면 아동은 부모가 자신에게 관심이 없는 것으로 받아들이게 된다. 그렇다고 격분하거나 말이나 체벌을 가하라는 것이 아니다. 부모의 분노 표현은 자녀의 인격을 손상시키지 않으면서도 동시에 잘못된 행동을 지적해 주고 부모 자신의 고통도 경감시킬 수 있는 방식으로 이루어져야 한다.

③ 훈육 방법

부모는 아동을 훈육할 때 간결하고 분명한 언어로 표현하며 아동의 자존심을 상하게 하는 말이나 행동은 삼가해야 한다. 아동이 자신의 행동에 어떤 변화가 일어나야 한다고 느끼거나 행동을 금지당해야 한다고 느끼면 부모의 훈육을 자발적으로 받아들이게 된다. 부모는 아동에게 수용할 수 있는 행동과 수용할 수 없는 행동을 분명하게 말해 주어야 한다. 효과적인 자녀 훈육의 4단계를 살펴보면 다음과 같다(이재연, 김경희, 2000).

- 1단계: 자녀가 원하는 바를 인정하고 간단한 말로 다시 반복해서 말해 준다.
- 2단계: 잘못된 행동에 대해서 분명하고 단호하게 통제하는 말을 해 준다.
- 3단계: 자녀가 원하는 바를 최소한 일부분이라도 수용할 수 있는 다른 방법을 제시해 준다.
- 4단계: 부모가 자녀의 행동을 통제할 때 자녀에게 일어날 수 있는 분노의 감정을 표현할 수 있도록 허용하고 도와준다.

생각할 문제

- 부모교육의 중요성에 대해서는 많은 사람들이 동감하고 있음에도 불구하고 실제로 부모교육에 참여하는 부모들이 많지 않은 것이 현실이다. 부모교육을 활성화할 수 있는 방안에 대해 생각해 보자.
- 앞에서 자녀양육의 기본 원리 10가지를 제시하였다. 이들 원리에 대한 자신의 생각을 동료들과 나누어 보자.

참고문헌

김진영, 김정원, 전선옥(2009). **영유아를 위한 부모교육**. 서울: 창지사.

박성연, 김상희, 김지신, 박응임, 전춘애, 임희수(2003). **자녀와의 진정한 만남을 위한 부모교육**. 서울: 교육과학사.

송정애, 정해은, 김미영(2008). **부모교육**. 서울: 학현사.

신용주, 김혜수(2002). **새로운 부모교육**. 서울: 형설출판사.

유계숙, 정현숙(2002). 부모됨의 의미와 동기에 대한 청년의 인식. **한국가정관리학회지, 20**(3), 39-47.

유안진, 김연진(2003). **부모교육의 이론과 실제**. 서울: 동문사.

이경우 편역(1985). **당신도 유능한 부모가 될 수 있다**. 서울: 창지사.

이숙, 우희정, 최진아, 이춘아(2002). **훈련중심 부모교육**. 서울: 학지사.

이은화(1997). 부모교육의 목적. In 한국부모교육학회(편), **부모교육학**(pp. 43-70). 서울: 교육과학사.

이은화, 김영옥(1999). **유아를 위한 부모교육**. 서울: 동문사.

이재연, 김경희(2000). **부모교육**. 서울: 양서원.

장대운(1997). 부모교육학의 본질. In 한국부모교육학회(편), **부모교육학**(pp. 1-42). 서울: 교육과학사.

정옥분, 정순화(2000). **부모교육: 부모역할의 이해**. 서울: 양서원.

Bigner, J. J. (1994). *Parent-child relations: An introduction to parenting* (4th ed.). New York: Macmillan.

Dinkmeyer, D., & McKay, G. D. (1982). *The parent's handbook: Systematic training for effective parenting(STEP)*. Circle Pines, Minn: American Guidance Services.

Dreikurs, R. (1964). *Children: The challenge*. New York: Hawthorne Books.

Evans, E. D. (1975). *Contemporary influences in early childhood education* (2nd ed.). New York: Holt Rinehart & Winston.

Fine, M. J., & Henry, S. A. (1989). Professional issues in parent education. In M. J. Fine (Ed.), *Handbook on parent education* (pp. 3-20). San Diego, CA: Academic Press.

Ginott, H. G. (1965). *Between parent and child*. New York: Macmillan.

Ginott, H. G. (1969). *Between parent and teenager*. New York: Macmillan.

Gordon, T. (1975). *PET: Parent effectiveness training*. New York: Plume Books.

Harman, D., & Brim O. G., Jr. (1980). *Learning to be parents: Principles, programs and methods*. Beverly Hills, CA: Sage.

LeMasters, E. E. (1974). *Parents in modern America* (rev ed.). Homewood, IL: Dorsey.

Pehrson, K. L., & Robinson, C. C. (1990). Parent education: Does it make a difference? *Child Study Journal*, *20*(4), 221-236.

Steinberg, L. (2004). *The 10 basic principles of good parenting*. NY: Simon & Schuster paperbacks. 신민섭, 송종용 역(2009). **좋은 부모 되기 위한 10계명**. 서울: 시그마북스.

Veevers, J. (1973). "Voluntarily childless wives: An exploratory study," *Sociology & Social Research*, *57*, 356-366.

제 12 장

아동발달과 사회환경

제 12 장 아동발달과 사회환경

학습목표

- 아동의 발달에 영향을 미치는 교육환경의 중요성에 대해 설명할 수 있다.
- 아동의 발달에 영향을 미치는 또래친구환경의 중요성에 대해 설명할 수 있다.
- 아동의 발달에 영향을 미치는 미디어환경의 중요성에 대해 설명할 수 있다.

인간의 발달에 영향을 미치는 요인은 크게 유전적 요인과 환경적 요인으로 구분된다. 유전과 환경은 출생 이전 태내에서부터 출산과 성장 과정 전반에 걸쳐 독립적으로, 때로는 상호 복합적으로 발달에 영향을 미친다.

이 장에서는 아동의 발달에 직간접적으로 영향을 주는 사회환경 중에서 교육환경과 또래친구 그리고 미디어환경에 대해 살펴보고자 한다. 이들 환경의 성격과 아동의 발달에 미치는 영향을 비롯하여 교육적 차원에서 고려해야 할 사항들을 다룰 것이다.

1. 아동발달과 사회환경

인간은 누구나 출생에서부터 죽음에 이르기까지 사회환경 속에서 살아간다. 직접 참여하고 상호작용하는 미시적 환경뿐 아니라 소속 문화권의 신념이나 가치와 같은 거시적 차원의 환경에 이르기까지, 모든 인간은 다양한 사회적 맥락 속에서 영향을 주고받으며 발달 및 변화해 간다. Brofenbrenner의 생태체계 이론의 관점에서 아동의 사회환경은 여러 수준의 체계, 즉 미시체계, 중간체계, 외체계, 거시체계로 구분된다(강문희, 김매희, 유정은, 2007).

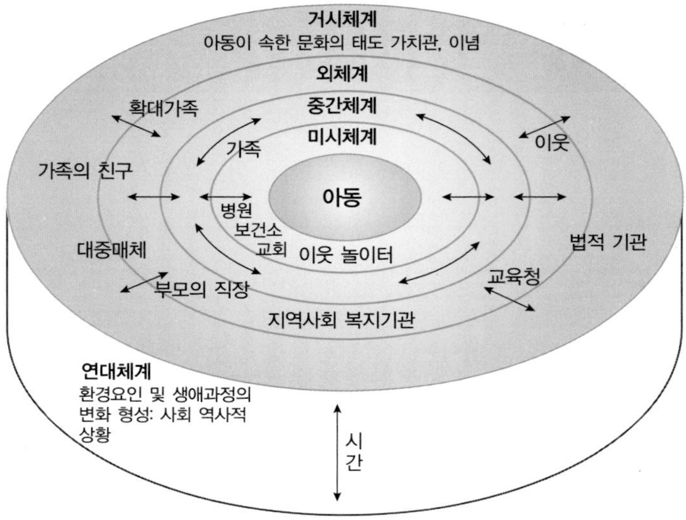

[그림 12-1] 아동의 사회환경 체계

출처: 강문희 외(2007). 아동발달론, p. 83.

먼저 미시체계(micro system)는 가족, 또래친구, 담임교사, 어린이집이나 유치원, 학교, 놀이터 등 아동과 가장 직접적으로 연결되어 있는 사회환경이다. 중간체계(meso system)는 둘 이상의 미시체계들 간 관계를 말하는 것으로, 부모와 교사의 관계가 그 예다. 외체계(exo system)는 아동의 직접적 참여나 상호작용이 제한된 환경이면서 아동의 발달에는 영향력을 갖는 사회환경으로서, 이웃이나 부모의 직장, 대중매체 등을 들 수 있다. 그리고 거시체계(macro system)는 아동이 살고 있는 문화적 배경, 즉 가치나 이념, 관습, 법과 제도 등을 의미한다. 이러한 아동의 미시체계 · 중간체계 · 외체계 · 거시체계들은 일방향 또는 양방향적으로 작동하면서 아동의 발달에 직간접적 영향을 미친다.

아동과 함께 생활하고 상호작용하는 부모와 가족은 아동발달에 있어 가장 중요하고도 영향력이 강력한 미시체계적 사회환경이라고 할 수 있다. 이러한 부모 및 가족환경 외에 아동발달에 중요한 영향을 미치는 미시적 사회환경으로 학교환경과 또래친구를 들 수 있다. 개인의 경험을 상기해 보면 아동발달에 있어 오랜 시간을 보내는 학교환경의 영향력과 친구관계의 중요성에 대해 충분히 짐작할 수 있을 것이다. 한편 아동의 미디어환경에도 관심을 가질 필요가 있다. 과거 미디어는 대중을 대상으로 일방향적으로 정보 및 기술을 제공하는 형태로, 아동들의 접근이나 직접적 상호작용은 제한되어 있는 중간체계 또는 거시체계에 해당하였다. 그러나 오늘날 미디어환경은 시 · 공간을 초월하여 양방향적 소통과 정보의 생성 · 공유가 가능하며 각종 기능이 통합되는 방식으로 급속히 변화하고 있다. 이러한 미디어환경을 배경으로 아동의 미디어 사용 또한 급증하고 있어, 이제 미디어는 부모나 가족, 친구, 학교에 못지않게, 때로는 더 강력하게 아동의 삶에 영향을 주고 있다.

아동발달의 환경 요인으로서 부모와 가족에 대해 살펴본 11장에 이어, 이 장에서는 아동의 중요한 사회환경인 교육, 또래친구, 미디어환경에 대해 탐색해 보고자 한다.

2. 교육환경

대한민국 「헌법」 제31조에 의거, 우리나라 모든 국민은 능력에 따라 균등하게 교육받을 권리를 가지며, 보호하는 자녀에게 초등교육과 법률이 정하는 교육을 받게 할 의무를 지닌다. 이러한 법적 근거와 더불어 교육이 인간발달에 미치는 영향력을 고려해 볼 때, 영유아기부터 노년기에 이르기까지 전 생애에 걸쳐 질 높은 교육을 받을 기회가 보장되어야 하며 안전하고 건전한 교육환경이 마련되어야 한다.

1) 영유아의 교육환경

영유아는 출생부터 만 2세까지의 영아(嬰兒)와 만 3세부터 초등학교 취학 전까지의 연령에 해당하는 유아(幼兒)를 통칭하는 용어로 쓰인다. 현재 우리나라 영유아교육의 대표적인 근거 법률로는 「영유아보육법」(1991. 1. 14. 제정)과 「유아교육법」(2004. 1. 29. 제정)을 들 수 있다. 「영유아보육법」에서는 '영유아'를 만 6세 미만의 취학 전 아동으로, 그리고 보호자의 위탁을 받아 영유아를 보육하는 기관을 '어린이집'으로 규정하고 있다. 「유아교육법」에서는 '유아'를 만 3세부터 초등학교 취학 전까지의 어린이로, 유아의 교육을 위하여 이 법에 따라 설립 · 운영되는 학교를 '유치원'으로 규정하고 있다. 즉, 영유아의 대표적인 교육기관으로는 보건복지부 관할의 어린이집과 교육부 관할의 유치원을 들 수 있다.

영유아 교육기관

• 어린이집

어린이집은 「영유아보육법」(2011. 6. 7. 개정)에 의거하여 만 6세 미만의 취학 전 아동을 보육하는 기관을 말하는 것으로, 동법 제10조(어린이집의 종류)에는 어린이집의 종류를 설치 및 운영 주체에 따라 다음과 같이 구분하고 있다.

① 국공립어린이집: 국가나 지방자치단체가 설치 · 운영하는 어린이집
② 사회복지법인어린이집: 「사회복지사업법」에 따른 사회복지법인이 설치 · 운영하는 어린이집
③ 법인 · 단체 등 어린이집: 각종 법인(사회복지법인을 제외한 비영리법인)이나 단체 등이 설치 · 운영하는 어린이집으로서 대통령령으로 정하는 어린이집
④ 직장어린이집: 사업주가 사업장의 근로자를 위하여 설치 · 운영하는 어린이집(국가나 지방자치단체의 장이 소속 공무원을 위하여 설치 · 운영하는 어린이집을 포함한다.)
⑤ 가정어린이집: 개인이 가정이나 그에 준하는 곳에 설치 · 운영하는 어린이집
⑥ 부모협동어린이집: 보호자들이 조합을 결성하여 설치 · 운영하는 어린이집
⑦ 민간어린이집: 제1호부터 제6호까지의 규정에 해당하지 아니하는 어린이집

• 유치원

유치원은 「유아교육법」(2004. 1. 29. 제정)에 의거하여 만 3세에서 초등학교 취학 전 유아의 교육을 위하여 설립 · 운영되는 학교로서, 동법 제7조에서는 유치원의 설립 주체에 따라 다음과 같이 구분하고 있다.

① 국립유치원: 국가가 설립 · 경영하는 유치원
② 공립유치원: 지방자치단체가 설립 · 경영하는 유치원(설립 주체에 따라 시립유치원과 도립유치원으로 구분할 수 있다.)
③ 사립유치원: 법인 또는 사인(私人)이 설립 · 경영하는 유치원

오늘날 사회구조의 변화 및 맞벌이 가정의 증가와 전통적 가족구조의 변화, 그리고 영유아 보육 · 교육에 대한 국가 지원 증가 등으로 인해, 아이들이 생의 이른 시기부터 어린이집이나 유치원에 다니는 경우가 많아졌다. 영유아기는 신체 발달, 인지 발달, 언어 발달, 사회 · 정서적 발달의 변화 속도가 빠르고 회복탄력성 또한 큰 시기임을 고려해 볼 때, 영유아가 어린이집이나 유치원에서 경험하는 보육 · 교육의 질은 건강한 발달에 매우 중요한 요인이라 할 수 있다.

영유아의 성장과 발달을 도와주는 질 높은 교육환경은 어떠해야 하는가? 어린이집과 유치원에서 이루어지는 교육은 어떠해야 하는가? 영유아기 교육환경을 마련하기 위해 교사는 어떠한 노력을 해야 하는가? 이러한 질문과 관련하여 황해익 등(2016)이 제시한 영유아기 교육의 원리를 기술하면 다음과 같다.

첫째, 영유아교육은 교육과 보육의 서비스를 모두 포함해야 한다. 영유아의 발달 특성상 교육과 보육은 서로 분리될 수 없는 개념이므로 교육기관에서는 가르침과 돌봄의 기능을 반드시 함께 수행해야 한다. 따라서 영유아의 교사는 교수자로서의 역할뿐 아니라 영유아의 기본적인 욕구를 알아차리고 보살피며 정서적으로도 안정적인 양육자로서의 역할을 필요로 한다.

둘째, 영유아교육은 비형식적이고 잠재적 교육과정을 중시해야 한다. 이는 교사가 의도하는 형식적 · 표면적 교육과정뿐만 아니라, 영유아의 자발적 · 즉흥적 · 순간적 · 우연적 학습경험에 의해 나타나는 영유아의 변화에도 가치를 부여해야 한다는 의미다. 즉, 기관 이외의 다양한 장소나 상황에서 영유아가 체험하는 모든 것이 교육적 경험이 될 수 있는 것이다.

셋째, 영유아교육은 영유아의 흥미와 욕구를 존중해야 한다. 흥미란 영유아가 주변 대상이나 사물에 대해 갖는 내적인 동기 유발이며, 욕구란 영유아가 심리적 · 생리적으로 결핍 또는 필요를 충족시키려는 자발적 행위라 할 수 있다. 영유아교육은 영유아의 현재 흥미와 개별적 욕구에 기초하여 이루어져야 한다.

넷째, 영유아교육은 영유아의 발달에 적합한 경험을 제공하는 통합교육이어야 한다. 발달은 인간의 전 생애를 통해 일어나는 신체, 정신 및 심리적인 변화 과정으로서 독자적으로 변화하기보다 각 영역들이 매우 역동적이고 복합적으로 상호작용하며 변화해 간다. 따라서 신체, 언어, 인지, 사회성, 정서 등 영유아의 전체적 발달을 고려하면서, 어느 하나의 영역에 초점을 맞추기보다는 통합적 경험을 통해 전인적 발달을 도모해야 한다.

다섯째, 영유아교육은 놀이 중심의 교육이어야 한다. 놀이는 영유아기의 언어라 할 수 있다. 영유아는 놀이를 통하여 배우고 자아를 표현하며 필요한 발달적 기능을 자연스럽게 익혀 나간다. 교사들은 영유아들이 자유롭게 놀이할 수 있는 시간과 공간을 마련해야 하며, 영유아의 놀이할 권리가 보장될 수 있도록 노력해야 한다.

여섯째, 영유아교육은 과정지향적이어야 한다. 배움의 과정에 영유아가 적극적으로 참여 또는 주도함으로써 개별 영유아의 잠재력이 최대한 발현될 수 있도록 해야 한다. 교사의 직접적인 교수와 이에 따른 가시적 성과보다 영유아의 놀이와 학습의 과정 자체에 보다 의미를 두고 이를 존중하고 격려할 수 있어야 한다.

일곱째, 영유아교육은 상호작용을 중시해야 한다. 이때 상호작용이란 영유아와 영유아 간, 영유아와 교사 간, 영유아와 교구 · 교재 간, 영아와 물리적 환경 간, 영유아의 이전 경험과 현재 경험 간 등의 다양한 상호작용 형태를 포괄하는 의미다. 주변의 다양한 자료와 자연물을 적극 활용하여 영유아들이 직접적이고 구체적인 상호작용의 경험을 할 수 있도록 해야 하는 것이다. 특히 교사는 유아의 학습에 있어 중재자, 안내자로서 긍정적이고 수용적인 자세로 상호작용하는 역할을 해야 한다.

2) 아동의 학교환경

영유아기의 교육기관 경험을 비롯하여 법적 의무교육 기간인 초등학교와 중학교 재학 시기 그리고 고등학교나 대학교 재학 기간까지를 합하면, 출생 후 형식적인 교육기관에 다니는 기간은 최소 9년에서 20년이 넘는다. 인생 전반에 걸쳐 형식적 교육기관에서 보낸 시간은 결코 짧은 시간이 아니며, 이 기간 동안 수많은 또래들과 선생님들을 만나고 소통하며 또 수없이 많은 직간접적 경험을 하게 된다.

「초 · 중등교육법」(법률 제14603)

제 1 장 총칙

제3조 (국립 · 공립 · 사립학교의 구분)

1. 국립학교: 국가가 설립 · 경영하는 학교 또는 국립대학법인이 부설하여 경영하는 학교
2. 공립학교: 지방자치단체가 설립 · 경영하는 학교(설립 주체에 따라 시립학교 · 도립학교로 구분할 수 있다.)
3. 사립학교: 법인이나 개인이 설립 · 경영하는 학교(국립대학법인이 부설하여 경영하는 학교는 제외한다.)

제 2 장 의무교육

제13조 (취학 의무)

① 모든 국민은 보호하는 자녀 또는 아동이 6세가 된 날이 속하는 해의 다음 해 3월 1일에 그 자녀 또는 아동을 초등학교에 입학시켜야 하고, 초등학교를 졸업할 때까지 다니게 하여야 한다.

② 모든 국민은 제1항에도 불구하고 그가 보호하는 자녀 또는 아동이 5세가 된 날이 속하는 해의 다음 해 또는 7세가 된 날이 속하는 해의 다음 해에 그 자녀 또는 아동을 초등학교에 입학시킬 수 있다. 이 경우에도 그 자녀 또는 아동이 초등학교에 입학한 해의 3월 1일부터 졸업할 때까지 초등학교에 다니게 하여야 한다.

③ 모든 국민은 보호하는 자녀 또는 아동이 초등학교를 졸업한 학년의 다음 학년 초에 그 자녀 또는 아동을 중학교에 입학시켜야 하고, 중학교를 졸업할 때까지 다니게 하여야 한다.

④ 제1항부터 제3항까지의 규정에 따른 취학 의무의 이행과 이행 독려 등에 필요한 사항은 대통령령으로 정한다.

학교는 교사, 친구 등 가족 외 타인과 소통하는 방법을 배우고 인간관계 망을 확장하는 사회화의 베이스캠프 역할을 한다. 이러한 학교생활에 잘 적응하는 아동이 성인이 되었을 때에도 사회 구성원으로 타인 및 조직에 조화롭

게 어울리는 경향이 높다. 학생에 대한 교사의 격려와 지지와 같은 학교의 사회적 환경, 안전하고 쾌적한 물리적 학교환경은 학생의 인지적 · 정의적 행동이나 학교적응에 긍정적인 영향을 미칠 수 있는 한편, 학교의 유해한 환경, 이를테면 불량한 급식이나 안전사고, 오염된 식수나 유해한 공기 등은 직접적으로 신체 건강을 위협할 뿐 아니라 학습을 방해하기도 한다. 뿐만 아니라, 학교폭력이나 과도한 경쟁과 입시 스트레스, 교사와의 갈등 등은 학생의 정신건강과 학교적응을 위협하는 주요한 학교환경이다(박종효, 2013). 교육학자들은 학생들이 사회적 · 행동적 · 학문적 영역에서 긍정적인 발달을 할 수 있도록 돕는, 발달적으로 민감한 교육환경을 제공해야 한다고 주장한다(Hamm, Farmer, Robertson, Dadisman, Murray, Meece, & Song, 2010). 한마디로, 아동에게 '좋은 학교'가 필요한 것이다.

그렇다면 아동의 발달을 도와주는 교육환경으로서 어떤 곳이 '좋은 학교'일까? '좋은 학교'의 개념이나 기준, 특성에 대한 의견은 연구자에 따라 다양하다. '학생들이 행복한 학교'를 강조하는 연구자들은 학생들이 직접 행복을 체감하도록 학교를 재구조화하고 정규 교육과정 중에서 행복 관련 내용을 반영하기 위한 재구성이 필요하다고 주장한다(김순남, 이병환, 2014). 또한 행복한 학교를 만들기 위해 학교 공동체의 성격을 공동사회로 이해해야 하며, 이를 위해 사랑, 배려, 이해, 소속감, 안전, 친밀감, 신뢰감 등의 공동사회 특성을 교육, 특히 도덕교육에서 강조하여 가르쳐야 함을 제안한 연구자(홍은숙, 2012)도 있다.

혁신중학교의 사례를 질적 연구한 김미숙(2017)은 교장의 일관성 있는 학교운영 철학과 문제 해결을 위한 적극성, 수업 전문성을 위한 적극 지원, 그리고 학교 질서와 안전 유지, 학생 존중과 교사들의 열의, 학부모의 교육에 대한 높은 관심과 참여를 좋은 학교의 특성이라고 보고하였다. 나아가 좋은 학교가 되기 위해서는 초등학교와 중등학교에 이르기까지 학교 운영 철학이 일관성 있게 연계될 필요가 있음을 제언한 바 있다. 그리고 초등학교 교사들을 대상으로 '좋은 학교'의 개념을 도출한 연구(박현정, 2010)에서는 교육 구성원의 소통과 참여 풍토, 학생 중심 교육과정 운영, 교육 구성원의 교육행정 능력 및 지원, 교육과정의 계획과 재구성, 학교의 물리적 환경의 5가지가 '좋은 학교'를 구성하는 요인으로 제시된 바 있다.

〈표 12-1〉 '좋은 학교'의 특성

요인	특성
교육 구성원의 소통과 참여 풍토	• 교장의 민주적인 의사소통 능력 • 교사의 수업과 교육과정에 전문성 • 교사의 자기 발전을 위한 노력 • 교사의 학업 성취 및 평가에 대한 능력 • 교사의 다양하고 폭넓은 경험 • 교사의 동료교사와의 협력과 교류 • 교사의 학부모와의 의사소통 능력 • 교사의 학생들과 의사소통 능력 • 교사의 교육에 대한 열정과 애정 • 교사 자신의 교육신념에 대한 자부심과 확신 • 교사의 학생들에 대한 긍정적인 기대 • 교사의 온화하고 배려심 있는 인성 • 학생의 학교활동에 대한 관심과 참여 • 학생의 자기 성취 기대 • 학생의 공동체를 위한 배려심과 협력심 • 학생의 준비의식과 성실한 실천 • 학부모의 학교활동에 대한 다양한 지원
학생 중심 교육과정 운영	• 교육과정에 학생의 발달 단계와 수준을 고려한 내용 선정 • 교육과정에 인지적 영역과 정의적 영역 교육 내용의 명확한 제시 • 학교 실정에 맞는 적당한 행사와 프로그램의 명확한 계획 및 반영 • 교육과정 제시 내용의 융통성 있는 조정 가능 여부 • 교육과정의 탄력적 운영에 대한 교사 재량 부여 • 아동 중심의 실질적 활동 중심 교육과정 • 학생의 능력과 경험을 고려한 체험적 활동 중심 교육과정 운영
교육 구성원의 교육행정 능력 및 지원	• 교장의 수업 및 행정에의 적극적인 장학활동 • 교장의 지역사회 및 상부기관에 협조적 자세 • 교사의 행정 및 업무처리 능력 • 교사의 국가정책 및 사회에 대한 협조적 태도 • 학생의 지적 능력 • 학부모의 교사와 학교에 대한 신뢰와 협조 • 학부모의 학교활동에 참여 정도 • 교육과정 계획 시 상부기관 또는 지역사회의 의견 반영

교육과정의 계획과 재구성	• 교육과정 계획 시 교육 구성원 참여 정도 • 교육과정 계획 시 교실 상황 반영 정도 • 교육과정 계획 시 국가 수준 교육목표, 내용, 운영, 평가 제시
학교의 물리적 환경	• 수업 기자재의 선진화 • 수업 및 교사 지원의 보조인력 확보 • 깨끗하고 쾌적한 냉난방 시설 확보 • 급식실과 양호실의 위생적 관리 • 시설 및 자원의 지속적 유지 · 보수

출처: 박현정(2010). 초등학교 교사들의 '좋은 학교'에 대한 개념과 실천과의 관계, pp. 68-72에서 재구성.

3. 또래친구환경

또래친구는 사회적 안락함이나 지지를 제공하는 중요한 맥락으로 작용한다. 또한 또래친구와 유사한 목표와 태도를 가짐으로써 학생들은 학교에서 긍정적 또는 부정적으로 사회화될 수 있다(박종효, 2013).

1) 또래친구와 아동발달

또래친구에 대한 정의는 학자마다 다르지만, 일반적으로는 연령, 성, 발달 등의 측면에서 공통점을 가지고 있어 동질감을 쉽게 느끼며, 그들만의 문화를 형성하고, 이해하며, 공유할 수 있는 집단을 지칭한다(박성주, 2001). 이러한 또래는 모델, 강화자, 사회적 준거자로서의 기능 외에도 사회적 지지 역할을 한다.

또래와의 관계를 통해 아동은 새로운 지식과 정보를 얻을 수 있고, 타인을 존중하는 것을 배우게 되며, 친구와의 관계 속에서 발생하는 다양한 문제들을 해결하는 능력을 발달시킬 수 있다. 또한 또래와의 관계에서 규칙을 지키거나 협동하고 타협하는 것을 배우게 되며 성인에게서 받을 수 없는 정서적 안정감과 위안을 얻기도 한다(정은정, 이희영, 이경화, 2010). 즉, 원만한 또래관계는 아동의 사회화뿐만 아니라 정서적 안정감을 제공하는 기능을 수행하며 아동의 전인적인 성장과 발달에 중요한 영향을 미치게 된다(정옥분, 2017).

또래와 부정적인 관계를 맺는 경우, 아동은 또래 거부나 배척 등을 경험할 수 있다. 또래들로부터 수용되는 정도를 또래수용(peer acceptance)이라고 하며, 아동기 사회적 적응을 예측할 수 있는 변인으로 이러한 또래수용의 정도를 살펴보기도 한다. 아동의 또래수용도에 따라 인기아(popular children), 배척아(rejected children), 특이아(controversial children), 무시아(neglected children)로 구분된다. 이 중 또래에게 배척당하거나 무시당하는 아동은 낮은 자존감, 사회적 불안감, 절망감 등 여러 가지 정서적 문제를 경험하며, 사회인지 발달과 학업상에도 문제를 갖는 것으로 연구 결과들이 보고되고 있다(이은주, 2013).

〈표 12-2〉 또래수용도에 따른 아동의 특성

구분	특성
인기아	또래와 협동하며, 자신의 행동을 조절하여 또래에게 맞추며 의사소통기술이 발달하여 또래로부터 지도자, 동반자라는 평가를 받는다.
배척아	또래에게 공격행동을 보이거나 과잉행동을 하는 등 부정적인 사회적 행동을 한다. 또래 아동을 오해하거나 적대시하며 타인의 의도를 파악하는 기술이 부족하다.
특이아	인기아와 배척아의 특성을 동시에 지니고 있어서, 또래로부터 긍정적 평가와 부정적 평가를 동시에 받는다.
무시아	또래와의 상호작용보다 혼자 놀기나 자신에게 집중한다. 무시아 중에는 심리적인 문제로 위기를 겪는 경우도 있고 의도적으로 또래를 피하거나 부적절한 행동을 보이는 경우도 있다.

출처: 강문희 외(2007). **아동발달론**, pp. 282-283에서 재구성.

아동이 또래친구와 관계를 형성하고 상호작용하는 과정에서 어떤 경험을 하는가는 아동의 전반적 발달에 긍정적 · 부정적 영향을 주므로, 아동의 또래친구관계에 대해 관심을 가지고 건강한 친구관계를 형성해 나갈 수 있도록 도와주어야 한다.

2) 또래 괴롭힘

아동은 다른 사람에게 힘을 행사하기 위해 여러 가지 형태로 적대적 공격성을 드러내는 경우가 있다. 한 아동 또는 특정 집단에게 지속적으로 잘못된 힘을 의도적으로 행사하는 시도를 일반적으로 또래 괴롭힘(peer bullying)이라고 부른다. 또래 거부하기, 별명 부르기, 따돌리기, 신체적 위협 등의 행동은 청소년기에 가장 빈번히 발생하는 것으로 알려져 왔으나, 그 발생 시기가 점차 빨라져서 아동기부터 중요한 문제로 부각되고 있다.

또래가 놀리거나 신체적 공격을 할 때 효과적으로 반응할 수 없는 아동은 또래 괴롭힘의 피해자가 되기 쉽다. 또래 괴롭힘의 피해 아동은 언어능력이 제한되어 있고 사회적 기술이 부족하며 신체적으로 허약한 특성을 지닌 경우가 많으며, 자아존중감이 낮은 것이 만성적 피해 아동의 두드러진 특성이다(Stassen Berger, 2007). 또래 괴롭힘의 가해 아동은 두려움이 없고 강압적이며 충동적인 성향이 있다. 가해 아동은 자신이 힘이 세다는 점에서 자신감을 갖기고 하지만, 열등감과 불안정감을 숨기기 위해 공격성을 이용하는 경우도 있다(Horne, Orpinas, Newman-Carlson, & Bartolomucci, 2004).

또래 괴롭힘이 학교의 맥락 속에서 일어나면서 심리적 · 신체적 · 물리적 폭력을 동반할 때 이를 학교폭력(school violence)이라고 한다. 학교폭력은 지속적이고 반복되는 경향이 있다(권재기, 2011). 그리고 지속적 · 반복적으로 학교폭력의 피해를 경험하는 학생들은 심신의 고통뿐 아니라, 결석, 학교활동 기피, 학업 성취 방해, 공격성의 증가 등 심각한 학교부적응으로 연결된다는 보고가 있다(고광만, 2012; 박현선, 김민정, 정익중, 2014; 임재연, 이선숙, 박종효, 2015). 유아기와 아동기 초기에 또래 괴롭힘이 교정되지 않으면 이후 학령기의 학교폭력으로 이어져 학교부적응이나 학업적 실패를 낳을 수 있으므로, 또래 괴롭힘이 나타나지 않도록 발생 초기에 예방하고 교육적으로 적극 개입해야 한다.

최근에는 이러한 문제의식을 반영하여 또래 괴롭힘의 피해 학생의 학교적응 관련 보호요인을 찾는 연구가 활발해지고 있다. 일차적 지지체계인 가정이나 부모 요인도 중요한 역할을 하는 것으로 알려져 있는 한편(김혜원, 2011; 선우현정, 이희선, 2014), 교사와의 관계나 교우관계도 피해 학생의 학교적응에 매우 중요한 영향을 미치는 변인으로 보고되고 있다. 또래 괴롭힘을 학급 모든 학생의 역동으로 보고 주변 또래들의 또래 괴롭힘 허용에 대한 인식을 변화시키는 것 또한 중요하다고 알려져 있다(박수정, 김도연, 2014). 또래 괴롭힘으로 인해 아동발달에 문제가 생기지 않도록, 학교는 학생에게 또래 괴롭힘 예방교육과 함께 또래 괴롭힘에 동조하지 않도록 하는 자기주장 훈련을 체계적으로 실시하는 등 적극적으로 개입해야 할 것이다.

또래 괴롭힘 예방을 위한 교사의 역할

① 피해 아동 도와주기

자기주장 훈련은 괴롭힘 행동을 줄이는 데 효과적인 중재 방안이다. 그리고 친구가 있는 아동이 친구가 없는 아동에 비해 괴롭히는 아동의 공격에 더 잘 대처하고 적응문제를 덜 보이므로 사회적 기술 훈련이 필요하다. 아동이 친구를 만들고, 친구관계기술을 발달시키도록 돕는 것이 피해자로서의 이미지를 깨는 방법이 될 수 있다.

② 가해 아동 다루기

교사가 집단에서 아동을 무시하는 것은 적절하지 않다. 이렇게 되면 아동은 정상적인 사회적 범주에서 벗어나게 되고 반항적으로 강화되기 쉽다. 적대적 공격성을 보이는 아동에게는 경계선을 명확히 하고, 분노 충동을 통제할 수 있도록 도와주어야 한다. 스스로에게 말하기, 감정 알기, 상대방이 어떻게 느끼는지를 알 수 있는 행동적 단서 찾기 등 논리적 결과와 같은 방법이 충동을 통제하는 데 효과적이다.

③ 다른 아동 도와주기

아동은 언제든 또래 괴롭힘을 목격할 수 있다. 누군가가 또래를 괴롭히는 것을 보았을 때 어떻게 해야 하는지를 아는 것이 필요하다. 가장 중요한 첫 단계는 또래 괴롭힘을 둘러싸고 있는 '침묵을 깨는 것'이다. 교사는 또래 괴롭힘에 대해 공개적으로 이야기하고 또래 괴롭힘이 없는 교실을 만들기 위해 모든 아동이 참여하는 방법을 찾아야 한다. 목격자들은 다양한 방법으로 피해자를 도와주고 가해자와 상호작용하는 다양한 접근 방법을 알고 아무도 위협받거나 혼자 남겨지지 않는 교실을 만드는 데 기여할 수 있다.

출처: Kostelnik et al. (2017). 영유아의 사회정서발달과 교육, pp. 482-483에서 재구성.

3) 또래관계의 형성과 지원

모든 연령에서 인기 있는 아동은 또래에게 민감하고, 친절하고, 융통성 있고, 같이 있으면 재미있다고 평가된다. 이렇듯 의사소통능력은 친구 선호에 영향을 미친다(Hebert-Meyers, Guttentag, Swank, Smith, Landry, 2009; Rubin, Bukowski, & Parker, 2006). 특히 인기 있는 아동은 또래에게 관심을 표현하기(미소 짓기, 고개 끄덕이기, 눈 마주치기 등), 협력하기(나눠 쓰기, 차례 지키기 등), 수용 표현하기(다른 아동에게 귀 기울이기, 다른 아동의 제안 받아들이기 등), 애정 표현하기(손잡기, 쓰다듬기 등), 공감 표현하기, 도움 주기와 제안하기, 칭찬하기 등의 행동에 유능하다. 이러한 방식으로 상호작용하는 아동은 타인에게 긍정적인 반응을 유발하고, 이는 다시 성공적인 행동을 하려는 아동의 노력을 강화시키는 선순환의 과정이 된다(Kostelnik et al., 2017).

아동이 건강한 또래관계를 만들어 갈 수 있도록, 부모나 교사는 어떤 도움을 줄 수 있을까? 아동의 또래관계를 지원하기 위해서는 아동에게 귀를 기울이고 아동의 행동을 주의 깊게 관찰하는 것이 우선 필요하다. Kostelnik과 동료들(2017)은 성인이 아동의 또래관계에 너무 빨리 개입하거나, 모두가 '친구'임을 강조하는 것, 모든 아이들이 항상 함께 하도록 요구하는 것, 외로워하거나 아동의 신호를 무시하는 것 등의 행동을 지양해야 한다고 강조하는 한편, 아동의 또래관계를 지원하기 위한 기술들을 제안하였다. 일부를 소개하면 〈표 12-3〉과 같다.

〈표 12-3〉 아동의 또래관계를 지원하는 기술

구분	기술
또래관계를 지원하는 환경 만들기, L	• 또래와 함께 있을 수 있는 비형식적인 기회를 준다. • 모든 아동이 가장놀이에 참여할 수 있도록 격려한다. • 아동이 서로의 이름을 알도록 돕는다. • 아동이 서로의 유사점을 발견하도록 대 · 소집단 활동을 한다. • 또래들 간에 발생하는 우호적인 상호작용을 지적하여 말해 준다. • 아동이 놀이집단에 참여하도록 돕는다. • 일상적인 상호작용 속에서 아동이 또래에게 우호적인 의도가 있다는 것을 인식하도록 돕는다. • 자신의 행동이 친구 사귀기에 어떻게 영향을 미치는지 인식하도록 돕는다. • 서로에 대한 아동의 질문과 의견을 말해 주어 아동과 또래를 연결 짓는다. • 아동의 언어적 상호작용이 지속될 수 있도록 돕는다. • 아동에게 협상에 필요한 언어를 가르친다. • 친구관계에서 비롯되는 슬픔을 견뎌내도록 돕는다.
또래 기술 훈련하기	• 다양한 활동에서 아이들을 짝 짓는다. • 수줍어하는 아동은 더 어린 아동과 짝을 짓는다. • 아동들이 팀을 이룰 때, 이들의 유사점을 말해 준다. • 사회적 기술을 학습하고 실행하도록 짝지은 두 상대방 모두를 돕는다.
집중적으로 일대일 또래관계 코칭하기	• 아동이 힘들어하는 친구관계기술을 선정한다. • 코칭을 시작한다. • 아동에게 기술을 설명한다. • 기술에 대한 시범을 보여 준다. • 새로운 행동이 왜 중요한지 이유를 말해 준다. • 다른 아동과 기술을 연습해 보게 한다. • 아동이 사용한 기술을 평가한다. • 코칭 절차를 몇 차례 반복한다. • 아동이 각각의 친구관계기술을 잘 사용할 수 있도록 피드백과 강화를 지속적으로 실시한다.

출처: Kostelnik et al. (2017). 영유아의 사회정서발달과 교육, pp. 298-307에서 재구성.

4. 미디어환경

아동을 둘러싸고 있는 미디어환경은 급속히 변화하고 있다. 스마트 미디어의 확산과 정보통신 디지털 기술의 발달 등으로 다양한 뉴미디어가 등장하고 있으며, 미디어를 생산하고 소비하는 형태 또한 다양해지고 있다. 한때 아동의 미디어환경 중 높은 비중을 차지하던 텔레비전의 경우, 수상기를 통해 실시간 방송 프로그램을 시청하던 방식에서 PC나 모바일 기기 등을 통해 원하는 시간과 원하는 장소에서 원하는 콘텐츠를 시청할 수 있는 방식으로 변화되었다(김효규, 2017). 이러한 미디어환경의 변화에 따라 다양한 미디어가 아동의 교육에 효과적인 장으로서 기능하기도 하지만, 아동의 미디어 중독이나 사이버 불링(cyber bullying) 등의 병리적인 현상도 야기하고 있다.

1) 소셜 미디어와 아동발달

오늘날 미디어환경의 중심을 차지하는 것으로 소셜 미디어(social media)를 들 수 있다. 소셜 미디어는 참여, 공유, 개방이라는 특성을 지닌 매체로, 단순히 인터넷을 바탕으로 하는 커뮤니케이션 도구라는 개념을 벗어나 이용자 간의 상호작용을 통해 새로운 소통의 패러다임으로 자리 잡고 있다(김대호, 김성철, 나은영, 심용운, 이상우, 이재신, 장병희, 진달용, 최선규, 최준호, 2012). 이러한 소셜 미디어는 이메일을 주고받고, 자신이 만든 콘텐츠를 업로드하여 공유하고, 블로그 · SNS 활동을 하고, 음악을 스트리밍하거나 다운로드하여 듣고, 온라인 신문이나 잡지를 보며, 물건과 서비스를 구매하기도 하고, 공공기관의 웹 사이트에서 정보를 찾는 등 성인뿐 아니라 아동의 삶과 불가분의 관계를 맺고 있다.

〈표 12-4〉 소셜 미디어의 유형

구분	내용
블로그	웹(web)과 일기(log)의 합성어로 사용자가 웹에 기록하는 일기나 일지로 온라인 저널을 의미
마이크로 블로그	트위터와 같은 간단한 콘텐츠를 배포하는 SNS
SNS	페이스북처럼 이용자들이 자신의 개인 웹페이지를 만들어 친구들과 네트워크로 연결하여 콘텐츠를 공유하는 서비스
위키스	위키피디아처럼 콘텐츠를 추가 또는 보완하면서 공동으로 백과사전 등의 정보를 완성해 가는 서비스
팟캐스트	아이팟(iPod)과 방송(Broadcasting)의 합성어로 이용자가 오디오 파일 등을 MP3 형식으로 올려 공유하는 서비스
콘텐츠 커뮤니티	영상이나 사진 등 특정한 종류의 콘텐츠를 만들고 공유하는 커뮤니티로, 유튜브(YouTube)와 인스타그램(Instagram)이 대표적

출처: 고은혜, 배상률(2015). **청소년문화 활성화를 위한 소셜 미디어 활용 연구**, p. 22.

아동은 언제 어디서나 태블릿, 스마트폰 등 다양한 기기를 통해 소셜 미디어를 친근하게 경험하며, 소셜 미디어를 활용하여 다양한 활동을 하고 있다. 아동의 소셜 미디어 사용이 갖는 긍정적인 측면으로는 정보 획득, 소통, 자기표현 등의 효과적인 수단이자 장(場)으로 기여한다는 점을 들 수 있다. 뿐만 아니라. 교육과 관련해서는 소셜 미디어가 플랫폼 역할을 함으로써 학문적 소양이나 학업 동기를 향상시켜 주는 점도 미디어의 긍정적 활용이라 할 수 있다. 아동이 사회 활동 및 참여를 실현할 수 있다는 점과 이를 통해 잠재된 역량을 개발할 수 있다는 점에서 소셜 미디어가 아동발달에 미치는 긍정적인 영향은 분명히 존재한다. 그러나 소셜 미디어를 통한 관계 맺음이 단순히 관계를 형성하는 데에 국한되기 쉽고, 감수성이 예민한 아동들에게 상대적 박탈감을 느끼게 하거나 소셜 미디어의 유해한 콘텐츠로 인해 아동이 인지적 왜곡과 심리적 손상을 경험할 수도 있다.

미디어 자체는 가치중립적인 것이지만 이를 어떻게 사용하느냐에 따라 아동에게 긍정적 또는 부정적 영향을 준다는 점을 고려해야 한다. 아동이 미디어가 갖는 장단점을 충분히 이해하고 올바르게 미디어를 활용할 수 있도록 미디어 교육을 체계화해야 하며, 유해한 콘텐츠로부터 아동을 보호할 수 있는 사회적 · 제도적 장치도 정착시켜야 할 것이다.

2) 미디어 중독과 사이버 불링

정신병리에서 '중독'의 개념은 대체로 알코올이나 마약류의 물질 사용과 관련된 중독에서 자주 사용되는 개념이다. 미국정신의학협회(American Psychiatric Association)가 출판한 『정신 장애 진단 및 통계 편람-5판(Diagnostic and Statistical Manual of Mental Disorders: DSM-5)』에서는 '인터넷 중독(Internet Addiction Disorder)'이라는 용어를 사용하면서, 4가지를 그 진단준거로 제시하였다. 즉, ① 내성(점점 더 많은 시간을 인터넷에서 소모해야 만족을 얻게 된다), ② 금단 증상(인터넷 사용을 중지, 감소하면 정신운동 초조 · 불안, 인터넷에서 무슨 일이 일어나고 있을 것 같은 강박적 사고), ③ 갈망(인터넷 사용 빈도 및 시간의 증가), 사회적 · 직업적 · 기능상의 중요 영역에서 장애 또는 고통을 유발하는 경우를 포함한다고 정의내리고 있다(송미강, 2015).

인터넷과 스마트폰 사용이 일반화되면서 중 · 고등학생뿐만 아니라 초등학생까지 카톡, 페이스북 등 소셜 네트워크 서비스(SNS)를 통한 가상공간에서의 대인관계 형성에 의존하는 경향이 많아지고 있다(김미선, 2017). 2015년 한국복지패널조사에 따르면, 학령기 아동들이 느끼는 주관적 행복감과 학교폭력 피해 경험 사이에 유의미한 관계가 있는 것으로 나타났다. 즉, 아동들이 행복감을 느낄수록 사이버 관계에 의존하는 정도가 낮았으며, 학교폭력 피해 경험이 많을수록 사이버 관계 의존도는 높게 나타났다. 이러한 결과에 비추어 볼 때, 아동의 사이버 관계 몰입을 예방하고 방지하기 위해서는 이들의 주관적 행복감 증진과 학교폭력 피해를 예방하는 것이 매우 중요함을 알 수 있다.

가상공간 내에서 다양한 사람들과의 관계 형성과 관계 확장이 가능한 SNS가 아동의 대인관계에 긍정적인 영향을 줄 수도 있다. 하지만 자기통제력이 부족한 아동들이 사이버 관계에 과도한 몰입을 하거나 나아가 사이버 공간에서의 또래 괴롭힘, 즉 사이버 불링(cyber bullying)의 가해자 또는 피해자가 될 가능성이 있음을 배제하기 어렵다. 그러므로 미디어 중독이나 사이버 불링과 같은 병리적 상황이 발생하지 않도록 아동이 효과적으로 미디어를 사용하게 하기 위한 교육적 개입을 해야 한다.

소셜 미디어 이용의 부작용에 관한 청소년들의 목소리

- 사람들이 저의 게시글에 '좋아요'를 많이 눌러 주거나 관심을 가져 주면 뭔가 기분이 좋고 또 반대로 생각보다 관심을 주지 않을 경우에는 좀 실망하게 되더라고요.
- 철없던 시절인 약 2년 전쯤에 일명 카따(카톡왕따)를 목격했습니다. …… 〈중략〉 …… 당시 저는 피해자의 친구이자 가해자의 친구의 위치로서 보기만 했어요. 직접적인 가해는 하지 않으니 카톡에서 욕하는 걸 보고 있는 게 아무런 잘못이 없다고 생각하고 내가 나설 필요는 없다고 선을 그어버렸습니다. 그런데 시간이 지나고 그 일을 다시 생각해 보니 그 당시 제가 군중심리에 의한 방관자(간접적 가해자)였음을 인지하지 못했던 거였어요. 지금도 후회합니다.
- 페이스북이나 인스타그램 등으로 상대를 비방하거나 다른 사람의 사진을 가져다가 외모비하나 인격 모독을 하는 등의 부정적인 사례를 목격하기도, 경험하기도 했습니다. 잘 알지 못하는 친구가 이유 없이 비하하고, 그걸 또 자기 SNS에 아무렇지 않게 올린 것을 보았을 때 기분이 안 좋았던 것은 물론이고 어떻게 대처해야 할지도 잘 모르겠고 이런 일이 나에게도 일어날 수 있다는 데 멍해졌었습니다.
- 가해자의 입장에서 보면 SNS를 이용한 폭력이 더 수월할 것 같습니다. 피해자가 밝히지 않는 한 어른들은 그 사실을 알 수 없기 때문입니다. 그러나 피해자의 입장에서는 어쩌면 카톡이나 SNS를 이용한 폭력이 더 힘들게 다가올 수 있을 것 같습니다. 다수의 아이들이 한 번에 욕을 하며 다가오기 때문에 대처할 사이도 없이 순식간에 지나가 버리기 때문입니다.

출처: 고은혜, 배상률(2015). 청소년문화 활성화를 위한 소셜 미디어 활용 연구, pp. 170-174에서 재구성.

3) 미디어 역량

소셜 미디어 시대는 현실 공간만이 아니라 가상공간에서의 생활 또한 중요한 위치를 차지하고 있다. 이 두 공간에 거주하는 자아를 이해하는 것이 이 시대의 필수 불가결한 일이 되었다(신혜선, 윤석희, 2017). 이와 더불어 소셜 미디어환경이 아동들의 놀이 문화가 되어 있는 현실에서, 일방적으로 아동을 통제하는 것만으로는 미디어의 부정적 영향을 막기는 어렵다. 그러므로 아동이 소셜 미디어를 포함하여 뉴미디어를 바르게 이해하고 효과적으로 활용하도록 돕는 '미디어 이해력'(Buckingham, 2000) 함양교육이 필요하다.

최근에는 정규 교육체제 내 미디어 관련 교육의 중요성이 부각되고 있으며, 이를 반영한 교육정책이 도입되고 있는 추세다. 유네스코는 현대 정보통신 기술의 급속한 발달과 디지털 기기의 편재화에 따라 '21세기를 위한 리터러시' 역량 개념으로 전통적 읽기 · 쓰기 · 셈하기의 리터러시를 넘어서는 '테크놀로지 리터러시'를 새롭게 포함하였다(UNESCO, 2014). 인공지능의 기술 발전과 함께 4차 산업혁명시대에 콘텐츠 개발과 소통을 위한 미디어 활용능력, 즉 미디어 역량은 미래에 필요한 중요한 능력 중 하나가 된 것이다(김정랑, 한선관, 한종임, 모경환, 이현주, 김용신, 김수환, 김상홍, 2014).

미디어 역량은 미디어의 유형에 상관없이 메시지에 접근, 활용, 비판, 해석, 선택의 미디어 읽기(reading)와 제작, 생산, 참여, 표현의 미디어 쓰기(writing)를 말하는 것으로, 아동이 유해 콘텐츠를 선별할 수 있고 윤리적이고 효과적으로 콘텐츠를 생산 · 활용할 수 있도록 미디어 역량교육이 체계적으로 이루어져야 한다. 아동의 미디어 역량을 함양하기 위한 학교교육의 방향에 관해 안화실(2017)은 다음 내용을 제안하였다.

첫째, 자유학기제나 창의적 체험활동에 미디어 교육을 강화하고 확대시킬 필요가 있다. 아동들이 미디어를 충분히 탐색할 수 있는 시간과 학습환경 등의 여건이 조성되어야 한다. 아동이 미디어 제작 프로젝트에 직접 참여하는 학습자 주도의 주체적인 미디어 학습활동을 확대할 필요가 있다.

둘째, 전 · 현직 교원들은 미디어 교육 프로그램에 의무적으로 참여할 필요가 있다. 합의된 미디어 교육의 개념에 따라 교사가 명시적 지침을 가지고 아동에게 미디어 교육을 실행할 수 있도록 해야 한다. 아동의 미디어 역량을 함양시킬 수 있도록 교사 자신이 미디어 역량을 갖추어야 하며, 관련 교수-학습 전략을 체계적으로 교육 받아야 할 것이다.

셋째, 학교 내 미디어 교육은 학교 밖 미디어 교육기관의 프로그램과 연계되어야 한다. 주요 국내 미디어 교육을 담당해 온 미디어 기관들이 축적해 온 교육 실천 노하우들을 공교육 현장에 접목할 필요가 있다. 학교의 미디어 교육을 정부기구를 포함하여 각종 방송통신 관련 기관이나 단체와 연계, 협력하여 보다 효과적으로 실행해야 한다. 미디어에 대한 기초지식과 아동의 눈높이에 맞는 프로젝트 등 다양한 활동에 참여하는 기회가 확대되어야 할 것이다.

생각할 문제

- 자신의 직간접적 경험을 바탕으로 아동기 또래관계의 중요성에 대해 이야기 나누어 보자.
- 아동기 미디어 사용의 장단점을 살펴보고, 아동의 미디어 중독을 예방하기 위한 방안에 대해 토론해 보자.

참고문헌

강문희, 김매희, 유정은(2007). **아동발달론**. 경기: 공동체.

고광만(2012). 또래 괴롭힘을 경험한 아동들의 공격성 발달 궤적 연구. **생애학회지, 2**(2), 67-80.

고은혜, 배상률(2015). **청소년문화 활성화를 위한 소셜 미디어 활용 연구**. 연구보고 15-R03. 서울: 한국청소년개발원.

권재기(2011). 집단따돌림 피해경험의 발달양상과 내면화 · 외현화 문제행동의 변화. **한국아동복지학, 34**, 96-127.

김대호, 김성철, 나은영, 심용운, 이상우, 이재신, 장병희, 진달용, 최선규, 최준호(2012). **소셜미디어**. 서울: 커뮤니케이션북스.

김미선(2017). 초등학교 고학년 아동의 사이버 관계중독에 영향을 미치는 요인에 관한 연구. **한국치안행정논집, 13**(4), 1-20.

김미숙(2017). '좋은 학교' 사례 연구: 중산층 지역에 있는 혁신중학교교장의 학교운영과 학부모의 반응. **학습자중심교과교육연구**, 17(20), 447-476.

김순남, 이병환(2016). 행복학교의 운영 특성 분석. **교육문화연구**, 22(4), 81-107.

김정랑, 한선관, 한종임, 모경환, 이현주, 김용신, 김수환, 김상홍(2014). **스마트 교육, 디지털교과서 효과성 검증도구 개발-연구학교를 중심으로**. 한국교육학술정보원. 연구보고 KR 2014-2.

김혜원(2011). 집단따돌림과 집단괴롭힘에 따른 남녀 청소년들의 심리적 건강, 학교의 조절효과. **청소년학연구**, 21(1), 149-166.

김효규(2017). 미디어환경변화와 TV 시청률을 이용한 통합시청률 추정. **사회과학연구**, 24(2), 47-64.

박성주(2001). 푸른 유치원 만 4세 유아의 또래 간 사회적 힘에 관한 문화기술적 연구. 이화여자대학교 대학원 석사학위논문.

박수정, 김도연(2014). 초등학교 고학년을 위한 또래괴롭힘 예방 프로그램의 효과. **한국아동복지학**, 47, 69-91.

박종효(2013). 학교 환경과 학교 적응의 구조적 관계 탐색. **열린교육연구**, 21(1), 101-128.

박현선, 김민정, 정익중(2014). 또래 괴롭힘 피해경험 발달유형에 따른 내면화 및 외현화 문제 양상. **사회복지연구**, 45(2), 5-30.

박현정(2010). 초등학교 교사들의 '좋은 학교'에 대한 개념과 실천과의 관계. 창원대학교 대학원 박사학위논문.

선우현정, 이희선(2014). 집단따돌림 피해경험과 학교적응 간의 관계. **청소년학연구**, 21(1), 149-166.

송미강(2015). 학령기 아동 인터넷 게임중독 극복과 부모협력에 대한 연구. **연세상담코칭연구**, 3, 111-129.

신혜선, 윤석희(2017). 청소년의 SNS 중독과 현실공간 및 가상공간에서의 자아정체감의 관계. **디지털융복합연구**, 15(8), 225-234.

안화실(2017). 중등학교 미디어 교육의 내용, 교수학습 과정 및 성과에 관한 연구. 동국대학교 대학원 박사학위논문.

이은주(2013). 집단괴롭힘과 사회적 선호도의 관계의 다양성. **한국청소년연구**, 24(2), 63-89.

임재연, 이선숙, 박종효(2015). 학교폭력 피해유형이 학교적응에 미치는 영향. **한국청**

소년연구, **26**(2), 5-34.

정옥분(2017). **발달심리학: 전생애 인간발달(개정판)**. 서울: 학지사.

정은정, 이희영, 이경화(2010). 산새반 유아들의 관계적 공격전략 분석. **아동학회지**, **31**(3), 183-198.

홍은숙(2012). 행복한 학교를 위한 교육적 성찰. **도덕교육연구**, **24**(3), 241-265.

황해익, 서정현, 송연숙, 이경화, 최혜진, 정혜영, 김남희, 이혜은, 손유진, 박순호, 손원경, 남미경, 김인순, 고은미, 유수경(2016). **유아교육개론(3판)**. 경기: 공동체.

Buckingham, D. (2000). *After the Death of Childhood: Growing Up in the Age of Electronic Media*. Cambridge, UK: Polity Press. 정현선 역(2004). **전자매체 시대의 아이들**. 서울: 우리교육.

Hamm, J. V., Farmer, T. W., Robertson, D., Dadisman, K. A., Murray, A., Meece, J. L., & Song, S. Y. (2010). Effects of a developmentally based intervention with teachers on native American and White early adolescents' schooling adjustment in rural settings. *The Journal of Experimental Education*, *78*, 343-377.

Hebert-Meyers, H., Guttentag, C. L., Swank, P. R., Smith, K. E., & Landry, S. H. (2009). The importance of language, social and behavioral skills across early and later childhood as prediditors of social competence with peers. *Applied Developmental Science*, *10*(4), 174-187.

Horne, A. M., Orpinas, P., Newman-Carlson, D., & Bartolomucci, C. L. (2004). Elementary school bully program: Understanding why children bully and what to do about it. In D. L. Espelage & S. M. Swearer (Eds.), Bullying in American school: A *social-ecological perspective on prevention and intervention* (pp. 297-325). Mahwah, NJ: Lawrence Eribaun Associates.

Kostelnik, M., Soderman, A., Whiren, A., Pupiper, M., & Gregory, K. (2015). *Guiding children's social development & learning* (8th ed.). Cengage Learning. 박경자, 김송이, 신나리, 권연희, 김지현 역(2017). **영유아의 사회정서발달과 교육**. 경기: 교문사.

Rubin, K. H, Bukowski, W. M., & Parker, J. G. (2006). Peer interactions, relationsips and groups. In N. Eisenberg, W. Damon, & R. M. Lerner (Eds.), *Handbook of child psychology*, vol 3: *Social, emotional and personality development* (6th ed., pp. 571–645). Hoboken, NJ: John Wiley and Sons.

Stassen Berger, K. (2007). Update on bullying at school: Science or forgotten? *Developmental Review, 27*, 90–126.

UNESCO (2014). UNESCO *education strategy 2014–2021*. Paris: UNESCO.

찾아보기

저자 소개

황희숙

부산대학교 교육학 박사

부경대학교 유아교육과 교수

이희영

Kansas 주립대학교 학교상담학 Ph.D.

부경대학교 유아교육과 교수

이경화

부산대학교 교육학 박사

부경대학교 유아교육과 교수

이정화

Indiana 대학교 유아교육학 Ph.D.

부경대학교 유아교육과 교수

권연희

연세대학교 아동가족학 박사

부경대학교 유아교육과 교수

이연우

Kansas 대학교 유아특수교육학 Ph.D.

부경대학교 유아교육과 조교수

아동발달의 이해와 교육

Child Development and Education

2018년 7월 10일 1판 1쇄 인쇄
2018년 7월 20일 1판 1쇄 발행

지은이 • 황희숙 · 이희영 · 이경화 · 이정화 · 권연희 · 이연우
펴낸이 • 김진환
펴낸곳 • (주) 학지사
04031 서울특별시 마포구 양화로 15길 20 마인드월드빌딩
대표전화 • 02)330-5114 팩스 • 02)324-2345
등록번호 • 제313-2006-000265호

홈페이지 • http://www.hakjisa.co.kr
페이스북 • https://www.facebook.com/hakjisabook

ISBN 978-89-997-1540-2 93370

정가 19,000원

이 도서의 국립중앙도서관 출판시도서목록(CIP)은 서지정보유통지원시스템 홈페이지(http://seoji.nl.go.kr)와 국가자료공동목록시스템(http://www.nl.go.kr/kolisnet)에서 이용하실 수 있습니다.
(CIP 제어번호: CIP2018016784)